马克思主义理论研究
和建设工程重点教材

经济法学
（第二版）

《经济法学》编写组

主　编　张守文

主要成员

（以姓氏笔画为序）

卢代富　冯　果　刘大洪
肖江平　邱　本　徐孟洲

高等教育出版社·北京

二维码资源访问

使用微信扫描本书内的二维码,输入封底防伪二维码下的 20 位数字,进行微信绑定,即可免费访问相关资源。注意:微信绑定只可操作一次,为避免不必要的损失,请您刮开防伪码后立即进行绑定操作!

教学课件下载

本书有配套教学课件,供教师免费下载使用,请访问 xuanshu.hep.com.cn,经注册认证后,搜索书名进入具体图书页面,即可下载。

图书在版编目(CIP)数据

经济法学/《经济法学》编写组编. --2 版. -- 北京:高等教育出版社,2018.8(2021.2重印)
马克思主义理论研究和建设工程重点教材
ISBN 978-7-04-050098-1

Ⅰ.①经… Ⅱ.①经… Ⅲ.①经济法-法的理论-中国-高等学校-教材 Ⅳ.①D922.290.1

中国版本图书馆 CIP 数据核字(2018)第 159300 号

责任编辑	帅映清	封面设计	王 鹏	版式设计	于 婕
责任校对	刘 莉	责任印制	田 甜		

出版发行	高等教育出版社	网 址	http://www.hep.edu.cn
社 址	北京市西城区德外大街4号		http://www.hep.com.cn
邮政编码	100120	网上订购	http://www.hepmall.com.cn
印 刷	北京鑫海金澳胶印有限公司		http://www.hepmall.com
开 本	787mm×1092mm 1/16		http://www.hepmall.cn
印 张	23	版 次	2016年8月第1版
字 数	430 千字		2018年8月第2版
购书热线	010-58581118	印 次	2021年2月第17次印刷
咨询电话	400-810-0598	定 价	46.00元

本书如有缺页、倒页、脱页等质量问题,请到所购图书销售部门联系调换
版权所有 侵权必究
物 料 号 50098-00

目 录

绪 论 ………………………………………………………………… 1
    一、经济法学的研究对象 ……………………………………… 1
    二、经济法学的产生和发展 …………………………………… 1
    三、经济法学的体系 …………………………………………… 3
    四、学习和研究经济法学的理论指导和基本方法 …………… 4

第一章 经济法的概念和历史 ……………………………………… 8
  第一节 经济法的概念 …………………………………………… 8
    一、经济法的调整对象 ………………………………………… 8
    二、经济法的定义 ……………………………………………… 13
  第二节 经济法的历史 …………………………………………… 19
    一、经济法的产生 ……………………………………………… 19
    二、经济法的发展 ……………………………………………… 23

第二章 经济法的体系和地位 ……………………………………… 28
  第一节 经济法的体系 …………………………………………… 28
    一、经济法体系的界定 ………………………………………… 28
    二、经济法体系的构成 ………………………………………… 29
    三、经济法的渊源 ……………………………………………… 33
  第二节 经济法的地位 …………………………………………… 38
    一、经济法在经济社会发展中的地位 ………………………… 38
    二、经济法与其他法律部门的关系 …………………………… 40

第三章 经济法的宗旨和原则 ……………………………………… 46
  第一节 经济法的宗旨 …………………………………………… 46
    一、经济法宗旨的基本界定 …………………………………… 46
    二、经济法宗旨的具体内容 …………………………………… 48
  第二节 经济法的基本原则 ……………………………………… 52
    一、经济法基本原则的内涵 …………………………………… 52
    二、经济法基本原则的内容 …………………………………… 55

第四章　经济法的主体和行为 …… 64
第一节　经济法的主体 …… 64
一、经济法主体的概念 …… 64
二、经济法主体的类型 …… 65
三、经济法主体的差异性 …… 69
第二节　经济法主体的行为 …… 70
一、经济法主体行为的类型 …… 70
二、经济法主体行为的属性 …… 77
三、经济法主体行为的评价 …… 78

第五章　经济法主体的权利、义务和责任 …… 80
第一节　经济法主体的权利和义务 …… 80
一、调制主体的职权 …… 80
二、调制受体的权利 …… 84
三、调制受体的义务 …… 87
第二节　经济法主体的责任 …… 88
一、经济法责任的界定 …… 88
二、经济法责任的类型 …… 91

第六章　经济法的制定与实施 …… 94
第一节　经济法的制定 …… 94
一、影响经济法制定的外部因素 …… 94
二、经济法制定的意义 …… 96
三、经济法制定的特点 …… 98
第二节　经济法的实施 …… 101
一、经济法实施的意义 …… 101
二、经济法实施的特点 …… 103
三、影响经济法实施的重要因素 …… 104

第七章　宏观调控法的基本理论与制度 …… 108
第一节　宏观调控法基本理论 …… 108
一、宏观调控法的理论基础 …… 108
二、宏观调控法的体系构成 …… 116
三、宏观调控法的调整方式 …… 116

第二节　宏观调控法基本制度……………………………………… 117
　　　　一、宏观调控法主体制度…………………………………… 117
　　　　二、宏观调控权配置制度…………………………………… 120
　　　　三、宏观调控的程序制度…………………………………… 121
　　　　四、宏观调控的责任制度…………………………………… 122

第八章　财政调控法律制度……………………………………………… 126
　　第一节　财政调控法基本原理……………………………………… 126
　　　　一、财政及其职能…………………………………………… 126
　　　　二、财政调控法律制度的基本范畴………………………… 128
　　第二节　预算调控法律制度………………………………………… 129
　　　　一、预算调控与预算法……………………………………… 129
　　　　二、预算体制与预算权的配置……………………………… 130
　　　　三、预算法律制度的基本内容……………………………… 133
　　第三节　国债调控法律制度………………………………………… 139
　　　　一、国债调控与国债法……………………………………… 139
　　　　二、国债发行、流通和监管法律制度……………………… 140
　　　　三、地方政府性债务法律制度……………………………… 141
　　第四节　财政支出调控法律制度…………………………………… 142
　　　　一、政府采购与宏观调控…………………………………… 142
　　　　二、政府采购的基本制度…………………………………… 143
　　　　三、转移支付与宏观调控…………………………………… 145
　　　　四、转移支付的基本制度…………………………………… 146

第九章　税收调控法律制度……………………………………………… 148
　　第一节　税收调控法基本原理……………………………………… 148
　　　　一、税收调控与税法………………………………………… 148
　　　　二、税法的基本结构………………………………………… 151
　　　　三、税法的课税要素………………………………………… 152
　　　　四、税法的调整方式………………………………………… 155
　　　　五、税权的法律分配………………………………………… 156
　　第二节　商品税调控法律制度……………………………………… 158
　　　　一、商品税法与宏观调控…………………………………… 158
　　　　二、增值税法的主要内容…………………………………… 160

三、消费税法的主要内容……………………………………………162
　　四、关税制度的主要内容……………………………………………164
第三节　所得税调控法律制度…………………………………………164
　　一、所得税法与宏观调控……………………………………………165
　　二、企业所得税法的主要内容………………………………………166
　　三、个人所得税法的主要内容………………………………………168
第四节　财产税调控法律制度…………………………………………169
　　一、财产税法与宏观调控……………………………………………169
　　二、财产税法的体系…………………………………………………170

第十章　金融调控法律制度……………………………………………173
第一节　金融调控法基本原理…………………………………………173
　　一、金融法与金融调控………………………………………………173
　　二、金融调控法的目标与原则………………………………………176
　　三、金融调控法的体系与手段………………………………………177
　　四、金融调控法的主体与程序………………………………………179
第二节　中央银行调控制度……………………………………………180
　　一、中央银行的法律地位和调控职能………………………………180
　　二、中央银行制定和实施的货币政策………………………………181
　　三、货币发行的基本制度……………………………………………182
　　四、中央银行调控的保障制度………………………………………182
第三节　其他金融调控制度……………………………………………190
　　一、商业银行法中的调控制度………………………………………190
　　二、外汇管理法中的调控制度………………………………………191

第十一章　计划调控法律制度…………………………………………194
第一节　计划调控法基本原理…………………………………………194
　　一、计划调控与计划调控法…………………………………………194
　　二、计划调控权的分配………………………………………………196
　　三、计划调控法的调整手段…………………………………………197
第二节　计划调控法的主要制度………………………………………198
　　一、计划调控实体法律制度…………………………………………198
　　二、计划调控程序法律制度…………………………………………200
　　三、产业调控法律制度………………………………………………202

四、投资调控法律制度……………………………………………… 204
　　五、区域规划法律制度……………………………………………… 208
　　六、对外贸易调控法律制度………………………………………… 210

第十二章　市场规制法的基本理论与制度……………………………… 214
第一节　市场规制法基本理论…………………………………………… 214
　　一、市场规制法的理论基础………………………………………… 214
　　二、市场规制法的体系构成………………………………………… 218
　　三、市场规制法的宗旨和原则……………………………………… 221
　　四、市场规制法的调整方式………………………………………… 224
第二节　市场规制法基本制度…………………………………………… 225
　　一、市场规制法主体制度…………………………………………… 225
　　二、市场规制权配置制度…………………………………………… 228
　　三、市场规制的程序制度…………………………………………… 228
　　四、市场规制的责任制度…………………………………………… 229

第十三章　反垄断法律制度………………………………………………… 233
第一节　反垄断法基本原理……………………………………………… 233
　　一、垄断与反垄断法………………………………………………… 233
　　二、反垄断法的理论基础…………………………………………… 234
　　三、反垄断法的特征………………………………………………… 235
　　四、反垄断法的基本结构…………………………………………… 235
第二节　反垄断法的实体制度…………………………………………… 236
　　一、规制滥用市场支配地位的制度………………………………… 236
　　二、规制垄断协议的制度…………………………………………… 241
　　三、规制经营者集中的制度………………………………………… 245
　　四、规制行政性垄断的制度………………………………………… 248
第三节　反垄断法的程序制度…………………………………………… 251
　　一、反垄断法程序制度概述………………………………………… 252
　　二、反垄断执法程序………………………………………………… 255
　　三、反垄断诉讼制度………………………………………………… 258

第十四章　反不正当竞争法律制度………………………………………… 261
第一节　反不正当竞争法基本原理……………………………………… 261

一、不正当竞争与反不正当竞争法……………………………………………… 261
　　　二、反不正当竞争法的定位……………………………………………………… 264
　　　三、反不正当竞争法的基本结构………………………………………………… 266
　第二节　反不正当竞争法的实体制度………………………………………………… 268
　　　一、规制混淆行为的制度………………………………………………………… 269
　　　二、规制商业贿赂行为的制度…………………………………………………… 271
　　　三、规制虚假或者引人误解的商业宣传行为的制度…………………………… 273
　　　四、规制侵犯商业秘密行为的制度……………………………………………… 275
　　　五、规制不当有奖销售行为的制度……………………………………………… 278
　　　六、规制诋毁他人商誉行为的制度……………………………………………… 279
　　　七、规制网络领域不正当竞争行为的制度……………………………………… 280
　第三节　反不正当竞争法的程序制度………………………………………………… 281
　　　一、反不正当竞争执法程序制度………………………………………………… 282
　　　二、反不正当竞争诉讼制度……………………………………………………… 284

第十五章　消费者保护法律制度……………………………………………………… 286
　第一节　消费者保护法基本原理……………………………………………………… 286
　　　一、消费者与消费者保护法……………………………………………………… 286
　　　二、消费者保护法的立法体例…………………………………………………… 288
　　　三、消费者保护法的原则………………………………………………………… 289
　　　四、消费者权益的国际保护……………………………………………………… 289
　第二节　消费者权利的法律界定……………………………………………………… 291
　　　一、消费者权利概述……………………………………………………………… 291
　　　二、我国立法保护的消费者权利………………………………………………… 291
　第三节　各类主体保护消费者的义务………………………………………………… 296
　　　一、经营者的义务………………………………………………………………… 296
　　　二、国家的义务…………………………………………………………………… 299
　　　三、社会的义务…………………………………………………………………… 301
　第四节　消费者权利的法律救济……………………………………………………… 301
　　　一、消费者权益争议的解决……………………………………………………… 301
　　　二、法律责任的确定……………………………………………………………… 303

第十六章　质量、价格、广告和计量监管法律制度………………………………… 307
　第一节　产品质量监管法律制度……………………………………………………… 307

一、产品质量监管法律制度概述……………………………………… 307
　　　二、产品质量监管的主要法律制度……………………………………… 308
　　第二节　价格监管法律制度……………………………………………… 313
　　　一、价格监管法律制度概述……………………………………… 313
　　　二、价格监管的主要法律制度……………………………………… 314
　　第三节　广告监管法律制度……………………………………………… 317
　　　一、广告监管法律制度概述……………………………………… 317
　　　二、广告监管的主要法律制度……………………………………… 318
　　第四节　计量监管法律制度……………………………………………… 323
　　　一、计量监管法律制度概述……………………………………… 323
　　　二、计量监管的主要法律制度……………………………………… 324

第十七章　特别市场规制制度……………………………………………… 328
　　第一节　特别市场规制基本原理………………………………………… 328
　　　一、特别市场概述……………………………………… 328
　　　二、特别市场规制制度的定位……………………………………… 328
　　　三、特别市场规制制度的主要类型……………………………………… 330
　　第二节　货币市场规制制度……………………………………………… 331
　　　一、货币市场及其法律规制……………………………………… 331
　　　二、货币市场规制的主要制度……………………………………… 332
　　第三节　证券市场规制制度……………………………………………… 336
　　　一、证券市场及其法律规制……………………………………… 336
　　　二、证券市场规制的主要制度……………………………………… 337
　　第四节　保险市场规制制度……………………………………………… 342
　　　一、保险市场及其法律规制……………………………………… 342
　　　二、保险市场规制的主要制度……………………………………… 343
　　第五节　房地产市场规制制度…………………………………………… 345
　　　一、房地产市场及其法律规制……………………………………… 345
　　　二、房地产市场规制的主要制度……………………………………… 346
　　　三、加快建立多主体供给、多渠道保障、租购并举的住房制度……… 348
　　第六节　能源市场规制制度……………………………………………… 348
　　　一、能源市场及其法律规制……………………………………… 348
　　　二、能源市场规制的主要制度……………………………………… 349

阅读文献……………………………………………………… 352
人名译名对照表………………………………………………… 355

后　记………………………………………………………… 356

第二版后记…………………………………………………… 357

绪　论

一、经济法学的研究对象

经济法学，是以经济法为研究对象，着重研究经济法的产生、发展规律的法学学科。作为一门重要的新兴学科，经济法学在法学体系中居于重要地位，这与经济法在现代国家法律体系中的重要地位直接相关。

从一般意义上说，经济法是调整在现代市场经济条件下形成的特定社会关系的法律规范的总称。作为一个重要的法律部门，经济法是现代国家法律体系中的重要组成部分。正是在研究经济法的产生和发展规律的过程中，经济法学得以产生和发展。

与各国法律体系中的传统部门法相比，作为经济法学研究对象的经济法，其产生相对较晚。学界一般认为，现代意义的经济法是在资本主义从自由竞争阶段进入垄断阶段以后才产生的，并体现为19世纪末20世纪初在美国、德国等国家制定的有关规范市场竞争行为的法律，如美国1890年的《谢尔曼法》、德国1896年的《反不正当竞争法》等。此外，在第一次世界大战期间产生的一些"战时统制法"，如德国1919年的《煤炭经济法》等，也体现了国家对市场经济活动的干预、协调。上述各类新型立法，引起了研究者的浓厚兴趣，于是，德国学者开始称之为"经济法"，并提出了有关经济法的多种观点和理论，逐渐形成了新兴的经济法学。

其实，相对于上述各类立法，"经济法"作为一个语词的出现，要更早一些。例如，法国空想社会主义者摩莱里和德萨米，就分别在其著作《自然法典》（1755年）和《公有法典》（1842年）中提及"经济法"的概念，他们都认为经济法是"分配法"；蒲鲁东也曾在其著作中提到"经济法"的概念；等等。但学界一般认为，他们所谈到的经济法，都不是现代法学意义上的经济法。只有在第一次世界大战以后，由德国法学界提出的经济法概念，才具有现代意义。因此，以经济法为研究对象的经济法学，产生要更为晚近，其较为全面的发端，是以20世纪20年代德国学者的研究为标志的。

基于德国当时的经济和社会形势、经济政策与相关的史无前例的法律现象等客观因素，以及德国学者长于理性思维、强调法律概念、体系的严谨与缜密等主观因素，德国学术界率先展开了以"经济法"为研究对象的法学研究，从而使德国成为经济法学的发祥地。在德国学者的带动下，自20世纪20年代以来，经济法研究在其他一些国家相继展开，从而使经济法学进入了新的发展时期。

二、经济法学的产生和发展

经济法学作为一个学科的产生，与"经济法"语词、经济法规范的出现，并非直接对应。只是当社会经济发展到一定阶段，产生了需要经济法调整的社会关系以及相应的经济法规范，且学界对大量的经济法规范展开系统研究的时候，才会产生经济法学。因此，在许多国家，经济法学的产生，要滞后于经济法规范或经济法制度的产生。

从历史上看，随着现代市场经济的发展，各类市场失灵问题不断涌现，各国日益深切地感到需要用新的法律规范来解决传统法律规范所不能有效解决的新型问题，由此使经济法规范不仅产生于美国、德国等国家，而且也陆续生成于其他市场经济国家。随着经济法规范日益增多，其调整领域日益广阔，学界的重视程度也日益提高，从而使经济法研究不仅在德国，而且也在其他一些国家迅速展开。

经济法学的发展，在地域上并不均衡。其中，在德国、日本等大陆法系国家，基于对法律和法学的体系化的考虑，基于逻辑严密的法学研究习惯，对诸如经济法在法律体系中可否成为一个独立的法律部门，经济法学可否成为一个独立的法学学科，经济法同其他部门法的关系，经济法学同其他法学学科之间的关联等问题，进行了较多的研究，在探寻经济法的概念、特征、本质、体系、价值等基本问题的过程中，取得了大量研究成果。而在美国、英国等英美法系国家，因其主要是判例法国家，在法学研究上更强调"实用主义"，不特别重视概念的提炼和体系的完整，因此，虽然美国的经济法规范产生非常早，却并未提炼出"经济法"的概念，也未能发展出系统的经济法学。

上述经济法学在地域发展上的不均衡，只是一种"形式上"的不均衡。其实，就像英美法系国家虽无大陆法系的"民法"之名，却存在大量的财产法、契约法、侵权法等实质上的"民法"规范一样，在英美法系国家，虽然一般不强调"经济法"之名，但在财政法、税法、金融法、竞争法等各个领域，存在着大量的实质上的"经济法规范"。可见，英美法系国家虽在总体上无"经济法"之名，却有"经济法"之实，对此确实需要"透过现象看本质"。事实上，任何国家，只要是搞现代市场经济，就离不开宏观调控和市场规制，就需要有相关的经济法规范。从这个意义上说，经济法规范在各国是普遍存在的，就像民法规范在各个国家普遍存在一样；同时，各个国家的法学研究，也都会涉及经济法学的研究。如果把经济法分为实质意义的经济法和形式意义的经济法，则实质意义的经济法是普遍存在的。在实行市场经济的国家，实际上都有以实质意义的经济法为研究对象的经济法学。

此外，经济法学不仅在市场经济国家存在，在计划经济国家也有相关研究。例如，苏联的经济法学就一度很受重视，形成了经济法理论的多个流派。当然，由于经济体制的不同，人们对于经济法的理解也存在差异；同时，由于国情不同，各国的经济法制度也会各具特色，这些都会在一定程度上影响经济法学的发展。

但从总体上说，随着市场经济体制在世界各国的普遍确立，国家的宏观调控和市场规制已不可或缺，从而使经济法的地位日益重要，这将有力地推动经济法学的发展，并有助于在更大的程度上形成理论共识。

在中国20世纪的法制史和法学史上，经济法和经济法学的产生和发展，尤其令人瞩目。尽管在20世纪30年代前后，国外的经济法理论曾被引入我国，但经济法学的真正发展，是始于20世纪70年代末、80年代初。基于中国改革开放事业的不断发展，基于现代市场经济和相应的法制建设的迫切要求，在老一辈学者的不懈努力下，在中青年学者的积极推动下，中国的经济法学取得了长足进步，这是把马克思主义基本原理与经济法的制度建设和法学研究有机结合所取得的重大成就。具有中国特色的经济法学，作为整个法学体系中的重要组成部分，已日渐成为对经济和社会发展、对法治建设具有重要影响的"显学"。

当前，"我国社会主要矛盾已经转化为人民日益增长的美好生活需要和不平衡不充分的发展之间的矛盾"，迫切需要解决发展不平衡、不充分的问题，尤其需要切实贯彻创新、协调、绿色、开放、共享的"新发展理念"，不断完善经济法制度，加强经济法学研究。因此，在新的历史时期，经济法的制度建设和理论研究更加重要。

经济法学的发展历程表明，经济法学的产生和发展，是与经济、社会和法律的发展相一致的，以实质意义的经济法为研究对象的经济法学，在各市场经济国家是普遍存在的。尽管各国在不同的历史时期，由于诸多因素，对经济法学的研究可能会存在不均衡的情况，但随着市场经济的深入发展，各国在经济法学的一些基本方面，会存在很多基本共识。这是深入学习和研究经济法学的重要基础。

三、经济法学的体系

随着经济法制度的发展和相关研究的深化，经济法学的基本框架也逐渐形成。从法学学科的一般分类来看，经济法学的体系可分为经济法总论和经济法分论两大部分，每个部分都包含着丰富的内容。

经济法总论，或称经济法基础理论，是经济法学总体上的、具有共通性的理论。作为经济法的一般理论，它是从经济法的各类具体制度中提炼出来的，是经济法各个部门法理论的基础，对于经济法各个具体部门法的研究具有重要的指导意义。经济法总论主要包括本体论、发生论、价值论、规范论、运行论、范畴论等诸论，它着重从理论上说明经济法是什么，经济法的历史沿革，经济法的价值、制度构造及其运行等问题。

经济法分论，是对经济法各类具体制度的基本原理和基本理论的分析与分解。经济法的各类具体制度主要分为两类，一类是宏观调控制度，包括财税调控制度、金融调控制度、计划调控制度等；另一类是市场规制制度，包括反垄断制度、反不正当竞争制度、消费者保护制度等。对于上述各类具体制度的原理和理论的分别阐释，就构成了经济法分论的主要内容。

上述的总论和分论，构成了经济法学体系的基本结构。把握经济法学的上述体系架构，有助于形成对经济法的系统认识，从而有助于更好地学习和研究经济法，全面加强经济法的法治建设，推进经济法学研究的深化和经济法制度的发展。

上述对经济法学体系的认识，也直接影响了本书的基本结构。本书除绪论部分外，分为总论和分论两个部分。其中，经济法总论，分为六章，主要介绍经济法的概念和历史、体系和地位，探讨经济法的宗旨和原则，分析经济法的主体和行为，以及相关的权利、义务和责任，研讨经济法的制定与实施问题，涉及经济法的本体论、发生论、价值论、规范论、运行论等方面的基本内容。本书的经济法分论，具体分为宏观调控法的理论和制度、市场规制法的理论和制度两部分。其中，宏观调控法的理论和制度共有五章，在对宏观调控的理论和制度作出概述的基础上，着重介绍财政调控、税收调控、金融调控、计划调控的基本原理和具体制度；市场规制法的理论和制度共有六章，在对市场规制的理论和制度作出概述的基础上，着重介绍反垄断、反不正当竞争、消费者保护的基本原理和具体制度，并对这些制度中涉及的产品质量、价格、广告、计量方面的常规监管制度单独加以介绍，此外本书还对特别市场规制的原理和制度进行了专门探讨。

可见，上述经济法学体系与本书的结构安排是内在一致的，这有助于从整体上把握经济法学的逻辑主线，发现经济法学体系内部各个部分之间，以及经济法理论与制度之间的内在关联，从而增进对经济法学的系统认识，增强运用经济法理论指导实践的能力。

四、学习和研究经济法学的理论指导和基本方法

(一) 学习和研究经济法学的理论指导

学习和研究经济法学，要以马克思主义科学理论为指导，特别是马克思主义的哲学、政治经济学和法理学，对学习和研究经济法学具有重要的指导意义。

在哲学层面，马克思主义经典作家正确地解决了思维与存在、主体与客体的关系问题，第一次实现了唯物主义与辩证法的统一、唯物主义自然观与历史观的统一。这种内在统一的马克思主义哲学，用辩证唯物主义和历史唯物主义说明自然领域和历史领域的各种现象，尤其有助于从根本上理解经济法领域的各种现象和复杂问题，因而是指导经济法学的学习和研究的理论指针。

在政治经济学层面，马克思主义政治经济学深入研究了社会经济运动的一般规律，深刻分析了资本主义再生产过程及其内在矛盾，科学论述了社会主义生产

关系及其发展变化的规律，为认识当代资本主义和社会主义提供了基本立场、观点和方法，也为学习和研究经济法学提供了科学的理论指导。学习和研究经济法学，离不开对经济关系及其发展规律的认识，离不开对人类社会各个发展阶段的生产、交换以及与之相适应的分配和消费规律的认识，因而一刻也不能离开对政治经济学的理论成果的领悟和把握。事实上，经济法领域的宏观调控制度和市场规制制度，与生产、交换、分配、消费等环节都密切相关。

在法理学层面，马克思主义法理学具有高度的科学性和强大的生命力，深刻地回答了"法是什么"和"法应当是什么"的问题，从而透彻地阐明了法的本体论和价值论问题，以及由此衍生的发生论、规范论、运行论和范畴论等问题，而所有这些问题，都是经济法学理论体系中的核心问题。由于马克思主义法理学能够通过反映和表达其所处时代的法的精神、法的理念，为研究各类具体法律制度、推动部门法学发展提供思想动力和基本方法，因而对于学习和研究经济法学具有重要的指导意义。

（二）学习和研究经济法学的基本方法

学习和研究经济法学需要从多个维度、运用多元的方法来展开思考和研讨，这样才有可能更好地解决各类"复杂性问题"。

学习和研究经济法学的方法，可以有多种分类，从哲学与科学的二分法来看，可以将其分为哲学方法和科学方法两大类。其中，哲学方法主要是指马克思主义哲学提供的方法论指导，科学方法又可分为一般科学方法和专门科学方法。

1. 马克思主义哲学的方法

如前所述，马克思主义哲学对于学习和研究经济法学具有非常重要的指导意义。诸如"经济基础与上层建筑的辩证关系"原理等，都是马克思主义哲学原理的重要内容，学习和研究经济法学都离不开这些原理的指导。

马克思主义哲学提供的学习和研究方法，贯穿于本书的各个部分。正确运用辩证唯物主义和历史唯物主义的立场、观点和方法，一切从实际出发，理论联系实际，实事求是，普遍联系地、发展地看问题，全面揭示相关矛盾，对于认识经济法的产生、发展规律，具有极其重要的价值。

例如，依循唯物辩证法中的矛盾分析方法，我们应当"一分为二"地看问题，"具体问题具体分析"，要看到事物内部对立的两个方面，这样看问题才能更为全面，防止片面。在学习和研究经济法学的过程中，要把握经济法所要解决的基本矛盾，发现经济法领域存在的诸多具体矛盾，对各类矛盾展开具体分析，找到主要矛盾和次要矛盾、矛盾的主要方面和次要方面，这样，才能对相关的理论和制度既有全面认识，又能够把握其重点。

事实上，基于经济法领域存在的诸多类型的矛盾，可以在经济法学中提炼出多个层面的不同类型的"二元结构",如经济法调整对象、体系的"二元结构",经济法主体、行为、权利、义务、责任方面的"二元结构",等等。这些"二元结构"作为经济法领域诸多矛盾的体现,只要有效提炼、揭示和分析,就有助于把握经济法和经济法学的各类制度之间、制度与理论之间以及各类理论之间的内在联系,从而有助于更好地把握整个经济法体系和经济法学体系,深化经济法研究。

又如,依据普遍联系的原理,既要关注经济法与其他部门法的普遍联系,发挥整体法律体系的总体功效,又要关注经济法内部各类制度之间的紧密联系,从而更好地发挥经济法整体的系统功能;既要看到经济法调整的社会关系与其他社会关系的普遍联系,又要看到经济法学的各类理论的紧密关联;等等。因此,只看到经济法的特殊性和重要地位是不够的,还必须在更大的系统中,关注各个层级系统的各类要素之间的普遍联系,这对于解决经济法领域的许多理论和实践问题都非常有意义。

2. 各类具体科学的方法

在各类具体科学的方法中,一般科学方法也很重要,主要包括逻辑方法、经验方法、横断学科方法等。其中,逻辑方法包括比较方法、分类方法、类比方法、归纳与演绎相结合的方法等。经验方法包括调查方法、统计方法等。横断学科的方法包括系统论的方法、博弈论的方法等。

上述各类方法作为"一般"科学方法,均得到了广泛的运用。例如,逻辑方法中的比较方法、分类方法、归纳方法与演绎方法等,都是人们从事各类研究时经常会用到的基本方法。"没有比较就没有鉴别",仅以比较方法为例,在经济法领域,一方面,人们可以进行制度比较,包括对古今中外的经济法制度进行比较,也包括对经济法制度与其他部门法制度进行比较,等等;另一方面,也可以进行理论比较,包括对国内外不同历史时期的不同经济法理论的比较,对经济法理论与其他法学学科理论的比较,以及法学以外的其他相关学科理论的比较,等等。通过比较有助于更清晰地认识经济法制度和理论的特质。

专门科学方法,是由某些具体学科(如经济学、政治学、社会学、历史学等)所提供的方法,如经济分析方法、政策分析方法、社会分析方法、历史分析方法、语义分析方法,等等。这些专门科学方法对于解决经济法领域的一些具体问题,往往具有重要价值。其中,法律经济学方法、法律社会学方法等,已经在经济法学研究中有了较多的应用。

例如,经济分析方法中的成本—收益分析方法,法律分析方法中的权利—义务分析方法等,在学习和研究经济法学的过程中,都是非常基础的方法。此外,社会分析方法、历史分析方法、语义分析方法等,在学习相关的经济法知识时,往往会具有特殊的意义。

上述方法的有机组合，可以构成学习和研究经济法学的方法体系。在上述方法中，马克思主义哲学的方法，无论对于法学或其他社会科学，还是对于经济法学或其他部门法学，都不可或缺，至为重要，因而应是方法体系中的重要组成部分。此外，一般科学方法中的逻辑方法、比较方法等也具有重要功用。另外，专门科学方法中的一些方法，应视其与经济法学的联系是否密切而作出选择。例如，经济法作为调整特定经济关系的法，与经济生活联系至为密切，因此，经济分析方法自有其用武之地。至于其他学科的一些具体方法，应结合学习和研究经济法学的具体需要而作出取舍。

思考题：
1. 经济法学与法学的其他分支学科相比，在研究对象上有哪些不同？
2. 如何在经济法的产生和发展过程中理解各国经济法存在的差异性？
3. 经济法学体系为什么由总论和分论构成？总论和分论有何关联？
4. 经济法学与法学的其他分支学科相比，在学习和研究方法上有哪些共性和个性？

▶ 自测习题及参考答案

第一章 经济法的概念和历史

经济法的概念如何界定，直接影响对经济法学诸多理论的认识，因此，必须从现实出发，基于问题定位，有效提炼经济法的调整对象，并在此基础上给出经济法的定义，同时，还应基于经济法的特殊性，从多个维度解析经济法的定义，以实现对经济法概念的全面理解。

经济法有其产生的根源和发展的历史。经济法的产生是由经济、政治、社会和法律等多种因素促成的，它经历了自然经济、商品经济和市场经济几个不同的发展阶段，并呈现出特殊的发展规律。

第一节 经济法的概念

什么是经济法？各国学者都曾试图通过揭示经济法的概念来简要回答。经济法的概念，是关于经济法的概括性的观念，它要体现经济法的内涵和外延。明晰经济法的概念，有助于研究经济法的特征、本质、地位、体系、原则等诸多理论问题，有助于节约交流成本，推进理论发展。

要揭示经济法的概念，首先需要界定经济法的调整对象，从而发现经济法与其他部门法在调整的对象、范围、手段上的差别，并在此基础上，通过下定义的方式，明晰经济法的概念。

一、经济法的调整对象

（一）概念与调整对象的关联

明晰经济法的概念，之所以要先界定经济法调整对象，是因为在法学领域提炼某个部门法概念时，人们通常都适用基本的定义公式，即"某某法是调整某某社会关系的法律规范的总称"。经济法与其他部门法的共同之处在于，它们都是"某一类法律规范的总称"。但经济法与其他部门法所调整的"特定的社会关系"却各不相同，由此形成了经济法不同于其他部门法的调整对象。

可见，要给出经济法的定义，明晰经济法的概念，就必须先界定经济法不同于其他部门法的调整对象，这也是许多学者认为调整对象是各个部门法相区别的重要标准甚至是唯一标准的重要原因。目前，对于经济法是"一类法律规范的总称"已殆无异议，而在经济法所调整的特定社会关系方面，则仍存在不同认识。因此，要明晰经济法的概念，就必须界定和揭示其调整对象，为此，就必须引入经济法理论中的调整对象理论。

（二）界定调整对象的重要意义

任何部门法理论，都要有自己的逻辑起点和分析框架。同其他部门法学一样，经济法理论的逻辑起点，也是调整对象理论。调整对象理论的重要价值，就是揭示经济法同其他种类部门法的差别。

在调整对象理论方面，人们往往都自觉不自觉地接受了一个假设，即各类部门法的功能，都是调整一定的社会关系；由于调整的社会关系不同，且各类社会关系又相互关联，因此，部门法之间才既有区别又有联系。在经济法的调整对象方面，同样也需要从纷繁复杂的社会关系中抽取一部分社会关系，并将其确定为经济法的调整对象。

经济法是一个新兴的部门法，界定其调整对象具有特别的重要意义。首先，调整对象是整个经济法研究的逻辑起点，只有正确界定调整对象，才能有效提炼经济法的概念，进一步研究经济法的特征、宗旨、本质、原则、地位、体系等理论问题。其次，经济法作为新兴的部门法，其存在的价值，以及与其他部门法的关系，也取决于对其调整对象的界定。最后，经济法的主体类型，以及主体的权利、义务、责任的制度安排，也都与经济法调整对象的界定直接相关，并由此直接影响经济法的法治建设。由此可见，经济法学的各类重要理论，以及经济法的制度生成与发展，都与经济法的调整对象密切相关；经济法调整对象的界定，关涉对整体的经济法和经济法学理论的认识。

（三）界定调整对象需要"问题定位"

正由于经济法调整对象的界定非常重要，因而许多学者曾倾注大量心力研究调整对象问题，形成了多种不同的理论和观点[①]，相关的共识也日益增加，其中，"问题定位"是在界定调整对象方面的普遍共识。

所谓"问题定位"，就是必须从社会经济现实出发，尤其要从人类的经济行为所带来的问题出发，根据解决经济问题和社会问题的需要，来确定经济法所需要调整的对象、领域、目标，以及调整的方法。为此，必须找到经济法调整需要解决的基本问题，这样就可以找到经济法需要调整的社会关系。

经济法是在资本主义从自由竞争阶段向垄断阶段过渡过程中产生的，是解决现代市场经济问题的现代法。由于各国在资源配置方面普遍"双手并用"，既会用到市场的"无形之手"，又会用到国家（或政府）的"有形之手"，因此，如何

[①] 基于对调整对象的不同认识，在经济法学界形成了多种重要的经济法理论，学者们的重要理论观点，可参见书后所附阅读文献。

"使市场在资源配置中起决定性作用和更好发挥政府作用","处理好政府和市场关系"①,是各国都必须有效解决的重大现实问题。而经济法恰恰要对此发挥非常重要的作用。

事实上,无论是市场之手还是政府之手,在配置资源方面都可能存在低效或无效的问题,从而带来"两个失灵"的问题。一方面,随着市场经济的发展,妨害竞争、外部效应、公共物品、信息偏在等问题也越来越突出,从而使市场的无形之手难以有效发挥作用;另一方面,诸如公平分配、币值稳定等问题,也是市场机制不能有效解决的,上述方面都会导致或体现为市场失灵问题。为此,引入政府之手来解决市场失灵问题,便具有了一定的必要性。

但是,由于信息不足、权力滥用、腐败寻租、体制不健、机制不畅等诸多原因,政府在资源配置上也可能低效甚至无效,形成政府失灵问题。可见,无论市场机制,抑或政府干预,都可能"失灵"。而这"两个失灵",恰恰是传统法律无法有效解决的,它们是经济法调整需要解决的基本问题。

上述基本问题的存在,与经济法所要解决的基本矛盾直接相关。依据马克思主义基本原理,生产的社会化与生产资料的私人占有之间的矛盾,是资本主义社会的基本矛盾,这一基本矛盾与经济法所要解决的基本矛盾存在着内在关联。例如,在垄断、公共物品、外部效应、信息偏在等导致市场失灵的原因中,都蕴含着个体营利性与社会公益性的矛盾,以及相对应的效率与公平的矛盾,这些都是经济法要解决的基本矛盾。② 它们不仅存在于市场配置资源的领域,也存在于政府配置资源的领域。如果这些矛盾不能有效解决,就会产生"两个失灵"的问题。

事实上,在市场配置方面,往往更强调个体的营利性,崇尚效率价值,但如果由此忽视社会公益性、漠视公平价值,则必然会加剧垄断、不正当竞争、侵害消费者权益等问题,导致经济运行失序,经济秩序失范,经济生活失真,从而使宏观调控也很难有效进行。同样,在政府配置方面,如果政府的工作人员也强调自己作为个体的营利性,并将私人收益凌驾于社会公益之上,或者只强调本部门、本单位的经济效率或经济效益,而忽视整体上的经济公平和社会公平,则必然会导致政府失灵。

从问题定位的角度看,面对上述基本矛盾和基本问题,经济法的调整必须结

---

① 党的十八届三中全会强调:"经济体制改革是全面深化改革的重点,核心问题是处理好政府和市场的关系",据此,应发挥好市场和政府各自的作用,这对于全面理解经济法的理论和制度非常重要。
② 经济法调整所要解决的基本矛盾,同传统部门法调整所要解决的基本矛盾是不同的。例如,民商法所要解决的主要是私人主体之间的私益冲突,而经济法则尤其要解决私益与公益之间的冲突,由此使它们的调整方法、价值取向等有所不同。

合"两个失灵"的成因，有针对性地进行相关主体的权利和义务的配置，解决相关的体制和机制问题。而在此过程中，就需要经济法运用特定的调整手段，在特定的调整范围内，对特定的社会关系进行法律调整。而这种特定关系，一定是与经济法所要解决的基本问题和基本矛盾内在关联的。

（四）调整对象的具体界定

上述市场失灵的存在，使人们更加关注市场经济的局限性，以及政府的能动作用，并试图在政府与市场之间作出取舍，而这种取舍，则带来了从思想到行动，从政策到法律，从经济到社会，从西方到东方，从历史到现实等多个层面的周期变易，也带来了法治建设必须面对的重大现实问题。

市场失灵，无论是缘于经济领域的垄断、外部效应，以及公共物品、信息偏在，还是缘于社会分配不公等，其带来的经济问题甚至经济危机都是全方位的。从宏观的角度看，市场失灵会造成产业失衡，并由此带来结构失衡；而各类经济结构的失衡，则会造成总量失衡，因而必须依据一定的经济目标和社会目标，进行有效的宏观调控；而在宏观层面对经济运行进行调节和控制的主体是广义的政府，政府由于诸多原因，在调控方面可能会出现政府失灵的问题[①]，只有依法调控，才可能在一定程度上解决这些问题。而要依法调控，就必须有宏观调控法，并运用宏观调控法来调整政府与国民之间存在的宏观调控关系。上述由市场失灵引发的问题及其解决途径之间的内在关联，可大体表示如下：

市场失灵—结构失衡—经济失衡—宏观调控—政府失灵—依法调控—宏观调控法

此外，市场失灵不仅需要宏观层面上的调控，也需要微观层面上的规制。从微观的角度看，市场失灵会导致竞争失效，并影响整体的市场秩序，因而需要加强市场规制，即对相关市场主体的市场行为进行规范和制约，以保障良好的市场竞争环境，解决市场失序的问题。同上述的宏观调控一样，市场规制也是由政府作出的，因而在市场规制领域也会存在政府失灵的问题。要解决此类政府失灵问题，政府就必须以相关法律为圭臬，依法进行市场规制，为此，就需要有相关的市场规制法。上述由市场失灵引发的问题及其解决途径之间的关联，可大体表示如下：

市场失灵—竞争失效—市场失序—市场规制—政府失灵—依法规制—市场规制法

[①] 政府失灵的理论主要包括四个假说，即：（1）信息不足或信息丢失；（2）决策成本过大；（3）决策者智慧不足；（4）决策者利益约束。这几个假说，对分析和理解经济法理论的有关问题，是很有价值的。参见陈东琪：《新政府干预论》，首都经济贸易大学出版社2000年版，第31页。

上述宏观层面和微观层面的分析，起点都是现实存在的市场失灵问题，正是为了解决此类问题，才需要现代国家履行其两大经济职能，即宏观调控和市场规制，而调控和规制都是广义的政府作出的，因而都会存在政府失灵的问题。要解决上述的"两个失灵"问题，就需要有不同于以往法律制度的宏观调控法和市场规制法。应当说，在解决"两个失灵"过程中带来的重要制度创新，就是宏观调控法和市场规制法的产生，以及整体上的经济法的产生。

由于宏观调控和市场规制是现代国家的两大经济职能，两者的性质、目标、方向等在根本上是一致的，从而也使与其相对应的宏观调控法和市场规制法紧密关联。同时，在宏观调控和市场规制领域形成的两类社会关系，即宏观调控关系和市场规制关系，应分别由宏观调控法和市场规制法来调整，并成为新兴的经济法的调整对象。

可见，经济法的调整对象有两类，一类是宏观调控关系，一类是市场规制关系，可以分别简称为调控关系和规制关系，或者合称为"调制关系"。因此，经济法的调整对象，最简单地说，就是"调制关系"。

尽管学界对于经济法调整对象的具体分类还存在其他观点，但把上述两类关系作为经济法最基本、最核心的调整对象，已殆无疑义。这是进一步提炼经济法概念的基础。

（五）对调整对象的进一步具体化

对于上述的宏观调控关系和市场规制关系，还可以进一步具体化。由于宏观调控主要涉及财税、金融、计划等领域，因而宏观调控关系可以分为财税调控关系、金融调控关系和计划调控关系，也可以分别简称为财税关系、金融关系和计划关系，它们同各国在宏观调控方面通常采行的财税、金融和计划三大手段是一致的；由于市场规制主要涉及反垄断、反不正当竞争、消费者保护等领域，体现的是对市场主体的市场行为等方面的专门规制，因而市场规制关系也可以分为反垄断关系、反不正当竞争关系和消费者保护关系。

此外，由于宏观调控和市场规制，都涉及相关国家机关的权力分配，因而在宏观调控关系和市场规制关系中，还都包含着一类特殊的社会关系，即体制关系，如财政体制关系、金融体制关系，等等。由于经济法的调整直接关系国民的财产权、经济自由权等基本权利，要有效地保护国民的基本权利，就必须依法界定国家机关的权力边界，因此，在宏观调控和市场规制方面，都要严格执行法定原则，依法在各类国家机关之间进行"分权"，从而形成各种类型的体制关系或称分权关系。

事实上，在经济法调整的各类社会关系中，都涉及基础性的体制关系，如财政体制关系是财政收支关系的基础，税收体制关系是税收征纳关系的基础，等等。

上述体制关系既有共性又有个性,需要予以特别关注。

以上主要是对经济法调整对象的基本界定和进一步具体化,由此可以看到经济法与其他部门法在调整对象上的不同。在此基础之上,就可以给出经济法的定义。

二、经济法的定义

(一) 经济法定义的提出

根据上述对经济法调整对象的认识和提炼概念应遵循的一般原则,可以认为,经济法是调整在现代国家进行宏观调控和市场规制的过程中发生的社会关系的法律规范的总称。简单地说,经济法就是调整调制关系的法律规范的总称。

上述经济法的定义包含了多个方面的内容,例如:第一,在时间上,经济法是与现代国家、现代市场经济相关联的,因而在产生基础和存续时间上不同于传统部门法;第二,在空间上,经济法侧重于在一国范围内对调控和规制关系进行法律调整,因而不同于国际层面的法律协调,与国际公法或国际经济法有别;第三,在调整对象上,经济法调整的是宏观调控关系和市场规制关系,简称调制关系;第四,经济法是一类法律规范的总称,因此,它并不是形式上的法律或法规的总称,而是从实质意义的部门法角度作出的归类。

上述对经济法概念的提炼,至少有助于理解以下几个方面的问题:第一,由于宏观调控和市场规制是作用于现代市场经济,因而经济法具有突出的现代性,它不同于传统部门法;第二,针对所要解决的基本矛盾和基本问题,经济法主要是运用法律化的宏观调控和市场规制手段来进行调整,因此,与其他部门法相比,经济法具有突出的经济性和规制性;第三,对调制关系的调整,是国家经济职能的法律体现,同时,在经济全球化的背景下,又与国际经济的法律协调密切相关,而上述对经济法的界定,则有助于打通国内经济法和国际经济法;第四,经济法不仅涉及市场主体之间的经济关系,还涉及相关的体制关系或称分权关系,从而不仅关乎个体私益,也关乎社会公益乃至国家利益。

为了进一步理解经济法的概念或定义,有必要对经济法定义中所隐含的经济法的经济性、规制性和现代性等问题,作进一步的说明,这对于理解经济法学的其他理论和制度,也有重要意义。

(二) 经济法的经济性和规制性

在经济法定义中,涉及两种社会关系(即宏观调控关系和市场规制关系)和两种调整手段(即宏观调控手段和市场规制手段),与之相对应,经济法具有突出的经济性和规制性,这是经济法区别于其他部门法的基本标志,是经济法的基本特征。

1. 经济性与规制性的内涵与表现

从经济法的作用领域、调整对象、调整目的、调整手段等诸多方面来看，经济法具有突出的经济性。所谓经济性，即经济法的调整具有节约或降低社会成本，增进总体收益，从而使主体行为及其结果更为"经济"的特性。经济法的经济性至少体现在以下几个方面：

（1）经济法作用于市场经济，直接调整特定的经济关系；调整的目标是节约交易成本，提高市场运行的效率。这与"经济"一词所包含的"节约"含义是一致的，同时，也是经济法的本质、宗旨、作用的体现。从这个意义上说，经济法就是使经济活动在总体上更加"经济"的法。

（2）经济法要反映经济规律。经济法要保障经济活动更加"经济"，提高总体福利，必须遵循和体现相关的经济规律，包括价值规律、竞争规律、供求规律等。经济法只有充分尊重和体现经济规律，才能引导市场主体依法从事经济合理的行为，实现综合效益和宏观经济的目标，以及自身的调整目标。

（3）经济法是经济政策的法律化。经济政策是经济立法的前提，经济法是经济政策的法律化。经济政策与经济法内在的密切联系及其重要影响，也是经济法不同于其他部门法的一个重要方面。

（4）经济法运用的是法律化的经济手段。与传统的民事、刑事或行政手段不同，经济法的调整手段是法律化的经济手段，包括法律化的宏观调控手段和市场规制手段。这些手段能够引导人们趋利避害，从而实现经济法所追求的效益目标。

（5）经济法追求的是总体上的经济效益。经济法的调整以总体经济效益的提高为直接目标，同时，也以社会利益等其他利益的综合保护为间接目标。在这个意义上，经济法也可以称为效益法。经济法的调整不仅要减低私人成本，更要降低社会成本，从而在总体上实现效益的最大化。

上述经济法的调整所体现出的经济性，贯穿于经济法的宗旨、原则以及各类具体规范；各类经济法制度的制定和实施，都会体现出经济性，同时，也会体现出规制性。

所谓经济法的规制性，是指在调整的目标和手段方面，经济法所具有的将积极的鼓励、促进与消极的限制、禁止相结合的特性。它体现的是一种高层次的综合，并非只是狭义上的"管制"或"监管"，因而与"规制经济学"上的狭义理解不尽相同。在经济法领域，需要在转变传统法律观念的基础上，从广义上来理解规制。[①]

[①] 从广义上来理解规制，在经济法领域已得到普遍认同。其实，即使是其他领域的学者，一般也都认为规制（regulation）包含了政府对市场主体进行规范和制约的含义，译为"规制"比译为"管制"更符合英文原义。参见谢地主编：《政府规制经济学》，高等教育出版社2003年版，第1页。

如同经济性一样，规制性在宏观调控法和市场规制法方面体现得都很明显。在经济法的各个部门法中，都存在着大量的"促进型"规范，如旨在鼓励、促进市场主体发展的各类优惠措施、适用除外制度等，它们与大量的限制、禁止性规范协调并用，使经济法的规制性体现得尤为突出。由于调控本身也是一种规制，因此，不仅市场规制法具有突出的规制性，而且宏观调控法在法律化的经济手段的运用方面，也有着非常突出的规制性。由此也可以看出宏观调控法与市场规制法之间的内在联系。

2. 经济性与规制性的内在联系

从总体上说，整个经济法制度是经济政策的目标及其工具的法律化，因而，在经济法的制度中，主要的或者大量的都是法律化的经济政策。而法律化的经济政策当然要力求反映经济规律，以更好地规范经济活动，调节经济运行，实现总体上的经济效益，因而必然具有突出的经济性。同时，上述具有经济性的法律化的政策，其调整手段又主要是法律化的经济手段或称经济杠杆，这些手段或杠杆的作用的发挥，就是通过积极的鼓励、促进和消极的限制、禁止来体现或实现的，因而它本身就具有规制性，从而使经济性与规制性之间存在着内在的联系，并共同存在于经济法的各类制度或经济法的各个部门法之中。

经济性和规制性的紧密联系，体现了经济法的调整目标和具体调整手段的内在关联。由于经济法的经济性特征有其特定的内涵，不同于微观主体的效率性或营利性，而恰恰与经济规律、经济政策、经济手段、经济主体以及总体效益直接相关，它更强调法益保护的一般均衡，因此，经济法就不能体现为传统法针对微观主体的单一的惩罚性或补偿性，而恰恰要体现为与经济性相一致的多维度的规制性。上述的经济性与规制性的统一，以及对传统法调整方法的超越，也是经济法作为现代法所具有的现代性的体现。

3. 经济性与规制性的提炼价值

探讨经济法定义中所蕴含的经济性与规制性，有助于揭示经济法在调整目标、调整手段、调整对象、调整领域等方面的特殊性，明晰经济法与其他部门法的区别。

经济法的经济性，与其调整领域、调整对象、调整目标、调整手段等都关联密切，反映了经济法的性质和时代特征；而经济法的规制性，不仅包括了消极的限制和禁止，也包括了积极的鼓励和促进，从而不仅可以揭示一般的市场规制的特征，而且也可以说明宏观调控的特征。此外，它还有助于说明经济法在调整方式、法律责任、与经济政策的密切关系等方面与其他部门法的不同。

经济法需协调个体的营利性和社会的公益性，这种协调不仅要保障个体的效率，而且也要保障整个社会的效率；不仅强调经济效益，而且也追求社会效益；

其协调和保障，是为了降低交易成本，减少经济和制度运行的摩擦，以使整个社会的总体福利最大化。其经济性体现在经济法所面对的经济问题、作用的经济对象、反映的经济规律、经济政策，以及运用的制度化的经济手段、追求的经济目标等方方面面。这说明了经济法上的经济性的特定性，以及它在经济法领域存在的普遍性。

(三) 经济法的现代性

在经济法的定义中，隐含着经济法与现代国家、现代市场经济的关联，它使经济法成为解决现代经济问题的、具有突出的现代性的法，并由此与传统部门法相区别。经济法的现代性是其重要特征，主要体现在精神追求、产生基础和制度建构三个方面。

1. 经济法在精神追求上的现代性

从历史上看，人类社会只是发展到现代市场经济阶段，才在经济上取得了"加速"的发展。伴随着经济和社会领域的巨大变迁，新兴的经济法与传统部门法在精神追求方面的差异日显。在现代社会，经济领域里突出存在的个体营利性和社会公益性的矛盾，以及由此而带来的效率与公平的矛盾，必须有效协调，即一方面要保护个体的营利活动，提高市场在配置资源方面的效率，另一方面要保护社会公共利益，强调社会分配方面的公平，由此才可能促进经济的稳定增长，保障基本人权和社会稳定，从而实现经济与社会的良性运行和协调发展。

上述各类矛盾的协调和解决，是经济法所追求的目标。经济法更追求一种从资源配置到财富分配，从调整手段到调整目标的整体"和谐"或"协调"，这种追求是经济法的一种基本理念，是其不同于传统部门法的一种基本精神。

经济法的上述精神，源于人类经济生活和社会生活的实际需要，是时代精神的具体体现。经济法产生之初，立法的价值取向已开始从个人本位转向社会本位，因而在法益保护方面，经济法不同于各类传统部门法，它更侧重于对社会公共利益的保护，同时，也能兼顾对国家利益和私人利益的保护。因此，经济法的法益保护具有多重性，这在经济法的各个子部门法上都是如此。

值得注意的是，现代经济法的基本理念的形成，与经济和社会的发展密切相关。这也是"经济基础决定上层建筑"原理的重要体现。因此，要更好地理解经济法在精神追求方面的现代性，还需要进一步从经济基础的层面，特别是从经济法产生的经济基础和社会基础的层面来展开分析。

2. 经济法在产生基础上的现代性

各个部门法的产生和发展，都离不开特定国家的特殊背景。就经济法而言，它之所以产生于传统部门法之后，就是因其产生的经济基础、社会基础、法律基础等不同于传统部门法，并由此形成其特殊的理念和价值追求，以及特殊的制度建构。

对于经济法产生和发展的背景,人们通常主要关注经济法赖以产生和发展的经济基础和社会基础。由于基础不同,因而其基本理念、精神、目标等,也就不可能与传统部门法完全一致。虽然单纯规范意义上的经济法也许在古代社会即已存在,但从较为广泛的领域来看,作为部门法意义上的经济法,则是产生于国家对市场经济进行积极的调控与规制以后,尤其是产生于20世纪30年代的西方经济大萧条和第二次世界大战以后。之所以作出这样的判断,是因为经济法有其独特的精神追求或称价值取向。

经济法产生所对应的经济发展阶段,不是传统的近代市场经济,而是现代市场经济;同样,经济法产生所对应的社会发展阶段,也不是近代市民社会,而是现代多元社会。恰恰是在这个特定历史阶段,出现了一系列重要的经济现象和经济问题,并且,它们是靠传统部门法理论和制度不能有效地予以解释和解决的。正是解决这些问题的现实需求,推动了经济法的产生和发展。

从总体上看,经济法产生的重要前提,是市场经济的充分发展,以及需由新兴部门法加以解决的市场失灵等问题的存在。如果市场机制在各个方面都能够有效地发挥其作用,能够完全实现自发的调节,则经济法就无须产生。可以说,市场经济的充分发育,特别是自由竞争导致的垄断的普遍出现,私人成本外在化所导致的外部性问题的突出,因消费的非排他性和不可分割性所导致的市场供给公共物品的不可能性,以及信息的不对称、分配的不公平、币值的不稳定等市场失灵问题的普遍存在,是经济法得以产生的重要经济基础。

与上述的经济基础相对应,从社会的角度看,在现代社会,社会分工的细化,社会的多元化和抽象化,社会成员之间的"互赖与互动"的强化,以及由此而导致的社会公益保护的虚化,使得市场无法提供的公共物品日益受到重视,导致权利保护从个人本位向社会本位转变,公共利益和各类弱势群体保护问题越来越被强调,同时,也促进了在传统的政治国家与市民社会之间的"社会中间层"的迅速发展,这些都为经济法的产生和发展提供了重要的社会基础。

上述的经济基础和社会基础,是经济法赖以产生和发展的重要背景,既与传统部门法的产生和发展背景明显不同,又使经济法作为对现代市场经济和现代多元社会的重要回应而具有突出的现代性。此外,上述背景使经济法不仅具有前述精神追求方面的现代性,还具有制度建构方面的现代性。

3. 经济法在制度建构上的现代性

在制度层面上,无论是制度形成、制度构成,还是制度实施,经济法都具有现代性。这是相对更易于感知或把握的现代性。

(1) 制度形成上的现代性

经济法制度的形成，与经济政策的联系十分密切，具有很强的"政策性"。由于现代社会分工复杂，变化多端，对经济运行效率有更高的要求，而法律却往往具有相对的滞后性，因此，能够灵活、及时地应对各种复杂问题的经济政策，便有其重要的存在价值。

充分重视和广泛运用经济政策，并将行之有效的经济政策上升为法律，是现代国家的普遍做法。经济政策作为整体公共政策的重要组成部分，在当代各国发挥着非常重要的作用。事实上，在现代社会，体现现代国家职能的多种政策或政策组合，如经济政策、社会政策等，影响都非常巨大。特别是经济政策中的财政—货币政策、产业—外贸政策、竞争—消费者政策等，都是经济法制度形成的重要源泉，并因而与传统部门法有很大不同。

(2) 制度构成上的现代性

现代社会的重要特征是强调程序和效率，程序价值和效率理念在经济法的制度构成上也有充分体现，并体现为经济法制度所具有的突出的"自足性"。经济法制度的自足性，是指在其制度构成中，既有实体法制度，又有程序法制度，从而在制度实施上能够"自给自足"的特性。这与传统的刑法、民法、行政法等在实体制度之外再单独构筑一套程序制度（特别是诉讼程序制度）是有所不同的。

经济法在制度构成上之所以在包含大量实体法规范的同时，又融入越来越多的程序法规范，与经济法所要解决的日益复杂的现代问题对程序和效率的要求直接相关。只有不断完善相关的调控程序和规制程序，才能更好地解决经济法领域的"复杂性问题"，也才可能更有效率并取得良好的效果。

产生于现代市场经济基础之上的经济法，直接对应于"综合的时代"。要解决复杂的现代经济问题，不仅需要各类经济政策的综合运用，而且需要各类经济法制度的综合运用。因此，从解决复杂的现实问题的角度，以及从确保制度实施的公平与效率的角度，经济法从一开始就把实体法规范与程序法规范熔于一炉。

(3) 制度实施上的现代性

在经济法制度的实施方面，执法机关权力的膨胀，以及经济法制度构成上的自足性的突出，使那些具有调制职能的执法机关成了经济法的主要执法主体。正因如此，经济法的制度实施更主要地体现于行政领域，经济法领域的许多纠纷并非在司法机关解决，这与传统的刑法、民商法等方面的案件大量由司法机关审理有很大不同，体现了经济法不同于传统部门法的现代性。

现代国家制定的大量法律，有许多是由法院以外的主体来执行的；就经济法等现代法而言，把大量问题解决于诉讼之外，更是其追求的目标。事实上，与经济法的实施联系更为紧密的，是政府所进行的积极的宏观调控和市场规制，而不是消极的司法审判,这也是法院难以成为经济法实施的最主要主体的重要原因。

第二节 经济法的历史

每一个部门法都有其历史。鉴往知来,可以更好地理解该部门法并认识其发展趋势。经济法亦然。

一、经济法的产生

经济法的产生受到诸多因素的影响。其中,经济、政治、社会和法律因素最为重要。

(一)经济因素

法律是经济关系的记载和表述。经济法的产生有其经济因素。

人的生存发展离不开经济基础,人的社会关系核心是经济关系,人的社会矛盾集中于经济利益冲突。这就决定了经济关系从来就是法律所要调整的重要对象,法律从根本上说主要是经济利益的准则。

无论何种经济形式,都需要相应的法律规则;经济形式不同,其法律规则也就不同。在自然经济时期,由于自然经济的落后性、小农性、封闭性和简陋性,决定了与其相适应的法制是"诸法合体、以刑为主"。古今中外,莫不如此。正如梅因所指出的:"大体而论,所有已知的古代法的杂集都有一个共同的特点使它们和成熟的法律学制度显然不同。最显著的差别在于刑法和民法所占的比重。我以为可以这样说,法典愈古老,它的刑事立法就愈详细、愈完备。这种现象常常可以看到,并且这样解释无疑地在很大程度上是正确的。"[1]在商品经济早期,由于资本原始积累是"利用集中的、有组织的社会暴力"[2]来掠夺社会财富,"在真正的历史上,征服、奴役、劫掠、杀戮,总之,暴力起着巨大的作用"[3]。如"15世纪末和整个16世纪,整个西欧都颁布了惩治流浪者的血腥法律","被暴力剥夺了土地、被驱逐出来而变成了流浪者的农村居民,由于这些古怪的恐怖的法律,通过鞭打、烙印、酷刑,被迫习惯于雇佣劳动制度所必需的纪律。"[4]这时的许多经济立法依然是刑法或变相刑法。在商品经济的自由竞争时期,国家奉行自由放任政策,国家的经济职能仅仅是充当"守夜人""仲裁员",维护商品经济自由竞争的

---

[1] [英]梅因:《古代法》,沈景一译,商务印书馆2009年版,第235页。
[2] 《马克思恩格斯文集》第5卷,人民出版社2009年版,第861页。
[3] 《马克思恩格斯文集》第5卷,人民出版社2009年版,第821页。
[4] 《马克思恩格斯文集》第5卷,人民出版社2009年版,第843、846页。

外部秩序，而没有完全介入社会生产的各内部和全过程，任由经济主体实行"意思自治"。这时的社会经济关系主要就是各经济主体在自由竞争中形成的平等经济协作关系。这种社会关系的本质必然要求"自由贸易被宣布为立法的指路明灯！"[①]调整这种社会经济关系的"专利"法——民法应运而生了。以 1804 年《法国民法典》、1896 年《德国民法典》为代表的各国民法典即是适时的产物。当商品经济发展到市场经济时期，一方面，市场竞争不仅存在不正当竞争行为，破坏市场公平竞争秩序，而且优胜劣汰，导致生产集中，最终形成垄断，垄断是市场竞争的必然结果。这正如列宁所说："集中发展到一定阶段，可以说就自然而然地走到垄断"[②]，"这种从竞争到垄断的转变，不说是最新资本主义经济中最重要的现象，也是最重要的现象之一"[③]，是"现阶段资本主义发展的一般的和基本的规律"[④]。不唯资本主义国家如此，任何社会或国家的市场竞争均会如此。不正当竞争、限制市场公平自由竞争的垄断，阻碍经济发展、社会进步和人类文明，危害严重，必须加以反对。另一方面，市场经济是社会化大生产，"各个业主自由竞争，他们是分散的，彼此毫不了解，他们进行生产都是为了在情况不明的市场上去销售"[⑤]，不可避免地具有盲目性和无序性，进而引发经济波动，甚至酿成经济危机，必须加以克服。为了反对限制竞争和克服盲目无序，需要国家依法进行干预。此时就出现了一系列体现国家干预的法律法规，如美国 1890 年的《谢尔曼法》、1914 年的《联邦贸易委员会法》和《克莱顿法》以及德国于 1896 年制定的《反不正当竞争法》、1919 年颁布的《碳酸钾经济法》《煤炭经济法》等。随着这些法律的制定，经济法正式产生了。

我国经济法产生于 1978 年以后的改革开放，发展、完善于 1992 年社会主义市场经济体制确立以后。市场经济是法治经济，市场经济提出了一系列的法律要求，法治建设是发展市场经济的制度保障。十八届四中全会通过的《中共中央关于全面推进依法治国若干重大问题的决定》指出："社会主义市场经济本质上是法治经济。使市场在资源配置中起决定性作用和更好发挥政府作用，必须以保护产权、维护契约、统一市场、平等交换、公平竞争、有效监管为基本导向，完善社会主义市场经济法律制度。""加强市场法律制度建设……制定和完善发展规划、投资管理、土地管理、能源和矿产资源、农业、财政税收、金融等方面法律法规，促进商品和要素自由流动、公平交易、平等使用。依法加强和改善宏观调控、市场

---

① 《马克思恩格斯文集》第 5 卷，人民出版社 2009 年版，第 327 页。
② 《列宁专题文集　论资本主义》，人民出版社 2009 年版，第 108 页。
③ 《列宁专题文集　论资本主义》，人民出版社 2009 年版，第 108 页。
④ 《列宁选集》第 2 卷，人民出版社 1995 年版，第 588 页。
⑤ 《列宁专题文集　论资本主义》，人民出版社 2009 年版，第 115 页。

监管，反对垄断，促进合理竞争，维护公平竞争的市场秩序。"只有发展市场经济，才有市场失灵的问题，才有国家干预的必要；为了确立和规范国家干预，才产生了经济法。在市场经济体制下，必然普遍存在宏观调控关系和市场规制关系，它们构成经济法的调整对象。市场经济是经济法的决定性因素，只有立足、扎根市场经济，经济法才能安身立命。

(二) 政治因素

国家作为重要的政治因素，向来处于经济、政治和社会的核心地位。但在不同的历史阶段、不同的社会环境和经济形式下，国家权力、国家干预及其限制有所不同。这些不同对法律有着直接的影响。

在奴隶制、封建制国家，皇权至上，君主独裁，"朕即国家"；皇权、君权广泛无边，如所谓的"普天之下，莫非王土；率土之滨，莫非王臣"；权力不受限制，"行政权支配一切"等。在这种国家权力体制下，皇帝、君主"口含天宪""言出法随"，法律不过是专制意志的体现，是社会控制的工具，这时的法制具有人治性、专制性、任意性和恐怖性。

随着商品经济的自由发展，意识形态上的文艺复兴、宗教改革和启蒙运动，资产阶级通过以"自由、平等、博爱"为旗号的政治革命，建立了资本主义国家。资本主义国家吸取了历史上长期存在的专制权力统治的深刻教训，致力于实行三权分立和权力制衡，加强了宪政和法治建设。在这种国家权力体制下，法律是民主的产物，具有平等性、契约性和自治性，法律以权利为本位，旨在限制国家权力，保障公民权利。长期以来，西方资本主义国家信奉市场原教旨主义，认为市场调节是资源配置最有效的机制，而国家干预扩大国家权力，会侵犯公民权利和社会自由，因而一贯反对并限制国家干预。直至1929年席卷资本主义各国的经济危机爆发之后，资本主义国家才开始重视国家干预。如美国实行了"罗斯福新政"，仅1933年就颁布了《全国工业复兴法》《农业调整法》《紧急银行法》《证券交易法》等一系列体现和贯彻国家干预的法律。但"新政"最初曾被保守派视为"邪政"，被美国联邦最高法院宣判为违宪而无效，直到罗斯福总统施加压力，向国会提交法案要求改组联邦最高法院，它们才得以有保留地通过。当然，更重要的是大法官们也与时俱进，逐步转变思想观念，开始承认它们的法律效力。自此，国家干预的思想理念和政策法律得以正式确立，为经济法的产生和发展奠定了基础。

在社会主义国家，国家的一切权力属于人民，为人民服务是国家权力的唯一宗旨，也是国家权力的唯一边界。国家是否干预以及干预的范围多大，取决于国家能否更好地为人民服务。因此，社会主义国家的国家干预更具自觉性、自主性和有效性，当然也理应更加规范化、法治化，确认和规范国家干预的经济法是社会主义国家履行其基本职责所必需的法律依据。

(三) 社会因素

法律历来被视为"善良公平之术","公正是法治的生命线",法律(治)的宗旨和使命是维护社会(公平)正义。

但实现社会正义的路径和依据大相径庭。在奴隶制、封建制国家,社会正义诉诸君主的仁政善治和皇恩浩荡。在资本主义国家,长期以来,社会正义诉诸社会契约和功利主义。社会契约论认为,社会上的每个人都是自由、平等的,每个人都通过契约自由为自己做主、为自己谋利、对自己负责,自己的命运由自己决定,每个人都被一视同仁,因而合乎社会正义。功利主义认为,社会情况变幻不定,存在得丧变更,且社会成员之间利害攸关,但只要社会总体上得大于失,就合乎社会正义。但后来人们逐渐发现,人们的契约能力是各不相同的,如雇主与雇工、大企业与小企业之间的契约能力就不尽相同,它们之间不可能自由协商、平等互利,不可能保证交易公平和实现社会正义。市场竞争,优胜劣汰,优胜者获得的不仅仅是市场利益,还形成了市场集中和垄断地位,劣汰者丧失的不仅仅是市场利益,而且包括社会地位,他们甚至连生存发展的条件都没有了。在这种情况下,许多人开始反思社会契约论和功利主义,探寻怎样才能真正实现社会正义。其中,罗尔斯的正义论最具代表性,其正义论包括两个基本原则:一是平等原则,二是差别原则。平等原则即公民的基本权利和自由一律平等,不允许牺牲基本权利和自由去换取其他利益,即使国家也不能打着社会公共利益的旗号去侵犯公民的基本权利和自由。差别原则即公民在经济利益方面可以存在差别,但这种差别要有利于社会境况最差者。罗尔斯的这两条正义原则,得到了比较广泛的认同。但要实现这两个原则,如保障公民的基本权利和自由,要使差别原则有利于社会境况最差者,都不能完全实行自由放任的市场经济,也不能听任社会契约和功利主义自行其是,而必须诉诸必要的法治化的国家干预,包括依法节制资本、反对垄断以及实施宏观调控、维护公正等。如早在"罗斯福新政"时期,仅1933年美国就颁布了《全国工业复兴法》《农业调整法》等多部法律,1935年又通过了《税收法》等法律。这些法律不仅仅是"危机对策法",也是"社会正义法"。

"社会主义的本质,是解放生产力,发展生产力,消灭剥削,消除两极分化,最终达到共同富裕。"[①] 社会主义与社会本位、社会正义不仅在本质上是一致的,而且是实现社会正义的最佳制度安排。实践证明,实现社会主义,不能完全诉诸自由市场,国家负有重要的经济社会职能,如宏观调控和市场规制。但国家要履行其宏观调控和市场规制职能,必须有法可依、依法进行,实现法治化,这就要

---

① 《邓小平文选》第3卷,人民出版社1993年版,第373页。

求制定宏观调控法和市场规制法。经济法是社会主义法律体系和法治体系的重要构成要素。

（四）法律因素

法律发展史表明，法律部门的产生呈现这样的规律：一是客观上存在一种社会关系需要某法律部门调整；二是这种社会关系应先由已有法律部门去调整，只有当它们不能或不宜调整时，才有必要产生新的法律部门。经济法的产生也是如此。市场经济形成了一种宏观调控关系和市场规制关系，这种社会关系具有普遍性，内在地需要国家干预，而已有的法律部门各有其定位和职能，它们不能或不宜对这种社会关系予以调整，于是出现了"法律空白"，需要新兴的法律部门予以弥补。在这种情况下，经济法就出现了。一般认为，真正现代意义上的经济法，其产生的标志是1890年美国颁布的《谢尔曼法》。后来，《德国基本法》第22条第1款规定，对于经济运行带来的不利于社会的结果，国家有义务进行干预。基于此，德国于1957年通过了《反对限制竞争法》《德意志联邦银行法》，1967年通过了《经济稳定与增长促进法》，1969年通过了《联邦预算法》，等等。我国于1992年颁布了《税收征管法》，1993年颁布了《反不正当竞争法》，1994年颁布了《预算法》，1995年颁布了《中国人民银行法》，2007年颁布了《反垄断法》。在法制史上，与其他法律部门的产生相比，真正意义上的经济法的产生是较为晚近的事情，经济法具有现代性。

二、经济法的发展

一般说来，只要存在国家干预或管理经济的活动，相应地就存在国家管理经济的经济法。但由于国家管理经济的基础、属性、方式和宗旨的不同，决定了经济法经历了以下发展历程。

在自然经济时期，国家也管理经济，也存在些许国家管理经济的法律法规。如税法制度、禁榷制度、专营制度等。但由于此时的国家大都是奴隶制、封建制的专制国家，由自然经济属性所决定，国家管理经济贯彻的是"重农抑商"的政策，普遍具有禁止性、惩罚性，而且多表现为刑法或变相刑法，甚至严刑峻法；国家管理经济实质上是国家统制经济，相关的法律不过是维护君主专制统治的工具。这些因素决定了自然经济时期的"经济法"只能是经济法的萌芽状态。如我国的历代法典，从《秦律》《唐律》《宋刑统》《大元通制》一直到《大明律》和《大清律例》，尽管它们名称不一，但究其实质，都是以刑为主，诸法合体的。为了进一步说明这个问题，不妨以在我国法制史上具有承前启后和典范作用的《唐律》为例。《唐律》是在过去历代法典的基础上取其精华锤炼而成的。对于《唐律》的内容及其属性，《唐六典》言简意赅地作出了认定，即"凡律以正刑定罪"，意为《唐律》是有关犯罪和刑罚的法律规定。对于这一点，我国著名学者陈寅恪在《隋唐制度渊源略论稿》"刑律章"中更是直接指出，《唐律》"成为二千年来东亚刑律之准则也"①。

在商品经济自由放任时期，由于资本主义国家信奉自由放任主义，以为市场这只"看不见的手"是最有效的资源配置机制，而国家干预仅限于公共设施、司法服务和国防建设等有限的方面，超出这些范围，就会妨碍市场机制功能的发挥，于是主张"国家干预越少越好"，"干预最少的政府是最好的政府"。在自由放任主义的支配下，与之相应的法律主要是私法，不仅意思自治，而且私权至上，私法处于主导地位。因国家干预甚少，自然谈不上有多少国家干预的法律。此时的经济法还处于边缘状态。如1890年美国就颁布了《谢尔曼法》，但一直被弃置不用，直到1904年"北方证券公司诉美国"一案，才成为美国联邦最高法院受理的第一个反垄断法案件。

在市场经济的垄断阶段，市场主体不再平等、市场竞争不够自由，市场经济已不能自如有序地发展。此时，要促进市场经济自由竞争地发展，必须首先反垄断，只有反垄断成功了，重新恢复了市场主体平等、市场竞争自由，为私法机制发挥作用奠定基础，在此基础上，私法才能有效地发挥作用。为此，市场经济先行国家均制定了自己的《反垄断法》，如美国的《谢尔曼法》（1890年）、《联邦贸易委员会法》（1914年）、《克莱顿法》（1914年）、《罗伯特—帕特曼法》（1930年），德国的《反不正当竞争法》（1896年）、《反对限制竞争法》（1957年），日本的《禁止私人垄断及确保公正交易法》（1947年），英国的《垄断与限制竞争法》（1948年）、《公平交易法》（1973年）、《竞争法》（1980年），等等。由于反垄断法对于保障市场经济自由、公平、竞争地发展非常重要，因而也被称为"经济宪法"或"市场经济的基本法"。自此，经济法开始受到重视，其地位日渐重要。

市场经济是一种社会化经济，市场经济越发展，其社会化程度就越高，现代市场经济已发展成为一种社会化的大经济。由于理性不足、市场分化、信息有限等因素决定了社会化的市场经济不可避免地具有盲目性和无序性，它内在地需要国家干预，为此，一些国家通过了许多宏观调控方面的法律。如德国的《联邦银行法》（1957年）、《经济稳定与增长促进法》（1967年）、《联邦预算法典》（1969年），美国颁布了《充分就业与平衡增长法》（1978年）、《存款机构放松管制及货币控制法案》（1980年）、《税制改革法》（1986年）、《金融现代化服务法》（1999年）、《紧急经济稳定法》（2008年），我国也在财税法、金融法等领域颁布了许多

---

① 陈寅恪：《隋唐制度渊源略论稿》，载《中国现代学术经典·陈寅恪卷》，河北教育出版社2002年版，第116页。

宏观调控方面的法律。这些法律促进了经济法的全面发展，使经济法的体系更加健全完善。

纵观中外经济法发展的历史，可以看出经济法的发展具有以下特点：

一是从"非常态法"到"常态法"。真正意义上的经济法是随着市场经济的发展而发展起来的，由于市场经济在初期和中期尚能自然自发或自由放任地正常发展，市场这只"看不见的手"就能有效调节，不仅不需要国家干预，而且在人们的心目中形成了一种排斥国家干预的根深蒂固的观念，当时与之相应的法律主要是民商法。但市场经济发展到后期，出现了限制竞争和盲目无序等不正常情况，一开始人们把它们看作市场经济的偶然病态，是周期性的经济波动。为了医治这种病态现象，一些国家颁布了许多法律，如"罗斯福新政"时期美国颁布的《证券交易法》（1934年）、《格拉斯—斯蒂格尔法案》（1933年）等。这些立法旨在医治市场经济发生病变的"非常态"的情况，因而也被称为危机对策法。所谓危机对策法，言下之意就是应对危机之法，出现危机才启用之法，只是"非常时期"的权宜之计。但后来，由于经济波动演变为经济危机，并且经济危机一再爆发，人们开始认识到经济波动、经济危机并非市场经济的偶然病变，而是一种普遍情况、正常现象，一种只要发展市场经济就必然存在的现象。医治市场经济病变的经济法也不仅仅是"非常时期"的危机对策法，它们还可以未雨绸缪、防患于未然，是保持市场经济正常发展所必备、常备的法律。此时，经济法已常态化，成为常态经济法。

二是从"战时法"到"平时法"。考察经济法的发生历史，可以发现，经济法起初总是在危机时刻才大显身手，前述经济危机时期的经济法是如此，在战争时期的经济法也是如此。如第一次世界大战和第二次世界大战时期，许多国家都颁布了这方面的法律，如德国颁布了《关于限制契约最高价格的通知》（1915年）、《确保战时国民粮食措施令》（1916年），日本通过了《战时工业原料出口规制法》（1914年）、《钢铁行业奖励法》（1917年）、《军需工业动员法》（1918年）、《全国总动员法》（1938年）、《日本银行法》（1942年）、《工商组合法》（1943年）等，史称"战时统制法"或"战时经济法"。虽然后来世界大战未再爆发，但危急或危机时刻从未间断，使得应急措施要常抓不懈，战时经济法所采取的各种措施依然管用常用，并已平时化、日常化了。如日本的《国民生活安定紧急措施法》（1973年）就是如此。在平时它们悬而不用，看似无用，但在危急或危机时刻堪当大用。

三是从"边缘法"到"基干法"。在市场经济的初期和中期，人们注意到民商法对市场经济的调整极大地促进了市场经济的发展，以为民商法可以对市场经济自如调整、包揽无遗。但随着限制竞争和盲目无序的频繁发生和普遍存在，民商法已力不从心，需要宏观调控法和市场规制法进行宏观调控和市场规制，并且，只有在宏观调控法和市场规制法发挥作用之后，民商法才有发挥作用的基础和条件。因此，经济法在保障经济运行和经济秩序方面的基干作用日益突显，并受到普遍重视。

四是从"一元体系"到"二元体系"。西方资本主义国家信奉自由市场经济，许多人还信奉市场原教旨主义，把市场自由竞争奉为圭臬，其经济法体系主要是以反垄断法为核心和主干的市场规制法，形成了一元性的经济法体系。但随着资本主义经济危机的反复出现和经济周期的频繁爆发，资本主义国家也认识到国家必须依法对市场经济进行宏观调控，于是颁布了许多宏观调控方面的法律。如前述"罗斯福新政"时期颁布的诸多法律即是如此。这些法律侧重于宏观调控，构成宏观调控法，开始成为经济法体系的另一重要分支。2008年由美国次贷危机引发的全球金融危机，再次说明国家宏观调控之于市场经济健康发展的不可或缺和至关重要。为了应对金融危机，美国采取了财政、金融方面的宏观调控措施救市，我国也采取财政、金融、产业调控等多种宏观调控手段拉动经济增长，对经济的复苏起到了积极的作用。从20世纪30年代的大萧条，到2008年以来的金融危机和经济危机，人们更加认识到宏观调控法的重要性。因此，经济法体系中不仅要有市场规制法，还需要有宏观调控法，从而形成经济法体系的二元结构。我国的经济法体系也是如此。目前，我国经济法学界已经达成这样的共识：经济法是调整宏观调控关系和市场规制关系的法律规范的总称。

五是从"差异"走向"互鉴"。由于经济法主要是市场经济之法，以前只有实行市场经济的资本主义国家才可能有完善的经济法体系。传统的社会主义国家长期实行计划经济，计划经济异质于市场经济，计划经济所内含和要求的法律不同于市场经济所内含和要求的法律，导致社会主义国家的经济法与资本主义国家的经济法存在较大差异，甚至无法接轨。但随着原来实行计划经济体制的国家相继实行市场经济体制，这些转型国家也颁布了一系列与市场经济国家类似的经济法。如俄罗斯颁布了《关于在商品市场中竞争和限制垄断活动的法律》（1990年）、《国家保护中小企业免受垄断和不正当竞争的法律》和《反自然垄断法》（1995年)，匈牙利于1990年颁布了《禁止不公平市场行为法》（1996年修订为《禁止不公平市场行为和限制竞争法》）。我国也先后颁布了《反不正当竞争法》《反垄断法》《预算法》《税收征收管理法》《中国人民银行法》等。目前，各国的经济法体系大体上均由宏观调控法和市场规制法构成，并且各国的经济法也有许多可以互鉴的方面。

思考题：

1. 如何理解经济法调整所要解决的基本矛盾和基本问题？

2. 经济法的调整对象包括哪些？如何理解经济法调整对象的重要性？
3. 如何通过经济法的定义理解经济法的特殊性？
4. 经济法是如何产生的？
5. 经济法是怎样发展的？
6. 经济法的发展有何规律？

▶ 自测习题及参考答案

第二章 经济法的体系和地位

经济法的体系与经济法的概念密切相关，对经济法调整对象的理解，直接影响对经济法体系的内部结构的认识。此外，经济法体系与经济法的渊源也关联紧密，通过明晰经济法的主要渊源和辅助渊源，有助于更好地理解经济法的体系。

经济法是法律体系中的一个重要法律部门，在经济社会发展中具有不可替代的重要地位。经济法与各个部门法之间既有联系，又有区别。本章着重探讨经济法同与其密切相关的民商法、行政法之间的关系，由此也有助于进一步理解经济法的特殊性。

第一节 经济法的体系

一、经济法体系的界定

经济法的体系与经济法的调整对象直接相关，对经济法体系的认识有助于更为直观地回答什么是经济法，揭示学界对经济法在总体上取得共识的程度。

所谓经济法的体系，通常是指各类经济法规范所构成的和谐统一的整体。由此可知，经济法体系的构成要素是经济法规范，各类经济法规范并非杂乱无章，而是要构成一个和谐的、统一的整体；而这样的整体，其实就是一个系统，即经济法系统。

基于上述认识，既然经济法体系是由不同类型的经济法规范构成的，某一类型的经济法规范，便可构成经济法的一个部门法。因此，在分析经济法体系的结构时，就需要研究经济法由哪些部门法构成，以及它们是如何组成一个和谐的整体的。

为了说明经济法体系由哪些部门法构成，需要研究经济法规范的分类，而这些分类则对应于经济法的具体调整对象，即经济法所调整的社会关系。只有厘清调整不同社会关系的经济法规范，揭示经济法的不同类型，以及各类部门法的数量及其横向和纵向关联，才能揭示经济法体系的内部结构。因此，界定经济法体系，就要说明经济法规范的分类以及经济法各部门法的内部结构。

此外，经济法体系作为相关经济法规范构成的内在和谐统一的整体，是一个特定的系统，因而可以运用系统分析的方法，特别是结构功能分析的方法，来揭示经济法规范的类别及其所形成的特定结构，从而可以更好地认识经济法的体系。

例如，基于结构功能分析的视角，从经济法的产生及其与调整对象的关系来看，市场失灵等"新问题"的产生，需要经济法具备一定的"新功能"，即传统法所不具备的功能。而"新功能"的生成，则要求经济法具备特殊的"新结构"，包括特殊的主体结构、行为结构、权义结构、责任结构等。具备上述"新结构"的经济法，必然会有自己的"新体系"。而这种"新体系"，则同经济法所调整的新的社会关系直接相关。上述分析路径，尤其有助于增进对经济法体系的认识。

二、经济法体系的构成

（一）经济法体系的基本构成

依据一般法理，部门法的体系构成主要取决于其调整对象，经济法的体系构成也是如此。如前所述，在国家进行宏观调控和市场规制的过程中，形成了传统部门法都不调整的两类社会关系，即宏观调控关系和市场规制关系，这两类社会关系都需要由新兴的经济法调整，由此形成了两类经济法规范，即调整宏观调控关系的宏观调控法规范，以及调整市场规制关系的市场规制法规范，前者可以总称为宏观调控法，后者可以总称为市场规制法。

宏观调控法和市场规制法，还可根据其具体调整对象，作进一步的分类。例如，在宏观调控领域，世界各国主要运用财税、金融和计划这三类经济政策以及相应的三类经济手段来实施间接调控，这些政策及其手段的法律化，就构成了调整宏观调控关系、规范宏观调控行为的法律规范，这些规范可以进一步分为财税调控法规范、金融调控法规范和计划调控法律规范，从而构成了宏观调控法的三大类别。又如，在市场规制领域，各国主要通过竞争政策和消费者政策来实施直接规制，而这些政策的法律化，就构成了一国的竞争法和消费者保护法，并可以进一步分为反垄断法、反不正当竞争法和消费者保护法规范，这与市场规制所保护的不同主体的不同法益以及所运用的不同手段是一致的，它们构成了市场规制法的三大类别。

综上所述，对应于经济法调整的两类社会关系，经济法体系首先可以分为宏观调控法和市场规制法两大部分，从而形成了一个基本的"二元结构"。其次，上述宏观调控法和市场规制法还可进一步细分，从而形成经济法体系中的各个部门法。其中，宏观调控法包括三个部门法，即财税调控法、金融调控法和计划调控法，可分别简称为财税法、金融法和计划法；市场规制法也包括三个部门法，即反垄断法、反不正当竞争法和消费者保护法。

上述对经济法体系中的各个部门法的描述，可以大略概括为"财金计划调控法，两反一保规制法"。这就是经济法体系的基本构成。

当然，按照部门法原理，上述部门法还可进一步细分。如财税法包括财政法与税法两个具体的部门法，其中，财政法包括财政体制法和财政收支法，具体包括预算法、国债法、政府采购法、转移支付法等；税法又包括税收体制法与税收征纳法，而税收征纳法又可进一步分为税收征纳实体法（商品税法、所得税法和财产税法）与税收征纳程序法等。

上述分类对于经济法的其他部门法也都适用。例如，基于上述原理，金融法可以分为金融体制法（包括有关金融调控权分配的规范）和金融市场调控法（包括有关货币市场、证券市场、保险市场等重要金融市场调控的规范），计划法可以分为计划体制法和计划协调法（如经济稳定增长法等）。又如，在市场规制法领域，核心问题是保障竞争秩序，保障基本人权，与此相关，在竞争领域的市场规制法规范，可以分为竞争体制法和竞争行为规制法，如反垄断法可以包括反垄断体制法和垄断行为规制法；反不正当竞争法则包括反不正当竞争体制法和不正当竞争行为规制法，等等。当然，它们在名称上与具体法律文件的名称未必一致。

上述经济法规范的不同层次的分类，直接影响到经济法体系的纵向结构。从总体上看，经济法体系的内部结构是一个层级结构。其中，第一层结构，是体现经济法的调整范围、机能或调整手段的两类规范群，即宏观调控法规范群与市场规制法规范群，简称宏观调控法和市场规制法；第二层结构，是体现宏观调控职能的三个部门法，以及体现市场规制职能的三个部门法，它们一般也被称为经济法的亚部门法；第三层结构，是每个亚部门法进一步细分的若干更小的部门法。

上述经济法体系的内部结构，揭示了各类经济法规范的数量比例关系和排列顺序。由于各层结构的各类规范之间都有内在的协调互补的关系，而不是相互交叉、重叠、冲突的关系，因而经济法系统能够较为稳定地发挥其整体功效。

需要说明的是，上述的经济法体系结构是从部门法而非形式意义的立法上来理解的。在各类形式意义的经济法的立法中，可能还包含其他部门法规范，如形式意义的财税法中可能有行政法规范，形式意义的金融法中可能有民商法规范，形式意义的计划法中可能有宪法规范，等等。因此，要注意"形式意义的经济法"与"实质意义的经济法"之间的区别与联系，并从实质意义的经济法规范的角度来分析经济法体系的问题，这样也有助于把经济法体系与经济法的立法体系或经济法的规范性文件体系区别开来。

（二）对上述基本构成的进一步理解

上述将经济法体系分为宏观调控法和市场规制法的"二分法"，强调将这两个部分作为经济法体系最核心、最基本的部分，是学界的一种"基本"共识，体现的是经济法体系的基本框架。在上述认识的基础上，也有学者曾主张把市场主体法、社会保障法、政府投资法、涉外经济法等纳入经济法体系，对此学界一直有不同的看法，现举几例简略说明：

第一，市场主体法。有人认为应将市场主体法规范纳入经济法体系，但反对者认为，市场主体的资格实际上主要由民商法来确立，只要其符合经济法的要求，同样可以成为经济法的主体。经济法对主体资格有特殊要求的，可以由宏观调控法或市场规制法来加以确定。因此，不需要在宏观调控法和市场规制法之外，再设置一个单独的市场主体法。

第二，社会保障法。有人认为应将社会保障法规范纳入经济法体系，但反对者认为，虽然社会保障法规范与经济法规范密切相关，但因其有自己不同于经济法的宗旨和调整对象，因此，随着社会保障法制度的建立和不断完善，其独立性日益突出。考虑到社会法的调整目标是着重解决社会运行中产生的社会问题，而经济法则是着重解决经济运行过程中产生的经济问题，因此，学界已普遍认为应将社会保障法归入作为独立部门法的社会法。

第三，政府投资法。有人认为有关政府投资经营的规范体现国家干预，应纳入经济法体系，但反对者认为，政府投资，如果意在宏观调控，则应由宏观调控法来规范；如果是作为营利性活动出现，则同样要受市场规制法规范。随着市场经济的深入发展，政府应尽量避免"与民争利"，逐渐退出竞争性领域。特别是随着政府职能的转变，政府直接投资的领域应逐渐限缩，主要致力于公共物品的提供，且应当由相关的财政、金融、计划等调控制度加以规范，因而不宜将政府投资法作为一个与宏观调控法等相并列的领域。

第四，涉外经济法。有人认为涉外经济法应当作为经济法体系中的一个独立部分，但反对者认为，在中国加入 WTO 以后，随着国民待遇的普遍实施，许多经济法制度都要解决原来的"内外有别"的问题，以更好地维护法制的统一。据此，学界普遍认为没有必要把涉外经济法作为一个独立领域来与宏观调控法等相并列。

以上只是列举了几个关于法律归属的不同观点，这些观点会直接影响对经济法体系的具体结构的认识。其实，上述把经济法体系分为宏观调控法和市场规制法的"二元结构"，同调整对象（宏观调控关系和市场规制关系）、调整手段（法律化的宏观调控手段和市场规制手段）、调整领域（对市场进行宏观调控和市场规制的领域）、国家的经济职能（宏观调控职能和市场规制职能）等，都存在着内在的关联，揭示其关联，有助于形成统一、和谐的理论与制度，并从不同角度对相关理论和制度作出评判，从而推进理论和制度的发展。

（三）某些特殊规范的归属问题

在构成经济法体系的二元结构中，涉及多种不同类型的具体规范，有些规范，如监管规范、价格规范等较为特殊，其归属会影响对经济法内部结构的认识，因而有必要略作说明。

市场监管是市场规制的重要内容，是政府的重要经济职能。在市场化的过程中，加强对特定行业或特定市场的监管，对于确保国计民生无疑非常重要。例如，对银行业、证券业和保险业以及相应的货币市场、资本市场和保险市场的金融监管，对食品药品、重要能源等重要行业的监管等，都广受关注，并由此催生了一批重要的监管规范。

考虑上述监管规范的调整更具有直接性，且监管主体和受体都具有特定性，与宏观调控法调整的间接性和调控受体的非特定性有所不同，因而它们虽然与宏观调控密切相关，但更应作为一类特殊的市场规制规范归入市场规制法中。

由此可见，经济法体系中的市场规制法，不仅包括一般的市场规制法（即反垄断法、反不正当竞争法和消费者权益保护法），还包括特别的市场规制法，如金融市场规制法（包括银行监管法、证券监管法和保险监管法）等。特别市场规制要以传统的竞争法为基础，同时，基于相关市场的特别重要性，国家还要专门对其进行更为严格的规制。

除了监管规范以外，价格规范的归属也值得关注。从总体上说，在各类价格规范中，凡涉及价格总水平调控的，应属于宏观调控法的规范；而有关一般的规制价格行为的规范，则属于市场规制法规范。

（四）经济法体系内部两类规范的紧密联系

经济法体系中的两大类规范所构成的"二元"，并非截然孤立，而是存在着密切的内在联系，从而使经济法成为一个统一的部门法。

从规范生成的先后来看，市场规制法比宏观调控法产生得更早①，与传统的民商法、行政法的联系也更为密切，从传统法中汲取的养分也相对更多。而宏观调控法，则是在经济学、政治学和社会学理论有一定发展，特别是在相关立法和法学理论有一定发展的基础上，才逐渐产生和被认识的重要领域。人类的实践已经表明并将一再表明，宏观调控法的有效实施，离不开市场规制法的调整所确立的基本秩序，同时，也为市场规制法所确保的市场秩序提供了重要的外部环境；而市场规制法的有效实施，也离不开宏观调控法所提供的相关保障，并且，恰与宏观调控法的调整相得益彰。

对于宏观调控法和市场规制法的紧密联系，学界已有一定的探讨。两大规范群的交融，在具体的立法中亦有所体现。这既反映了两者之间的固有联系，也体现了在现代市场经济条件下相关问题的复杂性。例如，在反倾销和反补贴的立法中，就既有关于调查机关及其程序的规定，也有关于企业竞争、经济秩序、产业

---

① 从立法的角度来看，市场规制法（如反垄断法）往往被视为经济法立法的开始。一般说来，市场规制法与民商法、行政法等联系都很密切，在很大程度上是民商法等部门法进一步发展，并融入经济法因素的结果，对市场主体的相关权益关注更多；而宏观调控法的全面发展则要更为晚近，与民商法的联系远没有市场规制法那么密切，对宏观调控主体的权力行使的关注更多。

损害、税款征收等方面的规定，体现了宏观调控和市场规制的结合。如果对其进行深入研究，则有助于看到问题和规范的复杂性。

在宏观调控法和市场规制法各自的发展过程中，诸如价格法等包含宏观调控法规范和市场规制法规范的制度日益生成。这些制度在"二元结构"的罅隙中日益生长，使宏观调控法和市场规制法更加融为一体，从而为提炼经济法规范共通的法理奠定了重要的基础。

三、经济法的渊源

经济法的渊源，通常是指经济法规范的表现形式。明晰经济法的渊源，有助于更全面地理解经济法的体系，促进经济法的有效实施，推进经济法的法治建设。为此，对经济法的主要渊源和辅助渊源都应深入研究。

（一）经济法的主要渊源

1. 宪法

宪法作为国家的根本大法，是经济法的重要渊源。随着宪法"经济性"的日益突出，"经济宪法"日益受到重视，许多宪法规定都与经济法直接相关。其中，有些宪法规范对于经济法具有总体上的意义，而有些宪法规范甚至就是某些经济法领域的法律的直接立法依据，这些都使宪法成为经济法的重要渊源。

例如，我国《宪法》第15条，对于理解经济法的存在基础、基本体系等，都具有总体上的意义。其中，有关"国家加强经济立法，完善宏观调控"的规定，对于宏观调控法的制度建设尤其具有重要意义。另外，有关财政、预算、税收、金融、计划等领域的宪法规定，也都是经济法的重要渊源。在某些国家的宪法里，还有反垄断、保护公平竞争等方面的规定，这些也都是经济法的重要渊源。

2. 法律

法律也是经济法的重要渊源。由于经济法的调整涉及国民的基本权利，因而许多领域都要求贯彻法定原则或"法律保留原则"。对此，在我国《立法法》第8条中已有规定，特别是涉及"基本经济制度以及财政、海关、金融和外贸的基本制度"等，只能制定法律，这是法律保留原则的要求和体现。而上述《立法法》所列举的需要制定法律的领域，恰恰是经济法调整的重要领域，从而使法律成为经济法非常重要的渊源。

目前，我国在经济法领域里制定的成文法律已有很多，包括财税法领域的《预算法》《企业所得税法》《个人所得税法》《政府采购法》等，金融法领域的《中国人民银行法》《商业银行法》《证券法》《保险法》等，与计划法、产业法等相关的《价格法》《中小企业促进法》以及大量的行业立法等。在市场规制法方面，包括《反垄断法》《反不正当竞争法》《消费者权益保护法》《产品质量法》

《广告法》等。上述诸多法律都是经济法的重要渊源。

此外，全国人大每年审批通过的年度预算和年度计划，从法理上说，与其他法律具有相同的法律效力，只不过在时限上有所不同而已。其实，在全国人大审批通过的年度预算、年度的国民经济和社会发展计划中，集中体现了国家的经济政策和社会政策等多种政策，大量涉及宏观调控和市场规制，具有约束力，因而也是经济法的重要渊源。它们与经济法领域的具体法律、法规相配合，共同发挥着重要的作用。

3. 行政法规

行政法规，是我国最高行政机关——国务院根据宪法和法律，或者根据国家立法机关的授权决定，依法制定的规范性文件。根据我国《行政法规制定程序条例》的规定，行政法规的名称一般称"条例"，也可以称"规定""办法"等。国务院根据全国人民代表大会及其常务委员会的授权决定制定的行政法规，称"暂行条例"或者"暂行规定"。① 在经济法领域，由于中央政府是进行宏观调控和市场规制的重要主体，因此，大量经济法规范实际上由国务院制定。特别在授权立法几乎没有限制的情况下，经济法方面的行政法规更多。例如，在税收领域，我国前几年大部分税种的开征都没有制定法律，国务院制定的十几个税收暂行条例一直在实施。在这种情况下，税法的主要渊源不是税收法律，而是税收法规。类似情况在经济法的其他领域屡见不鲜。如《国库券条例》《国家金库条例》《金融机构撤销条例》《人民币管理条例》《外汇管理条例》等，都是相关领域的主要渊源。

此外，由于经济法领域的许多法律规定较为简约，因而同样需要国务院通过制定"实施条例"的形式进一步具体化，如《预算法实施条例》《企业所得税法实施条例》，等等。这些"实施条例"恰恰在经济法的实施方面具有非常重要的作用。

从数量上看，相对于法律而言，经济法方面的行政法规是更为大量的。由于我国一直处于持续的改革时期，在许多情况下，先制定法律可能条件并不成熟，需要采取先制定行政法规，待条件成熟后再制定法律的立法路径，因此，在经济法的许多领域，行政法规往往扮演着重要角色，甚至往往是制定法律的重要基础。

4. 部门规章

国务院所属的各部、委、行、署以及具有行政管理职能的直属机构，是部门规章的制定主体，其中有多个部门是有权进行宏观调控和市场规制的重要主体，可以统称为调制部门。它们制定和实施相关规章，是为了实现经济法的调整目标。

---

① 参见《行政法规制定程序条例》第5条，该条例自2002年1月1日起施行。

在许多情况下，部门规章的内容更专业、更细致，制定程序更灵活、更便捷，从而更能及时地体现国家的经济政策和社会政策，因此，部门规章往往被认为是更常用的，特别在具体实施方面，其作用也更为直接而具体。

经济法领域的大量部门规章，主要来自那些负有宏观调控和市场规制职能的部门，其规章在调制方面的作用更大。目前，财政部、国家税务总局、中国人民银行、国家发展和改革委员会、国家市场监督管理总局、商务部、相关的各类监督管理委员会（如证监会）等部门所制定的大量规章，都是经济法的重要渊源，在实践中发挥着重要作用。

近些年来，为了更好地进行宏观调控和市场规制，多个部门还经常协调联合发布部门规章，以更好地解决经济和社会生活中突出的热点问题和难点问题。如对房地产市场、证券市场等领域的调控，以及对市场秩序的整顿等，都曾由多个部委联合发布规章。

5. 地方性法规

省、自治区、直辖市以及设区的市的人民代表大会及其常委会依据本地具体情况和实际需要，可以依法制定地方性法规。作为经济法渊源的地方性法规不得违反上位法，它主要是对相关宏观调控法和市场规制法的具体落实；其实施的空间范围是受局限的，侧重于解决在统一的经济法制度下的地方差异问题。

我国地域辽阔，各地区发展不平衡，在宏观调控和市场规制的某些方面，也不可能"一刀切"，因而在法律、法规中往往会给地方留出立法空间。如在税收领域的多个暂行条例中，都规定了幅度比例税率，由地方根据当地的实际情况去具体规定实际适用的税率。事实上，针对许多法律，各个地方都制定了地方性法规，以配合相关法律的实施。除了上述税法领域的规定外，在财政法、金融法、市场规制法等领域，也都有不少地方性法规作出具体规定。例如，多个省都制定了《×××省反不正当竞争条例》《××省消费者权益保护条例》，也有一些省称为《××省实施〈中华人民共和国反不正当竞争法〉办法》《××省实施〈中华人民共和国消费者权益保护法〉办法》，等等。此外，与行政法规或规章的制定情况类似，有些地方性法规的制定可能比国家的相关法律或法规还要早，从而为国家的相关立法积累了经验。

地方性法规作为经济法渊源，不应当占据重要地位。虽然在地方性法规中含有经济法规范，经济法规范渊源于其中，但从全国范围来看，特别是从建立统一市场、统一法制的角度来看，不宜盲目地扩大地方性法规的数量。地方性法规对于相关实体权利义务的规定，一定要同相关经济法的法律规定的要求相一致，不应突破。我国在大量法律中留出了立法空间，实际上是充分考虑了地方的差异性。

上述五类法律形式，是经济法的主要渊源，在经济法的法治建设方面发挥着重要的作用。

(二) 经济法的辅助渊源

经济法的辅助渊源，是相对于主要渊源而言，起辅助作用的渊源。在辅助渊源中，既有长期存在的，也有近年来新兴的；既有国内法层面的，也有国际法层面的。现分述之。

1. 地方政府规章等辅助渊源

经济法渊源，除了上述五类主要渊源以外，还包括地方政府规章、自治条例和单行条例等。其中，省、自治区、直辖市和较大的市的人民政府是制定地方政府规章的主体；民族自治地方的人民代表大会，是自治条例和单行条例的制定主体。

上述各类辅助渊源久已存在，共识度较高。从我国的情况来看，这几类渊源的共同特点是都具有地域性，效力层次相对较低，因而在经济法的渊源体系中只具有辅助地位。

从法定原则、法治统一的角度来看，经济法的立法级次应当相对较高，才符合其高级法的特点，才能更好地同其他法律相协调，有效实现宏观调控和市场规制的目标。但是，现实世界充满了差异，各个地区的差异，包括经济和社会发展阶段、法律传统等方面的差异，又往往需要考虑，需要微调，以更好地体现国家的经济政策和社会政策等。这使得上述各类辅助渊源亦有其价值。

2. 与港澳台地区相关的辅助渊源

除了上述传统的经济法渊源，还应关注与特殊区域相关的辅助渊源。从总体上说，我国港澳台地区的多种层次、多种形式的制定法，以及相关的判例法等，也都是经济法的渊源。

尽管港澳台地区承载着经济法规范的各类法律形式也都是经济法的渊源，但因其具有突出的地域性，加之在"一国两制"的原则下，上述地区的立法具有相对的独立性，因而以往在研究经济法的一般渊源时常常被忽视。但无论在法律上抑或政治上，它们又确是经济法的渊源。在港澳与内地以及海峡两岸联系日益密切的情况下，应当进一步研究这些特殊的渊源。

此外，还有一类特殊的辅助渊源值得注意，这就是同时适用于港澳地区与内地的一些新的法律形式。这些法律形式是近些年来随着各区域经济、社会联系的日益紧密而形成和发展起来的，由于其适用领域、层次等原因，仍将其确定为辅助渊源更为合适。

上述辅助渊源既不是单纯的部门规章，也不是行政法规，更不是地方性法规，而是一种特殊的制度安排。例如，商务部与香港特别行政区签订的《内地与香港关于建立更紧密经贸关系的安排》(CEPA)，以及国家税务总局与香港特别行政区签订的《内地和香港特别行政区关于对所得避免双重征税和防止偷漏税的安排》等,① 都属于特殊的经济法的辅助渊源。为了落实和实施上述的 CEPA,相关部委还制定和发布了多个部门规章,从而使新兴的经济法渊源中所蕴含的经济法规范能够得到更有效的实施。

上述内地与特别行政区之间的相关制度"安排",作为经济法的辅助渊源,在形式上貌似国际协定,但又不是两个主权国家签订的,而恰恰是在一个主权国家内部不同地区的不同管辖权相互协调的结果,因而不同于国际协定。另外,它也有别于部门规章或地方性法规,作为不同的管辖权主体进行双向协商所达成的协议,它是双方或多方的协定规则,而不是单方制定的规则,因此它不同于传统的经济法渊源。

3. 国际条约

由于法的渊源可以分为国内法渊源和国际法渊源,因而经济法的渊源中也应当包括国际法渊源,并且,广义上的国际条约(包括各类国际公约、条约、协定等),都应当成为经济法的渊源。据此,与世界贸易组织(WTO)、国际货币基金组织(IMF)、世界银行(WB)等相关的多边国际公约或条约,都应成为经济法的渊源。此外,我国同其他国家签订的双边投资保护协定、避免双重征税协定等,也都是经济法的渊源。

对于国际条约中存在经济法性质的规范(如宏观调控或市场规制的规范),学界是有共识的。在更强调国内法与国际法的密切关联的情况下,国际条约中有关经济法的规范也可视为经济法的一种表现形式,是一种"国际的经济法"。

在经济全球化的背景之下,各类国际条约对于经济法发展的影响越来越大。事实上,有许多条约都直接或间接地涉及经济法问题,都直接或间接地与宏观调控法或市场规制法相关。在有些国家强调条约优先的情况下,国际条约的义务是必须直接履行而无须转化的,因而国际条约自然会被看成是经济法的渊源。在一些国家强调条约规定需经本国立法转化才能适用的情况下,国际条约可能会被看作一种潜在的、间接的经济法渊源。

4. 法律解释

法律解释是对现行法律规范所作出的说明,如何解释,对于法律的有效适用非常重要。在经济法领域里,面对社会经济生活中的诸多复杂问题,加强法律解释无疑甚为必要。具有统一的法律效力的立法解释、行政解释、司法解释等狭义

---

① 为了配合 CEPA,2006 年 8 月 21 日,国家税务总局与香港特别行政区再次签署《内地和香港特别行政区关于对所得避免双重征税和防止偷漏税的安排》。与此类似,《内地和澳门特别行政区关于对所得避免双重征税和防止偷漏税的安排》也于 2003 年 12 月签署,自 2004 年 1 月 1 日起执行。

的法律解释，可以成为经济法的渊源。基于经济法的统一性和协调性的考虑，对解释主体应进行层级上的适度限定，这更有助于经济法的有效适用和统一适用。

第二节　经济法的地位

一、经济法在经济社会发展中的地位

经济法作为调整宏观调控关系和市场规制关系（简称"调制关系"）的法律规范的总称，是一种市场经济之法、国家干预之法、社会本位之法。经济法的这些属性决定了经济法在经济社会发展中具有不可替代的重要地位。

市场经济的本质属性和主要优势在于市场竞争，市场竞争是经济发展、社会进步和人类文明的主要推动力。马克思认为，自由竞争是"资产阶级经济的重要推动力"[1]；列宁认为，资本主义只能"使竞争在稍微广阔的范围内培植进取心、毅力和大胆首创精神"[2]。要促进市场经济发展，关键是要维护市场竞争。但市场竞争，优胜劣汰，生产不断集中，最后会形成垄断，而垄断反过来又会限制市场竞争。因此，要维护市场竞争，就需要反垄断，就要制定反垄断法。反垄断法作为经济法的重要组成部分，是通过反对限制竞争协议、禁止经营者集中、禁止滥用市场支配地位和取缔行政垄断，以便从基础上、根本上恢复和维持市场竞争，同时也为民商法等法律部门发挥作用奠定基础。反垄断法对于经济社会发展具有重要作用，这正如美国联邦最高法院一则反垄断法判例所揭示的："无限制竞争力的相互作用将产生最佳的经济资源配置、最低的价格、最高的质量和最大的物质进步，由此所提供的环境将有助于保持我们民主的政治和社会制度。"[3] 鉴于此，反垄断法被奉为"自由企业大宪章""市场经济的基本法""经济宪法"。如此称谓，正说明反垄断法对于经济社会发展的突出重要地位。

市场经济的重大缺陷和主要劣势是自发性和盲目性，由此会导致市场波动和经济周期，甚至酿成金融危机、经济危机，给经济社会造成重大灾难。实践证明，要克服市场经济的上述弊端，必须加强宏观调控。宏观调控是对市场经济的宏观规划、统筹协调、有序节制、科学调控，旨在校正市场经济的目标方向、保持社会总供求的基本平衡、维护市场经济的协调有序发展。但宏观调控必须法治化，只有法治化的宏观调控才可能如此。这就需要加强宏观调控法治建设，而经济法

---

[1]《马克思恩格斯全集》第46卷（下），人民出版社1980年版，第47页。
[2]《列宁专题文集　论社会主义》，人民出版社2009年版，第53页。
[3]［美］霍华德：《美国反托拉斯法与贸易法规——典型问题与案例分析》，孙南申译，中国社会科学出版社1991年版，第1页。

领域的宏观调控法，包括发展规（计）划法、财政法、金融法、产业政策法等，都旨在实现宏观调控法治化。如发展规（计）划法旨在确立国民经济和社会发展的目标方向、发展速度、比例协调、供求平衡，财政法旨在实现预算约束、收支平衡、合理运用财政政策工具，金融法旨在保持币值稳定、恰当运用各种货币政策工具，产业政策法旨在实现产业规划科学、产业布局合理、产业结构优化、产业组织有效、产业技术先进，以及为实现上述目标而依法实施各种产业政策。宏观调控法对于市场经济具有保驾护航的重要意义。

在市场经济体制下，市场在资源配置中起决定性作用，市场配置资源也是最有效的。但市场并非万能的，市场也常常失灵，这是不容否认的客观事实。中外经济发展史均表明，要弥补市场失灵，必须诉诸法治化的国家干预，当代市场经济既不是纯粹的市场调节经济，也不是纯粹的国家干预经济，而是市场调节和国家干预内在统一的"混合经济"。市场调节与国家干预构成市场体制的两大核心要素，市场经济能否发展取决于市场体制是否建立健全，即市场调节与国家干预能否相互配合、相得益彰。虽然市场调节对于资源配置起着决定性的作用，但与市场调节相比，国家干预更为强势，因而市场调节能否存在、范围多大、怎样进行、能否有效，从根本上取决于国家干预。这对于政府主导型的市场经济体制而言，尤其如此。因此，建立健全市场体制的侧重面和着力点，是依法确立和规范国家干预，实现国家干预的法治化，使国家干预更好地建基于、服务于市场调节。可以说，没有法治化的国家干预，就无法建立健全市场调节和市场体制。而这方面的法律主要就是经济法。经济法是国家干预之法，其宗旨是确立和规范国家干预，实现国家干预的法治化。这就决定了经济法对于市场经济、市场体制的建立健全具有重大意义。

当代社会是一个市场主导的社会，要正确处理市场与社会的关系，才能促进经济社会的可持续发展。市场与社会是两种既相辅相成又相反相成的因素，市场既有社会性的一面又有反社会性的一面，必须一方面促进市场的社会性，另一方面抑制市场的反社会性。经济法就具有如此重要作用。如反垄断法通过反垄断，节制资本，反对恃强凌弱，实现了经济民主和经济自由，也有利于社会民主和社会自由。市场竞争，优胜劣汰，劣汰者可以被淘汰出市场，但不能被驱逐出社会，被市场淘汰的劣汰者，社会必须为其兜底，保障民生。这就校正了弱肉强食的市场竞争法则。市场分配是按劳分配，但实质上是按能分配，能者才能多劳，多劳才能多得，市场分配难以兼顾那些"无能"者或"低能"者，市场分配不能保证分配公平。市场分配不公，要通过社会分配去校正。所有这些，都要诉诸法律，其中就包括经济法。如通过财政法进行税收调节、财政转移支付、加大社会保障基金投入，通过金融法实行普惠金融，通过产业政策法调整产业结构等手段，救济社会弱者，以实现人人参与发展、发展成果人人共享。经济法是一种社会本位法，旨在以社会上每个人、所有人为本，通过社会力量保障社会弱者能够有人格尊严地生存发展，保障其人权。经济法相当于社会的安全阀和保护伞，对于社会稳定具有重要作用。

二、经济法与其他法律部门的关系

经济法作为一个独立的法律部门，是法律体系的重要组成部分，与其他法律部门存在着既有区别又有联系的密切关系。限于篇幅，这里着重论述经济法与其最为密切相关的两个法律部门——民商法、行政法之间的关系。

（一）经济法与民商法[①]的关系

经济法与民商法都是调整社会经济关系的基本法律部门，二者的关系可以概括为：

1. 经济法与民商法的区别

（1）两者的调整对象不同。民商法调整的是平等主体之间的财产关系和人身关系，这种社会关系具有平等性、私人性、自治性和微观性；而经济法调整的是宏观调控关系和市场规制关系，这种社会关系具有不平等性、公共性、干预性和宏观性。

（2）两者的主体性质不同。民商法的主体主要是自然人和法人，这二者都是私人；而经济法的主体是与宏观调控和市场规制有关的当事人，包括宏观调控机构和市场规制机构，以及与其相关的市场主体等各类主体。

（3）两者的权利（力）范畴不同。民商法上的权利范畴包括物权、债权、知识产权等，它们是一种私权利，当事人可以自行约定，自由行使，也可以放弃或转让；而经济法上的权力主要是宏观调控权和市场规制权，它们是一种公权力，要依法规定，有序行使，不可放弃或转让。

（4）两者的构成要素不同。民商法包括物权法、债权法、知识产权法、亲属法，以及公司法、破产法、保险法、海商法等；而经济法主要由宏观调控法和市场规制法构成。

（5）两者的法律属性不同。民商法是一种典型的私法，它以私人为主体，以私权为本位，以意思自治为圭臬，以保护私权为目的，本质上是一种自主调整机制的法；而经济法具有公法的属性，它以公职机构为主体，以宏观全局为本位，以社会协

[①] 关于民法与商法的关系，一直存在不同的看法，主要有"民商分立论"和"民商合一论"。但从总体上说，民法与商法都是私法，商法是在民法的基础上发展起来的，它们的存在基础、核心理念和基本原则是一致的，最起码大同小异，视商法为民法的特别法正说明了这一点，其言下之意是，商法之于民法只是有所特别而已，但并非是完全不同的法律部门。鉴于此，这里一并论述经济法与民商法的关系。

调为宗旨，以促进社会公共利益为目的，本质上是一种社会整体调整机制的法。

尽管民商法与经济法是两个独立的法律部门，但这并不意味着两者就互不相关。由于民商法与经济法共同扎根于市场经济，现代市场经济既不是纯粹的市场调节经济，也不是片面的国家干预经济，而是市场调节与国家干预密切结合的"混合经济"。民商法与经济法分别是这种"混合经济"的两个方面的必然产物和法律表现，"混合经济"的内在统一性要求民商法与经济法必须相互配合。

2. 经济法与民商法的联系

（1）经济法的调整要服务于民商法的调整。民商法是对市场经济要求的记载和表述，是将市场经济关系翻译为法律准则，民商法与市场经济共衰荣、同命运。民商法涵摄着市场经济的基本制度和基本原则，如主体制度、物权制度、债权制度、责任制度，以及平等原则、自由原则和权利原则，这是人们从事市场经济活动最基本的法律准则，市场经济的存续和发展离不开民商法的基本保障。在市场经济体制下，必须把市场调节和国家干预结合起来，但这种结合必须以市场调节为基础，国家干预应依存于、服务于市场调节。这就决定了根源于市场调节的民商法和根源于国家干预的经济法的应有关系，即经济法的调整应服务于民商法的调整。从根本上说，经济法就是要为民商法发挥作用奠定基础和创造条件。

（2）民商法的调整要以经济法的调整为条件。民商法建立在平等、自由的基础之上，没有平等、自由就没有民商法。但在现实生活中，连两片相同的树叶都没有，作为万物之灵长的人类，更是千差万别，因此，作为民商法基础的平等、自由并不是现实、天然具备的，民商法只能存在于千差万别的人们之间。如果说起初由于人们之间的差别并不突出，从而没有动摇民商法平等、自由之基础的话，那么，在社会发展过程中，随着人们之间差别的不断拉大，作为民商法基础的平等、自由几乎化为乌有。而且，即使民商法建立在平等、自由的基础之上，但由于民商法本质上是一种竞争法则，优胜劣汰，最终也会导致人们之间的不平等、不自由，同样会破坏民商法存在的基础。正是由于民商法存在的基础并不现实、天然地具备，民商法本身又会破坏自身存在的基础，因而必须依靠经济法，经济法通过宏观调控法和市场规制法创立、恢复和维护人们之间的平等、自由，从而为民商法奠定存在的基础。

（二）经济法与行政法的关系

经济法与行政法的关系，取决于人们对行政和行政法的正确理解。

狭义的行政，主要是国家行政机关运用行政权力进行行政管理的活动，由于行政的对象具有特殊性，行政主体在进行行政管理时享有较为广泛的自由裁量权，可能对公民权利和社会自由构成威胁，因而不能不对其予以法律规制。由于行政机关、行政人员运用行政权力管理行政对象有一定规律、有一套程式、有相同的内容、有共同的遵循，如都要涉及行政主体、行政权限、行政程序、行政诉讼、行政责任等共同问题，因而可以进行行政立法，由此形成了行政组织法、行政程序法、行政诉讼法、国家赔偿法，这些法律构成所谓的行政法。可见，行政法的核心是程序法而不是实体法，即行政法的核心是为行政机关行使行政权力规定一套法律程序。这正如伯纳德·施瓦茨所指出的："行政法的要害不是实体法，而是程序法。"[1] 因此，行政法的宗旨不是行政管理而是管理行政，具体说来，就是通过规定法律程序以管理行政机关及其行政权力的运行，达到制约行政权力、规范行政行为和明确行政责任的目的。所以，韦德认为："行政法定义的第一个含义就是它是关于控制政府权力的法。无论如何，这是此学科的核心。"[2]

如果持有这种观点，我们就能正确地理解经济法与行政法的关系。

1. 经济法和行政法都是法律体系的重要组成部分

经济社会的演进以及由此所导致的法律变迁大体上呈以下发展趋势：在自然经济阶段，是"行政权支配社会"[3]。在这种情况下，"诸法合体"，法律体系中包含了大量广义的行政法规范，并且这种行政法仅仅是行政管理法而不是现代意义上的行政法，这是法制不发达、不完善的体现。在商品经济或自由竞争的资本主义时期，由于私域与公域的区分、私权利与公权力的划分、市民社会与政治国家的分离，特别是资本主义国家三权分立的确立，立法权、司法权从行政权中分立出来，行政权的范围日益缩小，行政权的行使不断受到制约。在这种情况下，行政法由于行政权的缩小而缩小，许多法律部门从行政法体系中纷纷独立出来。这在法律进化史上就是公私法的划分。在市场经济的垄断阶段，由于在市场经济自由竞争基础上形成了宏观调控关系和市场规制关系，提出了进行宏观调控和市场规制的普遍要求，要满足这种普遍要求，仅靠过去那种临时性的、特殊性的、行政性的管理是远远不够的，也是不尽适当的，必须进行经常性的、普遍性的、法律化的调整。在这种情况下，一个新的法律部门形成了，这个法律部门就是经济法。自此，经济法与行政法都成为法律体系中的重要组成部分。

2. 经济法与行政法的区别

经济法是独立于行政法的一个重要法律部门，这是由经济法和行政法的区别所决定的。

（1）两者的调整对象不同。行政法的调整对象主要是行政管理关系，即管理行政自身的关系、内部的关系，目的是控制行政权力、规范行政行为、明确行政责任，管理好行政机关自身。而经济法的调整对象是宏观调控关系和市场规制关

---

[1] [美] 伯纳德·施瓦茨：《行政法》，徐炳译，群众出版社1986年版，译者弁言。
[2] [英] 威廉·韦德：《行政法》，徐炳等译，中国大百科全书出版社1997年版，第5页。
[3] 《马克思恩格斯文集》第2卷，人民出版社2009年版，第567页。

系，这种社会关系不属于行政管理关系，而是市场经济发展的必然结果和普遍要求，它不是行政自身的内部关系，而是一种具有普遍性的社会关系。宏观调控关系和市场规制关系也不是行政命令关系，调控主体与调控受体、规制主体与规制受体之间不存在行政隶属关系。

（2）两者的主体不同。行政法的主体有一方是行政机关和行政人员。而经济法的主体主要是与宏观调控和市场规制有关的当事人，介入其中的国家机构也不尽是行政机关。在经济法领域，实施宏观调控和市场规制的主体应具有较大的独立性，有的甚至要去行政化，如反垄断机构、中央银行等均应如此。一般说来，它们只按相关法律规则行事，不受行政命令的干预和束缚。

（3）两者涉及的权力不同。由于行政所针对的社会关系具有特殊性，难以实体立法，所谓的依法行政主要是依行政程序行使政权，行政权本质上是一种自由裁量权。在行政法关系中，行政权是一种主导性权力，它决定、支配其他行政相对人的权利。而经济法领域的权力，主要是宏观调控权和市场规制权，它们作用的社会关系具有普遍性，法律可以作出较为详尽的规定，应依法行使，包括依实体法行使，尽量缩小自由裁量的空间。宏观调控权和市场规制权，都是不同于传统行政权的权力。

（4）两者的构成要素不同。为了防止行政权力的自由裁量侵犯人们的合法权益，必须对其加以规范和约束，如规定行政主体的资格、界定行政权力的范围、规范行政权力的程序、维护行政受害人的诉权、保障行政受害人获得赔偿，等等，这样，行政组织法、行政程序法、行政诉讼法和国家赔偿法等就成了行政法的基本构成要素。而经济法调整的是宏观调控关系和市场规制关系，其构成要素主要是宏观调控法和市场规制法。

（5）两者的宗旨不同。在行政管理关系中，政府是管理主体，相对方是管理受体，两者之间是一种命令与服从的关系。在行政管理过程中，政府可能侵害相对方的相关权利。为了避免这种现象，作为行政法主要构成部分的行政组织法、行政程序法、行政诉讼法和国家赔偿法等从许多方面界定了政府权力、规范了政府行为、明确了政府责任。可见，行政法关注的核心和规制的重心是政府本身，其宗旨是限制政府权力、管理行政机关，着重于解决政府失灵的问题。而经济法通过依法设立宏观调控机构和市场规制机构并赋予它们相应的宏观调控权和市场规制权来进行宏观调控（如财政调控、金融调控、产业调控等）和市场规制（如反垄断和反不正当竞争等），其调控的核心和规制的重心是市场秩序和市场运行，其宗旨着重于解决市场失灵的问题，以保障市场经济公平、自由、竞争、协调、有序地发展。

（6）两者追求利益的方式不同。在市场体制下，利益格局多元化，既有私人利益，也有国家利益，还有社会公共利益。私人利益是由私人所享有的利益；国家利益要兼顾全社会利益，理论上应与社会公共利益相一致；社会公共利益是一种与全社会成员密切相关且为他们共同享有的公共利益。严格说来，行政法和经济法都应追求社会公共利益。但两者追求社会公共利益的方式、途径和着力点不同。行政法通过限制行政权力、规范行政行为和明确行政责任的方式去实现社会公共利益。经济法通过宏观调控克服市场的盲目性和无序性、通过市场规制反垄断和反不正当竞争，以保证市场经济公平、自由、竞争、协调、有序地发展，维护社会整体秩序，促进社会共同利益。

3. 经济法与行政法的相互配合

经济法与行政法是法律体系中各自相对独立的重要组成部分，它们之间关系密切，需要相互配合。这是由社会经济关系的性质所决定的。社会经济关系大致可以分为两大类：一类是具有普遍性的，一类是具有特殊性的。前者涉及的宏观调控关系和市场规制关系由经济法调整，后者涉及的行政管理关系由行政法调整。社会经济关系的上述双重性质以及法律和行政的不同属性决定了社会经济关系的法治化，必须经济法和行政法并立同行，和衷共济，取长补短，相互配合，相得益彰，为共同促进社会经济的发展而努力。此外，经济法是一种国家或政府干预社会经济之法，经济法与政府干预紧密相连，与行政权力密切相关，而政府干预、行政权力是行政法规制的核心，这就决定了经济法与行政法之间存在千丝万缕的联系，两者是相互依存的：一方面，经济法依存于行政法。行政法是控权法，是管理行政之法、规范行政之法，这就为经济法提供了基础。因为只有行政法控制好了政府、管理好了政府，政府才能干预好经济。另一方面，行政法也依存于经济法。因为仅仅控制住了政府权力、规范好了政府行为、明确了政府责任，并不必然获得好的结果。仅仅不滥权、不作为的政府只是"无为政府"，但不一定是好政府。仅仅控制政府权力、规范政府行为、明确政府责任并不是目的，目的是为了实现更好的政府干预，包括宏观调控和市场规制。但这种目的不是行政法的直接目的，这种目标需要通过经济法去实现。

要特别指出的是，在讨论经济法体系乃至整个法律体系时，还应充分认识到，社会关系包括其中的市场经济关系是十分丰富、异常复杂的，任何一个法律部门都不可能一统天下，甚至不可能一法独秀、独领风骚，而必须由各法律部门密切配合，共同调整。其中，民商法、行政法和经济法是拉动市场经济不断发展前行"三驾马车"。

思考题：

1. 如何理解经济法体系与经济法调整对象的关系？

2. 如何理解经济法体系的构成？
3. 如何理解经济法的主要渊源和辅助渊源？
4. 经济法在经济社会发展中有何重要意义？
5. 怎样看待经济法与民商法的关系？
6. 如何理解经济法与行政法的关系？

▶ 自测习题及参考答案

第三章 经济法的宗旨和原则

经济法的宗旨和原则是经济法价值论的重要内容。对经济法宗旨的厘定有助于阐释经济法的根本目的和制度追求，而经济法原则，尤其是基本原则，则构成了经济法具体规范制定和实施的根本准则。因此，准确把握经济法的宗旨和原则，对于学习和研究经济法的各类制度有重要的促进作用。另外，对经济法宗旨与原则的深入理解，有助于将经济法的总论和分论的学习和研究紧密结合，增强经济法理论对实践的指导作用。

第一节 经济法的宗旨

一、经济法宗旨的基本界定

（一）经济法宗旨的内涵与界定标准

法的宗旨通常是指某一领域或部门的法的目的或意图。经济法的宗旨，是指经济法调整一定范围的社会关系所要实现的目标，它集中体现了经济法的本质。

经济法的宗旨作为经济法调整所要实现的目标，是市场经济主体必须认真遵循的，它贯穿于经济法的原则和具体规则体系中。市场经济运行的特征，决定了经济法规范的广泛性、多样性与复杂性，但是纷繁的经济法规范所体现的基本精神应当是统一的。经济法规范较之其他法律规范更富于变动性，但多变的经济法规范所要实现的目标是稳定的。因此，经济法的宗旨起着维系和保障经济法制的统一、协调与稳定的作用。

在经济运行过程中，经济法主体的行为千差万别，但这些行为都不能违背经济法的宗旨。只有把握了经济法的宗旨，才能认识经济法的本质，准确理解并执行经济法规范，规范经济法主体的行为活动。那些与经济法宗旨相抵触的经济法条文应当被修改或者被撤销，与经济法宗旨相违背的经济法主体的行为必须被纠正或者受到制裁。

经济法的宗旨是学者们根据本国经济法制实践作出的学理上的概括，是理论工作者对客观现实的主观反映。各国法制发展的现实和经济法制的实际，必然会使学者们的认识存在客观上的差异。而在主观上，学者们在概括经济法宗旨时所依据的理论或思维方式上的差异，也会对经济法宗旨的理论提炼产生影响。具体到我国的现实情况来看，由于我国的经济法制度尚处于成长时期，经济法规则中所体现出的统一性和普遍性尚不明显，社会主义市场经济体制的外在表现尚处于一定程度的变动过程中，这些情形均会导致对经济法宗旨界定的困难和标准的不统一。尽管影响经济法宗旨提炼的因素众多，但在正确的理论指导下，运用正确的方法，归纳出科学的、具有指导意义的经济法宗旨是完全有可能的。

科学的经济法宗旨应符合以下要求：其一，它必须具有经济法的部门属性，即它必须是经济法所特有的而非所有部门法所共有的宗旨，也更不可以是其他法律部门的特有宗旨。其二，它必须具有适用上的周延性，即它必须适用于经济法制度的各个环节和所有领域，并贯穿国家调制经济关系的全程，而不能仅仅是适用于国家调制的某个环节或某个领域。其三，它必须具有概念体系上的妥当性，即经济法宗旨的概念在体系上低于整体法的宗旨，高于经济法子部门法的宗旨。它虽然与国家整体的法律宗旨有密切联系，但显然不是国家法律的整体宗旨；它虽然可以包容经济法子系统的个别宗旨，但不能替代这些具体宗旨。其四，它必须具有界定方式的简练性和科学性，不应过多和过于分散，更不能在宗旨界定上发生概念间的混同或交叉。只有如此，在经济法宗旨指导下制定的经济法制度才能全面而广泛地保护需要其保护的社会经济关系。

（二）正确认识经济法宗旨的意义

1. 理论意义

正确认识经济法的宗旨，有助于进一步认识和理解经济法的若干基础理论问题，包括但不限于经济法的调整对象、特征、地位、原则、本质、作用等，有助于经济法理论中许多基本问题的研究和解决。

除此之外，经济法的宗旨对经济法体系的确立也具有重要作用。为了保障经济法体系的和谐统一，构成经济法的各部门法规范应在总体上体现经济法的宗旨。经济法的基本宗旨具有维系、保障经济法制的统一、协调与稳定的作用，明确经济法宗旨，可以保障整个经济法体系成为一个有机联系的统一整体，避免各个法律部门、各部单行法律、法规的矛盾与冲突，避免各法律部门简单拼凑和杂乱无章等现象，可以使各项立法及各项制度的建设更有现实的针对性、目标的明确性，从而更好地适应现实生活，解决现实问题。因此，经济法宗旨是经济领域的各类法律、法规的首要的和核心的内容，其他任何具体制度均不得与之相违背。

2. 对经济法制建设的意义

经济法的宗旨对于静态和动态意义上的经济法制建设均具有重要意义。其一，在立法方面，经济法的宗旨是经济法立法的法理依据和思想指南，而对于其外在表现形式的立法宗旨，经济法的各种法律、法规的任何条款均不得与之相违背。只有如此，才能实现形式正义和实质正义的完整统一。其二，在执法和司法方面，经济法的宗旨应当成为执法者和司法者的法律意识中不可或缺的一部分，以便在法律没有明文规定时，或者在适用具体的法律规定有悖于经济法的宗旨时，执法机关和司法机关可以根据经济法宗旨的基本精神采取限制、禁止措施或者进行审判，防止和杜绝危害社会公共利益的行为。其三，在守法方面，经济法的宗旨可以使人们更好地理解经济法的精髓，从而正确判断自身行为是否合法。

（三）经济法宗旨与其他相近概念之间的关系

经济法的价值、宗旨、基本原则，是密切关联的概念，对其内涵和相互关系的有效认知，有助于对经济法存在的意义、基本体系构成、功能作用、适用范围、组成部分等内容的把握和理解。

经济法的价值是经济法在调整社会经济关系时所追求的理想目标，是对经济法宗旨的高度概括。经济法的价值解决的是经济法宗旨、基本原则、体系构成、制度建设的方向问题，着重强调经济法所具有的能满足人的某种需要的功用或属性，含有较多的客观色彩；而经济法宗旨强调的是人的主观目的与意图，带有较多的主观色彩。根据马克思"客观存在决定主观意识"的基本原理，经济法的价值决定经济法的宗旨，经济法的宗旨体现经济法的价值。即经济法是人们为了一定的目的而制定的，经济法必然有助于实现人们的这种目的，否则这种经济法就不是人们所希望的经济法，也就没有存在的价值。

与经济法宗旨、经济法价值存在密切关联的，还有经济法基本原则。一般认为，经济法基本原则是对经济立法、经济执法、经济司法和经济守法具有指导意义和适用价值的准则。经济法的基本原则是落实经济法宗旨和实现经济法价值所必须遵循的基本准则。

综上所述，经济法价值决定经济法宗旨，经济法宗旨又直接决定了经济法的基本原则及其在若干具体规则中的现实展开，而一系列规则内容的落实程度则要体现经济法理念。

二、经济法宗旨的具体内容

经济法的宗旨体现了经济法的本质属性和特征，贯穿于整个经济法的法制建设和经济法的理论研究过程之中，是立法、司法、执法的指南，更是经济法意识不可缺少的组成部分。基于经济法的概念和调整对象，结合经济法制度运行的基本规律以及中国当代经济法律、法规的具体现状，可以认为，经济法的宗旨，就是依法运用国家调制手段，来不断解决市场失灵问题，保障经济与社会中普遍公正价值的实现，维护社会公共利益，促进经济与社会的良性运行与协调发展。概括而言，对经济法宗旨的界定包含四个关键词，即"市场失灵""国家调制""普遍公正"和"社会公共利益"。市场失灵构成了确立经济法宗旨的客观基础；国家调制构成实现经济法宗旨的工具依赖；普遍公正是经济法宗旨的价值基础；社会公共利益是经济法宗旨的最终定位。

(一) 经济法的运行以市场机制及其失灵为客观基础

经济法作为社会经济关系的调整器，其根本目的在于实现经济的理想状态。一般说来，经济的理想状态是经济能协调、高效率地健康发展并实现其社会经济政策目标。

对于如何实现这种理想状态，存在着两种不同的观念。一种观念认为，经济机制的自我机能，可以使经济保持正常运行状态，任何外部干预都只会破坏经济机制的作用，不利于经济的运行，要实现理想的经济状态，就必须实行自由放任，即不需要国家干预，仅靠市场机制自发作用的状态是经济的理想状态。经济自由意味着人们的经济选择自由，而自由选择要以人的平等为前提。这种观念的法律表述，就是个人利益不可侵犯、主体地位平等、意思自治，这正是民法的最基本原则或法律理念。另一种观念认为，市场机制存在缺陷，即经济机制的自我协调和恢复等机能有限。若任其自发作用将导致种种弊端，如果没有政府的干预，不可能达到经济的理想状态；而要克服市场机制的缺陷，解决市场机制在经济发展中的一些无力解决的问题，就必须由社会的代表者——国家采取多种措施，以实现经济的理想状态。这种观念的法律表述即社会利益、国家调制，这正是经济法的基本理念。

很显然，市场机制存在着客观缺陷，即市场失灵是现实存在的，它构成了确立经济法宗旨的客观基础。既然市场机制的自发作用可以实现经济的理想状态是民法的经济学观念基础，那么民法的基本宗旨就在于为市场机制的自由发挥创造条件，即恢复市场机制的自然状态。经济法以市场缺陷的存在和国家调制作为其观念基础，其调整手段的实施旨在限制、修正市场机制作用的发挥，以使市场经济按照理想状态或一定的政策目标运行。这是民法在世界范围内具有极大的相同性及稳定性，而经济法却因国家的不同具有差异性和变动性的原因所在。

研究市场失灵理论在我国当前更具有现实必要性。由于计划经济体制建立在否定而非承认市场机制基础之上，这一思想遗留在改革开放后的消极影响，便是极易将市场失灵的潜在可能和客观表现扩大化，从而草率地进行不恰当的国家干预。十八届三中全会以来，鉴于中国在经济新常态下的若干特征，对市场机制与国家调制的关系有了更加深入的认识，2013 年《中共中央关于全面深化改革若干重大问题的决定》强调，市场在资源配置中应当起决定性作用，市场决定资源配置是市场经济的一般规律。应当更加突出市场机制在资源配置的效率优势，强调在市场经济条件下，资源配置应当符合市场经济的共通原理和原则，应当有市场规则、价格机制和竞争机制，并保障其充分发挥作用，从而使市场交易真正由市场因素决定，而不是由政府意志决定。中共十九大更是明确提出要加快完善社会主义市场经济体制，强调"经济体制改革必须以完善产权制度和要素市场化配置为重点，实现产权有效激励、要素自由流动、价格反应灵活、竞争公平有序、企业优胜劣汰"。因此，在国家调制经济过程中，要坚持市场的优先性原则，即凡是市场能够有效运行的领域，就不需要干预，市场始终是资源配置的主导力量；而且如果干预的成本超出市场缺陷所造成的损失，也不能进行干预，因为这种干预同样没有效率。这就为经济法调制社会经济提供了一个先决性的条件或者前提，即市场机制的调节优先于政府或者国家干预，只有在市场机制自身调节失灵或者失败的时候，国家或者政府才有充足的理由对市场失灵的领域进行干预，而且，不可因干预而压制市场经济主体之经济自主性与创造性。

（二）经济法的实施以国家调制与公权力的体系革新为工具依赖

在主张自由放任的意识形态下，国家作用被认为是从外部保障"市民社会"的自律运行秩序。国家活动被认为是发挥这种作用必要的手段。因此，除了外交、国防外，国家行政的目的在于国民生活最低安全与秩序的维持，并且这些行政应限定在必要的最小限度内。以此观念为基础建立的行政法，以依法行政为最基本宗旨，其主要形式为对行政权的拘束，且这种拘束处于公民的民主权利与权力分立的原则之下，因此它与民商法上以私法自治为原则的拘束不同，它不是以行政权的自由为条件，而是以行政权的不自由为前提。在法治主义思潮中，行政法构建的是拘束政府行政行为的行政法体系。

但是，20世纪以来，市场经济国家的各种社会性、经济性矛盾不断激化，尤其是市场失灵的客观存在，要求现代国家介入经济活动，从而弥补市场缺陷、落实公共服务、提供社会保障，等等，这便产生了国家调制经济的观念。在这种观念下，一方面是国家行政的积极性与现实作用不断加强；另一方面则是政府介入社会与经济的缺陷也不断暴露。与之相联系的是，过去完全以拘束行政权力为原则的行政法不能适应国家职能的发展与变化。

正是在此意义上，经济法上国家调制理论的产生，实际上是对传统行政法视野下消极、保守、内敛的公权力体系的一种创新，它通过创制出"国家调制权"而丰富了公权力体系，国家调制权成为与行政权相并行的新的公权力手段。正是由于这个原因，行政法与经济法的宗旨也是存在差别的。在现代社会的法治、权力分离或权力制衡观念下，依法行政始终是行政法的最高目标，而依法行政主要表现为行政行为合法与行政程序合法两个方面，以行政权力的不自由为基本前提。而经济法在国家干预的观念下，以协调和促进经济与社会的稳定与发展为最高目标，以非权力手段为主要内容。

（三）经济法以社会公正为价值追求

公平或正义是最基本的法律价值之一，经济法作为部门法，必须具有法律的最基本特性，理应保障公平、促进正义。但是，人类社会的公正观实际上存在着巨大的差异，建立于不同公正观上的法律实际上是大相径庭的。

一般认为，"同样情况同样对待"和"不同情况不同对待"是公正观念的核心要素。① 据此，公正的标准就有不变的和可变的两种，而法学家所认同的公正又与经济学家认同的经济学上的公正直接关联。但经济学家对于公正的论述，也形成了两种对立的观点：一种观点认为，在人格平等的基础上，要实现公正就必须给每个经济活动参与者同等待遇，实现"机会均等"，即"水平公正"——同样情况同样对待。另一种观点则认为，在现实经济活动中不同个体的能力及财产等是存在差别的，在不平等的前提下要实现公正，只能是一种"垂直公正"——不同情况不同对待。而民法和经济法正是建立在这两种不同公正观上的法律系统。民法以抽象的人格平等为基础来建立公正体系，给每个主体以平等权利，主体机会均等就算公正，结果可以不同，即以平等求公正。经济法则以现实的不平等为基础来建立公正体系，基于不同主体在经济社会中的现实表现给予差别性的权利体系，比如，消费者处于弱势，则要给予一定程度的"相对特权"，而具有市场支配地位的经营者处于强势，则要从反垄断或反不正当竞争手段中对其利益进行遏制。除此之外，与民法通常在现有客观现实之内探寻同代法律主体的公正相比，经济法对公正的探寻更超越当前的历史限制，寻求代际之间的公正，这在以追求可持续发展为目的的环境法当中体现得尤为明显。因此，与民法对起点公正、形式公正和代内公正的追求相比，经济法宗旨所探寻的是一种结果公正、实质公正和代际公正，即以权利体系和保护力度上的"不公正"追求真正的、普遍性的公正。

（四）经济法以个人利益和社会利益的矛盾统一为目标定位

效率与公平的矛盾源于个体营利性与社会公益性的矛盾，涉及个人利益与社会利益的冲突。对此也存在着两种不同观念：一种观念认为，个人利益与社会利益是一致的，而且个人利益是社会利益的基础，只要充分保证个人利益的最大实现，就可促成社会利益的最大化，只有个人才是自身利益的最佳判断者。另一种观念认为，个人利益与社会利益是不完全一致的，二者既有矛盾的一面又有统一的一面。人是个体性与社会性的统一，组成经济社会的每个人都是相互依赖彼此不可分离的，个体同整体之间的关系以整体为主，个人的利益依整体的利益而转移，社会利益对个人利益的影响是明显的事实。

上述两种观念产生于不同的经济发展阶段，前者是资本主义自由竞争时期的产物，而后者是社会经济高度社会化的结果。它们对于法律的影响是不容低估的。在前一种观念下，要促进社会利益的最大化必须实现个人利益的最大化，就需要以个人利益为本位，尊重经济个体完全的意志自由，使其能够根据所掌握的生产

---

① ［英］哈特：《法律的概念》，张文显等译，中国大百科全书出版社1996年版，第157页。

要素和个人偏好进行自由选择，这便是民法的个人本位和意思自治的经济观念基础。而在后一种观念下，处理个人利益和社会利益的关系，必须从社会利益出发，由国家或政府从财政、金融、税收、竞争等方面入手，对于不利于社会利益的行为给予限制，这正是经济法的社会本位和国家调制的经济观念基础。

以上两种经济观念的差异，导致了经济法与民法立法目标的不同。民法以个人利益为本位，其规范宗旨在于保证个人利益的充分实现，以调动个人的积极性与创造性，使人的个性得以充分发挥。而经济法则以社会利益为本位，其规范宗旨以保障社会利益为目标。因此，虽然经济法与民法对于市场经济的发展都有着重要作用，但民法侧重于从微观、从经济发展所需的动力方面，以高效率来促进个人利益的实现；而经济法则侧重于从宏观、从协调方面减少社会经济震荡造成的破坏，并优化经济结构，从而提高效率来促进人们利益的实现。正因为如此，经济法的社会利益宗旨在于协调经济与社会的良性发展。

效率与公平是个体营利性与社会公益性这一矛盾的具体化。市场经济中的个体都是以营利性为目的，追求利润最大化目标。其单个的逐利行为可能会给社会公共利益带来不良影响，而社会公共利益则是社会成员不可侵犯的共同利益。因此，必须消除个体营利行为的不良影响，限制个体盲目的逐利行为，对社会公益加以保护，以免各种不当的、非法的逐利行为给社会、国家和国民造成损害。这就要求国家行使其经济职能和社会职能，对市场经济进行调控和规制，以切实保障社会公共利益。

（五）小结

经济法作为一定范围社会经济关系的调节器，其宗旨以市场机制及其失灵为客观基础，以公权力向国家调制经济的扩张为工具依赖，以结果公正、实质公正和代际公正为价值追求，以社会公共利益为目标定位。这种对经济法宗旨的界定有两个层次的内涵：一是对传统法学宗旨界定中基本逻辑的超越，比如，从形式公正向实质公正价值的超越，由此方能实现对民商法、行政法缺陷的弥补和市场失灵的治理。二是对具体的传统部门法宗旨的超越。比如，对私法上政府与市场的关系进行了反思，强调了政府干预对市场失灵的弥补作用；又如，对公法上公共权力类型化的超越和反思，在一般的行政权、司法权和立法权之外，创制出了专属于经济法的国家调制权。

第二节　经济法的基本原则

一、经济法基本原则的内涵

（一）经济法基本原则的含义

法的原则是一种综合性原理和准则，能够为法律规则提供一定意义上的基础抑或本源性的指导。"在法学中，法律原则是指可以作为规则的基础或本源的综合性、稳定性原理和准则。其特点是，它不预先设定任何确定的、具体的事实状态，没有规定具体的权利和义务，更没有规定确定的法律后果。但是，它指导和协调着全部社会关系或某一领域的社会关系的法律调整机制。……基本原则体现着法的本质和根本价值，是整体法律活动的指导思想和出发点，构成法律体系的灵魂，决定着法的统一性和稳定性。"[1] 它与法律规则不同，没有设定具体的事实状态，也没有规定具体的权利、义务和责任，是法律精神的最集中体现。

经济法的基本原则，是集中体现经济法的特性，由经济法宗旨和根本价值所指引，对经济法的立法、执法、司法和守法具有全局性的指导意义和普遍适用价值的基本准则。与经济法基本原则相对应的是经济法具体原则，前者是经济法基本精神、价值、理念的承载，具有最高层次的效力，指导经济法规则的制定和作为具体原则的出发点，贯穿于经济法运行过程始终；后者则是对经济法基本原则的进一步具体化，存在于经济法的各个部门法中，仅对经济法部门法的运行起具体指导作用，如公平竞争原则就是市场规制法的具体原则，贯穿于反不正当竞争法、反垄断法等法律规则中，但在宏观调控法等其他经济法律制度中却不具有适用性，因此不能被视为经济法的基本原则。

经济法基本原则具有如下特征：(1) 法律强制性。经济法基本原则作为经济法的要素之一，应当具有法的约束性。其表现在：一方面，违反经济法的基本原则必须承担相应的法律后果；另一方面，在具体的经济法规范条文不够明确或没有规定时，作为经济法的基本原则，可以直接调整经济法主体的行为。(2) 普遍适用性。即经济法的基本原则应当能够贯穿经济法各项制度的始终，应当在立法、执法等法制建设的各个环节中得到普遍遵行。而在经济法具体制度中所适用的原则，如货币发行原则、税收公平原则、复式预算原则等，则不宜作为经济法基本原则。(3) 全面指导性。即经济法的基本原则应当具有高度概括性、统率性和普遍指导性。(4) 部门特殊性。即它必须反映经济法这一部门法的本质属性，体现经济法的特色和特殊需要，蕴含经济法所要实现的宗旨。

与其他法的基本原则一样，经济法基本原则的功能有：(1) 构成立法的基本性准则。经济法基本原则的外延应该是全部经济法具体规则的总和，它是制定经济法具体规则的基础和来源。在一般的法律修正过程中，几乎很少会对经济法的基本原则有所变动，而都是具体规则的改变，因此，基本原则构成规则演进的指导性准则。(2) 构成经济司法审判的准则。从整体上看，经济法是由一般性规范

---

[1] [美] 迈克尔·D. 贝勒斯：《法律的原则——一个规范的分析》，张文显等译，中国大百科全书出版社 1996 年版，第 469 页。

同适用和执行规范的特殊性行为构成的综合体。法官在审理具体经济法律纠纷时遵循"有规则适用规则,无规则适用基本原则"的基本规范。

(二) 经济法基本原则的一般界定

鉴于经济法基本原则应具有的法律强制性、普适性等特征,将法律的一般原则、经济规律和国家的经济政策直接表述为经济法基本原则,或者将其他部门法原则与经济法基本原则相混淆的做法,都是有失偏颇的。基于此,经过对不同学说的比较以及对经济法制度的概括性提炼,可将经济法的基本原则概括为有效调制原则、社会利益本位原则和经济安全原则三项,前者包括市场决定性原则,以及调制法定、调制适度、调制绩效原则(简称"调制三原则")两方面的内容,中者则包括综合效益原则和实质公正原则两方面的内容,后者包括宏观经济安全原则和经济发展原则两方面的内容。

上述三大基本原则可以根据其内涵和类型的不同进行异质性的定位。首先,从"工具性"与"目的性"角度,可以把经济法基本原则界分为"工具性基本原则"与"目的性基本原则"。工具性基本原则是经济法为实现其目的性基本原则应具备的基本属性或前提;目的性基本原则居于主导地位,反映经济法所追求的最终的社会理想,体现经济法的本质特征。在经济法的有效调制原则、社会利益本位原则和经济安全原则中,居于工具性地位的原则是有效调制原则,而社会利益本位、经济安全原则则是目的性原则。其次,根据原则对于经济法宗旨实现的重要程度,可以将经济法基本原则分为基础性原则、中层性原则与终极性原则。宗旨决定基本原则,基础性原则是经济法宗旨实现的基本手段,终极性原则是经济法宗旨的最终体现,而中层性原则则是介于经济法基础性原则和终极性原则间的纽带。

在经济法三大基本原则中,有效调制原则中的市场决定性原则是经济法能够发挥作用的现实基础;调制三原则则构成了实现经济法运行的工具依赖,调制法定是调制适度和调制绩效的基础,能否适度,以及能否实现绩效目标,在很大程度上取决于"法定"的状态,取决于法治的程度;调制适度在一定意义上是对"调制法定"的展开,它在执法层面更有意义,是调制绩效得以实现的手段;无论是调制法定,还是调制适度,都是为了实现调制绩效的总体目标,或者说是为了实现经济法的宗旨和价值[①];社会利益本位原则中对综合效益与实质公正以及有效调制所要实现的经济安全的追求,则构成了经济法的最终利益定位。因此,可以将市场决定性原则归类为经济法的基础性原则,将国家调制三原则归类为经济法

[①] 参见张守文:《经济法基本原则的确立》,载《北京大学学报(哲学社会科学版)》2003年第2期。

的中层性原则，将社会利益本位原则及经济安全原则归类为经济法的终极性原则。

二、经济法基本原则的内容

(一) 有效调制原则

1. 有效调制原则概述

在正常情况下，市场机制有效配置资源作用的发生必须具备一定的前提条件①：第一，市场具备普遍性。即所有的物品和服务可以在市场中进行自由交易。第二，市场呈现收益递减性，即生产技术存在可分割性和规模经济性。第三，市场竞争的完全性。即所有的市场存在为数众多的购买者和卖者，并能自由地进入和退出市场，参与交易的产品具有同质性和无差别性，买者和卖者对产品相关的信息完全知晓，买者和卖者能做出合理的选择行为等。第四，市场信息的完全性。即所有市场信息都是完全的、透明的并能被人所了解掌握，不存在任何不确定性。完全市场竞争的四个条件只是一种理想状态，在现实的市场经济中并不存在。对市场份额的占有、生产技术的掌握、物品和服务等市场信息的知识量的拥有，往往意味着经济利益获得的多寡。因此，面对激烈的市场竞争，部分市场主体实施限制竞争或者阻碍市场竞争的不正当竞争行为和各种垄断行为，生产者、销售者等信息优势方隐藏部分与交易相关的重要信息，投资集中于经济效益较好的行业或者产业而对基础设施等社会必需品投资不足，这些市场缺陷的克服都需要国家有效调制的介入。

《中共中央关于全面推进依法治国若干重大问题的决定》指出，社会主义市场经济本质上是法治经济。使市场在资源配置中起决定性作用和更好发挥政府作用，必须以保护产权、维护契约、统一市场、平等交换、公平竞争、有效监管为基本导向，完善社会主义市场经济法律制度。中共十九大报告指出，经济体制改革必须以完善产权制度和要素市场化配置为重点，实现产权有效激励、要素自由流动、价格反应灵活、竞争公平有序、企业优胜劣汰。这是对政府有形之手和市场无形之手在市场经济领域的高度概括，同时也对经济法有效调制原则提出了精准的要求。具体来说，经济法的有效调制原则包括市场决定性原则以及调制法定、调制适度和调制绩效三原则。这些原则之间的关系呈现为一种组合结构：市场决定性原则是有效调制原则得以落实的前提；而调制法定、调制适度与调制绩效三原则则是有效调制原则的具体内容。

2. 市场决定性原则

---

① 参见〔日〕植草益：《微观规制经济学》，朱绍文等译，中国发展出版社1992年版，第4~5页。

市场决定资源配置是市场经济的一般规律，市场经济本质上就是市场决定资源配置的经济。基于市场经济、市场机制与资源配置之间的应然和实然状态，现代市场经济条件下的国家调制，只能是一种在充分尊重私权基础之上的范围有限的国家调制，其在资源配置中的地位和作用，只能从属于市场的自由调节。只有在市场失灵的领域，经济法上的国家调制才可能发挥作用，即国家权力为克服市场调节机制缺陷对市民社会经济生活的有限渗透，为遏制极端个人主义、利己主义思潮给社会带来的危害，消除生产和竞争的无政府状态，以及通过分配的公平合理来调节社会各阶层的利益关系，而进行的对具有私权特征的经济关系的直接干预。这就是经济法领域国家调制的市场决定性原则。

经济法理论起源于对市场机制及其可能发生失灵的现实总结，也正是由于这种理论在处于经济转轨期的我国极具实践意义，我国的经济法理论研究才能在短短四十年间得到极大发展。党的十八届三中全会对市场作用的表达发生了明显的变化，以市场在资源配置中的"决定性作用"取代了"基础性作用"，这一转变意味着对政府与市场关系的再认识。这不仅是一种语词的切换，而且赋予了市场地位以新的内涵。"决定性"除了对市场机制"基础性"全部内涵予以继承之外，还包含了对市场在资源配置中"优先性"作用的认可。

因此，市场决定性原则体现了市场在资源配置中起决定性作用的要求，它有利于丰富经济法视域下国家调制理论的内涵，将国家调制塑造成一种内敛和谦抑的形象，即只有在市场失灵的范围内，国家调制才有可能发挥正向作用。具体来说，市场决定性原则的基本内涵有以下三个方面：其一，在任何经济领域都应当优先发挥市场机制的调节作用，国家调制应局限于市场失灵的边界当中，在不存在市场失灵的场合，不应当有国家对经济的调制。其二，即使在市场失灵的场合，国家对经济的调制也要恪守谦抑，即一方面应优先鼓励内嵌于市场机制的调制措施，从而达到辅助市场机制恢复发挥作用的目的；另一方面，当某一领域的市场机制已然恢复作用，即市场失灵已克服，国家调制手段则应弱化或退出。其三，在既有经验和理性无法判断某一领域是否市场失灵时，应优先假设市场未发生失灵，而暂不进行国家调制。

3. 调制法定、调制适度与调制绩效三原则

调制法定原则揭示的是，经济法以法律形式授权政府可以也应当对经济生活进行调制，从而使得政府能以合法机构、职能、权限、程序、责任介入市场，是实体法和程序法的结合。国家调制归根到底实质上是一种利益的协调，利益协调必须建立在各级政府事权规范化、法律化及经济法上主体权利法定的基础上，同

拓展阅读

山西煤改案

时也必须加强利益协调过程中的公众参与、合法性审查、集体讨论等环节，尽量做到利益协调的决策科学、程序正当、过程公开和责任明确。调制法定原则可以覆盖整个宏观调控法和市场规制法领域。在宏观调控法领域，通过调控权的法律界定，可以明确调控主体、调控手段、调控力度等一系列问题。调制法定原则尤其要求"调控权法定"，具体体现为预算法定原则、税收法定原则、国债法定原则、货币法定原则、计划法定原则等。在市场规制法领域，调制法定原则主要体现为市场规制权、公平竞争权和消费者权的"法定"。

调制适度原则是有效调制的一项弹性原则，是指政府调制经济的范围和目的要合理，调制行为必须符合客观实际，兼顾调制的需要及可能，保障各类主体的基本权利。"理想的政府影响及干预的程度范围不能由一成不变的原则来决定，而必须依赖尝试与失败，依赖经验教训和相应的政策调整以使政府在经济中发挥最佳作用。"[①] 经济生活是复杂多变的，经济形势是日新月异的，有时会出现无规则适用而使问题无法解决的情况，或者法律只规定了模糊的标准，而没有规定明确的范围和方式。政府机关根据实际情况和对经济法基本原则的合理解释，采取具体的适度性措施。此外，调制必须符合社会公共利益，而社会公共利益的概念和外延都是随着社会经济条件的不断变化而发展的。调制适度的重要表现之一就是自由裁量权的合理运用，政府机关应根据实际情况和对经济法基本宗旨的合理解释，采取具体措施对经济生活进行适度调制。在制度建设上，应该建立健全行政裁量权基准制度，细化、量化行政裁量标准，规范行政裁量范围、种类和幅度。

调制绩效原则是指国家对经济的调制应当追求总量的平衡和社会总福利的增长，从而满足社会整体对效益的追求。调制绩效原则既是调制法定和调制适度原则在经济效益上的重要体现，要实现调制的绩效，离不开在国家调制经济过程中对不同利益主体和经济利益的有效平衡。

（二）社会利益本位原则

1. 社会利益本位原则概述

"法律部门的本位思想就是指这个法律部门在解决社会矛盾中的基本立场。国家采用什么样的法律形式来平衡和解决这些矛盾就构成了法律部门之间的权力分配状况，并成为一个法律部门区别于另一个法律部门的重要标志。"[②] 19世纪末20世纪初社会法学派兴起，为经济法提供了社会利益本位的法理源泉。社会利益本位要求立法和司法实践均应以社会整体利益为出发点，在尊重个体利益基础上将整体利益作为衡量行为之标准。一般认为，社会利益的主体是"社会"或"社会

---

① ［美］保罗·A.萨缪尔森、威廉·D.诺德豪斯：《经济学》（第12版），高鸿业等译，中国发展出版社1992年版，第78页，第86~87页。
② 李昌麒主编：《经济法学》（第三版），中国政法大学出版社2007年版，第54页。

公众""公共社会",其内容是依赖于个体利益需求的绝大多数社会主体共同的欲求。社会公共利益具有两大特性:整体性与公益性,即为了满足社会全体成员之需要,建立在个人利益基础之上的关系大多数社会成员福利的一种利益。

在经济法视域下,社会公共利益的具体体现包括如下几个方面:其一为自由竞争秩序,自由竞争是经济秩序的基础;其二为对特殊群体人格的限定和保护,如对消费者、中小企业、农民利益的保护;其三为维护和发展对社会持续发展有利的和谐稳定的社会关系,比如,通过宏观调控法来实现协调稳定的宏观经济秩序,通过市场规制法来规范市场经营行为,营造诚实守信的竞争环境。

社会利益本位原则要求,对产业调节、固定资产投资、货币发行、价格水平、垄断和不正当竞争行为、产品质量控制以及消费者权益保护等关系进行调整时,都必须以社会公共利益为本位,一方面为国家公权力的行使设置栅栏,另一方面也为私权利的行使划定边界;国家在制定经济法规范时,以维护和实现社会公共利益为出发点和根本归宿;市场主体在进行市场交易行为时,都不能一味地追求自身利益的最大化而忽视对社会公共利益的关注,否则,其行为就会受到经济法的否定和制裁。

很显然,社会利益本位原则是对传统个人主义的法律体系的改进和超越,在后者语境下的利益观,其本质上是一种个人主义或自由主义的利益观,即对微观法律主体形式公正和纯粹效益的追寻。但在经济法视野下,尤其是基于社会利益本位原则下的公正和效益观,展现出了与传统私法体系完全不同的新内涵。这便是社会利益本位原则的两大子原则:综合效益原则与实质公正原则。

2. 综合效益原则

区别于个人主义私法体系下对微观效益的追求,经济法上的综合效益具有更为丰富的内涵体系。它将经济效益、社会效益与环境效益相统一,是近期效益、中期效益和长期效益的有机结合,是宏观整体效益与微观个体效益的兼顾。经济法的综合效益观所追求的不再仅是一般的经济产出最大化,更是宏观成果、长远利益以及社会福利等诸多因素的整合。

在经济学中,"效益"是以最少的资源消耗取得同样多的效果,或者以同样的资源消耗取得最大的效果。经济效益在法律框架的实现路径有:一是通过以市场调节机制为基础的民商法调整方法对个体行为的经济收益予以确认和保护;二是在市场调节机制无法发挥功用的领域,通过调制手段,国家直接对经济资源进行公平的分配;三是经济司法通过判决、仲裁等方式对非法和不合理的经济行为进行矫正,使经济行为回归符合整体经济效益的方向。尽管经济效益通常是市场机制运作和国家调制经济的出发点和核心内容,但出于对社会利益本位原则的追求,经济效益、社会效益和生态效益的法律保证,才是真正符合社会公共利益的最终保证。经济法是对民商法、行政法、环境法三者的原理、路径及实现机制不能发挥作用的领域的有效弥补和充实,应当将经济、社会与生态效益综合原则上升为法律原则,通过权利与义务配置规则鼓励有利于三种效益统一的行为,禁止和制裁有损于三种效益统一的行为。

近期效益、中期效益与长期效益会同时存在,并且不可避免地会产生冲突。为了实现三种效益的调和,经济法必须坚持在市场对资源配置起决定性作用的前提下,充分尊重民商法对经济生活的法律调整,同时,通过建立健全宏观调控法律机制,确保更好地发挥政府如下三方面的作用:一是对国民经济未来发展方向进行预测并诱导市场主体做出符合发展方向的行为;二是通过立、改、废等手段,理顺、协调发展过程中各种经济规则和政策,以实现发展目标;三是通过各种法律化的经济手段,来对经济与社会发展的近期、中期和长期效益进行宏观调控。

经济法的综合效益观,是社会整体效益与微观个体效益的有机结合。经济法的主体之一便是个体、经济组织等市场主体,这些主体以自身利益的最大化为行为方式的目标,其经济逐利性是一个社会经济发展的前提条件和生命源泉,经济法是以整体发展为理念的法律部门,必然以市场主体的经济利益之实现为前提和基础,离开了市场个体的经济利益,经济法大厦就犹如空中楼阁。但是,个体经济利益并不是经济法的终极目标,它还要追求宏观整体效益。宏观整体效益是各个局部、各种具体经济效益的有机组合,而非各个具体经济效益的简单相加,其外在表现是社会总供求关系的基本平衡、资源在各个地区间的合理配置和产业结构的平衡发展。

3. 实质公正原则

经济法的公正观,是一种实质公正观,它不同于形式公正理念中的起点公正、机会公正、代内公正,而是更强调结果公正、分配公正和代际公正。经济法剥去了人格抽象平等、权利机会平等的"外衣",而对"人"进行真实具体的价值关怀,如强调对消费者、劳动者、被限制自由竞争的经营者等具体人格的保护。这种实质的、结果的公正观念要求尽量排除社会历史和自然因素对于人们生活前景的影响。

经济法的实质公正观在内容上主要体现于资源、地区、产业、竞争四个方面。在资源方面,经济法要解决的是资源稀缺性和开发利用的无限性之间的矛盾冲突。经济法的法律使命是对单一的、个体发展模式的放弃和对多元的、整体的发展模式的确认和保障,实现经济效益、社会效益与生态效益兼顾的可持续发展。在地区发展方面,地区发展失衡不仅是一个经济分配政策问题,而且是一个法律问题,比如,"二元经济结构"与"二元法律结构"往往是相辅相成的,互为因果关系。克服地区发展失衡,实现地区间发展公正,需要经济法运用实质公正观念、整体调整方法对地区经济关系、部门经济关系、企业集团经济关系进行规范化、系统化。在产业结构方面，基于保证经济稳定增长的前提，实现"调结构"和"优结构"并重是经济法所追求的具体目标。经济法可以通过有选择性的限制、扶持、鼓励等措施，来调整和规范生存权、发展权在优势产业与弱势产业、传统产业与新兴产业间的公平配置。在竞争领域，竞争公正的实现有赖于市场主体公平竞争权的行使和保护而实现。竞争主体主要为了交易机会和交易条件而展开竞争，政府实施调制行为的条件、程序、效果、责任等都必须切实有利于营造良好的竞争氛围，保障所有参与竞争的各方享有公平的竞争权。

（三）经济安全原则

1. 经济安全的基本内涵与特征

经济安全是指政府依照既定的法律程序，履行一定的经济职能，实现经济危机和经济不景气的克服，促进经济持续稳定发展，熨平经济周期，增加国民经济在国际市场中的竞争力的一种过程或状态。经济安全的上述概念决定了其具有五大特征：其一，政府行为是界定国家经济安全不可缺少的关键要素，即政府有效调制是实现经济安全的基本途径；其二，必须站在国家整体的高度来认识经济安全，即经济安全的主体必须是国家，国家经济主权和经济利益是经济安全的根本诉求；其三，将经济有效发展作为国家经济安全的基本内涵，即国家经济安全维护的最终目的是促进经济的有效发展；其四，国家经济安全既是一种经济认知，更是一种法律认知，这是由"依法治国"方略所决定的；其五，国家经济安全具有综合性，即具有国内和国外安全两个维度。

2. 经济安全的需求及其立法

自从人类社会步入后工业时代，逐渐增多的风险因素导致了人类对安全的渴求。风险因素的表现形式有：人民币汇率变化与货币供需异动、外国银行及其金融业务在中国的发展、三资企业的迅猛发展、跨国公司带来的激烈市场争夺、不断加剧的世界贸易摩擦、能源消费的增加、金融危机的突发、价格的异常波动、食品不安全等。影响经济安全的因素，既有国内因素，如经济法律制度的缺失、政府的不当调制、经济结构的失衡、自然资源的破坏等，也有国外因素，如区域性和全球性的经济危机、他国的经济制裁措施、经济贸易中的冲突、全球性的自然灾害等。如此多的风险因素，轻则会给微观的生产者、经营者、消费者等国民利益造成损害，重则会导致严重的国家宏观经济运行不畅、良好的经济秩序遭到破坏、国家经济主权丧失独立性与自主发展能力、经济发展阻滞，甚至社会危机和政治危机全面爆发。

从制度经济学的角度看，经济法制度的缺失越来越成为经济不安全的根源，同时经济法制度对经济发展具有提升作用。为了应对经济不安全，很多国家都立足于各国的市场经济现状，积极地提供法律制度方面的供给，构建国家经济安全法律体系，主要包括能源安全法律制度、金融安全法律制度、对外经济安全法律、农业安全法律制度等。

3. 经济法上的经济安全原则

随着经济全球化的推进、知识经济的蓬勃发展以及网络经济的兴盛，仅依靠某一法律部门很难达到保障经济安全、促进经济发展的目的，必须协调和整合有关的法律部门，形成国家经济安全法律体系。

经济法上的经济安全原则的着眼点是国家整体经济安全。经济法通过设定国家宏观调控和市场规制的权限、条件、方式和内容，调适国家与国家之间、国家与个人之间、国家与经济投资者之间的诸种经济关系，实现国家经济主权的独立性、预防和处理危机的有效性、经济发展的可持续性、增强国民经济的国际竞争性、维护基本经济秩序的有序性及强化对经济主体利益的保障性。具体而言，经济法的经济安全原则由宏观经济安全原则和经济发展原则构成。

（1）宏观经济安全原则

经济法以宏观经济安全为其安全理念，在宏观调控法方面，通过"稳增长、调结构"的法律制度供给，合理配置与市场相适应的国家经济资源，通过运用价格、财政、金融、计划等手段，营造国民经济持续、健康、稳定增长的宏观经济环境。在市场规制法方面，既要规制跨国公司等国外资本对国家经济安全的威胁，也要规制国内垄断、不正当竞争和限制竞争行为对国家经济安全的可能威胁；在外贸管制中适时地采用反倾销和反补贴政策保持贸易收支平衡并力求盈余；关注和解决关系民生的粮食、食品、药品、房地产等市场安全问题。总而言之，宏观经济安全原则具体作用的领域涉及对外贸易安全、投资安全、金融安全、财政安全、产业安全等。

（2）经济发展原则

与静态的宏观经济安全原则不同，经济可持续发展原则是经济法从动态的角度对经济安全的保障，更大程度上是维护经济过程安全和经济后续发展安全。从系统论的角度看，经济法的经济发展原则强调经济的整体发展、协调发展与可持续发展。在三者当中，经济整体发展是基石，经济协调发展是核心，经济可持续发展是终极目标，三者紧密结合，共同构成了经济法的经济发展原则。

经济法通过下列机制促进经济整体发展。一是通过宏观调控法克服市场的外部性，提供经济发展必需的宏观经济环境，通过市场规制法解决市场经济体制中的阻滞因素，充分发挥市场对资源配置的基础性作用。二是经济法通过对社会利益本位的保护，体现对经济整体发展的价值追求。三是经济法通过对增量经济利益的调整实现共同富裕的目的。

经济法可以通过对自身法律制度的协调和外部法律制度的协调来实现经济协调发展的目标。例如，运用经济规划的制定与调整、产业结构的优化与布局、财政税收与货币金融的合作与配合等宏观调控法调整手段，经济法能够化解经济危机，防止经济动荡，抑制通货膨胀，缩小地区经济鸿沟，并在此过程中加强部门协调、区域协调和国家协调，促进经济的协调发展。同时，经济法各项法律制度和国际经济法律制度之间的有效衔接，有助于共同保障我国的国家经济安全，实现国内市场和国际市场的同步发展。

经济可持续发展是经济发展原则的最终目标。市场规制法中的竞争法律制度就是通过消除阻碍市场有效竞争的不正当竞争和垄断，为市场主体个体可持续发展提供良好的外部竞争环境。宏观调控法各项制度本身就是从国家经济总量调整出发而设计的，目的是实现各经济总量的动态平衡，推进国家经济可持续发展。党的十八届五中全会提出了创新、协调、绿色、开放、共享的"新发展理念"。新发展理念指明了我国发展的思路、方向和着力点。新发展理念指导下的经济发展原则，主要包含五个方面内容：（1）创新发展。着重解决发展动力问题。我国创新能力不强，科技发展水平总体不高，科技对经济社会发展的支撑能力不足，科技对经济增长的贡献率远低于发达国家，因此，必须创新发展。（2）协调发展。着重解决发展不平衡问题。我国发展不平衡是一个长期存在的问题，突出表现在区域、城乡、经济和社会、物质文明和精神文明、经济建设和国防建设等关系上。为此，必须不断增强发展的整体性。（3）绿色发展。着重解决人与自然和谐问题。我国资源约束趋紧、环境污染严重、生态系统退化的问题十分严峻，人民群众对清新空气、干净饮水、安全食品、优美环境的要求越来越强烈。为此，必须坚持节约资源和保护环境的基本国策，加快建设资源节约型、环境友好型社会，推进美丽中国建设。（4）开放发展。着重解决发展内外联动问题。我国对外开放水平总体上还不够高，用好国际国内两个市场、两种资源的能力还不够强，应对国际经贸摩擦、争取国际经济话语权的能力还比较弱，运用国际经贸规则的本领也不够强，需要加快弥补。（5）共享发展。着重解决社会公平正义问题。我国分配不公问题比较突出，收入差距、城乡区域公共服务水平差距较大，需要不断完善制度设计，以共享改革发展成果。

思考题：

1. 论述经济法宗旨的内容。
2. 论述经济法基本原则的内容。
3. 有效调制原则的内涵是什么？

4. 如何理解经济安全原则?

▶ 自测习题及参考答案

第四章 经济法的主体和行为

经济法关系是经济法调整宏观调控关系和市场规制关系所形成的一种权力（利）义务关系。它包括经济法主体、经济法客体和经济法权力（利）义务三个方面的要素。本章着重对经济法主体、经济法主体的行为加以论述。

经济法主体是依据经济法享有权力（利）并承担义务的主体。在经济法主体中，宏观调控机构和市场规制机构居于重要地位，它们之间既存在共性，也存在差异。

在经济法主体的行为中，宏观调控行为和市场规制行为最为重要，它们会对市场主体的行为产生直接影响，因此，须按照法治化的要求予以实施，致力于追求社会公共利益，要接受经济评价、政治评价、社会评价和法律评价。

第一节 经济法的主体

一、经济法主体的概念

任何法律都要调整特定的社会关系，并形成相应的法律关系。在法律关系中，法律主体是其核心内容之一。

从根本上说，一切法律主体都是个体（如公民或自然人）或由个体构成的组织，某个个体或组织到底是哪个法律部门的主体，取决于它们实施了什么样的行为和缔结了怎样的社会关系，从而形成了何种法律关系。正像一个人一样，每个人的角色都是多重的，在家里可能是丈夫或父亲，在单位可能是处长或局长，在市场上可能是买主或卖主，很难说这个人就只能是某个或某几个法律部门的主体。比如，一个成年公民，如果他杀人，那么他就成了刑法的主体；如果他结婚，那么他就成了民法的主体；如果他开公司，那么他就成了商法的主体；如果他是公务员，那么他就成了行政法的主体；如果他从事了与宏观调控或市场规制相关的行为，那么他就成了经济法的主体。

所谓经济法主体，是依据经济法而享有权力和权利，并承担相应义务的组织和个体。某类主体是否属于经济法主体，应根据其是否参与经济法所调整的社会关系而定。由于经济法所调整的社会关系是宏观调控关系和市场规制关系，经济法调整这种社会关系的根本宗旨是维护宏观经济稳定和微观市场秩序。为此，必须确立宏观调控主体和市场规制主体。如前所述，所谓的法律主体无非是个人或组织，但由于履行宏观调控和市场规制职责的主体不可能是个人，也不可能是一般的组织，如企业、公司、非政府组织等，而只能是宏观调控机构和市场规制机构，两类机构可合称为"调制机构"。

明确经济法上的宏观调控主体和市场规制主体，有利于从根本上真正确立和规范国家干预。不明确什么样的国家机构可以作为经济法主体，就可能笼统地认可国家干预，似乎一切国家机构都可以作为经济法主体进行干预。大量的国家机构作为管理者或干预者存在，这是导致国家广泛干预的根本原因之一。界定经济法主体，就是要把国家以一种总体的身份、所有的组成机构、笼统的权力从事经济管理或干预活动，转变为国家以特定的身份、具体的代表机构、明确的权限从事经济管理或干预活动。把宏观调控机构和市场规制机构确立为经济法主体，意味着其他国家机构不应再作为经济法主体进行宏观调控和市场规制，这就大大地减少了管理者或干预者的存在，从而才能真正改变过去那种国家机构无处不在、国家干预无时不有的现象，使经营者摆脱国家的广泛干预而成为真正的市场主体。

二、经济法主体的类型

经济法主体主要包括两类：一类是从事宏观调控行为和市场规制行为的机构，即宏观调控机构和市场规制机构；另一类是接受调控和规制的主体，主要是各类市场主体等。接受调控和规制的主体，在经济法上可以多种形式存在，如经营者、纳税人、商业银行、证券公司等。对于这些主体在各类经济法制度中将分别进行介绍。下面着重介绍宏观调控机构和市场规制机构。

（一）宏观调控机构

市场经济固有的盲目性、无序性，导致市场失灵。市场失灵引发经济波动和经济危机，给经济社会发展造成严重危害。但市场本身无法克服市场失灵，而必须诉诸国家宏观调控，宏观调控是市场经济的内在要求。国家为了履行宏观调控的职责，必须设立宏观调控机构。

宏观调控机构具有以下属性：

1. 宏观调控机构主要是国家机构

宏观调控涉及宏观全局，关系国计民生，影响国泰民安，非私人所能为，非私力所能及。它要求公权力介入、公权力干预，这就决定了经济法主体不是私人而主要是有关国家机构，具体是履行宏观调控职能的相关国家机构，如国家发展和改革委员会、财政部、中央银行等，它们都属于宏观调控机构。

2. 宏观调控机构应具有统一性

宏观调控的根本宗旨在于宏观着手，调控全局；统一市场，统配资源；通盘考虑，通力合作；调剂余缺，取长补短；协调发展，共同进步。如果地方封锁，条块分割；各自为政，一盘散沙；单打独斗，互相掣肘；分别规划，相互冲突；

等等，那就没有宏观调控可言。统一性是宏观调控的基本要求，由此决定了宏观调控机构应具统一性。宏观调控机构应上下隶属，纵横统一，令行禁止，政令畅通。具体说来，中央宏观调控机构履行全国宏观调控职能，要搞好"顶层设计""全国一盘棋"，地方要服从中央，局部要服从整体。

3. 宏观调控机构应具有权威性

宏观调控是在全社会范围内配置资源、统一部署，促进国民经济整体协调有序可持续发展，这就犹如调兵遣将，指挥千军万马，必须要有权威，做到军令如山、令行禁止。宏观调控要求顾全大局、服从大局，有时甚至要牺牲局部利益保全大局。宏观调控也是一种利益调整，会导致利益的得丧变更，会发生重大利益冲突，这就要有权威机构去协调平衡。这就要求宏观调控机构应具权威性。具体说来，宏观调控机构的设立要有法律根据，要有法律授权，具有相当的权威性，有权有威，令人信服信从，能做到令行禁止。当然，这种权威不应仅仅建立在强制命令的基础上，而应更多地建立在科学有效的根据上。如规（计）划机构的权威，就不是建立在它所作规（计）划的指令性上面，而是建立在它所作规（计）划的科学有效的预测性上面。只有宏观调控机构实施的宏观调控行为符合客观性、真实性、规律性和有效性的要求，宏观调控机构才能真正具有权威性。

4. 宏观调控机构应具有专业性

现代社会经济问题错综复杂，可谓"高精尖专"，专业性强，宏观调控更是如此。在现代知识经济时代，专业知识在经济发展中具有决定性意义。要有效地进行宏观调控，必须依靠科学理性，依靠专业知识，要求术业有专攻，要有精湛的专业水平。因此，应该通过公开考试、公平竞争、择优录用，把优秀的专业人才选拔到宏观调控机构中去，以便发挥其专业特长，真正把专业特长与领导权力结合起来。此外，如上所述，宏观调控机构应具有权威性，而权威性应建立在专业性的基础之上，无知的外行只能是瞎指挥和乱干预，不可能有效地进行宏观调控，也无权威可言。宏观调控机构应当由专家和精英组成。如作为宏观调控重要机构的中央银行，我国有关法律法规明确规定，高级管理人员必须熟悉有关经济、金融法律法规，有丰富的金融专业经营和管理的专业知识，有很强的管理工作和业务工作能力。

5. 宏观调控机构应具有民主性

宏观调控是一项庞杂的社会工程，涉及社会经济的方方面面，需要非常全面而充分的知识和信息；宏观调控是大众共同的事业，关系国计民生，影响国泰民安，需要大众参与、群策群力，必须充分发扬民主，依靠民主，集思广益才可能完成；只有发扬民主，反对长官意志，克服片面和盲点，杜绝偏见和无知，宏观调控才能达到目的。如作为宏观调控重要措施的发展规（计）划，本质上是一种

"民主计划",因为它们要经过民主机构、民主决策程序制定,要得到民众的参与、支持和合作,要发挥民众的主动性、积极性和创造性,民主是发展规(计)划获得成功的重要保证。为此,规(计)划机构应该按照民主原则和规则进行规(计)划,应具有民主性。又如财政机构,它们所制定和实施的财政政策直接决定着财政分配或社会分配,必须追求和保证社会公平。这就要求财政民主,民主是财政的基本原则,财政民主是社会民主的基础和保障。而要保证财政民主,关键是财政机构要按照民主原则和规则进行财政决策,制定财政政策,这就决定了财政机构应具有民主性。其他宏观调控机构也应具有民主性。

6. 宏观调控机构应具有相对独立性

前已论及,宏观调控机构应具有民主性,应尽可能吸纳一切可以吸纳的人,宏观调控机构的人员构成应具有广泛的代表性。如发展规(计)划是为了一个民族或国家而不是为了一个政府而制订的,这就决定了发展规(计)划委员会的结构,它要求公众参与发展规(计)划编制的每一个阶段。宏观调控是国家的经济职能,不能仅靠行政机关去完成。虽然有些宏观调控机构在形式上是行政机关,但这并不是说该宏观调控机构就是行政机关,因为该行政机关进行宏观调控行为要接受国家权力机构的审批和监督,本质上是代表权力机构进行宏观调控,执行的是权力机构的意志和法律,所以许多国家的发展规(计)划都必须由议会审批并接受议会的监督。我国的国民经济和社会发展规划(纲要)要经过全国人大的审查批准。实践也证明,为了避免和减少行政干预,宏观调控机构应具有相对独立性,要独立于行政机关,如许多国家的中央银行的高度独立即是如此。

(二) 市场规制机构

市场规制机构应是市场经济公平、自由、竞争秩序的忠实卫士。市场规制法的实施,垄断的根除,不正当竞争的反对,弱者的扶持,消费者合法权益的保护,市场公平、自由、竞争秩序的维护,等等,都离不开市场规制机构。市场规制机构是市场经济的内在构成要素,要促进市场经济公平、自由、竞争有序地发展,就必须建立和健全市场规制机构。

市场规制机构具有以下属性:

1. 市场规制机构主要是国家机构

垄断(限制竞争)和不正当竞争会损害消费者的合法权益,垄断和不正当竞争几乎会遭到每个人的反对,每个人都可能成为反垄断者和反不正当竞争者。但垄断是一个强有力的组织,不正当竞争扰乱市场竞争秩序,因此,要真正反垄断和反不正当竞争主要不是靠个人,而要靠以国家公权力为后盾的国家专门机构,以强权对强权才能奏效。这里所说的市场规制机构主要是国家机构。具体包括反垄断机构、反不正当竞争机构和其他市场规制机构,由它们共同构成。如美国的反托拉斯局、联邦贸易委员会，德国的联邦卡特尔局、垄断委员会，日本的公正交易委员会，英国的公平贸易总局、垄断和合并委员会，法国的竞争委员会，我国的国家市场监督管理总局，等等，它们都是国家机构或国家职能部门。

2. 市场规制机构是一个专业机构

竞争、垄断（限制竞争）是一种十分复杂的经济社会现象，反垄断法是一种专业性、技术性、政策性都很强的法律，这就决定了反垄断机构应是一个由各种专家组成的专业性很强的机构。对此，许多国家的反垄断法都作出了明确的规定。如美国联邦贸易委员会下设竞争处和经济处，其中，竞争处由法学家组成，经济处由经济学家组成。德国的垄断委员会是一个专家鉴定机构，它由五名成员组成，他们必须具有专门的国民经济学、企业经济学、社会政治学、技术或经济法方面的知识及经验。日本的公正交易委员会由委员长和委员四人组成，委员长和委员从有关于法律或经济的学识经验的人中予以任命。法国的竞争委员会由 16 名委员组成，其中 7 名委员必须从行政法院、审计总署或法官中选任，4 名委员必须是在经济、竞争法或消费者保护问题方面有专门知识和经验的专家，其余 5 名委员必须从事过相关职业。我国《反垄断法》第 9 条规定："国务院设立反垄断委员会，负责组织、协调、指导反垄断工作，履行下列职责：（一）研究拟订有关竞争政策；（二）组织调查、评估市场总体竞争状况，发布评估报告；（三）制定、发布反垄断指南；（四）协调反垄断行政执法工作；（五）国务院规定的其他职责。国务院反垄断委员会的组成和工作规则由国务院规定。"反垄断委员会要履行上述职责，没有相当的专业性是不可能完成的。综观许多国家的反垄断机构，专家执法的特点格外明显。

3. 市场规制机构是一个相对独立的机构

市场规制机构应是市场公平、自由、竞争秩序的化身，为了保障市场规制机构能够切实独立地执行市场规制法，维护市场公平、自由、竞争秩序，必须依法规定市场规制机构是专门机关，赋予其相对的独立地位，割断它与社会上其他人与事的利害关系。如美国的联邦贸易委员会委员不得从事其他实业、休假或其他职业。德国的垄断委员会成员既不得就职于政府机构、联邦立法机构或州立法机构，亦不得是联邦、州或其他公法人的公职人员，他们不得作为经济协会或雇主组织或职工组织的代表人，也不得与常设机构或商业事务方面有什么关系，在当选为垄断委员会成员的前一年，他们不得担任过同类职务。日本公正交易委员会的职员，在任职期间，不得充任国会或地方公共团体的议员，不得积极地从事政治活动；除有首相的许可外，不得从事其他有报酬的职务；不得经营相关行业以及从事其他以金钱利益为目的的业务。所有这些都是为了确保市场规制机构的相对独立性。我国《反垄断法》第 10 条规定："国务院规定的承担反垄断执法职责的机构依照本法规定，负责反垄断执法工作。"没有市场规制机构的相对独立性，就难以保证其执法的公正性。

4. 市场规制机构不尽是行政机关

世界上绝大多数国家的反垄断机构不尽是行政机关，至少不是纯粹的行政机关。如美国的反托拉斯局虽然在组织关系上隶属于司法部，但该司法部与我国的司法部不同，它不是纯粹的行政机关，它还负责在普通法院提起民事诉讼或刑事诉讼，因此它又是一个检察机构。而美国的联邦贸易委员会则是一个独立于政府的机构，它的工作直接受国会的领导和监督。德国的联邦卡特尔局有权独立地对具体案件作出裁决，它具有准司法机构的性质；德国的垄断委员会的活动是独立的，它只受《反限制竞争法》的约束。日本的公正交易委员会尽管是一个行政委员会，但法律规定它的委员长和委员必须在取得两议院的同意后任命，而且公正交易委员会独立行使职权。英国的公平贸易总局尽管是一个行政机关，但其业务活动不受政府指示的约束。这些都是成功的经验，值得我们参考借鉴。目前，我国反垄断和反不正当竞争的执法机构是市场监管部门，该部门不仅享有执法权，还享有一定的准司法权，因而不同于其他纯粹的行政机关。如果市场规制机构是一个行政机关，那么它就无力限制政府滥用权力，也无法反对行政垄断。

三、经济法主体的差异性

不同法律部门的主体存在差异。有的法律部门强调法律主体一律平等，如民商法等，但有的法律部门则强调其法律主体的差异性，经济法就是如此。如前所述，宏观调控机构和市场规制机构都是重要的经济法主体，这两类经济法主体存在一些共性，如都是国家机构，都享有公权力，都履行国家职能，等等。但它们之间也存在许多差异性。

1. 两者作用的领域不同。宏观调控机构侧重的是市场宏观领域，如发展规（计）划、财政政策、金融政策、产业政策，等等。而市场规制机构侧重的是市场微观领域，主要是具体的市场行为，如不正当竞争行为、垄断行为、侵害消费者合法权益的行为、扰乱市场秩序的行为，等等。侧重的领域不同，对应的宏观调控机构与市场规制机构亦有差异，前者更具综合性，而后者更具专职性，如我国的国家发展和改革委员会与国家市场监督管理总局之间的差异就是如此。

2. 两者针对的对象不同。宏观调控机构所针对的对象是整体经济运行，其机制是"国家调控市场、市场引导企业"，并不直接针对具体的经营者，否则，就不是宏观调控，而是微观管理，或者行政管理。而市场规制机构所规制的对象是实施具体市场行为的主体，如经营者等。这里需要特别指出的是，经营者并非仅是经济法的主体，它们也可以是民商法等法律部门的主体。只有当经营者的行为与发展规（计）划、财政政策、金融政策和产业政策等宏观调控政策法律相关，或者实施了不正当竞争行为、垄断行为、侵害消费者合法权益的行为等，从而构成宏观调控和市场规制的对象时，才成为经济法主体。

3. 两者的职责和手段（工具）不同。两者的职责不同，其履行职责的手段（工具）亦不同。宏观调控机构的职责是调控宏观市场秩序，主要是规（计）划科学、财政公平、金融稳定、产业合理等，其所采取的调控手段是发展规（计）划、财政政策、金融政策、产业政策等。而市场规制机构的职责是维护微观市场秩序，主要是维护正当的竞争秩序、自由的竞争秩序、公平的交易秩序、安全的市场秩序等，为此，市场规制机构所采取的规制手段是规制具体的市场行为，如规制不正当竞争行为、垄断行为、侵害消费者合法权益的行为等。

4. 两者内部具有差异性。无论是宏观调控机构还是市场规制机构，都不是单一的机构，而是多元的、一系列的机构。如宏观调控机构则包括规（计）划调控机构、财政调控机构、金融调控机构、产业调控机构等。而市场规制机构包括规制不正当竞争行为、限制竞争协议、滥用市场支配地位等的各级市场监督管理局等。各类机构调控或规制的对象不同，职责也不相同，机构组成也有所不同。

第二节　经济法主体的行为

一、经济法主体行为的类型

经济法主体的行为分为两类：一类是宏观调控机构和市场规制机构所实施的宏观调控行为和市场规制行为，可合称为"调制行为"；另一类是受到宏观调控和市场规制直接影响的经营者所从事的市场行为。由于宏观调控行为和市场规制行为具有主导地位，因而下面着重介绍这两类行为。

（一）宏观调控行为

理解宏观调控行为，需要注意以下几个方面：

1. 宏观调控行为以市场经济的存在为前提

在计划经济体制下，计划经济是一种按计划运行的经济，实质上是一种行政管理，而不是对市场的宏观调控。实践证明，只有在市场经济体制下，才能提出宏观调控的客观要求，才会有真正的宏观调控。充分发展的市场经济是宏观调控的真实基础，市场机制与宏观调控是相互依存、相得益彰的，市场经济越发达，宏观调控就越必需。市场经济内在地要求宏观调控，宏观调控立足于市场经济，如果没有市场经济，宏观调控就没有了对象和基础，也没有了立足的根基。宏观调控是对市场失灵的调控，市场失灵的地方往往就是宏观调控的领域，如果没有市场经济就谈不上市场失灵，因而也就不知道宏观调控的范围，不知道在哪里进行宏观调控。市场经济所创造的各种组织工具（如公司制度）、技术手段（如会计制度）和市场体系（如商品市场和资本市场）等为宏观调控提供了有效的传导渠道和中介机制，宏观调控只有结合市场机制、通过市场机制、利用市场机制才能有所成就，没有市场机制，宏观调控就失去了运作的机制和生效的中介，没有市场的宏观调控往往不能因应市场经济的规律要求而成为主观任性。为了使市场经济更加健康有序协调地发展，宏观调控要尽可能减少对市场机制的干扰，让市场机制在资源配置中起决定性作用。没有市场经济，宏观调控就失去了服务的目标，成了一种为宏观调控而宏观调控的无谓之举，不服务于市场经济的宏观调控往往蜕变为粗暴、拙劣的行政干预。宏观调控必须也只能立足市场经济、通过市场机制、利用市场机制、服务市场经济，没有市场经济就没有真正的宏观调控；没有宏观调控，市场经济也难以持续发展。总之，宏观调控行为要以市场经济为前提。

2. 宏观调控行为是宏观领域的调控行为

宏观调控，顾名思义，是对宏观领域的调控。因此，要特别注意宏观领域与微观领域、宏观调控与微观干预（规制）的区别。尽管对何谓宏观领域，宏观调控的范围多大，人们还众说纷纭，认识不一，无法统一厘定，但尚可以就其共识简要地概括如下：

（1）宏观领域不是私人领域，而是公共领域。凡是私人能够自治的地方，无须也不应进行宏观调控。依法划定私人自治领域，尊重私人意思自治，这是进行宏观调控所应铭记的重要准则。宏观领域与私人领域是相依相存、相得益彰的，私人领域是宏观领域的基础，宏观领域要立足于私人领域，在私人领域的基础上才能有宏观领域。如果宏观领域僭越私人领域，没有私人领域作基础，那么宏观领域就会成为无源之水和无本之木。

（2）宏观领域是私人力量所不及的领域。私人是私主体，仅有私权，只能自治私事，无权管理他人事务和公共事务，因而对宏观调控无能为力或力不从心，这就需要国家（政府）出面担当此任。宏观调控就是对那些私人不能做、做不了或做不好的事情，由国家来做，因为只有国家才具有做这些事情的能力和权力。政府的一个主要经济职能就是协调个人行为以获得更大的效益，它能把个人团结起来并用个人所不能的方法促成满意的结果。由于私人是"经济人"，考虑私人得失，计较投入产出，追求私人利润极大化，一般不愿从事无利可图的事业，尤其是公益事业，因而只能由国家负起责来，由国家进行宏观调控。

（3）宏观领域是市场机制力所不及的领域。市场机制是资源配置极为有效的机制，创造了许多经济奇迹，无论是过去、现在还是将来，人们都必须通过市场、利用市场才能实现并保持繁荣。但实践证明，市场机制并非完美无缺，"看不见的手"有时会引导经济社会走上错误而危险的道路，市场机制有时会出现种种失灵的情况，导致许多严重的经济和社会问题，而仅靠市场自身又无法解决，因此，需要政府通过宏观调控来解决市场失灵领域的宏观调控问题。

（4）宏观领域是关系国计民生、影响国泰民安的领域。宏观调控对国家兴衰极为重要，宏观调控法律和政策的明智与否直接影响到国计民生、国泰民安。因此，任何一个负责任的政府都要义不容辞地采取明智而得力的宏观调控措施（包括政策和法律）。宏观领域作为关系国计民生、影响国泰民安的领域，包括许多方面，但具体说来主要是发展规（计）划、财政税收、货币金融、产业结构等方面，这些被认为是宏观经济分析与政策的中心目标或目的。可以说，国家宏观调控好了上述各个方面，就宏观调控好了宏观领域，就能够实现宏观调控的目标。

3. 宏观调控行为是有限调控行为

广泛无限的宏观调控必然会管得太多、太死，会蜕变成高度集权的行政管理，会窒息经济民主和经济自由，这不是宏观调控而是全面管制。市场体制是市场主治，要尽量减少政府干预，要简政放权，为大众创业、万众创新提供广阔的自由自治空间。其实，宏观调控到底应是全面调控还是有限调控，从根本上取决于宏观调控机构对国民经济所具有的知识和信息。宏观调控涉及国民经济的方方面面，要全面地进行宏观调控必须具备全面而详尽的知识和信息，但要做到这一点，往往是不可能的，因为这已经远远超越了人类的能力，人类的理性和认知水平是有限的，不可能全智全能，面对国民经济的方方面面，人类只有有限的知识和信息，即使拥有无限的知识和信息，人类也很难处理。在这种情况下，宏观调控就只能是有限调控，把宏观调控限制在拥有较为全面、详尽、客观、准确的知识和信息的国民经济方面，而把其余方面交给私人和市场，让私人意思自治和市场自行调节是必然的选择。因为私人事务涉及面小，所需知识和信息更少，易于收集分析处理；私人处在当时当地的境况，直面市场，更了解具体情况，决策更快捷、正确、便利，并更有针对性，也能更好地抓住时机，因地制宜，灵活应对；私人关切私人利益，会更加勤勉、谨慎、负责地管理好自己的私事。市场虽然具有盲目性、滞后性和波动性等弊端，会带来资源浪费、经济失衡乃至经济危机等后果，但在同等情况下，市场的自我纠错能力要大于国家的自我纠错能力，市场调节的优越性要大于国家干预的优越性。所以，由私人自治和市场调节比由宏观调控更为适当，也更为有效。真正的宏观调控是有限调控，对必须加以宏观调控的方面或领域才需要进行宏观调控，不必盲目地迷信和推行宏观调控。如果宏观调控面面俱到、事无巨细、无所不包，那就不是宏观调控而是微观管理，而且会因小失大，因精力分散而不能把主要的事情做好。实践证明，只有宏观调控得少才能宏观调控得好。

4. 宏观调控行为需要发扬民主

宏观调控涉及国民经济全局，关系国计民生，影响国泰民安，是一项十分庞杂、极为繁复、相当艰难的事情，要很好地进行并完成宏观调控的使命，绝非仅凭某个人或某些人的聪明才智所能做到，而必须发动群众、大众参与、集思广益、群策群力、全民力行。宏观调控关系社会全局和公共利益，宏观调控不是个人事务或私人事务，不能一意孤行和独断专行，必须发扬民主、保障民主。宏观调控的目标在于促进经济民主，为人们自由自治创造有利的宏观秩序和社会环境。为此激发、尊重和维持私人的主动性、积极性和创造性就非常重要，只有建立在这一基础之上的宏观调控才能有所作为并达到既定目标。实践证明，能否贯彻经济民主、保障经济民主，关系宏观调控的成败。经济民主是社会经济增长的根本前提，只有贯彻经济民主、保障经济民主，宏观调控才可能取得成功，否则，宏观调控必然失败，并抑制经济增长。只有贯彻经济民主、保障经济民主的宏观调控才是真正的宏观调控。

5. 宏观调控行为主要是法律调控行为

宏观调控措施多种多样，主要包括经济、行政和法律三种手段，其中应以法律手段为主。这是因为：第一，尽管人们经常把经济手段、行政手段和法律手段相提并论，但不可认为这三种手段是并列的、等量齐观的，因为经济手段和行政手段本身也要采用法律形式，要依法作出、依法进行，要实现法治化。在一个法治社会，经济手段和行政手段也要法治化，没有脱离法律和法治化的经济手段和行政手段，更没有与宪法和法律相违背的经济手段和行政手段。第二，只有建立在法律基础上的宏观调控才能像制定法律一样充分发扬民主，广泛进行论证，听取各方意见，集思广益，从而使宏观调控的政策和法律更能认识和体现客观经济规律的要求，更好地进行宏观调控。仅靠个人智慧、个人能力、个人专断从来不可能较好地进行宏观调控。第三，只有依据严格的法定权限和法定程序进行的宏观调控，才能从根本上杜绝盲目调控、任意调控，不依法定权限和法定程序的宏观调控，只能是滥加调控或瞎指挥，贻害无穷。第四，只有法律化的宏观调控，才是制度化的宏观调控，才能持续稳定，它不因领导人的改变而改变，不因领导人的看法和注意力的改变而改变，不会因人而异、朝令夕改，才能避免引起社会经济的动荡和混乱。第五，只有法律化的宏观调控，国家宏观调控的权力范围和宏观调控行为才能规范化、精确化，实现宏观调控的法治化。如果不能依法界定宏观调控的权利（力）义务，规范宏观调控的行为，明确宏观调控的责任，就不能将宏观调控纳入法治的轨道。只有规范好了宏观调控者，才能宏观调控好国民经济，那种自身行为都不规范的宏观调控者，是不大可能宏观调控好国民经济的。宏观调控从不依法进行到依法实施，是宏观调控体制的根本变革和重大进步，这才是真正的宏观调控，也才会有真正的法治经济。现代宏观调控应该以法律手段为主，必须实现宏观调控的法治化。

（二）市场规制行为

理解市场规制行为，应当注意以下方面：

1. 市场规制行为以市场特别是市场竞争为规制对象

市场竞争，导致经营者利益的得丧变更。经营者是"经济人"、逐利者，并非人人尽为尧舜，一些人为了避免在市场竞争中招致损失或追求自身利益的极大化，难免实施不正当竞争行为，如假冒仿冒、商业贿赂、虚假宣传、侵犯商业秘密、非法倾销、强制搭售、不当有奖销售、商业诽谤、串通招投标，等等。这些行为不仅损害其他经营者的合法权益，也侵害消费者的合法权益，还会扰乱市场竞争秩序，损害社会公共利益，因而必须加以规制。另外，市场竞争，优胜劣汰，生产不断集中，最后形成垄断。垄断限制市场竞争，导致许多弊端。这正如列宁所说的："集中发展到一定阶段，可以说就自然而然地走到垄断"[1]，"这种从竞争到垄断的转变，不说是最新资本主义经济中最重要的现象，也是最重要的现象之一"[2]，是"现阶段资本主义发展的一般的和基本的规律"[3]，"如果必须给帝国主义下一个尽量简短的定义，那就应当说，帝国主义是资本主义的垄断阶段。"[4] 与此同时，列宁也指出了垄断的弊端——"帝国主义最深厚的经济基础就是垄断"，"这种垄断还是同任何垄断一样，必然产生停滞和腐朽的趋向。……技术进步因而也是其他一切进步的动因，前进的动因，就在一定程度上消失了……在经济上也就有可能人为地阻碍技术进步"[5]。此外，"从自由竞争中生长起来的垄断并不消除自由竞争，而是凌驾于这种竞争之上，与之并存，因而产生许多特别尖锐特别剧烈的矛盾、摩擦和冲突"[6]。恩格斯说："任何一个民族都不会容忍由托拉斯领导的生产"[7]。因此，必须反对垄断，反对的根本方法就是市场规制。市场规制以市场竞争为中心，目的是通过规制不正当竞争行为和垄断行为，以维护市场正当、公平、自由的竞争秩序。

---

[1] 《列宁专题文集　论资本主义》，人民出版社2009年版，第108页。
[2] 《列宁专题文集　论资本主义》，人民出版社2009年版，第108页。
[3] 《列宁专题文集　论资本主义》，人民出版社2009年版，第111页。
[4] 《列宁专题文集　论资本主义》，人民出版社2009年版，第175页。
[5] 《列宁专题文集　论资本主义》，人民出版社2009年版，第185页。
[6] 《列宁专题文集　论资本主义》，人民出版社2009年版，第174页。
[7] 《马克思恩格斯文集》第3卷，人民出版社2009年版，第558页。

2. 市场规制行为是国家干预行为

自从市场万能的神话破灭以后,人们日益注意到国家在社会经济发展中的重要作用,认识到国家干预的必要性,其中重要的一点就是国家负有规制市场竞争的职责。市场竞争是经营者的切身利害之争,有时甚至是生死存亡之争,竞争激烈残酷,会导致弱肉强食、贫富悬殊、快速折旧、关系紧张等严重弊端,事体重大,必须有理有节地进行,也就是说竞争必须要有秩序,只有在有秩序的条件下才会有正当的竞争。这种秩序要由国家来缔造和维护,如需要国家制定和执行市场竞争规则,需要国家充当竞争裁判,需要国家反对和取缔不正当竞争和垄断行为,等等。实践证明,国家是建立市场竞争秩序的根本力量,没有国家的依法干预,就不会有竞争秩序。无论是反不正当竞争、反垄断,还是维护市场竞争秩序,保护消费者合法权益,等等,都不是市场自身所能完全解决的,也不是市场经营者所能自觉修正的,更不是消费者所能自力维护的,而必须由国家进行干预,对市场竞争进行规制。世界上凡是制定和实施反不正当竞争法和反垄断法的国家,都无一例外地建立了专门的市场规制机构,如美国的反托拉斯局和联邦贸易委员会,德国的卡特尔局和垄断委员会,我国的市场监督管理总局,等等。

3. 市场规制行为追求社会公共利益

任何行为都是有目的的,一切合法行为都有其法益,市场规制行为亦然。

市场竞争是经济发展、社会进步和人类文明的根本动力。市场竞争关系国计民生,影响国泰民安,涉及人类社会整体,这就决定了以市场竞争为对象的市场规制法或具体的竞争法具有至关重要的地位。

市场经济的本质属性和主要优势就是市场竞争,只有市场竞争才能促进人类社会经济步入繁荣之途。实践证明,繁荣来自竞争,没有竞争就没有繁荣,特别是可持续的繁荣。市场规制的根本宗旨就是维护市场竞争,进而促进社会公共利益。对市场竞争的破坏,损害的不是某个人或某些人的利益,不是局部的微观的利益。由于它损害了市场机制,扰乱了市场结构,破坏了市场秩序,因而损害的是社会公共利益。历史和现实已经表明,凡是没有竞争的地方,就没有进步,久而久之就会陷于呆滞状态,从而会严重损害社会公共利益。

市场中的人们利害攸关,相互制约,在利害总量特定的情况下,有人得就有人失,利己可能损人,不能保证人们在追逐自己私利的同时必然会促进社会公共利益,并且情况往往是,自己私利的扩大同时伴随着社会公共利益的缩小。不正当竞争行为和垄断行为就是如此。社会发展不是优胜劣汰,不能弱肉强食,而是优胜劣存,全面发展,共同进步,这就要兼济弱者,扶助弱小。市场规制反对不正当竞争行为和垄断行为,扶助弱小者,提高其地位,增强其能力,加强其竞争,促进其发展,维护社会公共利益,具有社会公共性。

市场领域的私人主体都在追求私人利益，同时，也会顺便促进社会公共利益，但私人主体往往不会先决地、主动地、自觉地去促进社会公共利益。要促进社会公共利益需要国家履行其义务，维持一种竞争性的经济。通过市场规制，缔造和维护自由公平的市场竞争秩序，进而为私人主体实现私人利益创造良好的制度条件，并最终促进社会公共利益。

4. 市场规制行为主要是一种否定行为

法律规制行为要以知识（信息）为基础，只有对其所规制（调整）的对象具有充分的知识才能有效地加以规制，如果对其所规制的对象缺乏必要的知识就不应染指。这才是真正理性和有效的规制方法。过分地夸大理性，主张理性无所不知、全知全能的理性主义，恰恰是反理性的，因为真正的理性仅仅是一种戒律，一种对成功行为可能性限制的认识，它通常只告诉我们不能做什么。这种戒律是必要的，主要是因为人类的智力不能掌握事实的所有复杂性。这种认识和认识状况决定了法律的规制方法，不可能详尽地规定人们能够做什么，而只能规定人们不能做什么，也就是说，法律的规制方法乃至法律规则本身在本质上是否定性的。所以，所有正义行为规则都是否定性的，正义行为规则通常是对不正义行为的禁止。市场规制行为也应是甚至更应是否定性的。这是由市场及市场竞争的性质所决定的。

市场情形纷繁复杂，任何人都不可能详尽悉知，至于具体的市场细节，人们更是常常处于无知状态。人们对市场的无知决定了市场规制行为更应谨慎节制，要尽量少为或不为，把市场规制行为限制在人们有所认知的方面，而不涉及人们一无所知的领域。就市场情形而言，对在市场上人们一般不准做什么是有确切充分认识的，而对在市场上人们具体可以做什么却没有完全把握。市场的这些特性使得市场规制行为应集中于人们在市场不准做什么方面，规定人们不准做什么，从而成为一种否定的方法，从反面加以规定。当然，市场竞争并不是无政府状态，但市场规制只能为市场竞争划出大致的边界，确立基本的准则，规定必要的限制，并不能详尽具体地规定各种市场竞争行为，告诉人们怎样去市场竞争，而只能告诉人们不能怎样去市场竞争。市场规制把市场竞争一分为二：一方面是反对的，另一方面是允许的，凡是未反对的，就是允许的，并通过规定反对的，默认、允许所有其他未反对的。市场规制行为的这种否定性特点在其市场规制法的名称上就能体现出来，如《反不正当竞争法》《反垄断法》即是如此，它们的名称中都有一个"反"字。

5. 市场规制行为是一种综合行为

当今社会关系纷繁复杂，并且越来越甚，但能用来调整社会关系的方法还是那么有限的几种。因此，要充分发挥法律对纷繁复杂社会关系的调整功能，必须综合现在已有的各种调整方法，多管齐下，综合调整，追求某种或某些所谓独特的法律调整方法必将使法律的调整功能受到限制，甚至丧失殆尽，这根本不是法律调整方法所应追求的目标，也不是法律调整方法的发展趋势。

社会关系是普遍联系的，对于普遍联系的社会关系，有效的法律调整方法只能是综合的方法。形式意义的市场规制包含多种法律规范，涉及损害赔偿关系、行政处罚关系、违法犯罪关系等多种关系的法律调整，这就决定了市场规制法的调整必须采用综合的方法。其中包括民法方法、行政法方法和刑法方法等。

市场竞争受各种因素的影响。因此，在评判如何促进市场竞争以及是否促进市场竞争时，要综合考量方方面面的因素。如在评判企业合并或经营者集中时，既要考量企业合并或经营者集中对市场结构和市场绩效的影响，也要考量规模经济和产业政策的要求，还要考量国内现状和国际形势等因素。再如在认定经营者是否具有市场支配地位时，我国《反垄断法》第18条规定应当依据下列因素："（一）该经营者在相关市场的市场份额，以及相关市场的竞争状况；（二）该经营者控制销售市场或者原材料采购市场的能力；（三）该经营者的财力和技术条件；（四）其他经营者对该经营者在交易上的依赖程度；（五）其他经营者进入相关市场的难易程度；（六）与认定该经营者市场支配地位有关的其他因素。"这些因素决定了市场规制关系较之许多其他社会关系更为纷繁复杂多变，且更具综合性，因此，市场规制法要调整市场规制关系就更应采用综合的方法。

垄断行为、不正当竞争行为对市场竞争的破坏，不仅损害其他竞争者的合法权益，而且损害广大消费者的合法权益，还损害社会公共利益。为了惩罚违反市场规制法的行为，有效保护其他竞争者的合法权益和广大消费者的合法权益，维护社会公共利益，就不仅应要求其赔偿损害，还要对其施以行政处罚，甚至要追究刑事责任。

二、经济法主体行为的属性

以上主要介绍了经济法主体行为中的宏观调控行为和市场规制行为，这两类行为具有如下属性：

1. 无论是宏观调控行为还是市场规制行为都是国家干预行为。这些行为不是私人行为，私人不可能从事和完成宏观调控行为和市场规制行为，宏观调控行为和市场规制行为是有关国家机构依据法定职权和法定程序所实施的行为。它们不同于市场机制的自发调节，如果市场调节有效的话，那就无需宏观调控行为和市场规制行为了，恰恰是因为市场失灵，出现了许多扰乱市场秩序的行为，而市场本身又无法调节，才需要国家干预，其中就包括宏观调控行为和市场规制行为。

2. 无论是宏观调控行为还是市场规制行为都是法定行为。它们不是私人个人行为，也不是私人组织行为，不是私权行为，不能意思自治，而是法定国家机构依据法定权限和法定程序为合法目的而实施的行为。宏观调控行为和市场规制行为均必须依法行使，无论是行为的依据、目的、内容还是程序和形式均应合法化、法治化，法定性、法治化是其重要特征。从法治的要求来说，宏观调控行为和市场规制行为都应当是合法行为。

3. 无论是宏观调控行为还是市场规制行为都是公共行为、公职行为、公权行为，为公是它们的唯一宗旨。无论是调控宏观经济运行还是规制微观市场竞争行为，都旨在维护市场秩序，促进社会公共利益。

三、经济法主体行为的评价

1. 经济评价。经济法是调整经济关系之法，具体说是调整宏观调控关系和市场规制关系的一个法律部门。经济法要有效地调整其对象，就必须合乎经济规律、市场规律，无论是宏观调控行为还是市场规制行为都要立足市场经济、着眼市场经济、利用市场机制、经由市场机制和服务市场经济。宏观调控行为和市场规制行为要接受经济评价，如经由宏观调控和市场规制以后，市场秩序是否更加稳定、完善以及市场竞争是否更加公平自由了，这是评价宏观调控行为和市场规制行为的根本标准。如此，对它们的评价就是正面的；否则，对它们的评价就是负面的。负面评价说明宏观调控行为和市场规制行为存在问题，应依法及时作出调整和予以校正。

2. 政治评价。无论是宏观调控行为还是市场规制行为都是国家干预行为，是国家公权力的贯彻和实施，具有政治性质。宏观调控行为和市场规制行为是否得当具有重大的政治影响，因此，对它们的评价不能只算"经济账"，还必须"讲政治"，进行政治评价。如对它们是否符合政治目的、政治影响如何等方面进行评价。法律与政治密切相关，只有从政治上重视宏观调控行为和市场规制行为，才能从法律上加强宏观调控和市场规制法治建设。

3. 社会评价。社会是法律存在的基础，法律服务于社会，法律应接受社会评价。经济法亦然。无论是宏观调控行为还是市场规制行为都关系国计民生、影响国泰民安，涉及整个社会，是重大的社会行为，理应接受社会评价。如经由宏观调控和市场规制以后，社会秩序是否更加稳定了？社会竞争是否更加公平了？社会自由是否扩大了？社会福利是否提高了？等等，这些都是评价它们的重要标准。宏观调控行为和市场规制行为应趋前避后、扬长避短。

4. 法律评价。无论是宏观调控行为还是市场规制行为，是否合法是其最重要的评价标准。法律评价是规则评价，是用法律规则的标尺去衡量宏观调控行为和市场规制行为是否合法。相比较而言，法律评价更加规范、更好操作，也更为客观，所以经济评价、政治评价和社会评价都应归结为法律评价。事实上，之所以需要经济法，从根本上说就是为宏观调控行为和市场规制行为提供一套法律规则、行为模式，使其依法进行。依法进行宏观调控和市场规制，本身就接受了法律评价，而且是事先接受了法律评价。鉴于宏观调控和市场规制必须防患于未然，还不能事后评价，这就更需要法律评价，因为法律具有预见性和可控性，法治化的宏观调控和市场规制"万变不离其宗"。经济法不仅是宏观调控行为和市场规制行为的行为规则，而且是它们的评价标准，目的是实现宏观调控和市场规制的法治化。

思考题：

1. 如何确立经济法主体？
2. 经济法主体有哪些类型？
3. 经济法主体的行为包括哪些类型？
4. 如何评价经济法主体的行为？

▶ 自测习题及参考答案

第五章 经济法主体的权利、义务和责任

法律主体的权利、义务和责任体系，通常构成了某一部门法研究的基本框架，经济法亦不例外。与民法或行政法的主体不同，经济法的主体具有一定的特殊性和复杂性，由此决定了经济法主体在权利、义务和责任配置结构上的不均衡性。对调制主体来说，职权与职责相统一，不履行职权即要承担责任；对调制受体来说，根据主体能力的不同所配置的权利、义务结构具有差异，在不履行义务或侵害其他调制受体权利的情况下，则要承担责任。

第一节 经济法主体的权利和义务

经济法主体分为调制主体和调制受体，二者的权义配置存在根本性的不同。一方面，作为落实宏观调控和市场规制职责的调制主体，其在经济法律关系中享有权力，故经济法上的权利亦包括权力，且这种权力具有与义务的一体性，权力不得放弃，否则即构成调制主体对权力的滥用。社会实践中经常使用的"职权"一词，即为对调制主体权力和义务一体性的典型概括。另一方面，作为接受调制主体宏观调控和市场规制的调制受体，其由经济法律制度所确立的权利是可以放弃的，而不履行义务则会受到调制主体的处罚，并承担相应的经济法律责任。

一、调制主体的职权

（一）概述

调制主体在落实国家调制过程中行为的类型，可根据调制主体调制市场经济行为的过程分为宏观调控、市场规制和国家投资经营三种类型，它们分别对应国家调制经济的三种职权。宏观调控是指调制主体通过制定经济计划或规划、货币政策、财税政策等，影响或诱导经营者经营活动的行为，从而实现经济总量的基本平衡或经济结构的优化，引导国民经济持续、快速、健康发展，进而推动社会进步。市场规制是指调制主体通过制定规范直接干预经营者的经营活动，从而起到引导、监督和管理经营者的作用，以达到维护消费者利益、保证市场秩序等目的。而国家投资经营是指调制主体在"市场失灵"领域，通过提供公共服务、完善社会保障、进行自然垄断行业的经营等，以国有资本直接参与投资经营的形式弥补市场经营主体的缺位，从而实现对经济的调制目的。对于经济调制的上述三种职权类型，一个较为典型的比喻是，如果把市场经营活动想象成一场足球赛，

那么宏观调控就是这场足球赛的安保员,负责整体秩序和公共安全;市场规制就是裁判员,负责对足球场上的运动员(经营者)的行为进行规范,当出现违规行为时要出示黄牌,乃至红牌罚下;有时候足球赛上的运动员数量不够,难以支撑起22人参赛的群体运动,这时候还需要足球赛的主办者临时补充几位运动员,这几位运动员就是国家投资经营。

因此,根据调制主体落实国家调制过程的类型化,调制主体的权力可以相应地分为宏观调控权、市场规制权和国家投资经营权。但是,相比宏观调控权和市场规制权,国家投资经营权在我国经济法学体系中并未得到普遍认同,通说认为,它并不是一类独立的国家调制职权,这主要基于如下原因:第一,与在国家调制经济过程中得到普遍性落实的宏观调控权和市场规制权相比,国家投资经营权并非普适于市场经济体制,而只是在市场作用缺位时出现,也正因为如此,根据市场机制发展阶段和程度的不同,国家投资经营权的深度和广度具有很强的差异性。比如,在欧美市场经济比较发达的国家,国家参与经济的情形较少,国家投资经营权就是一个比较罕见的权力类型。第二,国家投资经营权通常依附于宏观调控权或市场规制权进行落实,进而形成"政企一体式"的国家调制结构,如烟草专卖体制等,此时的国家投资经营权并不是一类独立的国家调制职权。第三,国家投资经营是政府直接作为"运动员"参与生产经营的行为,它既是调制者,同时又是参与市场的经营者,这便产生了调制主体与调制受体的竞合。党的十八届三中全会明确提出,要保证国有资本和非公资本的"权利平等、机会平等、规则平等"。党的十八届四中全会再次强调,要"使市场在资源配置中起决定性作用和更好发挥政府作用,必须以保护产权、维护契约、统一市场、平等交换、公平竞争、有效监管为基本导向,完善社会主义市场经济法律制度"。党的十九大更是强调,"要完善各类国有资产管理体制,改革国有资本授权经营体制,加快国有经济布局优化、结构调整、战略性重组"。基于上述要求,作为落实国家投资经营权的经营主体而存在的国家投资经营企业,应当被视为与一般经营者同等地位的主体而存在,即应当被视为调制受体而非调制主体,其权利义务体系也应当主要归入调制受体的权利义务体系当中进行研究,否则便会出现宏观调控主体或市场规制主体对这些具有国家投资经营身份的"运动员"予以优越地位的可能,有可能损害其他一般市场经营主体的合法权利,违背市场经济基本的平等性理念。

因此,经济法上的国家调制权体系,应当以宏观调控权和市场规制权的二元结构为主要类型。

(二)宏观调控权

宏观调控权是国家调制权的重要组成部分。通过国家规划、货币政策、财税政策等方式,宏观调控权的享有主体对经济运行和发展实行总体指导和调控,有助于实现经济发展、熨平经济周期、平衡总供给与总需求的关系、调节国家产业经济结构，主要包括规划调控权、货币政策调控权、财政税收调控权等内容。作为一项国家公权力，宏观调控权具有国家权力的一般特征，但除此之外还具有自身的独特性质，具体体现为：

第一，宏观调控权配置上的中央属性。宏观调控权的享有主体是中央一级国家机关，早在党的十四届三中全会《中共中央关于建立社会主义市场经济体制若干问题的决定》中即强调，"宏观经济调控权，包括货币的发行、基准利率的确定、汇率的调节和重要税种税率的调整等，必须集中在中央。"按照这一规定的精神，我国有关宏观调控的立法是由中央政府独家"生产经营"的，宏观调控权由中央集中行使，这是宏观调控法的公共性和公益性的必然要求。也正是由于宏观调控权配置中极强的中央属性，在德国宏观调控基本法《经济稳定与增长促进法》中，存在"一致行动原则"的要求，即中央政府若决定采取宏观调控措施，地方政府及各部门都应当在法定职责范围内保持与中央政府一致的宏观调控行动。

第二，宏观调控权实施目标上的公共物品属性。对宏观调控权实施目标的界定，通常认为包括促进经济增长、增加就业、稳定物价和保持国际收支平衡四个方面。从实施目标的内容来看，宏观调控权的实施以强烈的公共物品属性为特征。即以国家干预经济的形式弥补市场机制的不足，实现熨平经济周期、平衡总供求、提供社会服务等公共服务性目标，而市场机制能够自发调整的私人物品的提供，则应当交由市场在资源配置中的决定性地位发挥作用。

第三，宏观调控权的间接性、诱导性和长期性。宏观调控权与行政法上的权力同属于国家公权力，但二者有明显区别。首先，它具有间接性，宏观调控权不存在明确的行政相对人，其以影响宏观经济变量为目的，并不会对微观的个人或企业直接产生具体的刚性效果。其次，它具有诱导性，宏观调控权以诱导性而非命令性的规范进行落实，比如，税率的提高或降低，其目的在于通过影响特定行业的经营决策来实现对总体经济变量的调整，即使经营者在税率提高或降低的宏观调控决策下逆情势而行，也并不违反宏观调控法。最后，它具有长期性，宏观调控权不同于一般的行政权力，后者具有"立竿见影"的功效，而前者则具有明显的长期性，比如，经济五年规划需要五年的时间才能考察其具体实施的效果，而在21世纪中叶全面建成社会主义现代化强国的宏观调控决策，则更是需要数十年时间执行。

第四，宏观调控权的弱可诉性。若宏观调控权决策和执行出现失误，宏观调控权具有有限的可诉性，即弱可诉性。宏观调控权的弱可诉性根源于宏观调控执行上的间接性、诱导性和长期性，间接性使得宏观调控权不具有明确的具体相对人，难以寻得具有诉讼利益的起诉权主体；诱导性使得宏观调控权即使对逆调控情势而行的经营者也不能实施处罚，使宏观调控权经常不具有起诉的价值；长期性使得宏观调控权在未达目标的情况下，难以确定调制主体是否存在过错，也难以确定谁是应当受到起诉的主体。尤其是对于国家调制主体的常见存在形式——相关国家部委，其主要责任人历经任期而换届时，宏观调控权的具体落实往往还未取得实效。

（三）市场规制权

与"规制"词义相近的词汇还有"管理""监管""管制"等，但其语源均为"regulation"。从汉语语法使用习惯来看，"监管"内含有对市场基础性地位的认可和尊重，强调在发挥市场机制前提下的管理；而"管制"中的政府行为扩张性更强，更容易引发对统制经济和计划经济的联想；"管理"则并非法学语境下的学术词汇，更易被归入管理学；而"规制"则较为中性，能够纳入不同特点和方式的"regulation"。因此，使用"规制"一词，既符合我国的语言习惯，又能确保词语使用的精确性。

市场规制权，是国家调制权的重要组成部分，是指国家市场规制主体依法享有的直接限制经营主体权利，或者增加经营主体义务的权力。在内容上，市场规制权通常包含三个层次：第一层次为对所有市场统一适用的规制，这主要是指对竞争行为的规制，如不正当竞争行为规制权、限制竞争行为规制权；第二层次为基于社会公益性目的所实施的规制权，即社会性规制权，如产品标准化规制、食品安全规制；第三层次为基于效益和倾斜性规制目的所实施的规制权，即经济性规制权，这通常表现为对特殊经济行业的规制，如银行业规制、电力行业规制、房地产行业规制；等等。与宏观调控权相比，市场规制权具有如下典型特征：

第一，市场规制权实施主体的独立性。由于市场规制权的落实通常涉及某一领域或行业的具体经营行为，规制者在未具备相应知识储备的情况下，极易导致市场规制权的缺位或偏位，因此，将市场规制权配置于独立主体行使的方式是现代国家对市场经济进行调制的普遍做法，比如，银保监会之于银行业规制、市场监管局之于竞争规制，等等。在美国，以各独立委员会为代表的规制机构甚至被视为"无头的第四部门"（headless fourth branch），其典型代表即为1887年成立的州际商业委员会，国会通过立法既赋予它颁布控制个人行为并对违法行为科以民事或刑事重罚的规则的权力，又赋予它调查潜在的违反规则或法规的行为并对违法者提起诉讼的执行权，以及裁决由此引起的争端的司法权。[1]

第二，市场规制权对实施对象的直接性。与宏观调控权的诱导性和间接性不

---

[1] ［美］欧内斯特·盖尔霍恩等：《行政法和行政程序法概要》，黄列译，中国社会科学出版社1996年版，第6~7页。

同，市场规制权的实施具有明确的调制受体，并对其权利和义务配置产生直接的影响。比如，限制竞争行为规制权即通过《反垄断法》对典型限制竞争行为进行规制，这便直接限制了经营者的经营行为，对经营者的实际经营权利和义务形成强制性的影响。在经营者不遵守相应规制措施的情况下，反垄断执法机关即可施加强制性的处罚权。

第三，市场规制权实施过程的"品"字形结构。市场规制权具有明确的调制受体，但这并不意味着它要与行政法上的行政权相等同。与行政法上典型的"行政主体—行政相对人"的纵向行政关系相异，市场规制权的实施是一种独特的"品"字形结构。处于结构下端的两个主体是市场经营过程中的法律主体双方，它有时候表现为"经营者—消费者"结构，如《消费者权益保护法》所规制的市场经营关系；有时候则表现为"经营者—经营者"结构，如《反不正当竞争法》所规制的市场竞争关系；而市场规制主体处于该结构的上端，根据市场经营中的具体权利和义务结构，来落实相关强制性的市场规制措施。当市场经营过程中的法律主体双方权利和义务结构配置不均衡时，市场规制主体即实施偏好性的规制措施，比如，基于市场经营过程中消费者的弱势而为其配置优先于经营者的权利体系，基于竞争过程中垄断者的强势而施加了对其限制竞争行为的规制，等等。诸如此类的例子不胜枚举。

第四，市场规制权实施方式的谦抑性。市场规制权的产生源于市场失灵的客观存在，构成一种并非源自市场机制本身的外部性干涉力量，因此，市场规制的边界应限制在市场失灵的范围之内，在市场仍然能够发挥作用的场合则要保持必要的抑制，否则将构成对市场在资源配置中发挥决定性作用的侵扰。为此应确定精准的规制边界，对规制工具依照刚性程度的不同进行类型化，避免对低层级的市场失灵状况施加高层级的规制手段。比如，对于餐饮行业具有霸王条款性质的"包间最低消费"等问题，如果片面地忽略背后的经济合理性而采取一律禁止的规制方法，便违背了规制的谦抑性。由于对经营者施加了超出市场失灵范围的过于刚性的规制措施，有可能造成对市场公平竞争的侵扰，比如，餐饮行业的经营者完全可以通过提高菜单定价的方式将必要的"开瓶费"或"包间费"成本摊平，但"包间费"是仅面向享受包间消费的消费者索取的，成本的提高是基于服务的升级，这是合理的，但用餐费中摊平"包间费"的做法则是面向所有消费者收取的，实际上是以降低本来更加弱势的一般消费者福利的方式补贴了通常更富有的包间消费者。这便变相激励了对消费者权益损害更深的行为，违背了市场规制权实施的初衷。

二、调制受体的权利

在国家调制经济过程中，尤其在市场规制领域，调制受体主要包括消费者和经营者两种类型，因此调制受体的权利可以类型化为消费者权和经营者权。

（一）消费者权

一般认为，消费者是为了生活需要购买、使用商品或接受服务的自然人。人类社会进入20世纪以后，在成熟市场经济国家兴起了一场浩大的消费者运动，由此引发了全世界的消费者权益保护的立法热潮。这是消费者与经营者这对重要的市场主体矛盾激化，从而引发消费者问题的必然结果。在此背景下，消费者权被从一般民事权利体系中抽离出来。较早对消费者权进行明确概括的是20世纪60年代的美国总统肯尼迪，他于1962年3月15日在国会发表的《关于保护消费者利益的总统特别咨文》中提出了消费者的安全权、知悉权、选择权和被尊重权四项基本权利。

根据我国《消费者权益保护法》的规定，消费者权主要由如下内容构成：（1）保障安全权。即消费者在购买、使用商品和接受服务时享有人身、财产安全不受损害的权利；消费者有权要求经营者提供的商品和服务，符合保障人身、财产安全的要求。（2）知悉真情权。即消费者享有知悉其购买、使用的商品或者接受的服务的真实情况的权利；消费者有权根据商品或者服务的不同情况，要求经营者提供商品的价格、产地、生产者、用途、性能、规格、等级、主要成分、生产日期、有效期限、检验合格证明、使用方法说明书、售后服务，或者服务的内容、规格、费用等有关情况。（3）自主选择权。即消费者享有自主选择商品或者服务的权利；消费者有权自主选择提供商品或者服务的经营者，自主选择商品品种或者服务方式，自主决定购买或者不购买任何一种商品、接受或者不接受任何一项服务；消费者在自主选择商品或者服务时，有权进行比较、鉴别和挑选。（4）公平交易权。即消费者享有公平交易的权利；消费者在购买商品或者接受服务时，有权获得质量保障、价格合理、计量正确等公平交易条件，有权拒绝经营者的强制交易行为。（5）依法求偿权。即消费者因购买、使用商品或者接受服务受到人身、财产损害的，享有依法获得赔偿的权利。（6）依法结社权。即消费者享有依法成立维护自身合法权益的社会团体的权利。（7）求教获知权。即消费者享有获得有关消费和消费者权益保护方面的知识的权利。（8）受尊重权。即消费者在购买、使用商品和接受服务时，享有人格尊严、民族风俗习惯得到尊重的权利，享有个人信息依法得到保护的权利。（9）依法监督权。即消费者享有对商品和服务以及保护消费者权益工作进行监督的权利；消费者有权检举、控告侵害消费者权益的行为和国家机关及其工作人员在保护消费者权益工作中的违法失职行为，有权对保护消费者权益工作提出批评、建议。

由于我国《消费者权益保护法》所列举的消费者权利体系主要是相对于经营者而构建的，在整体的国家调制过程中，消费者还享有若干针对调制主体的未经立法所写明的权利，主要包括：(1) 接受调制保护权。国家调制致力于对市场失灵的弥补，尤其是在市场规制权的行使过程中，更需立足于消费者的弱势地位实施若干保护措施。消费者享有接受国家调制所带来的权益，在调制主体不落实相关的国家调制义务时，消费者还可据此向其申诉乃至追究责任。(2) 获取调制信息权。由于规定国家调制权的法律和政策数量巨大，且变动频繁，因而向消费者有效提供调制信息非常必要，这有助于为消费者提供必要的引导，从而使其在理性经济人逻辑下择取对己有利的行为。

(二) 经营者权

经营者是相对消费者而言的另一调制受体，主要享有如下权利：

第一，相对消费者而言，经营者享有在保护消费者权利前提下的自由经营权。由于在现代市场交易过程中，消费者通常相较经营者处于信息和资本等方面的弱势地位，这一状况反映到《消费者权益保护法》当中即为对经营者和消费者权益的不均衡配置，消费者基本权利被明确列明，而经营者的权利却只字未提。尽管如此，经营者享有在尊重和保护消费者权利前提下的适度经营自由，也是不言自明的。很显然，这既是民商法上意思自治和合同自由原则在经济法领域的引申，也是保证经济活力和促进经济发展所必需的制度设计。

第二，相对于其他经营者的竞争关系而言，经营者享有公平竞争权。在国家调制权尤其是市场规制权运行过程中，除了需要面对经营者与消费者之间的市场经营关系，更需要面对来自两个或多个经营者之间的竞争关系。经营者针对其他经营者所享有的正当竞争和自由竞争的权利的总和，即为公平竞争权。它主要包含两项权能：其一为正当竞争权，即经营者享有免受其他经营者不正当竞争侵害的权利，在我国主要由《反不正当竞争法》规定；其二为自由竞争权，即经营者享有免受其他经营者限制竞争行为侵害的权利，在我国主要由《反垄断法》规定。另外，公平竞争权是局限于特定范畴的，当经营者超出法律规定范围从事恶性竞争或不正当竞争，就属于滥用公平竞争权的行为，有可能受到《反不正当竞争法》《反垄断法》或其他市场规制立法的处罚。

第三，相对调制主体而言，经营者享有不受非法调制权和获取调制信息权。在国家调制过程中，调制主体主要面对两类调制受体，即消费者和经营者，而前者主要居于受保护的地位，后者则根据其经营行为是否在符合经营者权的合法范畴内予以保护或处罚，如果经营者的经营行为侵犯了消费者的合法权益或其他经营者的公平竞争权，则应受到国家调制的非法性评价，否则，该经营者不应受到非法调制行为对其正当权利的干预，这便是不受非法调制权。另外，鉴于国家对经济调制的非体系化和碎片化，在落实国家调制权的法律和政策数量冗繁且变动频繁的情况下，亦有必要向经营者保证周延的调制信息供给，这就是经营者相对调制主体的获取调制信息权。

三、调制受体的义务

对调制受体来说，享有权利必然承担义务。但是在消费者和经营者的调制受体二元体系中，前者通常受到国家调制的倾斜性保护，当然，这并非意味着作为消费者的交易合同相对人在市场交易过程中只享有权利，不承担义务，但这种义务通常是民法学意义上的，而非具有弥补市场失灵色彩的经济法所规范的义务体系范围。在经济法视野下，调制受体的义务，主要是指经营者的义务，其义务构成依据其面对的经济法主体类型的不同而存在区别：针对消费者，经营者具有保护消费者权益的义务；针对其他经营者，经营者具有公平竞争的义务；针对调制主体，经营者具有依法接受调制的义务。

（一）保护消费者权益的义务

我国《消费者权益保护法》对经营者保护消费者权益的义务进行了明确，主要包括依法履行交易行为，接受消费者监督，保证消费者人身、财产安全，依法披露交易信息，出具交易凭据的义务，交易标的瑕疵担保义务，退货、更换、修理"三包"义务，保证消费者人格尊严和人身自由，保护消费者个人信息等方面的义务，等等。

（二）公平竞争的义务

公平竞争既是权利，又是义务。在具有竞争关系的经营者之间，彼此在享有公平竞争权的同时，均对其他经营者负有公平竞争的义务。一方面，经营者具有保护其他经营者正当竞争权利的义务，即不实施《反不正当竞争法》等市场规制法所规定的不正当竞争行为，主要包括不实施商业混淆行为、商业贿赂行为、虚假宣传行为、侵犯商业秘密行为、不正当有奖销售行为，等等；另一方面，经营者具有保护其他经营者自由竞争权利的义务，即不实施《反垄断法》等市场规制法所规定的限制竞争行为，主要包括达成垄断协议、滥用市场支配地位和具有或可能具有排除、限制竞争效果的经营者集中行为。

（三）依法接受调制的义务

经营者相对国家调制主体还具有依法接受调制的义务，这既包括依法接受市场规制的义务，又包括依法接受宏观调控的义务。但二者具有明显的区别：依法接受市场规制的义务的强制性，明显高于依法接受宏观调控的义务，这主要是由市场规制权直接影响经营者经营自由的特点所造成的，而宏观调控权具有较强的单方性和诱导性，在一些情况下，即使经营者逆宏观调控情势而行，也并不必然承担法律责任。

另外，经营者具有依法接受调制的义务，也并不意味着其在国家调制经济过程中仅作为一个规则的接受者而存在。经营者在国家调制过程中有权获取与调制经济有关的政策与法规信息，并积极参与到调制规则制定过程当中，发表意见和进行监督。这有利于形成国家调制经济过程中的互动"谱系"，从而优化国家对经济的干预力量，保证市场决定性作用的实现。

第二节　经济法主体的责任

一、经济法责任的界定

(一) 经济法责任的独立性

经济法责任是经济法基础理论的重要组成部分。按照传统的法律责任理论，法律责任体系可以分为民事责任、行政责任和刑事责任，至多再加上一个违宪责任，这便是法律责任的"三责任说"或"四责任说"。这种法律责任体系结构在传统社会是颇具说服力的：由于彼时的政府和私人之间关系明确，政治国家和市民社会层次分明，整个法律体系也不复杂，法律责任的"三责任说"或"四责任说"能对责任的具体形态进行周延的类型化。按照经典市民社会理论，市民社会划定了自身的范围，同时也划定了国家权力不得干预的空间。受这种观念影响，传统经济学中的"板块说"即认为，政府和市场是两个自足的板块，互相独立，在不同的领域分别起着资源配置的作用。在政治学上，这种市民社会观念表现为国家与社会的两分法，国家与社会之间进行界分并规定着各自的领域，强调社会具有独立于国家的地位。基于上述理论，产生了民事责任与行政责任的分野以及刑事责任作为最后手段而存在的法律责任体系，反映了自由主义时代的特定意识形态，对于保护公民权益和防止国家专权具有重要意义。但随着生产社会化的日益发展，市民社会和政治国家开始出现交叉与融合，市场失灵呼唤国家调制，此时的国家调制并不符合自由主义对行政权力危险扩张的全部假设，它在市民社会领域已经不再是一个纯粹异己的力量，适度的、尊重市场规律的国家调制对于维护社会公共利益具有正面的作用，这也是经济法能够作为一个独立的法律部门产生和发展的社会基础。因此，在当代社会经济背景下，经济法责任作为一个独立的新兴责任体系出现，对于打破传统的"三责任说"或"四责任说"，具有很强的现实必要性。

从法律责任产生的本源来看，特定的责任形式被划分为民事责任、行政责任或刑事责任，这本身即是一种主观建构的框架。划分法律责任类型的其实并不是承担责任的方法，而是法律主体承担责任时所依托的法律关系的部门法属性。比如，拘留作为一种责任形式，并非固定属于行政法或刑法，而是根据其所依附的法律关系的部门法属性被分别纳入行政责任或刑事责任。因此，在经济法制度中所规定的各种责任，都因为依托于经济法关系而属于经济法上的责任，不能因为它们在经济法产生之前更符合传统认识上的"民事责任"或"刑事责任",而认为没有独立的经济法责任。

在经济法中,由于调整领域的复杂性而造成了责任形式的更加多样化,其他法律部门的法律责任形式均在经济法上有所体现。经济法责任是对传统法律责任形式的一种质变式的"整合"而非"组合"。不仅如此,经济法责任还在实务中开创出了三大传统法律部门均不具有的独创性责任形式,比如,《产品质量法》中的产品召回责任,正是基于风险预防的考虑,在真正产生产品责任之前即对经营者施加积极性的责任,这种新创的责任类型便难以被三大传统法律责任所纳入。

另外,承担经济法责任时的独特诉讼机制也能佐证经济法责任相较三大传统法律责任的独立性。即便至今仍未建立起经济法独立的诉讼体系,但经济法领域的民事赔偿责任追究机制,都通过相应的方式相对独立出来,主要表现为赋予了各调制主体准司法性的权力,从而能在一定程度上代行诉讼机制中的责任追究权;同时,与经济法领域有关的反垄断诉讼、消费者诉讼、纳税人诉讼等,在国际上都不同程度地表现出了单设或特设法庭予以处理的趋势。

(二) 经济法责任的特殊性

传统法律责任理论主要依托于民事责任理论,在此体系下表现出如下四个方面的特征:第一,责任承担的过错性,即责任主体通常因为其过错程度而承担与之相适应的法律责任;第二,责任追究的消极性,即通常只在行为产生实际损害时才被追究法律责任,在行为只具有损害危险而并没有发生实质损害时,通常不被施加积极的法律责任;第三,责任主体的相对性,即只对受到损害的主体承担责任,这一责任可能因继承而发生移转,但通常并不会扩张至与损害无关的社会公众;第四,责任内容的补偿性,即恪守"填平"原则,依据受害人实际损失的多少而被施以与之相适应的责任内容,通常不允许受害人因为赔偿责任而获利。而经济法责任则在不同程度上对上述四个方面的特点有所突破,而表现出了新的特殊性。

1. 责任承担的非过错性

在经济法领域,基于对信息不对称和经济外部性等现实状况的关注,传统私法基于形式理性所建立的以过错为基准判定责任的逻辑在很大程度上被打破,无过错责任或过错推定责任不再是个别适用的情况,这在若干市场规制立法中体现得尤为明显。比如,在《反垄断法》所规制的垄断协议、滥用市场支配地位、经营者集中三大经济垄断行为中,立法对其构成要件的界定通篇不见对存在主观过错的要求;再比如,在《产品质量法》中,对于因产品存在缺陷造成人身、他人财产损害的行为,立法赋予受害人自由选择向生产者或销售者要求赔偿的权利,而不论何者为真正的过错方,对于生产者与销售者彼此后续的追偿问题,不能影响到消费者维权的便利,这是典型的基于实质正义和社会本位的要求对责任承担的过错性所做的突破。

2. 责任追究的积极性

传统法律责任遵循着"行为—损害结果—法律责任"的基本逻辑，在没有损害结果或行为与损害结果没有因果关系的情况下，无法律责任可言；甚至在判明了损害结果与因果关系的情况下，责任的承担通常还基于行为人存在过错这一重要前提。但是，现代社会是一个风险社会，潜在风险无处不在的逻辑启示着人们，由于经济社会发展的复杂化，因果关系经常难以推定，待损害结果发生后再行挽救则为时已晚。

因此，立足于社会整体利益的经济法确立了适度的积极责任，即尽管损害结果尚未发生或处于不确定状态，仍然可以对相关的责任主体追究法律责任。这种积极的经济法责任具有如下特点：

其一，依主体地位而非行为为标准判断责任的产生。在风险社会背景下，社会现实风险的客观存在难以避免，依主体是否具有相应行为为标准判断过错存在与否，已不符合现实需求，比如，消费者在不知情的情况下危险使用了产品从而造成损失，此时难以确定产品的经营者具有现实违法行为或过错，但由于经营者具有超过消费者的控制产品风险的能力，因而有必要在其不存在具体违法行为和过错的情况下对其施加风险警示责任。在以主体地位判断责任的逻辑下，法律责任的承担更有可能是以何者最具有控制风险和减少损失的能力为标准，而不考虑其是否真正实施了造成损失的违法行为。

其二，依现实风险而非损害结果判断责任的内容。经济法责任的产生并不再立足于现实损害的发生，而是基于预防风险的要求，很可能在损害结果真正产生之前就被施加了需要积极履行的法律责任。比如《消费者权益保护法》当中规定的产品召回责任，即在真正产生产品责任之前被施加的积极责任。

其三，依调制机关的积极执法而非司法机关的消极裁判为平台促导责任的实现。为了在损害真正产生前预防风险，恪守消极中立的司法机关便难以真正起到促导积极责任履行的目的，因此，在经济法领域，通常依照调制主体的积极执法而非司法机关的消极裁判为平台促导责任的实现。比如，产品召回责任由工商行政管理部门监督实施。

概括而言，经济法责任超越了传统私法责任"行为—损害结果—法律责任"的基本逻辑，而遵循了有风险即有责任的"主体—风险—法律责任"的基本逻辑，是对传统法律责任观念和制度的超越与创新。

3. 责任主体的绝对性

传统法律责任从静态的社会关系出发，法律责任的承担对象通常只限于在法律上受违法行为损害的人。但是，当今社会的如下事实很大程度上颠覆了这种责任的相对性：首先，经济社会中的危害具有很强的传导性和连锁性，比如，产品责任从最初的生产者传导至销售者、消费者乃至非消费者的其他使用者，这种情况下不应再恪守责任承担的相对性。其次，在经济法领域，受害人与违法行为人的关系有时候很难再以传统私法或公法上的法律关系进行判断，比如，《反垄断法》中的垄断协议，如果说达成垄断协议的经营者之间尚可被称为合同关系，那么达成协议的经营者对其他未达成协议的经营者产生的对其公平竞争权的损害，便难以纳入民法中任何一个范畴的法律关系，这种"竞争法律关系"是在经济法的独特社会公益性视野下产生的。最后，某些行为甚至不存在传统法律关系上的相对方，比如，宏观调控法律关系中，调制主体与调制受体并非是行政法律关系那种命令与服从的纵向关系，调制主体的宏观调控决策和执行有很强的单方性和诱导性，如果按照诉讼中诉的利益的标准，调制受体并非受宏观调控权的实施而造成直接利益损害，并不是适格的诉讼主体。

上述问题表明，如果以传统的责任相对性原理追究经济法责任，将无法符合现实社会的要求。在经济法上，为了保证社会公共利益的实现，责任的承担会呈现出一种对社会整体负责的绝对性。比如，经营者欺诈消费者利益的行为将不仅面临民法上的违约或侵权责任，而且会受到调制机关的处罚；侵吞企业国有资产的行为也不仅面临着国有资产监督管理机构的起诉，也有可能会面临以维护社会公共财产为目的的公益诉讼。这便展现出经济法责任绝对性所带来的法律实施的变革：追责方式不再局限于传统三大诉讼制度，而更辅之以调制主体的主动执法以及经济公益诉讼制度的革新。

4. 责任内容的惩罚性

经济法上的责任突破了承担民事责任的"填平"原则，突出表现在如下两点：首先，即使是在传统上被视为"民事"赔偿责任的领域，责任主体也通常被施加了高于补偿标准的法律责任，其目的在于奖励提起诉讼的通常处于弱势地位的受害人，并对违法行为人形成重要的威慑作用，其典型即为我国《消费者权益保护法》《食品安全法》等规定的经营者对消费者承担的惩罚性赔偿。其次，在对直接受害人承担赔偿责任后，责任主体通常还面临着来自调制机关的处罚，且这种处罚经常被课以较高数额，比如，我国《反垄断法》对经营者达成垄断协议所施加的巨额罚款，最高可达上一年度销售额的10%。

二、经济法责任的类型

由于经济法主体在权义配置上的不对称性，其有可能承担的责任也必然是不对称的，基于这种特征，可依据经济法主体类型的不同对经济法责任进行分类。其中调制主体的责任是指调制主体在宏观调控或市场规制过程中可能产生的责任；调制受体包括经营者和消费者，由于消费者主要以权利配置结构为主，而经营者以义务配置结构为主,所以调制受体的责任主要是指经营者的责任。

(一) 调制主体的责任

1. 调制主体间接承担的责任

调制主体以行使宏观调控权与市场规制权为己任,实际上是权力、义务和责任高度统一的经济法主体。在调制主体怠于履行或不恰当履行调制职责时,极有可能面临上级调制机关或调制监督机关的处罚,这种责任更多地表现为对调制机关相关责任人员的警告、记过、撤职、降级、要求引咎辞职等形式,调制主体只是间接地承担责任。

2. 调制主体对调制受体承担的国家赔偿责任

在调制主体怠于履行或不合理履行调制职责时,还要对因此受到损害的调制受体承担必要的国家赔偿责任。需要注意的是,这种国家赔偿责任在内涵上具有独特性,体现在两个方面:首先,经济法学意义上的国家赔偿责任,基于调制主体因怠于履行或不恰当履行调制职责并对调制受体产生实际损害时产生,在原理上是公法上的"比例原则"和"信赖利益保护原则"在国家调制行为中的投射。经济法上的国家赔偿与我国《国家赔偿法》所规定的国家赔偿责任是不同范畴的两种责任,后者所规定的内容主要包括行政赔偿和刑事赔偿两个方面,而经济法上的国家赔偿目前尚缺乏详细的规定。其次,对经济法的国家赔偿责任要与国家对调制受体的"补偿"有所区分,后者是在调制主体正常履行调制职责仍然对调制受体的人身或财产安全造成损害的情况下,国家基于人道主义和公平正义的基本理念所给予一定的财产补偿,并非因为违法行为所造成。

(二) 调制受体的责任

1. 经营者对消费者承担的责任

在经营者与消费者的市场交易行为中,经营者可能会因为不恰当履行义务和对消费者权益造成损害而承担法律责任。由于在这种法律关系中,经营者相对消费者具有明显的优势地位,为了回应这一现实存在的不对等性问题,在法律责任的设计上表现出了较强的非过错性、积极性和惩罚性,从而起到激励消费者维权和威慑违法行为的作用。在我国的《消费者权益保护法》中,这一系列责任被明文列举,除了一般意义上的民事赔偿责任以外,还包括下列内容:(1) 若干积极的行为性责任,如退货、更换、修理"三包"责任、产品召回责任,等等,它们以经营者的经营行为具有现实风险而非实际损害为前提。(2) 最体现经济法特色的惩罚性赔偿责任,即经营者提供商品或者服务有欺诈行为的,应当按照消费者的要求增加赔偿其受到的损失,增加赔偿的金额为消费者购买商品的价款或者接受服务的费用的 3 倍;增加赔偿的金额不足 500 元的,为 500 元。法律另有规定的,依照其规定。另外,经营者明知商品或者服务存在缺陷,仍然向消费者提供,造成消费者或者其他受害人死亡或者健康严重损害的，受害人有权要求经营者承担人身损害赔偿，并有权要求所受损失二倍以下的惩罚性赔偿。

2. 经营者对其他经营者承担的责任

经营者在与其他经营者的竞争法律关系中，会由于实施不正当竞争行为或限制竞争行为而造成对其他经营者公平竞争权的侵害，因而要对其他经营者承担责任。这种责任一般表现为民事赔偿责任，在我国的市场规制基本法《反垄断法》和《反不正当竞争法》中均有明确的规定。经营者若实施垄断行为给他人造成损失，依法承担民事责任。经营者违反《反不正当竞争法》规定给被侵害的经营者造成损害，应当承担损害赔偿责任。在《广告法》等其他市场规制法中也有相关规范。值得注意的是，由于竞争关系所涉法律主体均为经营者，相比经营者与消费者之间的关系，二者一般不会表现出鲜明的资产和能力的不对等性，因此，在经营者因侵犯公平竞争权而需对其他经营者承担的法律责任中，其惩罚性和积极性有明显减弱，而与一般的民事责任更为相似。但是，国外也不乏在竞争法中规定惩罚性赔偿责任的做法，其中最典型的便是美国反托拉斯法中著名的三倍赔偿责任。

3. 经营者对调制主体承担的责任

经营者作为调制受体，有义务依法接受调制主体所作出的国家调制，在不履行这一责任时，即有可能对调制主体承担法律责任。该责任表面上看是对调制主体承担的，但由于经济法中的调制主体是以践行维护社会整体利益为目的，这一责任实际上是向全体社会承担的，因此，调制主体有必要将获取的赔偿用于该领域的经济法治建设，从而起到促进社会公共利益的目的。另外，在调制主体的国家调制权实施过程中，由于市场规制权比宏观调控权对经营者权利和义务更具有直接的强制性影响，因此，经营者在不遵从调制行为时产生的法律责任也更有可能发生在市场规制领域。

思考题：

1. 调制主体都有哪些权利？其各自的典型特征是什么？
2. 如何认识经济法责任的独立性？

▶ 自测习题及参考答案

第六章 经济法的制定与实施

经济法的制定是经济法运行的起点。经济法的制定受政治因素、经济因素、社会因素和认识因素等的影响，因而具有自身的特点。全面正确地认识上述因素及其特点，有助于科学地进行经济法的制定。

经济法贵在实施。但经济法的实施不会自动进行，而会受到各种因素的影响，且需要具备各种外部条件，如执法机构独立、司法机构健全、实施程序完善、实施水平高超、实施监督有力等，在此基础上才能促进经济法的实施。

第一节 经济法的制定

经济法的制定，是指有关主体依据法定权限，经过法定程序，运用一定的立法技术，创制、修改、废止和解释经济法的活动。

一、影响经济法制定的外部因素

（一）政治因素

法律是政治的集中表现，有什么样的政治体制，就有什么样的法律制定，包括经济法的制定。在专制政治体制下，君主权力至上、国家权力无限，国家干预专断任性、广泛无边，充其量只能制定一些管制经济的法律，而不可能制定确立和规范国家干预的现代意义上的经济法。只有在民主政治体制下，才能一方面认识到，"……一切政治权力起先都是以某种经济的、社会的职能为基础的……"[1]"政治统治到处都是以执行某种社会职能为基础，而且政治统治只有在它执行了它的这种社会职能时才能持续下去"[2]。因而需要确立国家干预；另一方面认识到，"国家权力对于经济发展的反作用可以有三种：它可以沿着同一方向起作用，在这种情况下就会发展得比较快；它可以沿着相反方向起作用，在这种情况下，像现在每个大民族的情况那样，它经过一定的时期都要崩溃；或者是它可以阻止经济发展沿着既定的方向走，而给它规定另外的方向，这种情况归根到底还是归结为前两种情况中的一种。但是很明显，在第二和第三种情况下，政治权力会给经济发展带来巨大的损害，并造成人力和物力的大量浪费。"[3] 因此，需要规范国家干

---

[1]《马克思恩格斯文集》第9卷，人民出版社2009年版，第190页。
[2]《马克思恩格斯文集》第9卷，人民出版社2009年版，第187页。
[3]《马克思恩格斯文集》第10卷，人民出版社2009年版，第597页。

预。只有在民主政治体制下，才可能制定科学的经济法。此外，即使在民主政治体制下，是否要制定经济法以及制定怎样的经济法，从根本上说是一种政治决策，需要政治智慧，需要经过政治博弈和政治妥协，也要考虑政治影响。如财税法的制定就是如此。无论是英国的宪章运动和"光荣革命"、美国的独立战争，还是法国大革命，其直接的导火索都源于征税，源于封建贵族和国王与新兴资产阶级之间争夺课税权的斗争。英国于1215年签署了《大宪章》，《大宪章》对国王征税作出了明确的限制，"宣告国王必须服从法律"，确立了"无代表则不纳税"的原则。后来又分别制定了《无承诺不课税法》和《权利请愿书》，进一步限制了国王的征税权。1668年"光荣革命"爆发，制定了《权利法案》，其中再次强调了未经国会同意国王不得课税的原则。税收催生了《大宪章》和《权利法案》。美国独立战争的爆发源于1765年的《印花税法案》和1767年的《唐森德税法》。法国大革命也与美国的独立战争类似，由于财政困难，国王路易十六企图向第三等级征收新税，而第三等级要求限制王权、实行改革，双方矛盾激化，导致1789年法国大革命的爆发。长期以来，美国的两党之争，特别是两党的国会之争，实质上是财政之争、预算与债务之争。我国经济法的制定也同样受到政治因素的影响，如预算法的修订、反垄断法的制定等，都涉及重大政治决策及其贯彻落实。

(二) 经济因素

法律是经济关系的记载和表述，法律制定深受经济因素的影响，经济形式不同，法律制定就不同。自然经济决定了其法律为"诸法合体，以刑为主"，计划经济是一种统制经济、命令经济，而非法治经济。所以严格说来，只有在市场经济体制下，才能形成经济法所调整的社会关系，才有真正意义上的经济法制定。经济法本质上是市场经济之法，市场经济属性、市场经济体制从根本上决定着经济法的制定，经济法的制定实质上是对它们的记载和表述。如市场经济的自由属性、竞争属性，要求制定反垄断法；市场经济的自发性、盲目性，要求制定宏观调控法。又如市场经济体制是市场调节与国家干预内在统一的调整机制，决定了经济法的制定，核心是科学地规定市场调节与国家干预的合理关系，尤其是科学地确立和规范国家干预。再如市场经济有不同的模式，既有资本主义市场经济，也有中国特色社会主义市场经济，两种市场经济模式对经济法的制定也会产生不同的影响，如前者更侧重市场规制法，而后者更侧重宏观调控法。

(三) 社会因素

法律以社会为基础，社会性质不同，法律制定就不同。经济法以社会为本位，具有一定的社会属性，经济法的制定深受社会因素的影响。人类社会经过漫长的、不同性质的社会，但并非任何社会均能制定真正意义上的经济法。如在专制社会，"朕即国家""行政权支配一切"，法律是贯彻和维护专制统治的工具，如税法如此,"禁权制度"也是如此,它们与现代意义上的经济法相差甚远。只有在民主社会,才能限制和约束国家权力,其中财政法就是重要路径之一。民主社会必须考虑民生,特别是要保障那些市场竞争失败者也有人格尊严地生存发展,要保障其人权,这就需要社会保障,而社会保障需要国家财政投入和财政转移支付。民主社会的一个基本内容就是经济民主,要促进经济民主,就需要制定反垄断法,反对垄断,节制资本,劳资两利,扩大民主。市场社会是一个竞争社会,需要维护社会公平自由竞争,也需要制定反垄断法,反对垄断,取缔市场霸权,保障社会自由。市场社会是一个大社会,需要构建统一的大市场,为此需要制定发展规划法,以及具体的年度国民经济和社会发展计划。法律是社会的稳定器,任何法律均应承担维护社会稳定的使命。币值稳定是社会稳定的一个关键因素和重要方面,币值稳定才能经济稳定、社会稳定,为此需要制定金融法以保持币值稳定。所有这些均说明,社会因素对经济法的制定具有重要影响。

(四)认识因素

法律应是最高理性的体现,法律制定应该是最高真理的宣示和规则化。这就说明,法律制定的前提是,人们特别是立法者对立法对象的认识务必是真理性认识,只有这样,法律制定才能科学。所以马克思说:"立法者应该把自己看做一个自然科学家。他不是在制造法律,不是在发明法律,而仅仅是在表述法律。"① 经济法的制定也是一种探究、认识和把握客观规律的活动,是把客观规律法律化的科学活动。经济法制定必须合规律性,是否符合客观规律是检验经济法制定质量的一个根本标准,"如果一个立法者用自己的臆想来代替事情的本质,那么我们就应该责备他极端任性"。② 法律制定深受认识因素的影响。经济法也是如此,制定经济法的过程也是认识市场经济的过程。过去人们对经济法的"经济"认识不清、认识有误,出现过不科学的经济法理论,也制定过不适当的经济法。后来人们才认识到,经济法的"经济"本质上是市场经济,市场经济是经济法需要反复研读的一部大书,只有立足市场经济这一客观公认和公理性的基础,对经济法的认识才能去伪存真,达致真理。在此基础上,才能制定科学的经济法。

二、经济法制定的意义

经济法所调整的宏观调控关系和市场规制关系,是具有显著特征和重大意义的社会关系,这决定了经济法的制定具有重要意义。

第一,经济法的制定是为市场经济建章立制。众所周知,国家以经济为基础,

---

① 《马克思恩格斯全集》第1卷,人民出版社1956年版,第183页。
② 《马克思恩格斯全集》第1卷,人民出版社1956年版,第183页。

在强大的经济基础之上，国家才能真正立起来、富起来、强起来。国家要以经济建设为中心，经济建设是国家的根本大业。在现代，人们已日益认识到，巩固经济基础，加强经济建设，具体说来就是巩固市场经济基础，加强市场经济建设，这才是真正的立国、建国、强国。而要巩固市场经济基础，加强市场经济建设，必须加强法治建设。法律尤其是经济法律是人类在长期的经济活动中所积累起来的最普遍、最通行、最权威、最有效的经济法则之一，没有建立一套良法善治的经济法制度和经济法规则，就无法巩固市场经济基础，加强市场经济建设，进而也就无法立国、建国、强国。

经济与法治的上述内在关联，在市场经济条件下尤为密切。在市场经济条件下，市场与法治统一起来了，加强市场经济建设也是在加强法治建设，加强法治建设也就是在加强市场经济建设。市场经济本质上就是法治经济，市场经济只有在法治所营造的社会环境中才能存续和发展。法律是发展市场经济的首选策略和常规方式。而要依法发展市场经济，前提条件是要有法可依，即必须加强经济立法包括经济法的制定。

经济法的制定需要大众参与、民主协商、集思广益，由此可以把人们对市场经济分散的、片面的、有限的知识、认识、才智有效地集中起来，凝结成相对统一的、比较全面的、超越有限的经济法规范，经济法制定是为发展经济出谋划策，这是最充分、最有效地利用各种知识和才智来发展经济；经济法的制定是对客观经济规律的认识和探究，并把所认识和探究到的客观经济规律具体化为经济法规范，它使内在的客观经济规律外化为人们的行为准则并使之得到有效遵循，这是最客观、最科学、最有效地遵循客观经济规律，按客观经济规律去发展市场经济；经济法的制定是国家经济意志的法定化、国家经济政策的法律化，它使市场经济从人治走向法治，是一个从主观到客观的过程，有利于防止、杜绝经济管理中的主观臆断和瞎指挥；经济法的制定是为市场经济立章建制，为市场经济活动奠定统一规范的行为准则，界定各自的权利（力）义务，确立合理的预期信用，有利于减少交易成本，使人有所避就，能够定分止争，它使市场规则法律化；经济法的制定决定着国家的经济制度和经济结构，是在寻求有效配置国家资源的最佳方案；等等。可见，经济法的制定能够加强经济建设，巩固经济基础，从而使国家立起来、富起来、强起来，因此，经济法的制定是立国之举，是建国之策，是强国之法。

第二，经济法的制定是用立法的方式明确、宣扬、推行市场经济的自由竞争精神。自由竞争精神是真正的市场精神，是发展市场经济最基本的精神品质和精神动力，没有自由竞争精神就没有市场经济。经济法制定的根本宗旨之一就是要把自由竞争精神写入经济法规范，成为经济法的指导思想。经济法的制定不但是自由竞争精神的宣扬，而且是自由竞争精神的具体化、法律化，是把抽象的自由竞争精神具体化、法律化为各种经济法规范，成为具体明确的、可资遵循的行为准则。经济法制定的一个重要目的，就是为市场自由竞争确立规则，规定什么行为妨碍、限制市场自由竞争，要予以反对，包括反对限制竞争和反对不正当竞争，使自由竞争有效、有序、合法、合理地进行。没有规矩不成方圆，没有经济法的制定，就没有规范的市场自由竞争秩序，进而也就没有市场经济。经济法的制定是为市场经济发展装备发动机。

第三，发展市场经济不仅要诉诸市场机制，也要求助于宏观调控。没有宏观调控，市场经济难以协调、有序、可持续地发展。随着法制的日益健全，市场经济已经成为一种法治经济，对市场经济的宏观调控，已从主要依靠行政手段走向了主要根据法律规定。现代宏观调控实质上主要是法律调控，法律已经成为宏观调控的基本依据和首选方式。为了进行宏观调控，内在地要求有宏观调控方面的法律可依。为此就需要进行宏观调控方面的立法。经济法制定的一个重要内容就是制定宏观调控方面的法律，这些法律具体包括发展规（计）划法、财政法、金融法、产业政策法等法律，这些法律应全面而周详地规定宏观调控的主体、权限、程序、手段和责任等内容，为宏观调控奠定法律规则，实现宏观调控法治化。经济法的制定是为发展市场经济保驾护航。

当前，由我国的具体国情所决定，在我国加强经济法的制定更为必要，也更有意义。首先，我国经济法的制定尚有空白亟须填补。如我国至今尚未制定发展规（计）划法、国民经济稳定增长法、税法通则等重要法律，而上述重要法律是经济法的主干和基础。其次，许多经济法的法律、法规亟须完善。如有的经济法的法规还只是"试行""暂行"，有的"试行""暂行"十多年、几十年了，还在"试行""暂行"，亟须加强这方面经济法的制定。《全面推进依法治国若干重大问题的决定》要求"加强重点领域立法。依法保障公民权利，加快完善体现权利公平、机会公平、规则公平的法律制度"，"保障公民经济、文化、社会等各方面权利得到落实。"《国民经济和社会发展第十三个五年规划纲要》要求"坚持依法治国"，"加快建设法治经济和法治社会，把经济社会发展纳入法治轨道"。最后，经济法所调整的宏观调控关系和市场规制关系是一种非常活跃、变动不居的社会关系，立法的基本原理和基本原则要求，立法应紧随经济关系的变化而频繁地立、改、废、释，这就使得经济法的制定始终处于进行状态。

三、经济法制定的特点

第一，职权立法与授权立法相结合。国家权力机关是专门的立法机关，其立法为职权立法。为了保证经济法的权威性、统一性和完善性，经济法的制定应主要是职权立法，即由国家权力机关来制定基本的和主要的经济法法律，包括发展规（计）划法、财政法、金融法、产业政策法、反垄断法、反不正当竞争法等方面的法律。但由于现代社会经济关系充满知识性、专业性、技术性的特点和要求，而且纷繁复杂、变动不居，而国家权力机关相对来说既缺乏专门的知识、技术和经验，又欠缺足够的条件和时间去有效、及时地进行经济法的制定。因此，采用授权立法，即授权相应的其他机关主要是国家行政机关进行经济法的制定便非常必要，也切实可行。在实践中，授权国家行政机关进行经济法制定的现象极为普遍。以税法为例，由国务院制定的税法就有《税收征收管理法实施细则》《个人所得税法实施条例》，等等。经济法的制定应当将职权立法与授权立法相结合，职权立法是授权立法的基础和原则，没有职权立法，授权立法就难免失控失范，经济法也难以具有权威性和统一性；授权立法是职权立法的深化、细化和强化，没有授权立法，职权立法就难免粗疏空洞，不易操作实施。

第二，经济法法典与单行经济法相并存。经济法作为一个独立的法律部门，有自己独特的调整对象和法律原则，因此一俟时机成熟，制定经济法法典不仅是可能的而且是必要的。捷克斯洛伐克就曾制定过一部统一的经济法典。我们也可以先行制定《宏观调控法通则》《市场规制法通则》，然后在此基础上制定《经济法法典》。但由于经济法所调整的社会关系内容庞杂，包罗万象，各具特色，相对独立，因应现实，灵活多变，因此，为了使经济法的制定细致周详、因事制宜、及时便捷、灵活有效，可以制定单行经济法。我国目前虽未制定经济法法典，但已经制定了大量的单行经济法，如《反不正当竞争法》《反垄断法》《税收征收管理法》《中国人民银行法》《银行业监督管理法》，等等。经济法的制定，应当考虑经济法法典与单行经济法并存，经济法法典是对单行经济法的统筹总领、协调整合，没有经济法法典，单行经济法就难免精神涣散、难以协调统一、不易互相配合。制定经济法法典只是时机成熟与否的问题而不是可能与否的问题，现在没有制定经济法法典不等于将来不制定或不可能制定。单行经济法是经济法法典的具体化、系统化，也是对经济法法典的补充和补救，没有单行经济法，经济法的制定就不能具体细致、及时应急、灵活有效。

第三，中央经济法制定与地方经济法制定相并举。经济法的调整要以市场经济为基础，市场经济是一种开放经济、统一经济，与地方保护、市场分割格格不入。为了缔造和维护市场开放和市场统一，需要统一经济法的制定，即由中央进行经济法的制定，没有统一的中央经济法的制定就会法出多门，就没有统一的经济法法律制度和法治基础，进而就没有开放统一的市场，就没有真正的市场经济。中央经济法的制定要求由中央国家权力机关及其授权机关制定全国普遍适用的基本经济法法律、法规。但由于我国幅员辽阔、民族众多、地区各异、参差不齐，加上市场情况纷繁复杂、变化多端，在这种情况下，经济法的制定不能一刀切，不能强求统一，而必须因地制宜，由地方权力机关在一定程度上享有经济法的制定权，以便结合本地区的具体情况有针对性地制定有关经济法规范。经济法的制定应当是中央经济法制定与地方经济法制定并举。中央制定基本经济法有利于维护市场的开放和统一，也有利于保证经济法体系的内在统一性，还有利于地方经济法的制定并保证其统一协调；地方经济法的制定是对中央经济法制定的补充，使中央经济法的制定更具针对性、灵活性和可行性，也有利于为中央经济法的制定积累经验。

第四，政策性与规律性相统一。经济法是政策性很强的一个法律部门，国家经济政策对经济法的制定具有重要影响，在某种意义上可以说，经济法的制定是把国家经济政策上升为经济法。例如发展规（计）划法、财政法、金融法、产业政策法就分别与国家发展战略、财政政策、金融政策和产业政策密切相关。当国家经济政策发生变更时，往往导致经济法的立、改、废、释。经济法的制定必须时常关注、认真领会、切实贯彻国家经济政策。经济法的制定应当具有合政策性，但还必须合乎客观经济规律，"在任何时候都不得不服从经济条件，并且从来不能向经济条件发号施令"[1]，经济法的制定"只是表明和记载经济关系的要求而已"[2]，经济法的制定也是一种探究、认识和把握客观经济规律的活动，是把客观经济规律法律化的活动。经济法制定必须合规律性，是否符合客观规律是检验经济法制定质量的一个根本标准。因此，经济法的制定应把合政策性与合规律性统一起来，规律性是经济法制定的统一基础，因为无论是国家的经济法律还是国家的经济政策，都必须合乎客观经济规律，政策性以规律性为统率、为依归，并服从和服务于规律性。孟德斯鸠指出："要特别注意法律应如何构想，以免法律和事物的性质相违背。"[3] 不以规律性为基础的政策性是主观性、任意性，把不反映、不合乎客观经济规律的国家政策上升为经济法是极其危险和极为有害的。政策性使经济法制定具有灵活性，国家经济政策比经济法更具灵活性，这种灵活性表现在对客观经济规律反映和体现的主动、灵敏和及时上，这对于经济法的制定来说是一种补充和补救，经济法的制定没有政策性，就难免僵化刻板、漏洞迭出。《全面推进依法治国若干重大问题的决定》要求，"实现立法和改革决策相衔接，做到重大改革于法有据、立法主动适应改革和经济社会发展需要。实践证明行之有效的，要及时上升为法律。实践条件还不成熟、需要先行先试的，要按照法定程序

---

[1] 《马克思恩格斯全集》第4卷，人民出版社1958年版，第121页。
[2] 《马克思恩格斯全集》第4卷，人民出版社1958年版，第122页。
[3] ［法］孟德斯鸠：《论法的精神》（下册），张雁深译，商务印书馆1982年版，第300页。

作出授权。对不适应改革要求的法律法规，要及时修改和废止"。

第二节　经济法的实施

经济法的实施是一定主体依照法定权限和程序，将经济法规范贯彻落实到社会现实的过程。只有有效实施经济法，才能实现经济法的预期调整目标。

一、经济法实施的意义

第一，经济法的实施有利于实现经济法治。改革开放以前，我们的经济是计划经济、行政经济，社会经济按照行政命令运行，具有严重的人治性质，严重地阻碍了社会经济的发展。要彻底改变这种现象，必须实行经济法治，而要实行经济法治，一个根本要求就是加强经济法的实施。经济法不仅是政府干预社会经济之法，也是规范政府干预社会经济之法。因此，加强经济法的实施，就是要求政府依法而不是依行政手段干预社会经济，树立法律对于政府的权威。法律对政府的权威是法治的实质所在，法律对于政府没有权威，就没有法治可言；政府守法是法治的核心，政府不守法，也没有法治可言。《全面推进依法治国若干重大问题的决定》指出："法律的生命力在于实施，法律的权威也在于实施。各级政府必须坚持在党的领导下、在法治轨道上开展工作，创新执法体制，完善执法程序，推进综合执法，严格执法责任，建立权责统一、权威高效的依法行政体制，加快建设职能科学、权责法定、执法严明、公开公正、廉洁高效、守法诚信的法治政府。"经济法的实施能有力地遏制政府对社会经济的滥加干预、任意干预、非法干预，从而有利于实现经济法治。

第二，经济法的实施是实现经济法治的必由之路。法在本质上是一种规范人们行为的规则，是一种实践规则，具有强烈的实践要求，这正如列宁所说的："法令之所以重要，不在于是不是写在纸上，而在于由谁去执行。"[①] 亦如庞德所说的："法的生命在于实施。"同样，无论是经济法研究，还是经济法制定，都要考虑经济法能否有效实施，通过经济法的实施，实现人们尤其是立法者在经济法中所寄托的目的。经济法的有效实施，是实现经济法治的必由之路。

第三，经济法的实施是促进社会经济发展的重要举措。这是因为：首先，经济法的实施，表明国家（政府）对法律的态度，"言必信，行必果"，法律具有威信，这会进而影响人们对法律的态度，使人们信任服从法律，这有利于维护社会

[①] 《列宁全集》第36卷，人民出版社1972年版，第457页。

信用，形成合理预期，保证投资安全，激发竞争信心，减少交易成本，从而促进社会经济发展。是否真正实施既定的法律，是关系国家（政府）形象的大事。如果没有经济法的实施，那就意味着国家（政府）视法律为摆设、儿戏，可任意规避、践踏，国家（政府）不信从法律，那么人们也不会信从法律，结果就会出现社会信用危机，社会秩序动荡，猜疑敌意盛行，纠纷摩擦频仍，交易成本激增，这会严重地阻碍社会经济发展。其次，经济法的实施，使经济法真正成为人们的行为准则，使凝结在经济法中的历史经验、大众智慧、崇高理性和客观规律在社会经济发展中发挥作用，从而促进社会经济发展。如果没有经济法的实施，经验、知识、理性、规律不能用于社会经济的发展，那无疑是重大浪费，这样就会严重阻碍社会经济发展。最后，经济法的实施，是在通过反限制竞争和反不正当竞争的实践，贯彻自由竞争的市场法则，是在伸张自由竞争的市场精神，是在检修自由竞争的市场机制，经济法的实施维系着自由竞争这一市场经济发展的发动机的正常运转；经济法的实施是在贯彻宏观调控法则，使社会经济发展在法律的框架结构内、在预定轨道上运行，把社会资源调集配置到法律所支持、鼓励的方向，避免社会经济运行大起大落、动荡不定，经济法的实施维护着宏观经济秩序，有助于保障市场经济发展的正确方向。所以，《国民经济和社会发展第十三个五年规划纲要》要求："加快形成统一开放、竞争有序的市场体系……促进商品和要素自由有序流动、平等交换"；"健全统一规范、权责明确、公正高效、法治保障的市场监管和反垄断执法体系"。

第四，经济法的实施有利于经济法的完善。法是一种行为规则，因而也是一种实践规则，实践出真知，法只有通过实施才能检验其是否切合社会实际，实效如何，并根据这些信息反馈，便于立法者及时对法律规范进行立、改、废、释，从而进一步完善法律规范，使法律规范更加适应社会现实，更好地发挥调整作用。由于经济法调整的社会关系是一种最活跃、最复杂的经济关系，人们对它的认识不可能一步到位，经济法规定与它所调整的社会关系的本质要求难免不相适应。在哪些方面不相适应？为什么不相适应？怎样才能相适应？这些问题只有通过经济法的实施才能发现，并反馈给立法者，立法者根据反馈回来的信息，及时地对经济法进行立、改、废、释，进一步完善经济法，使经济法规范更加适应社会现实、更好地发挥调整作用。可见，经济法的实施是经济法完善的重要条件。

第五，经济法的实施有利于经济法权力（利）义务的实体化或实定化。权力（利）义务是法律的核心，法律的实施说到底是权力（利）义务的落实。就经济法的实施来说，一方面在于赋予和保护经济法的权力（利），另一方面在于落实和履行经济法的义务。实践证明，只有通过经济法的实施才能使经济法权力（利）义务实体化或实定化，这是由于经济法的实施是通过调控机构和规制机构的积极执行，以及司法机构的消极执行来实现的。因此，相关的程序和判决对经济法权力（利）义务的实定化更为重要。与此相关，有的学者认为，"实体法上所规定的权利义务如果不经过具体的判决就只不过是一种主张或权利义务的假象"，只有在一定程序过程中产生出来的确定性判决中，权利义务才得以实现真正意义上的实体化或实定化。① 人们能否真实拥有和行使经济法权力（利），是否切实承担和履行经济法义务，是评判经济法实施的重要标准。

二、经济法实施的特点

第一，经济法的实施具有明显的综合性。经济法调整的社会关系涉及方方面面，关系国计民生，影响国泰民安，因此经济法的实施就要多措并举，多管齐下，综合治理。具体说来，经济法的实施主要依靠经济法的守法、执法和司法三条途径来共同完成。经济法的遵守，对于经济法调整目标的实现非常重要。但有时经济法的遵守情况并不好，因为总有人不遵守经济法。为了强制那些不遵守经济法的人守法，经济法的执法、司法就成为必要。经济法执法，是国家行政机关的重要职能。一方面，国家行政机关在依法管理社会经济时就是在进行经济法的实施，另一方面，通过对违反经济法的行为予以制止和纠正，保证经济法的实施。经济法司法是国家司法机关通过对违反经济法的行为进行侦查、起诉、审判、追究法律责任，进行经济法的实施。

经济法的守法、执法和司法并非彼此孤立、互不相干，而是相互配合、相互作用的。经济法守法是经济法执法、经济法司法的前提条件，只有绝大多数人遵守经济法，经济法执法、经济法司法才有现实基础。如果没有人遵守经济法，经济法执法、经济法司法就会压力巨大、困难重重，甚或不可能。而经济法执法、经济法司法是经济法守法的保证，如果没有经济法执法、经济法司法，就没有了经济法实施的强制力量，最终就不会有经济法守法。经济法执法与经济法司法各有分工、互相制约，经济法执法搞好了，就可以减少经济法司法的压力；经济法司法是经济法执法的制约，没有经济法司法，难以保证较好地经济法执法。总之，经济法的实施是经济法守法、经济法执法和经济法司法的总和，具有明显的综合性。

第二，经济法的实施具有独特的行政性。前已述及，由于经济法是国家干预或政府管理社会经济之法，国家行政机关是管理国民经济的重要部门，因此，国家行政机关的经济法执法在经济法的实施中就具有十分重要的地位，经济法的实

---

① 参见［日］谷口安平：《程序的正义与诉讼》（增补本），王亚新、刘荣军译，中国政法大学出版社2002年版，第6页。

施具有独特的行政性。不过，国家行政机关的经济法执法不是一般的行政干预，而有其独特性。这种独特性表现在经济法执法机关相对于行政机关来说具有较大的独立性，只有这样，才不至于把经济法执法蜕变为行政干预，也只有这样，才能同时监督、制约经济法执法。如反垄断法的实施机构，在美国有两个，一个是司法部的反托拉斯局，一个是联邦贸易委员会。前者类似于检察机关，负责调查违反反托拉斯法规定的事件，确定适当的诉讼目标，并提起诉讼；后者是一个独立于政府的行政机关，它的工作直接受国会监督，它有权独立处理违反反托拉斯法的案件。在德国，负责实施反限制竞争法的联邦卡特尔局，尽管从属于联邦经济部，名义上是一个行政机关，但其设置与结构不同于一般的行政机关，具有完全的独立性。在我国，尤要强调反垄断法实施机构的独立性，因为在我国，行政垄断根深蒂固，只有相对独立于行政机关的反垄断法执行机构才更可能有效地反行政垄断。

第三，经济法的实施具有高度的专业性。经济法是具有高度专业性、技术性、知识性、政策性的法律部门，因此，经济法的实施具有高度的专业性，只有具有专业技术和专业知识的人员和机构才能从事经济法的实施。如前所述，德国的垄断委员会由五名成员组成，他们必须具有专门的国民经济学的，企业经济学的，社会政治学的，技术的或经济法方面的知识及经验。综观许多国家的反垄断法执行机构，都具有高度的专业性。宏观调控法的实施机构也是如此。如发展规（计）划编制部门、财政部门、金融机构等，都需要高度专业化的知识和技能，应由相关专家组成。

第四，经济法的实施具有严格的程序性。法律是一种具有国家强制力的行为规则，法律的实施涉及人们的权利义务，影响人们的自由安全，关系社会的公平正义，如果实施不当，就会侵犯人们的权利，限制人们的自由，破坏社会的公平正义，因此，法律必须正当实施。法定程序是法律正当实施的制度保证。由于经济法是国家干预社会经济之法，无论是宏观调控法的实施还是市场规制法的实施，都涉及国家（政府）权力的运用。而国家（政府）权力的正当行使，必须严格依循法定程序进行。如在反垄断法的实施方面，在美国既有刑事诉讼程序，也有民事诉讼程序；在德国，既有罚金程序，也有民事诉讼程序，还有行政程序；在日本，对反垄断法的实施程序有极为详尽的规定，从《禁止私人垄断及确保公正交易法》的第45条至第88条。这些都说明经济法的实施具有严格的程序性。宏观调控法中的税法、金融法也是如此，只有严格依循法定程序实施的宏观调控行为，才是合法有效的。

三、影响经济法实施的重要因素

(一) 经济法的制定是否科学

经济法的制定是经济法实施的前提，经济法的制定决定着经济法的实施。可以说，有什么样的经济法制定，就有什么样的经济法实施。经济法制定得是否科学，包括法律渊源是否明确、立法是否完备、法律是否合乎客观规律、法律是否具有可预见性和可操作性、是否切实可行等，都直接影响到经济法的实施。如果经济法的法律渊源不明确、经济法的制定存在空白漏洞、经济法的制定不符合客观规律、缺乏预见性和可操作性，经济法制定得比较粗疏空洞、相互冲突、不易适用，那将严重影响经济法的实施。

（二）经济法的实施机构是否独立

徒法不足以自行，法律的实施机构尤其重要。可以说，有什么样的法律实施机构，就有什么样的法律实施。法律实施机构的独立性决定着法律实施的状况。独立实施法律是公正实施法律的重要保障。经济法的实施亦然。就目前我国现行经济法的实施机构来说，主要是行政机构或隶属于行政机构的机构，如实施发展规（计）划的国家发展和改革委员会、实施财政法的财政部、实施金融法的中国人民银行和中国银行保险监督管理委员会，实施反不正当竞争法、反垄断法的市场监督管理总局，它们都隶属于国务院。要保证经济法的公正实施，就必须保证这些经济法实施机构的独立性。经济法本质上是确立和规范国家（政府）干预行为的，经济法的实施可能会追究有关政府机关及其工作人员的法律责任，这就使得经济法实施机构的独立性尤其重要。实践证明，没有独立的经济法实施机构，就不可能公正地实施经济法。

（三）经济法的实施机构是否健全

在过去的司法体制下，虽然设有经济庭，但这种经济庭主要是审理除婚姻家庭、亲属继承关系等以外的经济纠纷，实质上还是民事庭或民事二庭、三庭，严格说来还不是真正意义上的经济法法庭，即审理涉及发展规（计）划、财税、金融、产业政策、垄断、不正当竞争等经济法案件的审判庭。在过去的司法体制下，经济法的实施还缺乏相应的司法机构，没有相应的司法机构，就不可能有真正的经济法实施。而在现行司法体制下，连经济庭都取消了，有房地产法庭、环境法庭等各种专门的审判庭，唯独没有经济法法庭。有关发展规（计）划、财税、金融、产业政策、垄断等方面的经济法案件，关系国计民生、影响国泰民安，如果这些方面的案件得不到司法审理，经济法就不能说真正全面地得到了实施。如果在司法体制改革中，能够在人民检察院、人民法院设立经济法检察庭、经济法审判庭专门负责提起、审理有关发展规（计）划、预算税收、金融、产业、不正当竞争、垄断等方面的经济法案件，则会大大促进经济法的实施。经济法的司法化事关经济法的有效实施。

（四）经济法的实施程序是否完善

法律的实施是实体法与程序法的结合适用、一体实施，因而离不开程序法的保障，完善的程序才能保证良好的法律实施。经济法亦然。

经济法的实施涉及国家权力的运用，为了确立和规范国家权力的行使，必须完善经济法的实施程序。经济法中的宏观调控行为和市场规制行为于国于民都有重大而深远的利害关系，必然会产生利益冲突和权利争执；宏观调控行为和市场规制行为是国家专门机构运用国家权力对市场进行干预，难免滥用职权，违法违规，调控失误或规制不当，这些均会给国家、社会和个人造成重大损害，有的甚至构成违法犯罪。对于上述行为，受害当事人、社会团体和公共机构均应有权提起诉讼，人民法院应予受理，并通过诉讼加以解决。

但迄今为止，我国还没有与经济法的实体法相对应的专门程序法，经济法案件仍然参照民事诉讼法、行政诉讼法、刑事诉讼法等进行审理。经济法有其自身的特点，对程序法有特定的要求，现有的程序法并不能完全适用于经济法，如反垄断案件就不能完全适用三大诉讼法。此外，我国尚未建立经济法方面的公益诉讼制度。因此，要加快完善经济法的程序法，这样才有利于经济法的实施。

（五）经济法实施人员的素质

经济法的知识性、专业性、技术性、政策性都很强，只有高素质的专业人员才能较好地实施经济法。这也是许多国家对经济法的实施机构的人员构成高标准、严要求的重要原因。

经济法的规定比较简单抽象，在简单抽象的经济法规范与具体的经济法案件之间存在一定的差距，这种差距即"法所不能至者"，它们的填充弥合只能寄托于实施人员的实施艺术，这就是所谓的："法者存其大纲，而其出入变化固将付之于人。"[①] 如反垄断法，它的规定简单抽象，而它所要适用的对象又千变万化、纷繁复杂，这就决定了适用它的人要具有相当的施法艺术。波斯纳就指出：美国那些最重要的反托拉斯法，和《权利法案》的大多数规定一样，都太简单、太含混了，它更多是司法决定的而不是反托拉斯立法的创造，最高法院就称《谢尔曼法》是"一个普通法的制定法"，即它是由法官而不是由立法者制定的，影响法官的那些动机、约束以及其他因素塑造了反托拉斯法的现状。[②] 再如宏观调控法也是如此。社会经济变化不定，波动不已，忽冷忽热，过冷过热，犹如人得寒热病一样，也需要治疗，有人就由中医治病联想到用中医的方法对社会经济进行宏观调控，认为宏观调控与中医最相似，从中医可以得到许多对于宏观调控的启示。宏观调控也需要高超的医（艺）术，要实施好宏观调控法，也需要像老中医一样的精湛医（艺）术。经济法的实施人员只有对经济法的精神有一个科学准确的把握，同时对

---

① [明] 丘濬：《大学衍义补·谨号令之颁》。
② 参见 [美] 理查德·波斯纳：《法官如何思考》，苏力译，北京大学出版社2009年版，第4~5页。

经济法所适用的具体案件以及具体案件所处的特定环境有一个全面、客观、正确的认识，两相结合，艺术处理，才能实施好经济法。

（六）经济法的实施监督是否到位

经济法的实施是国家权力的运用和贯彻，任何权力如果没有制约和监督，就必然会滥用误用。经济法执法受行政机关的牵制，如果没有制约和监督，就难以保证经济法执法的独立性、合法性，就会蜕变为行政干预。经济法司法是国家司法权的运用，司法权也是一种纵向权力，也潜藏着消极的一面。如果没有制约和监督，经济法司法也未必公正。因此，必须加强对经济法实施的监督，从制度上确立必要的监督制度，尤其应设立必要的监督体系，包括工商、税务、金融、海关、审计等部门的行政监督，公安、检察、法院等部门的司法监督，纪检、监察等纪律监督，以及行会、协会、会计、审计、律师事务所、大众传媒等方面的社会监督。此外，还应完善监督程序，使监督工作有序、合法地进行。只有建立健全上述监督制度和措施，才能更有利于经济法的实施。

思考题：

1. 经济法的制定和实施有何意义？
2. 经济法的制定和实施具有哪些特点？
3. 影响经济法制定和实施的因素有哪些？

▶ 自测习题及参考答案

第七章 宏观调控法的基本理论与制度

宏观调控法是经济法的重要组成部分。本章承接"经济法总论",统摄"宏观调控法"其他各章,是本单元的"小总论"。本章集中阐述宏观调控法的基本理论,包括宏观调控法的理论基础、体系构成和调整方式,宏观调控法的基本制度则包括主体制度、权力配置制度、程序制度和责任制度。上述内容是学习本部分其他各章的基础。

第一节 宏观调控法基本理论

一、宏观调控法的理论基础

(一)宏观调控

1. 宏观调控的概念

对"宏观调控"这个语词,可以首先从经济学角度来理解。经济学分为微观经济学和宏观经济学。微观经济学(microeconomics)分析消费者、厂商等微观个体的经济行为;宏观经济学(macroeconomics)则分析经济总量、经济结构、国际收支等影响经济运行中的"宏观"因素。宏观调控中的宏观,正是宏观经济学所研究的对象,即宏观经济。宏观经济,是指一个国家或地区经济运行的总量、结构状况,包括国民生产总值(GDP)、国民收入、国家预算收支、货币的供给与需求、社会商品服务供给与需求、外贸进出口、外汇收支和资本的出入等各方面总量及其比例关系。"调控",是指国家对宏观经济运行进行调节(regulate/adjust)、控制(control)的行为。

由此可见,宏观调控行为具有下列特征:(1)国家主体性。行为的主体是国家,并具体地由国家立法机关、政府机关等来承担。(2)对象的宏观性。宏观调控行为的对象是宏观经济或经济的宏观运行。(3)目的的宏观性。宏观调控着眼于经济的宏观状况,其目的是预防和克服由市场失灵所带来的、在宏观经济总量和结构等宏观方面所存在的失衡、失调、无序状况,以促使经济的宏观状况朝着所预期的平衡、协调、有序的方向发展。(4)方式的宏观性。宏观调控行为所采取的方式也是"宏观"的,包括财政调控方式、税收调控方式、金融调控方式和宏观经济计划等。(5)依据的法定性。在法治国家,宏观调控行为必须依据法律的明确规定。国家应当在法律所规定的权力、程序范围内实施宏观调控行为。

因此,对国家为了预防和克服市场失灵所导致的在经济总量、结构等宏观方面的失衡、失调和无序，依法运用计划、财政、税收、金融等手段调节、控制宏观经济运行，使之朝着所预期的平衡、协调和有序方向发展的一系列行为，即可称为宏观调控行为。简言之，宏观调控就是国家对国民经济总体活动进行调节和控制的行为。

2. 宏观调控的目标

经济运行状况，微观上表现为产业组织、市场交易及其相应竞争的自由性和公平性；宏观上表现为总量、结构、就业和国际收支等方面的平衡性和稳定性。市场通常可以通过其一定程度的自组织和自调节功能来配置资源，实现经济运行的效率和公平、稳定和平衡。但是，市场的自组织和自调节功能是有限的，有时既无法保障公平和自由的竞争机制，也无法实现经济总量、结构等的稳定和平衡等宏观效率。这样，通过国家的介入，通过市场运行的监管、宏观经济的调控以协调经济运行，便成为解决市场失灵的必要方式。由此可见，认识和把握宏观调控目标，对于理解宏观调控和宏观调控法意义重大。

宏观调控的目标，主要包括以下四个方面：

（1）总量均衡。总供给与总需求的均衡，是宏观经济总量最基本的平衡。总供给（aggregate supply），是某一时期一个国家或地区经济中各企业所愿意生产的商品与服务的价值的总和。总供给是可供利用的资源、技术和价格水平的函数。总需求（aggregate demand），是某一时期一个国家或地区经济所计划或所需要开支的总数。它取决于总的价格水平，并受到国内投资、净出口、政府开支、消费水平和货币供应等因素的影响。宏观经济均衡（macroeconomic equilibrium），是指意愿总需求等于意愿总供给的 GDP 水平。在均衡时，意愿的消费（C）、政府支出（G）、投资（I）和净出口（X）的总量正好等于在当前价格水平下企业所愿意出售的总量。价格水平的基本稳定，是总量平衡的主要表现之一。一般认为，价格水平基本稳定的数量指标，是年物价上涨指数不超过 3%。

（2）结构优化。经济结构，是指一国或地区各经济要素及其在产业、地区之间分布的比例。经济结构包括产业结构、产品结构、劳动力结构、技术结构、地区结构等。结构优化，就是要优化各经济要素及其在产业、地区之间分布的比例。衡量经济结构优化与否的标志，主要是宏观经济的效率和公平，包括经济的持续增长、收入分配的公平、物价结构等因素。不同的国家、地区及其不同的时期，其经济持续增长速度不同。对发展中国家而言，7%~8%是高增长速度；对发达国家而言，3%~5%就是高增长速度。收入分配的公平，分为横向公平和纵向公平、机会公平和结果公平、形式公平和实质公平等。这些是经济学、法学、伦理学等多学科所关注的问题。

（3）充分就业。充分就业（full employment），是一个有多重含义的经济学术语。传统经济学用来描述不存在（或仅存在最少量）非自愿失业情况下的就业水平。当代经济学一般用"最低可持续失业率"（lowest sustainable rate of unemployment，LSUR）的概念来描述可以长期持续的最高的就业水平。据经济学的统计和测算，一般来说，可持续的失业率保持在5%以内，可视为充分的就业。

（4）国际收支平衡。国际收支平衡（balance of international payment），是指一定时期内一个国家或地区同外部世界的交易（包括商品和服务的买卖、馈赠、政府交易和资本流动）所形成的收支状况。国际收支能否平衡，要受到本国经济总量、经济结构、国民收入和人均收入、币值等因素变化的影响，还会受到国际贸易、国际经济周期以至外汇投机等因素的影响。在经济全球化的今天，国际收支是否平衡会对本国经济运行影响更为直接、巨大。为此，保持国际收支平衡，也成为宏观调控所要实现的重要目标之一。

以上四大目标，是宏观调控的基本目标。当然，收入分配公平、经济持续发展、环境友好、资源能源高效可续利用等，也是宏观调控所要追求的目标。这些目标是由基本目标所包含或延伸的目标。

3. 宏观调控手段

宏观调控手段，是指为实现宏观调控目的所采取的方法、措施。综观国内外宏观调控过程中所采取的方法和措施，可以认为，宏观调控手段主要包括财政调控、税收调控、金融调控和计划调控等。

国家为了满足公共欲望而取得、使用和管理资财的财政税收行为，具有分配收入、配置资源和保障经济平衡运行等功能。这些功能的发挥，有助于实现宏观调控的目的，于是被各国引以为宏观调控的手段。

金融，本来是市场主体融通资金活动的总称。当市场经济发展到一定程度，金融逐步成为经济运行的重要环节以至核心的时候，即国家意识到，通过调节和控制金融活动中的关键因素和关键环节，能够有效地调节、控制经济的总量、结构等宏观经济问题的时候，金融才被作为宏观调控的手段。当国家通过制定法律、法规，将金融市场中的利率、汇率、存款准备金率、再贴现率、再贷款和公开市场操作等关键指标和关键环节的决定权，部分或全部地收归国家及其政府的时候，金融调控便成为国家宏观调控的手段之一。各国进行宏观调控，无不通过调节和控制这些关键指标和环节，影响金融市场进而影响宏观经济，使其朝着预期的目标发展。

当周期性的经济危机不断袭击市场经济国家的时候，人们逐步认识到，市场单个主体的精于计算、谋划，并不必然带来整个国家宏观经济运行的平衡、协调和秩序，而且时常相反。当国家通过财政调控、税收调控和金融调控的手段还不足以有效地调节和控制宏观经济运行的时候，计划也就被纳入作为宏观调控的手段。计划的方法，包括经济资源的调查、经济信息的统计和测算、经济和社会发展战略的提出、中长期规划和年度计划的制订和实施、对市场主体少数重大投资和交易行为的指令和（或）指导等。尽管世界各国计划手段运用的力度和范围不同，但运用计划手段调节和控制经济总量、结构、就业和国际收支，实现宏观调控的目的，已经成为通例。

（二）宏观调控法的概念

1. 宏观调控法的调整对象

法是调整社会关系的社会现象。经济法调整的是一部分社会关系，即特定的经济关系。本书的总论部分已经阐明，经济法所调整的特定的经济关系，是在国家进行宏观调控和市场规制过程中所发生的经济关系，即国家调制关系。作为经济法一部分的宏观调控法所调整的经济关系，是国家调制关系中的一部分，即在国家对宏观经济运行进行调节和控制过程中发生的经济关系，即宏观调控关系。

根据对宏观调控的经济学分析，国家的宏观调控行为，是包括财政调控行为、税收调控行为、金融调控行为、计划调控行为在内的一系列调控行为的总称。这些行为相应地会产生财政调控关系、税收调控关系、金融调控关系和计划调控关系等，这也是宏观调控法调整对象的具体化。

2. 宏观调控法的语词和定义

定义与语词是相对应的。在"宏观调控法"语词中，"宏观"，特指宏观经济；"调控"，特指国家对宏观经济运行进行的调节和控制行为；"法"一般指实质意义上的法，即法律规范总称。日常语汇中有时也被用于指形式意义上的法。

根据部门法定义的逻辑规则，作为部门法或实质意义上的宏观调控法，是指调整在国家对宏观经济运行进行调节和控制过程中发生的经济关系的法律规范的总称。

作为形式意义上的宏观调控法，概指宏观调控方面的法律、法规等规范性文件。有时，还特指宏观调控基本法律，如德国的《经济稳定与增长促进法》、美国的《充分就业和国民经济平衡增长法》等。

为了区别形式意义上的宏观调控法和实质意义上的宏观调控法，在表述形式意义上的宏观调控法时，常用"宏观调控法律""宏观调控法律法规""宏观调控立法"等语词。而表述实质上的宏观调控法时，则用"宏观调控法"。

（三）宏观调控法的定位

1. 宏观调控法在法的体系中的定位

在整个法的体系中，经济法是第一层次的部门法，即独立的部门法。在经济法体系中，宏观调控法与市场规制法等并列为经济法体系中的第一层次的部门法。这也是对宏观调控法的地位的基本认识。

2. 宏观调控法在法域归属上的地位

将法分为公法、私法等法域，也是对法的一种认识。对某一层次的部门法进行法域归属上的分析，有助于揭示该部门法的相关属性。公法、私法等法域的划分有主体论、权利论、利益论、对象论等多种标准，但无论依据哪一标准，宏观调控法都属于公法。

从宏观调控法主体来看，宏观调控行为的实施者是国家。国家是以公主体的身份来实施宏观调控行为的，而不是也不可能是以私主体的身份来实施宏观调控行为。

从宏观调控法权力来看，国家实施宏观调控行为是因为国家依法享有宏观调控权。宏观调控权具有很强的强制性，与宏观调控对象所享有的经营自由权之间具有很强的不对等性，是一种典型的公权力。

从所保护的利益来看，国家的宏观调控行为所直接保护的利益是国家整体利益。国家整体利益与国民个人利益有联系，也有区别。国家整体利益与作为私主体的国民个人利益具有共通性，国家宏观调控直接维护、增进国家整体利益，也会增进国民个人利益；但是，从其直接意义上讲，国家整体利益终究不是国民个人利益，它与国民个人利益存在着不同程度的对立，是与国民个人利益有所不同的公的利益。

从调整对象的角度来看，宏观调控法所调整的宏观调控关系，是主体地位不平等的关系，与私法所调整的平等关系不同。

综上所述，宏观调控法在法域归属上属于公法。

3. 宏观调控法与相关法之间的关系

（1）宏观调控法与市场规制法的关系。宏观调控法与市场规制法同属于经济法。在经济法体系中，宏观调控法与市场规制法并列。它们分别调整的宏观调控关系和市场规制关系虽然是不同的经济关系，但同属于经济法所调整的调制关系。

宏观调控关系和市场规制关系之间在逻辑上的并列关系，并不排除它们在客观表现上的密切联系。宏观调控关系和市场规制关系分别发生在经济运行的宏观层次和微观层次，而经济运行的宏观层次和微观层次之间又存在着千丝万缕的密切联系。比如，国家调整利率、汇率等的金融调控行为，往往同时需要辅之以对银行业的市场规制行为。又如，国家针对房地产市场过热所进行的调控行为，往往既有金融调控、税收调控、财政调控等调控行为，也有针对房地产市场的反垄断、反不正当竞争等市场规制行为。基于上述密切联系，在进行经济运行研究、拟定经济法对策时，往往需要同时从宏观调控法、市场规制法等多个方面思考。

（2）宏观调控法与行政法的关系。宏观调控法与行政法的关系，是经济法与行政法之间关系的具体体现。经济法与行政法在调整对象、渊源、地位、作用方面的联系和在调整对象、主体、作用、调整方法等方面的区别,已经在本书相关部分有所阐述。比如,在主体的外观上,政府及其部门既是宏观调控法主体,又是行政法主体,但不能因此混淆宏观调控法和行政法的区别。认识法律关系的主体,要从外观上观察,更要从行为、社会关系、角色地位和范畴上深入分析。正如不能因为企业在外观上同时是民法、经济法、行政法主体而因此将这三个部门法混同一样,也不能因为政府及其部门在外观上同时是经济法、行政法主体并且个别时候还是民法主体,就否认这三个部门法之间的区别。

(四) 宏观调控法的价值、宗旨和原则

1. 宏观调控法的价值

价值考察的重点,是客体的属性与主体需求之间的契合度。考察宏观调控法的价值,要分析宏观调控法律规范的属性,分析宏观调控法与经济社会运行制度需求之间的契合度。法的价值最集中地体现在公平、效率和秩序等方面。因此,分析宏观调控法的价值,也可以从这样的角度展开,即宏观调控法在规范国家及其政府的宏观调控行为、调整宏观调控关系的时候,能否为经济和社会带来或增进公平、效率和秩序;或者说,宏观调控法的制定和实施,能否带来或增进经济与社会的公平、效率和秩序。研究表明,宏观调控法能够给经济和社会带来或增进公平、效率和秩序,因而具有公平价值、效率价值和秩序价值。

(1) 宏观调控法的公平价值。宏观调控法的公平价值,体现在宏观调控法的制定和实施,能够为经济和社会带来或增进公平。宏观调控所带来或增进的公平,体现在公平的各种类型上。以形式公平和实质公平为例,一方面,宏观调控法平等地对待一切受控主体,不仅仅因某一单个主体的状况制定和实施宏观调控法规范;另一方面,由于受控主体经济和生活状况各有不同,有些还与一般状况相差甚远,宏观调控法的制定和实施往往要在以所有受控主体中等状况为基本参照的基础上,充分照顾到少数主体的特殊状况。比如,在宏观调控法的制度设计时,在设定一般制度的基础上,根据多种特殊的情形,或者设计多种针对性的特殊规范,或者设定法定例外,或者授权实施机构根据法定的原则因情势之不同而灵活适用。以税收调控法规范为例,在同一类征税对象及其范围内,既规定一般税率,也根据产业导向、经营者规模、收入水平等若干特殊情形规定若干特别税率、优惠税率;既规定一般的征收,又规定减征、免征、缓征、税收返还等优惠性规范。这些都是宏观调控法兼具形式公平和实质公平的体现。

宏观调控法的公平价值,还体现在宏观调控法所规范的宏观调控行为所实现的价值上。宏观调控行为所提供的是宏观经济总量均衡、结构优化、就业充分和国际收支平衡等"公共物品",所欲实现的是增进国家整体利益。这些功能的实现,需要进行收入的二次分配。收入第二次分配的结果是国家整体利益的实现,这显然带来或增进结果公平。

实际上，宏观调控法不但在形式公平和实质公平、机会公平与结果公平方面，还在实体公平与程序公平、纵向公平与横向公平等诸多成对的公平价值上均有平衡的体现和兼顾。

（2）宏观调控法的效率价值。宏观调控法的效率价值主要体现在宏观调控法的制定和实施，能够促进经济的持续增长，提高国家整体利益和个人利益。

各国制定和实施宏观调控法律、法规前后的经济社会状况表明，宏观调控法通过授权和规范国家机构运用财政、税收、金融、计划等手段，调控宏观经济总量、结构，预防和降低经济危机给国民经济和市场主体造成的危害，有助于提高资源配置效率，增进社会整体福利。

宏观调控法所带来和增进的效率，既包括国家整体的经济效率，还包括经济个体的经济效率。但是相对于其他部门法而言，宏观调控法更侧重于增进国家整体效率。通过增进国家整体的经济效率，提高经济个体的经济效率。私法性质的部门法，如合同法则更侧重于提高个体的经济效率，进而提高国家整体效率。从这个角度看，经济法与民法、宏观调控法与合同法，是从不同角度提高国家整体效率和经济个体的效率，因而在价值上具有协同性。

（3）宏观调控法的秩序价值。宏观调控法的秩序价值，主要体现在宏观调控法的制定和实施，能够为经济和社会带来或增进秩序。

各国宏观经济运行的经验教训表明，国民经济如果出现总量失衡、结构失调、失业率高、国际收支不平衡的状况，同时也是宏观经济运行无序的状况。宏观经济运行的无序，既表现为市场主体的固定资产投资、信贷、进出口等行为和利率、汇率的失控和无序；也表现为政府的货币发行、投资和信贷干预、进出口管制行为的失控。前者被称为市场失灵；后者被称为政府失灵。为此，就需要制定和实施一系列宏观调控法规范，规范政府介入市场的宏观调控行为，规范市场主体的投资、信贷、进出口等行为，以实现国民经济的有序运行。

2. 宏观调控法的宗旨

宏观调控法的宗旨，是指宏观调控法所欲实现的目标。可以认为，充分实现宏观调控法的价值，就是宏观调控法的宗旨之所在。根据目的与行为的关系，可以将宏观调控法的宗旨分为初级宗旨和终极宗旨。其中，初级宗旨是直接目的，终极宗旨是根本目的。

综合和提炼各国宏观调控立法宗旨，宏观调控法的初级宗旨集中地体现在充分实现宏观调控所欲直接实现的经济社会功能上。由此，宏观调控法的初级宗旨可以概括为：规范和保障国家宏观调控行为，预防和克服市场失灵，实现国民经济总量的均衡和结构的优化，实现物价平稳、就业充分和国际收支平衡，促进国民经济的有序运行和持续增长。宏观调控法的终极宗旨可以概括为：在实现初级宗旨的基础上，协调和解决国家整体利益和经济个体利益的矛盾，实现经济和社会的良性运行和协调发展。

宏观调控法的初级宗旨和终极宗旨之间的关系在于，初级宗旨是终极宗旨的基础，终极宗旨是初级宗旨的导向和根本目的。离开了初级宗旨，终极宗旨无法达成；离开了终极宗旨，会过于强化宏观调控法的工具化倾向，无法保障宏观调控法的"良法"属性。

3. 宏观调控法的原则

宏观调控法的原则，是宏观调控法规范宏观调控行为应遵循的根本准则。宏观调控法原则统率所有的宏观调控法规范，同时又是经济法原则在宏观调控领域的体现，并与市场规制法原则相区别。

宏观调控法原则的概括和提炼，要以各国宏观调控法规范及其制定和实施的实践为来源和依据，还要与宏观调控法的调整对象、体系、价值、宗旨等法理和逻辑相契合。据此，可以将宏观调控法的原则提炼为：调控法定原则、调控绩效原则、调控公平原则和调控适度原则。

（1）调控法定原则。调控法定原则的基本要求是，国家介入市场、调控宏观经济运行的行为必须有法律的明确授权，并受宏观调控法实体性、程序性规范的约束。宏观调控行为所针对的宏观经济运行，所影响的国民经济全局，事关国家整体利益和社会公共利益，由法律明确规定宏观调控的主体、行为及其程序，有助于规范宏观调控行为，实现宏观调控法的价值，促进国家经济协调行为的法治化。

（2）调控绩效原则。调控绩效原则的基本要求是，国家宏观调控行为，应以提高经济运行的宏观效率、促进国民经济持续增长为目标。提高效率或绩效，是包括国家和市场主体在内所有经济法主体都追求的目标。相比之下，宏观调控法更侧重于提高经济运行的宏观效率和增进国家整体利益。强调并坚持调控绩效原则，有助于规范国家宏观调控行为、有效引导市场主体的经营行为，有助于节约经济资源、优化调控行为，有助于防范和克服国家宏观调控行为和市场主体的经营行为的一切非效率化倾向。因此，在制定和实施宏观调控法规范时，都应当以提高调控绩效为基本准则之一。

（3）调控公平原则。调控公平原则的基本要求是，国家宏观调控行为，应当兼顾效率与公平，增进经济资源配置在地区、产业和国民分配上的公平。经济发展的产业、地区不平衡，失业率过高，收入分配差距过大，更多地与经济总量及结构不平衡、不协调有关。制定和实施宏观调控法，规范宏观调控行为，就在于通过兼具效率与公平价值的宏观调控行为，矫正市场在配置资源过程中的不公平现象，实现分配在形式公平与实质公平、机会公平与结果公平的平衡。

（4）调控适度原则。调控适度原则的基本要求是，在法律实体性和程序性规定的范围内，国家宏观调控行为应当以量化的、最佳的效率和公平状态为目标，统筹宏观经济运行各变量之间的关系，兼顾宏观调控的各项目标，准确、有效地运用各种相关的宏观调控手段，努力实现宏观调控综合效果的最优化。宏观经济运行各因素之间存在一系列自变量与因变量间的关系，某一因素的变化可以导致其他若干因素相应的变化。正是存在这一运行规律，宏观调控才有可能。宏观调控就是通过调节和控制其中某一个或几个因素，使其他一个或几个因素朝着既定的目标运行。宏观调控的目标，既有质，也有量。从质上看，须为总量均衡、结构优化、就业充分、国际收支平衡；从量上看，所有的平衡、优化、充分，都是一系列特定的数值，如物价指数、就业指数、经济增长指数。经济指标，没有达到或者超出了预期的或理想的幅度，既是量上的变化，更是质上的变化。将宏观经济运行调控在最佳区间或幅度内，是宏观调控法律制度的设计和实施应当遵循的基本准则之一。

二、宏观调控法的体系构成

分析宏观调控法的体系，需要运用"行为—关系—法律规范"的分析范式，遵循逻辑分类同质性的要求，逐层划分，形成对宏观调控法体系构造的认识。

国家对经济运行的协调行为之一是宏观调控行为。宏观调控行为，包括财政调控行为、税收调控行为、金融调控行为和计划调控行为等；相应地，分别产生财政调控关系、税收调控关系、金融调控关系和计划调控关系等；调整这些经济关系的法律规范，分别为财政调控法规范、税收调控法规范、金融调控法规范和计划调控法规范。上述各类调控规范，分别总称为财政调控法、税收调控法、金融调控法和计划调控法。

继续运用这一分析范式，还可以对财政调控行为、税收调控行为、金融调控行为、计划调控行为等做进一步的划分，相应地划分出更具体的宏观调控关系和更低层次的宏观调控法的部门法。比如，财政调控行为，包括财政收入行为、财政支出行为和财政管理行为；相应地，分别产生财政收入关系、财政支出关系和财政管理关系；财政调控法律规范，也分别相应地划分为财政收入法律规范、财政支出法律规范和财政管理法律规范，并分别总称为财政收入法、财政支出法和财政管理法。通过这样的逐层划分，有助于加深对宏观调控法体系构造的认识。

三、宏观调控法的调整方式

法律的调整方式与法律规范的模式相对应。下面根据法律调整方式的三种类型，结合宏观调控法的特点，作简要阐述。

宏观调控法调整的是在国家调控宏观经济运行过程中发生的社会关系，即宏观调控关系。宏观调控法是公法，相应地，宏观调控法的调整方式主要是一般禁止式、积极义务式，辅之以有条件的一般允许式。

（一）一般禁止式的调整方式

宏观调控法是在自由竞争的市场经济后期出现了周期性经济危机，靠市场的力量无法解决时才出现的法现象。国家"有形之手"介入宏观经济运行的方式，既包括对原来自由竞争市场经济时期市场主体的行为设定一些禁区，也包括其他的调整方式。

（二）积极义务式的调整方式

设定积极义务的条款，在宏观调控法律中非常普遍。

对宏观调控主体而言，应当根据国民经济运行中宏观经济存在的总量、结构、就业和收支等方面的问题，积极主动而又审慎严谨地运用宏观调控手段，适时、适度地进行反周期调控。以货币政策为例，当经济下行压力加大，宏观经济相关指标显现出增长乏力、后劲不足时，中国人民银行、财政部和国家发改委等宏观调控部门就需要及时调研，提出可以采取的宏观调控措施及有力度的建议。可以采取的手段包括适度降低基准利率、存款准备金率和再贴现率，同时，适度加大积极财政政策的力度。国务院在此基础上，通过常务会议以至全体会议的形式作出宏观调控决策。上述措施应当作为积极义务条款在有关宏观调控法律中规定下来。事实上，我国有关货币政策委员会行为规则中也有相应的条款。

（三）有条件的允许式的调整方式

宏观调控行为是双向式的，既有在经济过热时的抑制行为，也有经济不景气时的促进行为。虽然宏观调控法是公法，不会像私法那样设定一般允许式的条款，但可以根据需要，在一般禁止式和积极义务式的前提下，对特定主体的特定行为予以允许。比如，中央政府规定基准利率后，允许各金融机构在一定区间内上下浮动。

为了实现宏观调控的目标，有时还需要将有条件的允许式扩展为鼓励式。

第二节 宏观调控法基本制度

一、宏观调控法主体制度

宏观调控法调整的是宏观调控关系。宏观调控关系，是在国家对国民经济总体活动进行调节和控制过程中发生的经济关系，即在宏观调控过程中所形成的调控行为的主体和调控对象（即调控受体）之间的经济关系。当宏观调控关系经过法律调整转化为宏观调控法律关系时，宏观调控关系中的主体就转化为宏观调控法律关系中的主体，即宏观调控法主体。因此，宏观调控法主体可以分为调控主体、调控受体。

（一）调控主体

调控主体，即宏观调控主体，是宏观调控行为的实施者。从宏观调控法的角度看，调控主体是宏观调控义务的承担者和宏观调控权力的享有者。综观各国宏观调控法，宏观调控义务的承担者和权力的享有者是国家。

根据"法律保留"或"议会保留"原则，一些重大或重要的、决策性的宏观调控行为的实施权应由立法机关享有。比如，年度预算决定、重大财政转移支付的决定、税种的新设和取消的决定等重要的宏观调控行为，其实施权应由国家立法机关享有。由于不同国家政体不同、立法机关设置不同，重大宏观调控行为的实施权有必要在国家立法机关内部各机构之间、在中央立法机关和地方立法机关之间分担。相应地，这些机构分别成为享有不同宏观调控权的宏观调控主体。在我国，全国人民代表大会是年度预算和决算决定、重大财政转移支付、重大税种新设和取消等宏观调控行为的主体。全国人民代表大会的常设机关——全国人民代表大会常务委员会，是从事预算调整、重要财政转移支付、重要税种的新设和取消等宏观调控行为的主体。这已为《立法法》所确认。

基于国家权力的分配，所有的宏观调控执行行为、大量非重大的宏观调控决策性行为，往往由法律规定的政府及其职能部门实施。比如，预算的编制、报告和执行，重大财政转移支付的执行、一般财政转移支付的决策和执行，税收的减征、免征和缓征，利率、汇率、存款准备金率等宏观调控执行性行为，政府都是其实施主体。由于不同国家的政体和传统不同，分别由不同层级的政府、政府的不同部门和机构实施不同的宏观调控行为。比如，美国的白宫办公厅、行政管理和预算局、经济顾问委员会、政策发展办公室、财政部、商务部等，德国的联邦经济部、财政部、联邦经济信息总署、联邦银行、经济合作部等，日本的大藏省、通商产业省、经济企划厅等，英国的财政部、英格兰银行等，我国的中央政府——国务院及其发展和改革委员会、财政部、中国人民银行等，都分别依法实施不同的宏观调控行为。根据2018年3月17日第十三届全国人大第一次会议的决定，除上述部门外，工业和信息化部、农业部、商务部等，也分别实施不同领域的宏观调控行为。

国家发展和改革委员会是主要的综合性宏观调控部门，相关职能包括：对宏观经济和社会发展态势进行监测并提出调控建议；拟定和实施国民经济和社会发展战略、中长期规划和年度计划；拟定综合性产业政策，推进经济结构战略性调整；拟定全社会固定资产投资调控政策；参与制定财政政策、货币政策；负责外债的总量控制。

财政部的宏观调控职能主要包括：参与制定各项宏观经济政策，提出财税政策方面的宏观调控建议；管理预算内非贸易外汇和国际收支；管理中央各项财政收支；制定政府其他相关财政政策措施；等等。

中国人民银行的宏观调控职能集中体现在金融宏观调控领域，主要包括：拟定金融业改革和发展战略规划；完善金融宏观调控体系，负责防范、化解系统性金融风险；制定和执行货币政策，维护国际收支平衡，承担最后贷款人的责任；等等。

工业和信息化部是工业、通信业和信息化领域的宏观调控部门，相关职能主要包括：拟定发展战略、规划；组织产业调控；审批固定资产投资项目；提出本行业财税、价格、金融等政策建议。

商务部的宏观调控职能主要体现在内外贸易领域，主要包括：拟定国内外贸易和国际经济合作的发展规划；推进贸易类结构调整；负责重要消费品储备和调控；组织实施重要工业品进出口总量计划；等等。

农业和农村部的宏观调控职能主要包括：拟定农业和农村经济发展战略和规划、产业政策；提出有关农产品及农业生产资料价格、关税、大宗农产品流通、农村信贷、税收及农业财政补贴的政策建议；等等。

为了保证有些宏观调控职权的相对独立性，一些国家设置了独立于政府而直接向国会负责的宏观调控机构。比如，美国联邦储备委员会就独立于政府，直接向国会负责，并在人事、预算方面有很高的独立性。该委员会的7名理事由总统提名、参议院批准；委员会可以自行决定利率的调整，无须政府首脑批准。

（二）调控受体

调控受体，即宏观调控对象，是宏观调控行为的受动者，也就是宏观调控行为的直接受影响者。由于一项或多项宏观调控行为往往会产生一系列直接和间接的影响，如果间接受影响者也被称为调控受体，则调控受体会漫无边际，失去了主体划分的意义。

包括财政、税收、金融、计划等在内的宏观调控行为，之所以能够影响宏观经济，调节和控制宏观经济运行，是因为这些行为依法对市场主体的行为有引导或强制作用。因此，受调控行为直接影响的，从表面上看，包括一系列经济指标，如总供给、总需求、物价、就业率等，但从承受者的角度看，是市场主体。调控受体既然是市场主体，其具体形式也就包括经营者、消费者。在特定情形下，经营者利益的代表者，如行业协会等，也成为宏观调控行为的受体。

经营者，是以营利为目的提供商品和服务的组织和个人，是市场主体中最广泛、最活跃的主体，也是宏观调控最关注的市场主体。各类宏观调控制度，都离不开作为调控受体的经营者。

消费者，是为了个人生活消费的需要购买商品和服务的居民。消费，是产业链的最终环节，是人类社会生产活动的目的。消费行为，直接影响社会总需求。国家财政、税收、金融、计划等调控行为，都具有调控消费行为的作用。制定和实施宏观调控行为，必须关注消费者的消费行为。宏观调控法和市场规制法虽然都关注消费者，但二者存在一定的区别：宏观调控法通过调控消费者的消费需求影响供求关系；市场规制法通过规范经营者的经营行为影响消费品市场实质公平程度。二者的联系在于：宏观调控法通过规范宏观调控行为，为消费者营造总量平衡的宏观供求关系，保障消费者权益；市场规制法通过规范市场竞争行为，为消费者营造实质平等的交换关系，保障消费者权益。

经营者利益代表者，如行业协会等，也会受到宏观调控行为的直接影响。行业协会所为的经营指导行为，也会影响总供给和总需求。因而，包括行业协会在内的经营者利益的代表者，也会成为宏观调控受体。

二、宏观调控权配置制度

（一）概念

宏观调控权，是宏观调控主体依法享有的权力。一个国家的宏观调控权，是由不同国家机关分别并协调行使的。根据国家机关的性质、职能和地位，赋予不同类型和层级的宏观调控权，这就是宏观调控权的配置。

（二）宏观调控权的横向配置

根据宏观调控权所处的宏观调控环节，可以将宏观调控权分为宏观调控立法权和宏观调控执行权两类。从各国的情况来看，宏观调控立法权并不仅仅为立法机关所享有，中央政府享有一定的立法权，只不过其层级比立法机关的立法权低。同时，立法机关也并不仅仅享有宏观调控立法权，还可以就年度预算和决算案、重大财政转移支付案等作出决定。这些决定权，也是宏观调控执行权的体现。这一分类，有助于认识宏观调控权在不同行为、不同类型主体上分布的特点。

根据宏观调控权所指向的宏观调控方式，可以将宏观调控权分为财政调控权、税收调控权、金融调控权和计划调控权等。它们还可以依具体调控方式的不同作进一步的分类。比如，财政调控权，可以分为财政收入权、财政支出权和财政管理权等。以宏观调控行为方式为依据所作的分类，有助于认识宏观调控各部门法中的权力构成。而且，上述权力在宏观调控的不同环节，分别由不同的宏观调控主体所享有。比如，政府、政府的财政部门、本级立法机关及其常设机关，分别享有不同层级的财政调控权中的预算调控权。根据我国现行体制，从国务院部门层面,财政调控权主要由财政部行使;税收调控权主要由财政部、税务总局行使;金融调控权主要由中国人民银行行使;计划(含产业结构、投资、价格等)调控权主要由国家发展改革委等部门行使。

根据权力的强制性程度不同,还可以将宏观调控权分为指令性调控权和指导性调控权。比如,产业调控部门对重大投资行为审批权,属于指令性调控权;而产业调控部门发布产业政策指导目录,则是其指导性调控权的体现。指令性调控权具有强制性,调控受体必须遵行,否则会导致严重的法律责任;指导性调控权的强制性相对较弱。上述分类有助于进一步认识宏观调控法主体与受体之间权利义务的不对等性。

(三)宏观调控权的纵向配置

不是所有的宏观调控权都可以进行纵向配置。比如,基于"议会保留",税收调控权中的重要税种的新设与取消权力属于全国人大及其常委会。根据《立法法》,以后将不委托国务院行使该项税收立法权。再如,金融调控权也集中于中央政府,地方政府不享有该项权力。

三、宏观调控的程序制度

宏观调控权的行使,应当按照既定程序制度进行。宏观调控的程序制度是宏观调控行为的程序化、法治化。

(一)不同手段的调控程序制度

宏观调控行为依其手段的不同,可以分为财政调控、税收调控、金融调控和计划调控。相应地,宏观调控程序制度有财政调控程序制度、税收调控程序制度、金融调控程序制度和计划调控程序制度之别。每一项程序制度均可以细化。比如,财政调控程序制度可以细化为预算调控程序制度、国债调控程序制度、财政支出调控程序制度,等等。

(二)不同环节的调控程序制度

任何一项宏观调控行为都是由一系列有先后次序的具体行为构成的,由此形成了宏观调控行为的各个环节。依宏观调控行为的环节,宏观调控程序制度可以分为宏观调控决策程序制度和宏观调控实施程序制度。整个宏观调控的决策和实施行为,又可分为信息收集整理、方案拟议、权衡抉择、公告通知、实施督促与信息反馈等诸多环节,因而又可以形成不同环节的程序制度。

以金融调控中的货币政策制定程序为例。《中国人民银行法》规定中国人民银行设立货币政策委员会,国务院制定的《中国人民银行货币政策委员会条例》(1997年4月15日)规定了货币政策委员会的性质和地位、职责、组织机构、工作程序,《中国人民银行货币政策委员会议事制度》详细规定了常设办事机构、议题制度、例会制度、临时会议制度、建议书和例会会议纪要上报和备案制度。按照制度和惯例，利率调整应当经货币政策委员会讨论、委员会主席（由央行行长担任）签报国务院批准后公告实施。这些环节，均由一系列程序制度构成。

（三）不同领域的宏观调控程序制度

宏观调控行为中既有立法行为，也有执法行为。根据宪法和财政法律，中央预算调控程序包括预算的编制、预算的审批、预算的执行和调整、决算等程序。其中，审批制度、调整制度和决算制度，均有全国人大或其常委会审议批准环节，实质上是立法行为。预算的编制、执行和决算草案的编制等则是执法行为。地方预算调控也是如此。我国《立法法》强调，税种的设立、税率的确定和税收征收管理等税收基本制度，应当由法律规定。这就意味着，税收调控程序制度中，全国人大或其常委会审议环节成为所有涉及税种、税率的税收调控程序必不可少的环节。

综合一些国家宏观调控程序制度，有的宏观调控行为会启动违宪审查和司法审查程序，从而使得宏观调控程序制度还会包含宪法程序和司法程序。

四、宏观调控的责任制度

（一）归责基础

违反宏观调控法的法律责任，是宏观调控法主体违反宏观调控法律义务而应承担的不利的法律后果。宏观调控法责任制度，是保障宏观调控法的守法、执法和司法的重要制度。

违反宏观调控法律义务的主体之所以承担法律责任，是由于其违法行为所具有的社会危害性。当宏观经济运行出现法律所规定的需要调控的临界指标时，调控主体应当依法实施调控行为。如果调控主体违反法律规定的职责和程序实施宏观调控或者不实施宏观调控，就会对宏观经济运行造成损害。同样，宏观调控受体不接受强制性的宏观调控，也会对宏观经济运行造成损害。规定违反宏观调控法义务的责任，有利于保障宏观调控法的实施和宏观调控目标的实现。

（二）责任形式

违反宏观调控法的法律责任形式，可分为财产性责任和非财产性责任两类。财产责任，如财产罚；非财产责任，如政治罚、声誉罚、资格罚、自由罚。

1. 财产性责任

广义地讲，任何宏观调控行为，即使合法、适度的宏观调控也会给部分市场主体带来损失。比如，税率调整、财政的转移支付以及利率、汇率、价格的调整，都会使一部分市场主体的利益特别是预期利益受到损害。基于调控公平原则，国家及其政府往往用其他合法、适当的方式予以政策性补偿。比如，对因为宏观调控政策的实施而受到损失的特定产业的经营者，通过制定特定的优惠政策予以补偿；对因宏观调控政策而下岗、失业的人员给予补助或救济。尽管这也是调控主体应尽的责任，但不是违反宏观调控法所带来的法律责任。

调控主体违反宏观调控法的行为，都会给国家整体利益、部分市场主体甚至普通居民的利益造成损害。是否导致赔偿（即国家赔偿），要视具体情形和法律的规定而定。调控受体违反宏观调控法的行为，如从事金融活动的经营者违反法定利率、汇率，给宏观经济运行秩序和国家整体利益造成损害，将会被处以罚款、罚金。给其他经营者或消费者造成损害的，依法承担赔偿、返还责任。

2. 非财产性责任

宏观调控主体，就其机关性质而言，同时是立法机关和政府机关。根据宪法学原理，立法机关实行委员会制，其组成人员（人大代表、议员等）讨论和投票决定宏观调控事项，应当免责。相应地，立法机关也不因其宏观调控行为而承担法律责任。政府机关违法实施宏观调控当然应当承担法律责任。实施宏观调控如果因为重大过失或误判，造成了重大损失或严重的社会影响，也可能会导致政府倒台、内阁改组、重新大选、部门机构撤销或重组、重要官员引咎辞职等责任。这被称为政治责任。由于不同国家的宏观调控法律规定不同，宏观调控主体承担的政治责任是否同时是法律责任，还需要具体分析。可以认为，法律明确规定的政治责任同时也是法律责任。这是宏观调控法责任的一个重要特点。

对宏观调控主体中的一般工作人员、宏观调控受体及其工作人员违反宏观调控法，依法应承担责任的，将会导致下列责任形式：

一是声誉罚。即作为调控受体的市场主体，由于违反宏观调控法而引起的声誉上的法定不利后果。调控主体不合法的调控行为，也会受到声誉罚。

二是自由罚。调控受体严重违反宏观调控法的规定，并同时达到刑法所规定的要件时，即可能遭到"双罚"——对单位和个人的罚金以及对个人的自由罚。调控主体的工作人员严重违反宏观调控法的规定，也可能受到自由罚。

三是资格罚。调控受体因严重违反宏观调控法，可能受到吊销营业执照的处罚，这是最严重的资格罚。较轻一些的，是被主管机关降低从事特别市场经营的资质等级，或者暂停从事某类或某几类业务的资格。比如，在我国，商业银行不服从金融宏观调控，未按照中国人民银行规定的比例交存存款准备金的，由中国人民银行责令改正，并处20万元以上50万元以下罚款；情节特别严重或者逾期不改正的，中国人民银行可以建议国务院银行业监督管理机构责令停业整顿或者吊销其经营许可证；构成犯罪的，依法追究刑事责任（《商业银行法》第77条）。调控主体和调控受体的工作人员违反宏观调控法，也会被处以资格罚。比如，根据《商业银行法》第 89 条的规定，商业银行违反该法律规定的，国务院银行业监督管理机构可以区别不同情形，取消其直接负责的董事、高级管理人员一定期限直至终身的任职资格，禁止直接负责的董事、高级管理人员和其他直接责任人员一定期限直至终身从事银行业工作。

（三）责任构成

1. 责任主体

只有调控主体和调控受体违反宏观调控法，才会承担宏观调控法责任。调控主体和调控受体，从法律责任主体上看，都是特殊主体。调控主体是特殊主体自不待言。从调控受体方面看，并不是所有的组织和个人都是调控受体。只有成为市场主体的经营者及其代表者才可能成为调控受体，才有可能基于其违法行为承担宏观调控法责任。因此，宏观调控法的责任主体是特殊主体。需要说明的是，为了增加宏观调控法的约束力，一些国家立法有时会将宏观调控法律责任延伸到调控主体、调控受体的工作人员，尽管该工作人员不是调控主体和调控受体。

2. 主观方面

调控主体和调控受体承担宏观调控法责任的主观方面，既有故意，也有过失，但以过失的情形居多。

3. 责任客体

违反宏观调控法的行为，都会破坏市场机制、损害国家整体利益、侵害市场主体的权利、侵犯宏观调控法所保护的宏观经济关系。

4. 客观方面

调控主体和调控受体实施的违反宏观调控法的行为，包括实体违法和程序违法，是宏观调控法责任的客观方面。

（四）责任竞合

违反宏观调控法的行为，在承担宏观调控法责任的同时，因其主体在外观上相同，可能同时承担违反宪法、行政法的法律责任，因而，宏观调控法责任有时也与违宪责任、行政违法责任相竞合。

思考题：

1. 如何理解宏观调控的目标和手段？
2. 如何理解宏观调控法的体系？
3. 如何理解宏观调控权配置制度？

4. 如何理解宏观调控的责任制度?

▶ 自测习题及参考答案

第八章 财政调控法律制度

财政是国家参与国民收入分配和再分配的重要工具，其作为国家宏观调控的重要手段，在现代社会日趋重要。财政宏观调控主要是通过预算、政府采购、国债、政府转移支付等手段影响投资和消费，进而调节社会总需求与总供给的平衡，从而达到调节国民经济总量和结构平衡，实现国民经济稳定增长的目标。

第一节 财政调控法基本原理

一、财政及其职能

（一）财政的概念及其本质

现代社会，财政不可或缺，是社会文明的"晴雨表"。财政，从一般意义而言，是指国家为实现其职能，采取一定形式通过收支行为参与社会产品的分配所形成的以国家为主体的分配活动。财政与民众生活息息相关，无处不在，诸如政府公共设施建设、政府为没有生活来源之人提供基本保障以及国家公债运作等，都属于财政的具体活动形态。

关于财政的概念及本质界定，在财政学界有两种主要学说，即"国家分配说"和"公共需要说"。"国家分配说"认为，财政具有国家意志性，是国家为了满足实现职能的需要，通过直接占有和支配使用一部分社会产品或国民收入，进行的分配与再分配活动。"公共需要说"倡导公共财政，强调财政是为社会提供公共物品以及为公共生产提供财力，保证满足社会公共需要，彰显财政调控的公共性。可以肯定的是，财政活动起源于国家意志下的分配活动，但现代经济、政治理论与实践的发展越来越使其不能仅限于国家分配职能的阐释，也应兼顾公共需要。

（二）财政职能的演进与定位

不同国家，抑或同一个国家的不同历史阶段，财政所承载的职能或任务有所不同。根据社会发展的整体进程以及不同思潮下财政观念的演进，对财政职能的认识经历了家计财政、中性财政、计划财政和公共财政四个阶段。

1. 家计财政阶段

"普天之下，莫非王土；率土之滨，莫非王臣"，这形象地说明了自然经济条件下整个国家的财产都属于君主，君主的意志即国家的意志。"家计财政"意味着国家的财政收支与王室的财务收支不分彼此，是奴隶制和封建制国家的财政运行模式，主要用于君主筹集行政管理、国土安全、扩展以及王室开支的经费。在自然经济条件下，经济更多地是以自发的方式进行生产，由于社会化程度低，生产方式简陋、分散，生产在低水平上周而复始，因此不需要运用财政政策手段克服市场失灵障碍。

2. 中性财政阶段

资本主义的发展历经自由资本主义和垄断资本主义两个阶段。在自由资本主义时期，政府固守"守夜人"角色，信奉"夜警政府"职能，认为市场万能，自由竞争便能保证经济持续繁荣，资源实现高效率配置。财政应当且必须消极作为，其职能仅限于调节收入分配，但不负责调节二次分配以实现实质公平，从而体现为"中性"财政。而在垄断资本主义阶段，"市场万能"神话被打破，"市场失灵"现象频发，社会矛盾激化，经济危机爆发。为了克服经济萧条局面，高举政府干预理论的凯恩斯主义应运而生，国家积极地运用财政手段干预经济，财政调控职能得以充分发扬。此时，财政主要有三个基本职能：（1）资源配置职能。根据政府职能范围确定财政收入规模，在优化财政支出结构基础上，合理安排政府投资的规模和结构，辅之以政策性补贴等措施，促进经济社会发展。（2）收入分配职能。通过财政转移支付，如社会保障支出、救济支出、补贴等，使人们得以维持基本的生活福祉水平。（3）经济稳定职能。若社会需求过旺、经济过热，通过压缩财政支出等方式可调节社会总需求，从而使社会供求趋于平衡；若社会需求不足、经济萧条，通过增加财政支出等方式可刺激投资与消费，提高社会总需求。

3. 计划财政阶段

在社会主义计划经济体制下，"计划财政"通过聚集和供应资金、调节并监督经济，从而推进经济社会发展。具体体现在：第一，分配功能。凭借税收征纳、利润上缴等财政收入形式，将所汇聚资金用于国防支出、经济建设支出、社会保障支出，通过"统收统支"模式对社会再生产过程中的物质资料——生产资料和生活资料，进行直接而集中的国家分配。第二，调节功能。在计划经济体制下，国家通过财政收支计划可以有效地调节固定资产投资的规模和结构、调节消费基金的规模和结构、调节企业纯收入分配的比例和结构、调节中央和地方利益的分配，从而实现宏观经济的总量平衡和结构平衡。第三，监督功能。财政在有计划地聚集和分配资金的过程中，通过财政收支计划的编制、审查和执行检查，督促和检查各部门、各单位严格执行国家有关财政的政策、法规、计划和制度，确保财务收支的合法性、真实性和有效性。

4. 公共财政阶段

公共财政，是资本主义进入到垄断资本主义阶段后，在西方国家逐渐兴盛的用以满足公共需要的一种财政模式。随着我国财政经济体制改革的深入，为满足国民经济和社会发展需要，建立并完善社会主义公共财政体系是提升中央和地方政府财政能力的重要方式。1998年12月，我国明确提出"建立公共财政基本框架"，开启了财政发展的新阶段；2003年10月，又进一步提出"完善公共财政制度，逐步实现基本公共服务均等化"；2007年12月，国家强调"围绕推进基本公共服务均等化和主体功能区建设，完善公共财政体系"；2014年的《中共中央关于全面推进依法治国若干重大问题的决定》，更是明确提出要"对财政资金分配使用、国有资产监管、政府投资、政府采购、公共资源转让、公共工程建设等权力集中的部门和岗位实行分事行权、分岗设权、分级授权，定期轮岗，强化内部流程控制，防止权力滥用"。

在现代社会，财政宏观调控和公共服务的功能已经确立且不断强化。公共财政要求国家财政收支活动应当从计划经济体制下的以指令性计划等行政手段直接干预微观经济活动为主的做法，转到以间接的宏观调控手段为重点的轨道上来，以充分发挥市场机制的基础调节作用为基本着眼点，以为社会提供必要的、无差别的公共产品和社会服务为己任，充分凸显政府的"社会性"和财政的"公共性"。为此，财政必须坚持"有所为，有所不为"：一方面，应当从纯粹的经营性和竞争性领域中退出，从而更多地让市场发挥资源配置的决定性作用；另一方面，则要强化其在社会资源配置、收入分配调节和宏观调控等方面的应有职能，保证国防、治安、基础产业、环境保护等公共产品和公共服务的有效供给。

二、财政调控法律制度的基本范畴

（一）财政法的概念与调整对象

财政法是调整财政关系的法律规范的总称。作为财政法的调整对象，财政关系可界定为以国家为主体的收入和支出活动以及在此过程中形成的各种关系。

在经济法领域，财政法的作用着重体现为其宏观调控功能，即财政收支在促进资源的有效配置、实现收入分配的社会公平和保证国民经济的稳定增长等方面所具有的功能和效力。

（二）财政法的基本结构

财政法是我国法律体系的重要组成部分，也是执行财政政策和规范我国财政行为的有效保障。我国从改革开放以来，有关财政法基本体系的建设已经取得了很大的成果，财政法制度的逻辑架构更加明确。目前，我国财政法体系建设处于不断完善的关键时期，与我国经济发展相适应的财政法结构得以不断完善，由于财政法所调整的财政关系主要包括财政体制关系、财政收支关系等，因此，可将我国财政法基本结构划分为财政管理体制法、财政收入法、财政支出法等。

（三）财政法的基本原则

财政法的基本原则，是指贯穿于财政法治建设和财政管理活动全过程的根本

指导思想和准则,是财政法本质的具体体现。它主要包括公平与效益相结合原则以及财政收支平衡原则两个方面:

1. 公平与效益相结合原则。把公平与效益相结合,是财政法的基本原则。其中,财政分配的公平,包括纵向公平和横向公平。财政分配的效益,包括经济效益和社会效益。从宏观方面,财政分配的效益要求财政收支的方式和数量必须有利于促进经济的发展。从微观方面,财政分配的效益要求引导市场主体公平有序竞争。

2. 财政收支平衡原则。财政收支平衡原则要求在确定一定时期的财政分配总规模时,需考虑政府实现其各项职能所需资金数量与财政承受能力,在兼顾量出为入和量入为出的基础上,科学确定财政分配规模,实现收支平衡。

(四) 财政法的调整手段

财政法的调整手段,可从经济和法律两方面来划分。从经济角度而言,财政法调整的手段主要包括预算、国债、政府采购和转移支付等手段。财政宏观调控的基本方法是进行需求控制,即通过改变财政收支来调节总需求,具体则是通过安排预算盈余或预算赤字、增发国债等方式,并配合使用金融调控手段、产业调节政策,影响社会总需求。从法律角度而言,财政法通过财政立法、执法等方式对财政关系进行调整。财政立法与执法是国家通过立法形式对财政政策予以法律认定,并对各种违反财政法规的行为,诉诸司法机关依据法律的规定予以审理和制裁,以保证财政政策目标的实现。

拓展阅读

四万亿计划

第二节 预算调控法律制度

一、预算调控与预算法

预算是政府的基本财政收支计划,在我国财政体系中居于重要地位,具有法律强制力和约束力。预算由各级政府财政部门依法编制,经权力机关审批,最终由各级行政机关予以执行。预算法是调整预算关系的法律规范的总称。它是依据宪法制定的,并由国家强制力保证实施的,通常规定预算收支范围、预算管理职权和预算程序及法律责任等内容。《预算法》于 1994 年 3 月 22 日通过,1995 年 1 月 1 日起施行。2014 年 8 月 31 日,第十二届全国人民代表大会常务委员会第十次会议通过了《全国人大常委会关于修改〈中华人民共和国预算法〉的决定》,并决议于 2015 年 1 月 1 日起施行。修改后的《预算法》具体包括以下重要内容:国家预算总则，预算管理职权，预算收支范围，预算编制、审批、执行、调整、决算与监督等程序和预算法律责任。

作为国家的基本财政计划，预算是实施宏观调控的重要方式之一，是国家筹措、分配、使用和管理财政资金的主要工具。预算法以规范政府收支行为，强化预算约束，加强对预算的管理和监督，建立健全全面规范、公开透明的预算制度，保障经济社会的健康发展为目的，是贯彻国家财政政策、管理财政收支的重要法律手段。概而言之，预算法在宏观调控法律制度体系中不可或缺。

二、预算体制与预算权的配置

（一）预算体制

预算体制，即预算管理体制，是指通过确定中央和地方政府之间预算管理职权、划分预算收支范围的方式处理国家财政分配关系的一项基本财政法律制度。预算体制主要解决以下主要事宜：（1）确定预算管理的主体和层次；（2）划分预算管理权限；（3）规定预算收支的划分原则和方法；（4）确立各级预算之间的分配办法。

一个国家选择的预算体制，不仅与其实行的经济体制和政治体制有关，而且与其社会经济发展阶段和基本国情紧密相关。我国曾实行高度集权的"统收统支体制"的预算管理模式，之后实行"统一领导、分级管理体制"的预算管理模式。在国家实行中央和地方分税制背景下，国家实行一级政府一级预算，设立中央，省、自治区、直辖市，设区的市、自治州，县、自治县、不设区的市、市辖区，乡、民族乡、镇五级预算。民族自治地方的预算管理，依照民族区域自治法的有关规定执行，若民族区域自治法没有规定，应依照《预算法》和国务院的有关规定执行。

根据《预算法》规定，全国预算由中央预算和地方预算组成。地方预算由各省、自治区、直辖市总预算组成。地方各级总预算由本级预算和汇总的下一级总预算组成；下一级只有本级预算的，下一级总预算即指下一级的本级预算。没有下一级预算的，总预算即指本级预算。各部门预算则是由本部门及其所属各单位预算组成。政府的全部收入和支出都应当纳入预算，故预算由预算收入和预算支出组成，计算单位为人民币元。预算应最终实现收支平衡，遵循统筹兼顾、勤俭节约、量力而行、讲求绩效和收支平衡的原则，各级政府应当建立跨年度预算平衡机制。

此外，《预算法》明确规定，预算类型包括一般公共预算、政府性基金预算、国有资本经营预算、社会保险基金预算，不同预算类型应当保持完整、独立。其中，政府性基金预算、国有资本经营预算、社会保险基金预算应与一般公共预算相衔接。

　　需要强调的是，国有资本经营预算，也是政府实现经济职能的重要形式。2007年《国务院关于试行国有资本经营预算的意见》提出，国有资本经营预算是"政府预算的重要组成部分"。《预算法》亦明确了该预算类型，规定"国有资本经营预算是对国有资本收益作出支出安排的收支预算。国有资本经营预算应当按照收支平衡的原则编制，不列赤字，并安排资金调入一般公共预算"。随着国有企业改革不断深入，国有资产运行质量和效益显著提升。《中共中央、国务院关于深化国有企业改革的指导意见》（2015）提出，国有企业改革既要"增强活力"，又要"强化监管"，严防国有资产流失，确保资产的保值增值，凸显以管资本为主的国企改革新方向。

　　对国有资产进行有效监管是国有企业有效运营的重要保障。自《关于深化企业改革增强企业活力的若干规定》（1986）之后，《全民所有制工业企业法》（1988）、《全民所有制工业企业转换经营机制条例》（1992）、《关于深化企业改革搞好国有大中型企业的意见》（1995）、《企业国有资产监督管理暂行条例》（2003）、《中华人民共和国企业国有资产法》（2008）、《关于进一步深化上海国资改革促进企业发展的意见》（2013）等，围绕国有资产监管和国有资本配置进行了机制设计，实现由"国企监管"向"国资监管"的不断转变，基本上形成国有资产监管的制度框架。

　　目前，与国有资产监管相关的预算法问题具体包括两方面：

　　第一，深化商业类和公益类国有企业类别区分，分类预算、分类监管、分类定支，使国有企业同市场深度结合。根据产业发展规划、国有经济布局和结构调整、国有企业发展要求、市场经济规律以及国家战略、安全等需要，安排资本支出。同时，结合国有企业在不同地区的作用、发展动态，可对国有企业的类别进行相应调整，杜绝"一刀切"。商业类国有企业资产经营要发挥市场的决定性作用，进行商业化运作和股权多元化改革，实现国有资产保值增值。公益类国有企业资产应秉承保障民生、服务社会之目标，适度发挥资产市场化营运效率，助益公众福祉。

　　第二，在国有资产监督环节，预算约束和资产评估极为关键，相关公共服务支出补偿机制、资产增值评估等配套法律法规制度应及时到位，无偏差地保障资产增值目标实现。为了确保政府与国有资产经营预算的控制力，实现"提高国有资本收益上缴公共财政比例，2020年提高到30%，更多用于保障和改善民生"[①]，

[①] 2013年《中共中央关于全面深化改革若干重大问题的决定》"坚持和完善基本经济制度"部分中"划转部分国有资本充实社会保障基金"及2014年财政部发布的《关于完善政府预算体系有关问题的通知》中都有相关描述。

国有资产预算改革应在预算法治框架内并辅之以相关配套制度进行有效监管,优化政府角色定位,以引领经济发展新常态,完善我国国有经济布局,促进经济社会持续健康发展。

(二) 预算权的配置

预算权,即预算管理职权,其权力主体既包括各级权力机关,又包括以财政部门为主体的各级行政机关。

1. 各级人民代表大会的预算权

依据《预算法》规定,各级人民代表大会享有其对应的预算权。各级人民代表大会的预算权具体体现为:

(1) 全国人民代表大会的预算权包括:审查权,即审查中央和地方预算草案及中央和地方预算执行情况的报告;批准权,即批准中央预算和中央预算执行情况报告;变更撤销权,即改变或者撤销全国人民代表大会常务委员会关于预算、决算的不适当的决议。

全国人民代表大会常务委员会的预算权包括监督中央和地方预算的执行;审查和批准中央预算的调整方案;审查和批准中央决算;撤销国务院制定的同宪法、法律相抵触的关于预算、决算的行政法规、决定和命令;撤销省、自治区、直辖市人民代表大会及其常务委员会制定的同宪法、法律和行政法规相抵触的关于预算、决算的地方性法规和决议。

(2) 县级以上人民代表大会的职权包括:审查权,即审查本级总预算草案及本级总预算执行情况的报告;批准权,即批准本级预算和本级预算执行情况的报告;改变与撤销权,即改变或者撤销本级人民代表大会常务委员会关于预算、决算的不适当的决议,撤销本级政府关于预算、决算的不适当的决定和命令。

县级以上地方各级人民代表大会常务委员会的预算权包括监督本级总预算的执行;审查和批准本级预算的调整草案;审查和批准本级政府决算;撤销本级政府和下一级人民代表大会及其常务委员会关于预决算的不适当的决定、命令和决议。

(3) 乡、民族乡、镇的人民代表大会的职权。包括:审批权,即审查和批准本级预算和本级预算执行情况的报告、本级预算的调整草案、本级决算;监督权,即监督本级预算的执行;撤销权,即撤销本级政府关于预决算的不适当的决定和命令。

2. 各级人民政府的职权

依据《预算法》规定,各级人民政府及相关部门享有的预算职权是:

(1) 国务院的职权:编制中央预算、决算草案;向全国人民代表大会作关于中央和地方预算草案的报告;将省、自治区、直辖市政府报送备案的预算汇总后报全国人民代表大会常务委员会备案；组织中央和地方预算的执行；决定中央预算预备费的动用；编制中央预算调整方案；监督中央各部门和地方政府的预算执行；改变或者撤销中央各部门和地方政府关于预算、决算不适当的决定、命令；向全国人民代表大会、全国人民代表大会常务委员会报告中央和地方预算的执行情况。

（2）县级以上地方各级政府的职权：编制本级预算、决算草案；向本级人民代表大会作关于本级总预算草案的报告；将下一级政府报送备案的预算汇总后报本级人民代表大会常务委员会备案；组织本级总预算的执行；决定本级预算预备费的动用；编制本级预算的调整方案；监督本级各部门和下级政府的预算执行；改变或者撤销本级各部门和下级政府关于预算、决算的不适当的决定、命令；向本级人民代表大会、本级人民代表大会常务委员会报告本级总预算的执行情况。

（3）乡、民族乡、镇政府的职权：编制本级预算、决算草案；向本级人民代表大会作关于本级预算草案的报告；组织本级预算的执行；决定本级预算预备费的动用；编制本级预算的调整方案；向本级人民代表大会报告本级预算的执行情况。

3. 各级财政部门的职权

依据《预算法》规定，国务院及地方财政部门享有预算法赋予的职权。各级财政部门的预算职权具体是：（1）国务院财政部门的职权。包括：编制权，即具体编制中央预算、决算草案，具体编制中央预算的调整方案；执行权，即具体组织中央和地方预算的执行；提案权，即提出中央预算预备费动用方案；报告权，即定期向国务院报告中央和地方预算的执行情况。（2）地方各级政府财政部门的职权。包括：具体编制权，即具体编制本级预算、决算草案，具体编制本级预算的调整方案；具体执行权，即具体组织本级总预算的执行；提案权，即向本级政府提出本级预算预备费动用方案；报告权，即定期向本级政府和上一级政府财政部门报告本级总预算的执行情况。

三、预算法律制度的基本内容

依据预算从制定到执行的时间过程，从程序的角度看，预算法律制度由编制制度、审批制度、执行制度、调整制度、决算制度和监督制度构成。

（一）预算编制法律制度

从时间顺序上来看，预算编制为预算活动之始，其主体为中央及地方各级行政机关。预算编制制度主要包括预算编制的方式、预算编制的内容和程序等方面的内容。

1. 预算编制依据和安排

各级预算收入的编制，应当与经济社会发展水平和财政政策相适应且衔接。地方各级预算按照量入为出和收支平衡的原则编制（除《预算法》另有规定外，不列赤字）。进行各级预算编制时，需根据年度经济社会发展目标、国家宏观调控总体要求和跨年度预算平衡的需要，参考上一年预算执行情况、有关支出绩效评价结果和本年度收支预测，按照规定程序征求各方面意见。

编制预算草案的具体事项的部署，由国务院财政部门负责。国务院在编制下一年预算草案时，应履行及时下达通知的义务。各级政府、各部门、各单位应当按照国务院规定的时间编制预算草案。各级政府依据法定权限作出决定或者制定行政措施，凡涉及增加或者减少财政收入或者支出的，应当在预算批准前提出并在预算草案中作出相应安排。各部门、各单位应当按照国务院财政部门制定的政府收支分类科目[①]、预算支出标准和要求，以及绩效目标管理等预算编制规定，根据其依法履行职能和事业发展的需要以及存量资产情况，编制本部门、本单位的预算草案。省、自治区、直辖市政府按国务院规定的时间，将本级总预算草案报国务院汇总。

2. 预算编制内容和管理

（1）预算收入的编制、管理

各级政府、各部门、各单位应依法将所有政府收入全部列入预算，不得隐瞒、少列。

中央一般公共预算中必需的部分资金，可以通过举借国内和国外债务等方式筹措，举借债务应当控制适当的规模，保持合理的结构。对中央一般公共预算中举借的债务实行余额管理，余额的规模不得超过全国人民代表大会批准的限额。国务院财政部门具体负责对中央政府债务的统一管理。

经国务院批准的省、自治区、直辖市的预算中必需的建设投资的部分资金，可以在国务院确定的限额内，通过发行地方政府债券举借债务的方式筹措。举借债务的规模，由国务院报全国人民代表大会或者全国人民代表大会常务委员会批准。省、自治区、直辖市依照国务院下达的限额举借的债务，列入本级预算调整方案，报本级人民代表大会常务委员会批准。

举借的债务应当有偿还计划和稳定的偿还资金来源，只能用于公益性资本支出，不得用于经常性支出。除法律另有规定外，地方政府及其所属部门不得为任何单位和个人的债务以任何方式提供担保。国务院建立地方政府债务风险评估和预警机制、应急处置机制以及责任追究制度，国务院财政部门对地方政府债务实

[①] 根据《预算法》规定，政府收支分类科目，收入分为类、款、项、目；支出按其功能分类分为类、款、项，按其经济性质分类分为类、款。

施监督。各级政府财政部门应当按年度编制以权责发生制为基础的政府综合财务报告，报告政府整体财务状况、运行情况和财政中长期可持续性，报本级人民代表大会常务委员会备案。

（2）预算支出的编制、管理

各级预算支出应当依法按其功能和经济性质分类编制，严格控制各部门、各单位的机关运行经费和楼堂馆所等基本建设支出。

针对各级一般公共预算支出的编制，应当统筹兼顾，在保证基本公共服务合理需要的前提下，优先安排国家确定的重点支出。各级一般公共预算应当按照本级一般公共预算支出额的1%~3%设置预备费，用于当年预算执行中的自然灾害等突发事件处理增加的支出及其他难以预见的开支。

针对转移支付的预算支出编制，一般性转移支付应当按照国务院规定的基本标准和计算方法编制；专项转移支付应当分地区、分项目编制。县级以上各级政府应当将对下级政府的转移支付预计数提前下达下级政府。地方各级政府应当将上级政府提前下达的转移支付预计数编入本级预算。

针对重要领域经济社会建设的预算支出编制，中央预算和有关地方预算中应当安排必要的资金，用于扶助革命老区、民族地区、边疆地区、贫困地区的发展事业。

（3）预算收支编制的调节机制

各级一般公共预算按照国务院的规定可以设置预算周转金，用于本级政府调剂预算年度内季节性收支差额。各级一般公共预算按照国务院的规定可以设置预算稳定调节基金，用于弥补以后年度预算资金的不足。各级政府上一年预算的结转资金，应当在下一年用于结转项目的支出；连续两年未用完的结转资金，应当作为结余资金管理。各部门、各单位上一年预算的结转、结余资金按照国务院财政部门的相关规定办理。

（二）预算审批法律制度

报送各级人民代表大会审查和批准的预算草案[①]的初步方案应在各级人民代表大会会议举行前进行初步审查。国务院在全国人民代表大会举行会议时，向大会作关于中央和地方预算草案以及中央和地方预算执行情况的报告。地方各级政府在本级人民代表大会举行会议时，向大会作关于总预算草案和总预算执行情况的报告。

全国人民代表大会和地方各级人民代表大会对预算草案及其报告、预算执行

---

① 根据《预算法》规定，预算草案应细化列明相关事项。本级一般公共预算支出，按其功能分类应当编列到项；按其经济性质分类，基本支出应当编列到款。本级政府性基金预算、国有资本经营预算、社会保险基金预算支出，按其功能分类应当编列到项。

情况的报告重点审查。全国人民代表大会财政经济委员会向全国人民代表大会主席团提出关于中央和地方预算草案及中央和地方预算执行情况的审查结果报告。省、自治区、直辖市、设区的市、自治州人民代表大会有关专门委员会，县、自治县、不设区的市、市辖区人民代表大会常务委员会，向本级人民代表大会主席团提出关于总预算草案及上一年总预算执行情况的审查结果报告。

预算草案经审批通过后应进行备案。乡级政府应当及时将经本级人民代表大会批准的本级预算报上一级政府备案。县级以上地方各级政府应当及时将经本级人民代表大会批准的本级预算及下一级政府报送备案的预算汇总，报上一级政府备案。县级以上地方各级政府将下一级政府依照规定报送备案的预算汇总后，报本级人民代表大会常务委员会备案。国务院将省级政府依照规定报送备案的预算汇总后，报全国人民代表大会常务委员会备案。国务院和县级以上地方各级政府对下一级政府认为上述报送备案的预算有同法律、行政法规相抵触或者有其他不适当之处，需要撤销批准预算的决议的，应当提请本级人民代表大会常务委员会审议决定。

各级预算经批准后进入批复、下达与抄送流程。各级预算经本级人民代表大会批准后，本级政府财政部门应当在20日内向本级各部门批复预算。各部门应当在接到本级政府财政部门批复的本部门预算后15日内向所属各单位批复预算。

转移支付预算下达的具体操作是：（1）中央对地方的一般性转移支付应当在全国人民代表大会批准预算后30日内正式下达。中央对地方的专项转移支付应当在全国人民代表大会批准预算后90日内正式下达。（2）省级政府接到中央一般性转移支付和专项转移支付后，应当在30日内正式下达到本行政区域县级以上各级政府。（3）县级以上地方各级预算安排对下级政府的一般性转移支付和专项转移支付，应当分别在本级人民代表大会批准预算后的30日和60日内正式下达。（4）对自然灾害等突发事件处理的转移支付，应当及时下达预算；对据实结算等特殊项目的转移支付，可以分期下达预算，或者先预付后结算。县级以上各级政府财政部门应当将批复本级各部门的预算和批复下级政府的转移支付预算，抄送本级人民代表大会财政经济委员会、有关专门委员会和常务委员会有关工作机构。

（三）预算执行法律制度

预算经本级人民代表大会批准后，各预算执行主体要按照批准的事项实施预算执行。

1. 预算执行主体

各级预算由本级政府组织执行，具体工作由本级政府财政部门负责，由各部门、各单位担任本部门、本单位的预算执行主体，负责本部门、本单位的预算执行，并对执行结果负责。预算年度开始后，各级预算草案在本级人民代表大会批准前,可以安排上一年度结转的支出;参照上一年同期的预算支出数额安排必须支付的本年度部门基本支出、项目支出,以及对下级政府的转移性支出;法律规定必须履行支付义务的支出,以及用于自然灾害等突发事件处理的支出。这些根据安排支出的情况,应当在预算草案的报告中作出说明。

预算收入征收部门和单位,必须依照法律、行政法规的规定,及时、足额征收应征的预算收入。不得违反法律、行政法规规定,多征、提前征收或者减征、免征、缓征应征的预算收入,不得截留、占用或者挪用预算收入。各级政府不得向预算收入征收部门和单位下达收入指标。

2. 预算执行资金的管理

政府的全部收入应当上缴国家金库(简称"国库"),国家实行国库集中收缴和集中支付制度,对政府全部收入和支出实行国库集中收付管理,任何部门、单位和个人不得截留、占用、挪用或者拖欠。中央国库业务由中国人民银行经理,地方国库业务依照国务院的有关规定办理。各级国库应当按照国家有关规定,及时准确地办理预算收入的收纳、划分、留解、退付和预算支出的拨付。对于法律有明确规定或者经国务院批准的特定专用资金,可以依照国务院的规定设立财政专户。县级以上各级预算必须设立国库;具备条件的乡、民族乡、镇也应当设立国库。

各级国库库款的支配权属于本级政府财政部门。除法律、行政法规另有规定外,未经本级政府财政部门同意,任何部门、单位和个人都无权冻结、动用国库库款或者以其他方式支配已入国库的库款。各级政府应加强对本级国库的管理和监督,按照国务院的规定完善国库现金管理,合理调节国库资金余额。对已缴入国库的资金,依照法律、行政法规的规定或者国务院的决定需要退付的,各级政府财政部门或者其授权的机构应当及时办理退付。按照规定应当由财政支出安排的事项,不得用退库处理。

3. 预算收支的管理和监督

各级政府财政部门必须依照法律、行政法规和国务院财政部门的规定,及时、足额地拨付预算支出资金,加强对预算支出的管理和监督。各级预算的收入和支出实行收付实现制。① 各级政府、各部门、各单位的支出必须按照预算执行,不得虚假列支。各级政府、各部门、各单位应当对预算支出情况开展绩效评价。

各级政府应加强对预算执行的领导,支持政府财政、税务、海关等预算收入的征收部门依法组织预算收入,支持政府财政部门严格管理预算支出。财政、税务、海关等部门在预算执行中,应当加强对预算执行的分析;发现问题时应当及

---

① 特定事项需按照国务院的规定实行权责发生制的,应向本级人民代表大会常务委员会报告。

时建议本级政府采取措施予以解决。各部门、各单位应当加强对预算收入和支出的管理，不得截留或者动用应当上缴的预算收入，不得擅自改变预算支出的用途。各级预算预备费的动用方案，由本级政府财政部门提出，报本级政府决定。各级预算周转金由本级政府财政部门管理，不得挪作他用。

（四）预算调整法律制度

预算调整是指法定的预算案在执行中因为特殊情况而需要做出变动，从而打破已经批准的收支平衡状态，或者增加原有的举债数额和调减预算安排的重点支出项目。经全国人民代表大会批准的中央预算和经地方各级人民代表大会批准的地方各级预算，在执行中需要增加或者减少预算总支出、调入预算稳定调节基金、调减预算安排的重点支出数额与增加举借债务数额等情形时，应依法进行预算调整。在预算执行过程中，各级政府一般不制定新的增加财政收入或者支出的政策和措施，也不制定减少财政收入的政策和措施。

各级政府若必须作出并需要进行预算调整的，应当在预算调整方案中作出安排，编制预算调整方案。预算调整方案一经批准，各级政府必须严格执行。各部门、各单位的预算支出应当按照预算科目执行，对不同预算科目、预算级次或者项目间的预算资金的调剂进行严格的控制。的确需调剂使用预算资金的，依法按照国务院财政部门的规定办理。若发生自然灾害等突发事件而必须及时增加预算支出时，应当先动支预备费；预备费不足支出的，各级政府可以先安排支出，属于预算调整范围的费用列入预算调整方案。在预算执行中，地方各级政府因上级政府增加不需要本级政府提供配套资金的专项转移支付而引起的预算支出变化，不属于预算调整。

（五）决算法律制度

决算，即为预算收支的年度执行结果，由预算执行主体在每一预算年度终了后按照国务院规定的时间编制[①]，并由权力机关审查批准的法律制度。决算法律制度具体包括决算草案的编制、审批及决算的批复、备案与撤销制度。

编制决算草案必须与预算相对应且依法列明。各部门对所属各单位的决算草案，应当审核并汇总，在规定的期限内报本级政府财政部门审核。各级决算经批准后，财政部门应当在20日内向本级各部门批复决算。各部门应当在接到本级政府财政部门批复的本部门决算后15日内向所属单位批复决算。

（六）预算监督法律制度

预算监督是指立法机关、国家机关和社会各界对各级政府预算编制、执行、调整乃至决算等活动的合法性和有效性进行的监督。

---

① 国务院财政部门具体部署编制决算草案的具体事项。

一是预算监督的主体和职权设置。全国人民代表大会及其常务委员会对中央和地方预算、决算进行监督。县级以上地方各级人民代表大会及其常务委员会对本级和下级预算、决算进行监督。乡级人民代表大会对本级预算、决算进行监督。

二是预算监督责任制度的设置。政府各部门负责监督检查所属各单位的预算执行，及时向本级政府财政部门反映本部门预算执行情况，依法纠正违反预算的行为。公民、法人或者其他组织发现有违反预算法的行为，可以依法向有关国家机关进行检举、控告。接受检举、控告的国家机关应当依法进行处理，并为检举人、控告人保密。任何单位或者个人不得压制和打击报复检举人、控告人。各级政府及有关部门未依照预算法规定实施预算活动，责令改正，对负有直接责任的主管人员和其他直接责任人员追究行政责任，其他法律对其处理、处罚另有规定的，依照其规定。违反预算法规定而构成犯罪的，依法追究刑事责任。

第三节 国债调控法律制度

一、国债调控与国债法

国债，即国家公债，是国家为了满足财政支出的需要，以按期还本付息为条件，通过借款或发行有价证券等方式向社会筹集资金所形成的债务。在现代市场经济中，国债享有"金边债券"美誉，是连接财政政策和货币政策的桥梁。在中华人民共和国成立初期，为弥补战争经费造成的资金短缺，我国于1950年在中华人民共和国历史上第一次发行国债——人民胜利折实公债。自1954年至1958年，我国持续发行公债——国家经济建设公债，以实现社会主义改造，巩固社会主义经济物质基础。改革开放之后，我国为了弥补财政赤字于1981年开始发行国库券。在现代市场经济条件下，发行国债已是满足公共支出需要、弥补财政赤字的重要途径，具有重要的宏观调控功能。国债的宏观调控功能是对财政、金融功能的深化运用。一方面，国债通过中央银行公开市场操作，调控基础货币供给量，贯彻实施货币政策，保障金融市场有序运行。另一方面，通过发行国债可以有效调动社会闲散资金，弥补财政赤字，筹集基础设施建设资金，有利于我国经济社会发展。

国债调控功能的有效发挥，必然在法律层面予以体现，依靠法律的强制力保障国债各项目标实现。国债法是调整国债的发行、使用、偿还和管理的过程中发生的经济关系的法律规范的总称。1992年，国务院公布《国库券条例》，对发行对象与方式、发行数额及利率、还本付息的期限、国库券及其他债券的贴现、抵押和转让、国债法律责任、国债管理机构等内容予以规定。除《国库券条例》外，国债市场的法律规范主要包括《国债一级自营商管理办法》《国债跨市场转托管业务管理办法》《国债承销团成员资格审批办法》《商业银行柜台记账式国债交易管理办法》等。

二、国债发行、流通和监管法律制度

(一) 国债发行法律制度

国债的发行是国债运行的起点环节，具体是指国债售出及被个人和企业认购的过程。国债发行法律制度主要涉及国债发行对象、决策主体以及发行方式。

按照债券的形式不同，国债分为储蓄国债和记账式国债两种。储蓄国债是政府面向个人投资者发行、以吸收个人储蓄资金为目的、满足长期投资需求、不可流通且记名的国债品种。在持有期内，持券人如果遇到特殊情况需要提取现金，可提前兑取。记账式国债是以电子记账形式记录债权，由财政部面向全社会各类投资者发行，可以记名、挂失、上市和流通转让的国债品种。国债的债权人可称为投资主体，不同类型的国债投资主体之间的组合比例关系被称为国债的持有者结构。它主要包括个人投资者和机构投资者两类。其中，机构投资者包括商业银行、保险公司、养老保险基金、投资基金、信托投资基金等。与一般金融市场相同，金融市场中的国债市场越发达，参与市场的机构投资者就越多，通过国债法律制度吸纳资金以解决公共财政问题和落实宏观调控问题的功能性就越强。

(二) 国债流通法律制度

发行国债筹集到的资金，由国务院统一安排使用和流通。国债的流通体现为不同流通形式的组合，根据流通地点不同，可分为场内市场交易和场外市场交易。场内交易是根据证券交易所制定的交易规则且在证券交易所的监督下实现的交易。场外交易是指在交易所市场之外的国债交易，灵活性较强，是场内交易的重要补充。

(三) 国债监督管理法律制度

我国自 1981 年恢复国债发行以来，以国债为代表的债券市场不断发展，国债规模持续扩大。国债手段的运用既可以产生积极影响，也可能带来消极影响。因此，有必要建立起一个规范化和体系化的国债监督管理法律制度，主要包括以下两个方面。

1. 适度国债规模标准的确定

适度的国债规模应包含三方面内容：首先，财政部发行的国债应在不加重应债者负担的前提下，考虑认购者的可支配收入及对其他信用证券投资的资金分散程度等，确保政府有效筹集到资金；其次，适度的国债规模应该是政府自始至终能够驾驭的规模，即政府不但能通过举债筹集到所需资金，而且能有效地使用该国债资金，达到预期的经济效益目标，通过提高国债的经济效益来确保政府的偿

债能力;最后,适度的国债规模体现为国债资金结构、规模与产生的效益能够有机统一。

2. 建立健全完善的监管法律体系

一般情况下,为保证国债发行规模和交易规模的合理扩容,在相关法律制度中纳入以下两方面内容:(1)国债发行方面的监管法规,包括对国债发行者借债的权限以及有关行政管理权力的规定,对国债限额的规定,对国债持有者权利义务的规定以及持有国债数量和比例的规定,对大量相关业务操作和监管的规定;(2)国债流通方面的监管法规,主要包括对国债交易方面的规定、对国债衍生交易(国债现货交易、国债期货交易、国债回购交易)的相关规定和国债托管清算方面的规定。

三、地方政府性债务法律制度

(一)地方政府性债务的内涵、功能与风险

地方政府性债务,简称地方公债或地方债,指有财政收入的地方政府及地方公共机构为满足地方财政支出的需要,以按期还本付息为条件,通过借款或发行有价证券等方式向社会筹集资金所形成的债务。地方债并不属于国家公债。

地方债既具有积极功能,又具有潜在的风险。由于我国中央与地方财政分税制未能为地方提供足额的财政收入来源,影响了地方政府在提供基础建设、社会服务等方面的财力,因此,发行地方债有助于增强地方政府财力,强化其提供地方性公共物品的能力。但如果地方债持续扩张,则有可能对财政体系的稳定、系统性金融风险的防范乃至整体宏观经济的安全造成潜在风险。目前,我国地方债规模较大,法治化程度较低,加大了地方政府性债务的潜在风险。

针对上述问题,国务院于2014年9月21日印发了《关于加强地方政府性债务管理的意见》,明确要求建立规范的地方政府举债融资机制,对地方政府债务实行规模控制和预算管理,控制和化解地方债务风险,完善配套制度等举措。从2015年开始,财政部推行地方政府债务置换工作,即通过"发新债偿旧债"的方式,将地方政府原来的非标准化和不可流通的债务转化为公开的、标准化和可流通的债务,以实现化解存量债务到期的风险、延缓地方政府到期偿还债务压力的目的。

(二)地方政府性债务监管法律制度的基本构建

我国现行《预算法》规定,"省一级的地方政府可以通过发行地方政府债券筹措部门建设资金",对地方政府举借债务的规模也进行了相关的规定。地方政府发行地方政府债券只能在国务院限定的定额内举借债务,省、自治区、直辖市通过发行债券筹措的建设资金要列入本级财政预算,并且报请本级人民代表大会批准。

通过国务院对省一级政府举债规模的限制，能够有效地控制地方政府的规模，保证地方政府不会因为过度发债而陷入危机。此外，《国务院关于加强地方政府性债务管理的意见》以及《国务院关于深化预算管理制度改革的决定》的出台，初步搭建起了地方公债的法律制度框架。

另外，国家应进一步强化财政部和审计署监督功能，使其在中央政府管理地方政府举债融资过程中发挥重要作用。财政部作为中央层次的债务管理机构负责全国各地方政府的债务管理、监督工作。而审计署则按照国务院的统一部署和要求，定期对各地方政府的债务管理水平和规模状况进行审计，以起到监督之效。

第四节　财政支出调控法律制度

一、政府采购与宏观调控

政府采购，是指各级国家机关、事业单位和团体组织，使用财政性资金采购依法制定的集中采购目录以内的或者采购限额标准以上的货物、工程和服务的行为。[①] 政府采购，不是仅指具体的采购过程，而是采购政策、采购程序、采购过程及采购管理的概括，既是一种对公共采购管理的制度，也是一种政府行为。政府采购制度是在长期的政府采购实践中形成的对政府采购行为进行管理的一系列法律和惯例的总称。

政府采购是国家宏观调控的手段之一。政府采购的基本功能是为了满足政府履行职能的需要，但是由于采购的数量大和集中度高，对市场产生了引导作用，从而派生出宏观调控的职能。为了规范政府采购行为，提高政府采购资金的使用效益，维护国家利益和社会公共利益，保护政府采购当事人的合法权益，促进廉政建设，《政府采购法》于2002年6月29日在第九届全国人民代表大会常务委员会第二十八次会议上通过，自2003年1月1日起施行。我国《政府采购法》规定，除特殊情况下政府采购应当购买国内的产品，且应该符合国家的社会、经济政策目标，如保护环境、扶持不发达地区、少数民族地区和促进中小企业的发展等。故政府采购在采购对象和交易主体的选择上要发挥政府经济行为的引导和鼓励作用，促进社会经济的发展。此外，《政府采购法实施条例》已于2014年12月31日

[①] 采购，是指以合同方式有偿取得货物、工程和服务的行为，包括购买、租赁、委托、雇用等。货物，是指各种形态和种类的物品，包括原材料、燃料、设备、产品等。工程，是指建设工程，包括建筑物和构筑物的新建、改建、扩建、装修、拆除、修缮等。服务，是指除货物和工程以外的其他政府采购对象。

由国务院第 75 次常务会议通过，自 2015 年 3 月 1 日起施行。

二、政府采购的基本制度

（一）适用范围

根据《政府采购法》规定，在中华人民共和国境内进行的政府采购适用本法。政府集中采购目录和采购限额标准依法定的权限制定。政府采购应当遵循公开透明原则、公平竞争原则、公正原则和诚实信用原则。政府采购实行集中采购和分散采购相结合，集中采购的范围由省级以上人民政府公布的集中采购目录确定。属于中央预算的政府采购项目，其集中采购目录由国务院确定并公布；属于地方预算的政府采购项目，其集中采购目录由省、自治区、直辖市人民政府或者其授权的机构确定并公布。纳入集中采购目录的政府采购项目，应当实行集中采购。政府采购应当有助于实现国家的经济和社会发展政策目标，包括保护环境，扶持不发达地区和少数民族地区，促进中小企业发展等。但是，使用国际组织和外国政府贷款进行的政府采购，贷款方、资金提供方与中方达成的协议对采购的具体条件另有规定的，可以适用其规定，但不得损害国家利益和社会公共利益；对因严重自然灾害和其他不可抗力事件所实施的紧急采购和涉及国家安全和秘密的采购，不适用《政府采购法》；军事采购法规由中央军事委员会另行制定。

此外，《政府采购法实施条例》对《政府采购法》进行了补充规定：（1）将财政性资金认定为纳入预算管理的资金，以财政性资金作为还款来源的借贷资金，视同财政性资金；（2）服务包括政府自身需要的服务和政府向社会公众提供的公共服务；（3）国家机关、事业单位和团体组织的采购项目既使用财政性资金又使用非财政性资金的，使用财政性资金采购的部分，适用《政府采购法》及《政府采购法实施条例》；财政性资金与非财政性资金无法分割采购的，统一适用《政府采购法》及《政府采购法实施条例》。

前述的集中采购目录，包括集中采购机构采购项目和部门集中采购项目。省、自治区、直辖市人民政府或者其授权的机构根据实际情况，可以确定分别适用于本行政区域省级、设区的市级、县级的集中采购目录和采购限额标准。国务院财政部门应当根据国家的经济和社会发展政策，会同国务院有关部门制定政府采购政策，通过制定采购需求标准、预留采购份额、价格评审优惠、优先采购等措施，实现节约能源、保护环境、扶持不发达地区和少数民族地区、促进中小企业发展等目标。政府采购工程以及与工程建设有关的货物、服务，采用招标方式采购的，适用《招标投标法》及其实施条例；采用其他方式采购的，适用《政府采购法》及《政府采购法实施条例》。

（二）政府采购当事人

根据《政府采购法》及《政府采购法实施条例》的规定，政府采购的当事人主要包括采购人、供应商和采购代理机构。采购人是依法进行政府采购的国家机关、事业单位和团体组织。供应商则是平等地参与政府采购活动提供合格的采购对象的一方。采购代理机构必须取得政府采购代理机构资格,在采购代理协议授权的权限范围进行采购行为的一方当事人。

(三) 政府采购方式

政府采购可以采用以下方式:(1) 公开招标;(2) 邀请招标;(3) 竞争性谈判;(4) 单一来源采购;(5) 询价;(6) 国务院政府采购监督管理部门认定的其他采购方式。其中,公开招标是政府采购最主要的方式。

公开招标需要采购人按照法定程序,向全社会发布招标公告,邀请所有潜在的不确定的供应商参加招标,由采购人通过事先确定的需求标准从所有投标人中择优选出中标供应商,并与之签订政府采购合同的一种采购方式。具体程序为:招标,投标,开标,评标,定标与废标,签订合同。《政府采购法》规定凡在招标数额标准以上的采购项目一律要求采用公开招标方式,采购人因特殊情况需要采取其他方式的须提前获得设区、自治州一级政府采购监督管理部门的批准。

邀请招标指采购人因采购需求的专业性较强,有意识地向具备一定资信和业绩的特定供应商发出招标邀请书,由被邀请的供应商参与投标竞争,从中选择中标者的招标方式。邀请招标只适用于采购具有特殊性,只能从有限范围的供应商处采购的情形;或采用公开招标方式的费用占政府采购项目总价值的比例过大的情形。

竞争性谈判是指采购人通过与三家以上的供应商就有关采购事项(如价格、技术规格、设计方案、服务要求等)进行谈判,然后就谈判确定的事项要求供应商限时报价,最后按照预先规定的采购需求、质量和服务相等且报价最低的原则,从参加谈判的供应商中确定最优中标人的一种采购方式。具体程序包括成立谈判小组、制定谈判文件、确定供应商名单、谈判、确定成交供应商。竞争性谈判适用于如下情形:招标后没有供应商或没有合格标的,或重新招标未能成立的;技术复杂或者性质特殊,不能确定详细规格或具体要求的;采用招标所需时间长,不能满足紧急需要的;不能事先计算出价格总额的。

单一来源采购,可概括为采购人向唯一供应商进行采购的一种方式。它仅适用于如下情形:只能从唯一供应商处采购的;发生了不可预见事件导致紧急情况,不能从其他供应商处采购的;必须保证原有采购项目一致性或服务配套的要求,需要继续从原供应商处采购,且添购资金不超过原合同采购金额10%的。

询价则是采购人向三家以上供应商发出询价单让其报价,然后对各供应商的一次性报价进行比较,最后按照符合采购需求、质量和服务相等且报价最低的原则，从中选择出最优的供应商的一种采购方式。它适用于采购人采购的货物规格、标准统一，现货货源充足且价格变化幅度小的政府采购项目。

（四）政府采购的监督

我国政府采购的监督包括财政主管部门的监督，政府采购主体的内部监督，审计部门、监察机关的外部监督，新闻媒体和社会公众的监督。其中财政主管部门主要侧重于对政府采购资金的使用情况进行监督，通过接受投诉，监督检查和定期考核评估等方式进行监督。政府采购主体的内部监督，主要通过合同签署、审核和货物验收三者相互分离、相互制衡的途径进行监督。审计部门和监察机关分别通过审计和采购人员任命的方式进行监督。新闻媒体和社会公众则是通过采购信息的新闻公告，对违法采购行为进行控告和检举等途径进行监督。财政部门应当制订考核计划，定期对集中采购机构进行考核，考核结果有重要情况的，应当向本级人民政府报告。审计机关、监察机关以及其他有关部门依法对政府采购活动实施监督，发现采购当事人有违法行为的，应当及时通报财政部门。

三、转移支付与宏观调控

（一）转移支付

国家实行财政转移支付制度。转移支付应当规范、公平、公开，以推进地区间基本公共服务均等化为主要目标。广义上的转移支付，是指政府为实现特定的政策目标，通过一定的渠道或者形式，将一部分财政资金无偿地转移给社会经济组织、居民及其他受益者，表现为社会保障支出、财政补贴支出（如价格补贴、职工生活补贴、财政贴息等）、捐赠支出等形式。狭义上的转移支付，是指政府之间财政资金的转移和拨付，尤其是上级政府对下级政府的纵向转移支付，更受瞩目。

（二）转移支付制度的宏观调控功能

财政转移支付是分税制下平衡政府间财权和事权的重要工具，同时也是国家宏观调控的手段之一。财政转移支付的宏观调控功能主要表现在：第一，平衡区域财政收入，实现公共服务的均等化。政府财政收入是提供公共服务的经济基础。经济发展的差异和税收收入的不均使得各地区政府的财政收入呈现出较大的差异，从而导致了各地在公共服务的数量和质量上产生差距。进行财政转移支付，调节政府财政收入是实现全国各地公共服务均等化的经济基础和前提。第二，调节收入分配，实现社会公平。通过财政转移支付制度将取得的税收收入进行社会再分配，实现社会的公平。第三，减少地区差距，促进经济均衡发展。财政转移支付通过税收返还、专项补贴等形式实现发达地区对贫困地区的扶持，减少两地差距，促进各地均衡发展。第四，调节产业结构。通过给予薄弱产业、新兴产业和高科技产业等补贴，促进产业结构和经济结构的平衡，实现经济的持续协调发展。

四、转移支付的基本制度

财政转移支付以缩小地区之间的经济差距，实现公共服务的均等化为根本目标。就我国区域发展现状而言，由于东部与西部、沿海与内陆的地区差距过大，实现公共服务绝对均等化不是短时期内能够实现的。所以转移支付的目标应为逐步调整各地区之间的横向不平衡、缩小地区间经济发展的差距，促进区域间的均衡发展，重点关注贫困和边远地区的医疗、卫生、教育、运输等基础设施的建设。

我国实行财政转移支付制度，规范、公平和公开的财政转移支付能够推进地区间基本公共服务的均等化。为了实现财政转移支付的目标，政府间的转移支付应该遵守以下原则：其一，公平优先、兼顾效率的原则，即在确定转移支付资金的分配规模上，应坚持与地方财政需要成正相关性，与财政能力存在负相关关系。在转移支付的结构安排上，要突出采用一般性转移支付方式缓解地方财力匮乏局面，同时辅之以专项转移支付方式以兼顾效率；其二，依法转移的原则，即转移支付应严格按照法律规定的程序进行，政府不得滥用权力随意转移。

我国目前尚无专门的《财政转移支付法》，财政转移支付法律制度散见于我国预算法及其实施条例等法律法规中。在分税制的基础上，我国建立了以纵向转移支付为支付脉络的财政转移支付制度体系。我国的财政转移支付，主要可以分为两类，即一般转移支付和专项转移支付。

一般性转移支付，又称体制性转移支付，是上级政府依法将其财政资金转作下级政府财政收入的一种补助方式，是政府间财政关系的重要组成部分。一般性财政转移支付是为弥补财政实力薄弱地区的资金缺口，由中央财政安排给地方财政的补助支出，目的是缩小地区间贫富差异。一般性转移支付可细分为纵向转移支付和横向转移支付，前者以弥补财政收支差额为目的，后者以提高贫困地区财政服务水平为目的。

专项转移支付，是中央财政为实现特定的宏观政策及事业发展战略目标而设立的补助资金，重点用于基础设施建设、天然林保护工程、退耕还林还草工程、贫困地区义务教育工程、社会保障制度建设、公共卫生体系建设等经济、社会事业发展等事关民生的领域。专项转移支付应当按照法律、行政法规和国务院规定办理特定事项，最终实现专款专用。同时，上级政府在安排专项转移支付时，不可强行让下级政府承担配套资金。

思考题：
1. 论述财政法的调整手段。
2. 试论述财政法的宏观调控职能。
3. 论述我国的预算体制。
4. 如何控制我国国债的规模？
5. 阐述我国财政转移支付的分类。

▶ 自测习题及参考答案

第九章 税收调控法律制度

税法是调整在税收活动中发生的社会关系的法律规范的总称。而税收具有分配收入、配置资源和保障社会稳定的职能，国家运用税收杠杆可以有效调控宏观经济。经济法体系中的税收调控制度是宏观调控制度的重要组成部分。在全面推进依法治国的当下，必须加强税收等重点领域立法，更多地运用税收法律手段促进和保障国家宏观调控目标的实现。学习税法的原理和具体制度，有助于培养税收法治思维，提高依法治税的能力。

第一节 税收调控法基本原理

税收与税法的概念，税收调控与税法的关系，税法的基本结构、课税要素、调整方式和税权分配等，都是税法基本原理的重要内容。弄清这些基本问题，是掌握税收调控法律制度的前提和基础。

一、税收调控与税法

（一）税收的概念

税收，或称租税、赋税、捐税等，简称税，是国家为实现其公共职能而凭借其政治权力，依法由政府专门机构向居民和非居民就其财产或特定行为实施的强制、无偿地取得财政收入的一种课征行为或手段。此定义概括了以下几层含义：国家征税的目的是实现国家公共职能，提供公共物品，以满足社会基本公共服务均等化的需要；税收的征收主体是国家，征税是国家独有的专属权，具体实施税收征收行为的专门政府机关一般为税务机关和海关；纳税主体是居民和非居民，使用"居民"的概念比使用"人民""国民""公民"等概念更为科学，因为外国人或无国籍人也有依法承担纳税义务的可能；税收的权力依据是国家的政治权力；税收的实现必须依法进行，而依法征税必须有确定的征收标准，同时又必然带有强制性；税收收入是财政收入的一种形式，国家取得税收收入是无偿的。税收收入是财政收入的最主要的来源，而财政是国家治理的基础和支柱。没有税收，国家治理的基础和支柱就没有财力依托，国家也将难以存续。正如马克思所指出的，"国家存在的经济体现就是捐税"。[1] 税收

---

[1] 《道德化的批评和批评化的道德》，载《马克思恩格斯全集》第4卷，人民出版社1958年版，第342页。

是整个国家机构的生活源泉。可见税收地位之重要。

（二）税收的调控功能

党的十九大报告提出要"创新和完善宏观调控"，为此，就要健全和运用财政政策的调控手段。而税收调控功能正是实施国家财政政策手段，据以进行宏观调控的主要工具之一。

在市场经济条件下，经济越发展，税收越重要，经济决定税收，税收反作用于经济。因为税收具有配置资源的功能，是国家调节经济运行的重要经济杠杆，在宏观调控方面具有十分重要的作用，因此，税收配置资源的功能，又称为税收宏观调控功能。国家通过增税与减免税等手段来影响社会成员的经济利益，引导企业、个人的经济行为，从而影响投资与储蓄，影响资产结构和产业结构的调整，改变社会财富分配状况，对资源配置和社会经济发展产生影响，从而达到调控宏观经济运行的目的。

从税收的调控目标来看，税收作为政府调控手段之一，其调控目标自然与政府的总体经济目标相一致。经济可持续发展、物价基本稳定、就业不断扩大和国际收支基本平衡是四大宏观经济调控目标，因此，它们也往往成为重要的税收调控目标。

从税收的调控手段来看，为实现调控目标而可供利用的税收手段很多，但从原则上说，不外乎两种：增税和减税。具体的增税措施主要有：开征新税、扩大征收范围、提高税率、减少优惠等；具体的减税措施主要有：税种停征、提高起征点或免征额、调低税率、递延纳税等税收优惠。增税或减税，与各种税收调控目标之间存在内在的必然的联系。简言之，增税，在总量上具有紧缩效应，在结构上表现为抑制性调节；减税，在总量上具有扩张效应，在结构上则表现为鼓励性调节。

从税收调控所涉及的范围来看，税收调控政策可分为总量政策和结构政策。不过，税收总量政策与税收结构政策所产生的调控作用是不同的。税收总量政策旨在通过调节宏观税负来影响宏观经济总量，其政策作用具有全面性、整体性，因而影响面大。税收总量政策的调控作用主要体现在稳定经济增长方面：当经济增长过快、过热，出现通货膨胀时，通过提高宏观税负，实施紧缩型税收政策，以控制物价上涨水平，促进经济稳步增长；反之，当经济出现衰退，失业率过高时，通过各种减税措施实施扩张性税收政策，以刺激经济的发展，扩大就业。而税收结构政策则是通过有条件的税负差别待遇来影响经济，其政策作用呈现出局部性、多样性的特点。税收结构政策主要通过不同的税收优惠政策来实现。可以通过税收优惠，促进科技进步，促进产业结构调整和优化；调节级差收入，为企业公平竞争创造条件；引导资源的地区间流动，促进区域经济的平衡发展；校正经济的外部性问题，有利于环境保护，有利于经济的可持续发展等。目前，我国正处于经济结构调整和优化时期，国家对高新技术产业，安置就业和再就业的企业，节约能源、利用"三废"的项目，直接为农业生产和农民生活服务的产业等，给予低税率或减税、免税的优惠政策；对那些不符合国家产业政策，或污染严重、能耗高的产业，不予减税、免税，并可以通过提高税率等政策措施予以调节或限制。

税收是调节收入分配的重要工具。从总体来说，税收作为国家参与国民收入分配最主要、最规范的形式，规范政府、企业和个人之间的分配关系。从不同税种的功能来看，税收在分配领域发挥着不同的作用。如个人所得税实行超额累进税率，具有普遍征收、收入高者适用高税率、收入低者适用低税率或不征税的特点，有助于调节个人收入分配，促进社会公平。自改革开放以来，随着收入分配政策的调整，居民的收入差距逐渐拉大，由此造成的社会问题也日益凸显，而税收在调节收入分配方面，具有作用直接、针对性强的特点，可以大有作为。比如，通过提高个人所得税工资、薪金等费用扣除标准，可以惠及广大中低收入群体。

从税收调控的局限性来看，虽然税收具有较强的调控功能，但税收也不是万能的，税收调控不仅受到诸多外部条件的影响，而且其本身也存在局限性。这种内在局限性主要表现在：首先，税收成本是投资成本的重要组成部分，因此，税收是投资决策时所要考虑的重要因素。而税收调控是通过具体的税收法律、法规体现出来的，法律、法规有其内在的稳定性和严肃性，这决定了税收调控政策不宜多变，应具有相对的稳定性，因此，一般只适合于中长期的调节，而不宜用于短期调节和临时调节。其次，税收调控由于受纳税人的承受能力和政府的财政能力的双重制约，而调控空间有限，因此，现实中增税或减税的政策出台都须慎重考虑。最后，一般来说，税收调控政策的干预性越强，其调控内容和调控过程也越复杂，其所带来的负效应也越大，其直接操作成本往往也随之急剧增加。税收调控的局限性决定了税收政策的运用还需要与其他宏观经济政策有机配合。

（三）税法促进和保障税收调控功能的实现

税收调控职能作为国家固有的职能，是潜在的。把税收调控职能由潜在的转化为现实的，称为税收调控职能的实现。税收调控职能的实现，要借助于一定的政策手段、行政手段和法律手段。在全面推进依法治国，建设社会主义法治国家的当下，必须加强财政税收等重点领域立法，更多地运用法律手段促进和保障税收调控功能的实现。让税收调控通过具体的税收法律、法规体现出来，使税法在实现税收调控职能过程中起主要的规范和保障作用，担当着调整税收关系的主要任务。

首先，通过税收立法，落实税收法定原则①，保证税收涉及社会再生产的全部过程和各个环节，做到有法可依。加快制定《增值税法》《消费税法》和《房地产税法》等税收法律，修改和完善《企业所得税法》《个人所得税法》和《税收征收管理法》等法律，推进税制改革，清理规范税收优惠政策，切实保障税收调控建立在法治的基础上。

其次，通过税法规范税收执法，提高税收执法水平，指导纳税人、代扣代缴义务人履行纳税义务，依法缴纳税款，组织税款入库，从税收执法和守法上促进和保障税收调控功能的实现。

最后，强化对税收违法行为的严肃处理，增强税法的权威性和税收执法的公信力。对危害税收征管的违法行为进行更严厉的处罚，提高违法成本，同时要及时追缴、补税等，防止税收流失。

税法在保障和实现税收调控职能时，其主要作用是提供税收调控的法律依据和法定程序，保证税收调控的正当性、合法性和有效性。

二、税法的基本结构

（一）税法的概念

税法是调整在税收活动中发生的社会关系的法律规范的总称。它是经济法的重要部门法，在经济法的宏观调控法中居于重要的地位。

为了更好地理解税法的概念，有必要了解税法的调整对象。由前述税法的概念可知，税法的调整对象是在税收活动中发生的社会关系，简称税收关系。它可以分为两大类，即税收体制关系和税收征纳关系。前者是指各相关国家机关因税收方面的权限划分而发生的社会关系，实质上是一种税权分配关系；后者是指在税收征纳过程中发生的社会关系，主要体现为税收征纳双方之间的关系。税收征纳关系还可进一步分为税收征纳实体关系和税收征纳程序关系。

对税法的调整对象进行解析，不仅有助于理解税法的概念，而且也有助于认识税法的体系。

（二）税法体系的基本结构

税法体系，是指一国现行全部税收法律规范构成的协调、统一的有机整体。如前所述，税法是调整税收体制关系和税收征纳关系的。相应地，税法体系也包括这两大块，即税收体制法和税收征纳法。现将税法体系的基本结构简要介绍如下：

---

① 党的十八届三中全会明确提出"落实税收法定原则"，2015年新修改的《立法法》为落实税收法定原则，将税收基本制度作为第8条第6项单列为只能制定法律的事项。

1. 税收体制法

税收体制法是规定税收权力分配的法律规范的总称。税收体制法是确认和配置税权的法律制度，它在整个税法体系中居于基础和主导地位。没有税收体制法，就不可能有税收征纳法。

2. 税收征纳法

税法所调整的税收征纳关系所形成的法律规范构成税收征纳法。根据税收征纳法有实体性规范与程序性规范之不同，又可进一步分为税收征纳实体法和税收征纳程序法。

税收征纳实体法依其所涉及税种的不同，又可以进一步分为商品税法（或称货物与劳务税法）、所得税法、财产税法等。在税法体系中，税收征纳实体法居于核心地位，税收征纳程序法居于保障地位。税收征纳实体法需要适时变动，以提高相机抉择水平，增强宏观调控的前瞻性、针对性、精准性和协同性，保障宏观调控手段有效，达到宏观调控体系健康平稳运行的目的。

税收征纳程序法是调整税收征纳程序关系的总称。税收征纳程序法的表现形式主要有《税收征收管理法》和《海关进出口货物征税管理办法》等法律法规。在税法体系中，税收征纳程序法居于保障地位。

三、税法的课税要素

（一）课税要素的概念和分类

税法意义上的课税要素，或称课税要件，它是国家对居民或非居民有效征税的必要条件，是确定纳税人及其权利与义务范围的法律依据。课税要素是税收法定原则的必然要求，只有当某一居民或非居民，在符合课税要素的情形下，该居民或非居民才是税法上的纳税人，才负有依法纳税的义务，税收机关才可以对其征税。税法要素问题不仅是税法理论上的基本问题，也是税法实践中的重要问题。

对于税法的课税要素，可以依据不同的标准，划分为不同的种类。例如，狭义要素与广义要素。狭义要素即狭义理解上的课税要素，它仅指课税的实体要素，而不包含程序要素。广义要素即广义理解上的课税要素，它既包括税法的课税的实体要素，也包括课税程序要素，广义要素也被许多学者称为税法构成要素。因此，课税要素不能等同于税法构成要素。在使用课税要素时要区别广义上的课税要素和狭义上的课税要素。依据各类要素是否具有普遍意义，可将税法的课税要素分为一般要素和特别要素。前者是各类税法都必须具备的共同要素；后者仅是某类税法独具的、必备的要素。在通常情况下，一般要素往往更受关注，并可以分为人的要素、物的要素和关系要素。

除了上述的分类以外，更为重要、更为通常的一种分类，是将其分为税收实体法要素和税收程序法要素。由于学者对税法要素的概括不尽相同，因而下面着重介绍税收实体法要素和税收程序法要素中公认的一般要素。

(二) 税收实体法要素

税法中的实体法要素，是构成税收征纳实体法的必不可少的内容。由于这些要素是决定征税主体能否征税和纳税主体的纳税义务能否成立的必要条件，因而也被称为"课税要素"。实体法要素主要包括以下几个：

1. 税法主体

税法主体是在税收法律关系中享有权利和承担义务的当事人。包括征税主体和纳税主体两类。

从理论上说，征税主体是国家，因为征税权是国家主权的一部分。在具体的征税活动中，国家授权政府的职能部门来实际行使征税权。在各国，一般是由税务机关和海关来具体负责税收征管。在我国，财政机关曾长期负责农业税的征收。

纳税主体又称纳税义务人，简称纳税人，是依照税法规定直接负有纳税义务的自然人、法人和非法人组织体。纳税主体在具体的税法中还可能有其他的分类。例如，在增值税法中有一般纳税人和小规模纳税人的区分；在所得税法中有居民纳税人和非居民纳税人的区分，等等。

2. 征税客体

征税客体，也称征税对象或课税对象，是指征税的直接对象或标的。它说明对什么征税的问题。

征税客体在税法的构成要素中居于十分重要的地位。它是各税种相区别的主要标志，也是进行税法分类的最重要的依据，同时，还是确定征税范围的重要因素。依据征税对象性质的不同，可以将其分为商品、所得和财产三大类。但在具体的税法中，还需要通过税目和计税依据来对其加以具体化。

3. 税目与计税依据

税目与计税依据是对征税对象在质与量上的具体化。所谓税目，就是税法规定的征税的具体项目。它是征税对象在质的方面的具体化，反映了征税的广度。所谓计税依据，也称计税标准、计税基数，简称税基，是指根据税法规定所取得的用以计算应纳税额的依据，亦即用以计算应纳税额的基数。它是征税对象在量的方面的具体化，直接影响着纳税人最终税负的承担。

4. 税率

税率是应纳税额与计税基数之间的数量关系或比率。它是衡量税负高低的重要指标，是税法的核心要素；它反映国家征税的深度和国家的经济政策，是极为重要的宏观调控手段。

税率可分为比例税率、累进税率和定额税率，这是税率的一种最重要的分类。

比例税率，是指对同一征税对象，不论其数额大小，均按照同一比例计算应纳税额的税率。

累进税率，是指随着征税对象的数额由低到高逐级累进，所适用的税率也随之逐级提高的税率，即按征税对象数额的大小划分若干等级（级距），每级由低到高规定相应的税率，征税对象数额越大，适用的税率越高，反之则相反。累进税率可分为全额累进税率、超额累进税率、超率累进税率等。其中，全额累进税率因其难以体现公平原则，故一般不采用。

定额税率，是指按征税对象的一定计量单位直接规定的固定的税额，因而也称固定税额，一般适用于从量计征的税种。

5. 税收特别措施

税收特别措施包括两类，即税收优惠措施和税收重课措施。前者以减轻纳税人的税负为主要目标，并与一定的经济政策和社会政策相关；后者是以加重纳税人的税负为目标而采行的措施，如税款的加成、加倍征收等。

由于税法具有规制性，因而这两类措施在税法中都会存在。但是通常税收优惠措施采行更为普遍，如税收减免、税收抵免、亏损结转等，在广义上均属于税收优惠。其中，税收减免运用得最为广泛。

（三）税收程序法要素

税法中的程序法要素，作为保障税收征纳实体法有效实施的必不可少的要件，同样是非常重要的。对于此类一般要素，主要指纳税期限和纳税地点。

1. 纳税期限

纳税期限，是指在纳税义务发生后，纳税人依法缴纳税款的时间期限，因而也称纳税时间。纳税期限可分为纳税计算期和税款缴库期。前者说明纳税人应多长时间计缴一次税款，反映了计税的频率；后者说明应在多长期限内将税款缴入国库，它是纳税人实际缴纳税款的期限。税法明确规定每种税的具体纳税期限，以保证税收的及时性和稳定性。

2. 纳税地点

纳税地点是纳税人依据税法规定向征税机关申报纳税的具体地点。它说明纳税人应向哪里的征税机关申报纳税以及哪里的征税机关有权进行税收管辖的问题。通常，在税法上规定的纳税地点主要是机构所在地、经济活动发生地、财产所在地、报关地等。

除了上述的纳税时间和纳税地点以外，还有纳税环节、计税方法等也属于程序法要素，但它们在总体上属于特别要素，不像纳税时间和纳税地点在形式意义的税法中使用得那样普遍。

四、税法的调整方式

法的调整方式是指法作为一种行为规范，对其调整对象施加有法律影响力和法律后果的方法、措施和手段的总和。税法调整税收关系。税收关系不同于平等主体之间的财产关系，所以不能采取平等协商与等价有偿的调整方法；税收关系不是一种单纯的行政关系，而是一种经济利益分配关系，必须遵从税收法定原则，因而也不能采取行政命令的调整方法。与传统的民事、刑事或行政法手段不同，由于税法具有明显的经济性和规制性特征，主要采取经济法的调整方式，即法律化的经济手段。具体而言，税法的调整方式除了要运用积极义务、允许和禁止三种法律调整的基本方式之外，税法还可以采取以下几类特有的调整方式。

（一）设定法定税率的方式

如前所述，税率是应纳税额与计税基数之间的数量关系或比率。它是衡量税负高低的重要指标，是税法的核心要素。根据调整税收关系的要求，国家通过确定不同的法定税率参数，调节经济活动。因为税率参数是一系列变量，这些变量的上下变化，不断改变着税收主体之间的经济利益关系，从而调节各种生产要素，以实现宏观经济目标要求的合理配置和组合。之所以将设定税率方法称为税法的法律调整方法，是因为税率参数在一定时期的确定与变化，须通过国家立法程序确认和公布，全体涉税主体都必须执行，而且必须由享有税收征收管理权的国家税收机关掌管和运用。任何个人和其他机关都不得擅自变动。设定法定税率的方式属于税法特有的调整方法，它既反映国家征税的深度和国家的经济政策，又是极为重要的宏观调控手段。

（二）设定税收优惠措施的方式

税收优惠是指国家为了体现鼓励和扶持政策，在税收方面采取的激励和照顾措施。目前我国税法规定的税收优惠形式主要包括：减税、免税、退税、投资抵免、加速折旧、亏损结转抵补和延期纳税等。国家通过确定不同的税收优惠，鼓励和扶持新兴产业、基础和环保产业，支持和照顾老、少、边、穷地区的经济发展，鼓励外国企业和外商投资企业或在经济特区、自由贸易区内的企业的发展。

（三）设定税收重课措施的方式

与税收优惠方式相反，税收重课措施是以加重纳税人的税负为目标而采行的税收特别措施，如税款的加成、加倍征收等。例如，我国《个人所得税法》规定，对个人劳务报酬所得一次收入畸高的，可以依法加成征收。所谓加成，是指按法定税率计算出应纳税额之后，再加一定成数的税款。加征一成，就等于加征正税的10%。税法通过加重税负来限制纳税人的行为，因而税收重课措施也是税法调控经济的特有调整方式。

五、税权的法律分配

所谓税权，是指税法主体依法享有的与税收有关的权力（利）。由于税法主体的多样性，税权的含义和范围在不同的层面上也各不相同。在国际法上，税权的存在是与国家主权联系在一起的，而且是国家主权的重要组成部分，这个意义上的税权也即通常所称的税收管辖权。在国内法上，根据税法主体的差别，税权的含义也有广义、狭义之分。广义上的税权，是包括国家税权和具体的纳税人权利在内的权力（利）体系，是一个重要而复杂的权力（利）范畴。而狭义上的税权，即国家税权，其主体为国家，性质上分为税收权力与税收权利，内容则包括税收立法权、征管权等。

（一）税收立法权及其配置

税收立法权是国家权力机关以国家强制力为后盾，依据法定权限和法定程序，制定、认可、修改、补充、解释和废止有关税收的规范性法律文件的权力。税收立法权是国家立法权的重要组成部分，它是国家的一项专属权利，也是国家权力体系中的最高权力之一。从权力的内容上看，税收立法权不仅包括规范性税收法律文件的拟定权、审议权、表决权、批准权和公布权，还包括其修改权、解释权、补充权和调整权。而从立法的层次看，税收立法权包括税收法律立法权即狭义上的税收立法权、税收法规立法权和税收规章立法权。至于立法的内容则涵盖税收实体法、税收程序法各个方面的内容，其中尤为重要的是税种的开征权与停征权、税目与税率的确定与调整权、税收优惠的决定权等。

相对于税收征管权等税收权力（利），税收立法权是最基本的、原创性的权力。因此，在税收权力（利）体系中也就显得极其重要，其合理配置也成为税权体系配置中首先需要解决的问题。而根据权力配置的不同向度，税收立法权的配置包括横向配置和纵向配置两个方面。其中横向配置是指税收立法权在同一级次的不同国家机关之间尤其是立法机关和行政机关之间的配置，在判例法国家还可能涉及司法机关创制税收判例法的权限问题。税权的横向配置通常有两种模式，即独享模式和共享模式。在独享模式下，往往强调严格的税收法定原则，由立法机关独享税收立法权，特别情形下也可能由行政机关根据立法机关的授权进行一部分授权立法；在共享模式下，则由立法机关、行政机关，甚至还有前述司法机关在各自的权限范围内共同行使税收立法权。

而税收立法权的纵向配置则是指其在不同级次的国家机关之间的分割与配置，也即中央与地方就税收立法权所作的划分。税收立法权在纵向配置方面，也有集权和分权两种模式，前者强调税收立法权高度集中于中央，后者则将其在各级政府间予以分配。需要注意的是，集权和分权都是相对的，实践中基本上不存在绝对的中央集权和完全的地方分权，而只存在偏重于集权或者偏重于分权的模式。

从总体上看，我国已初步形成了横向关系与纵向关系相结合的税收立法权配置的初步框架。就横向而言，我国税收立法权的配置实行共享模式，而对税收基本制度，《立法法》第 8 条则作了"法律保留"的规定；就纵向而言，我国法律虽然规定了地方具有一定的立法权限，但在实践中，地方的税收立法权还十分有限。

就税收立法权的横向配置而言，虽然《立法法》作了"法律保留"的规定，但也规定在尚未制定法律的情况下可由国务院制定税收行政法规，也即允许税收授权立法的存在。

就税收立法权的纵向配置而言，根据我国《宪法》和《立法法》的规定，省、自治区、直辖市人大及其常委会在不同宪法、法律和行政法规相抵触的前提下可以制定地方性税收法规，但是在实际操作中这项规定尚未完全落实。

（二）税收征管权及其配置

税收征管权，是指法定的国家机关按照法律、行政法规和税收规范性文件的规定征收税款及从事有关管理活动，实现法律、行政法规和税收规范性文件已定的"立法"本意和目的的权力。其主体是特定的税收征收管理机关；内容包括征收税款和从事有关税务管理活动的权力；行使的依据则在于税收规范性法律文件的规定。税收征管权是最大量、最经常行使的权力，在税权的体系中居于重要的中间环节，其行使具有非常重要的意义。它体现税收立法在行政领域具体实施的效果，即税收立法的意图在行政领域是否和怎样得到实现，以及税收立法的效果是积极的还是消极的，对国民经济和社会生活产生了什么样的影响。就其与税收司法的关系而言，税收征管权是否充分有效行使或者过度、违法行使，国家税收或者纳税人权利是否受到侵害，正是税收司法活动需要审查的内容，也是税收司法产生的重要原因。可见，税收征管权是国家税权体系中不可或缺的组成部分。

与税收立法权一样，税收征管权的配置也有纵、横两个方面。由于税收征管权主要是由行政机关行使的权力，所以在横向的配置上，不存在行政机关与立法机关或者司法机关独享或共享的问题，它们之间主要是一种监督、制约的关系。但是，由于行政机关本身是一个复杂的体系，税务、海关等部门往往都与税收征管活动密切相关，它们之间的征管执法权力也需要明确、合理的界定。在纵向配置上，税收征管权也需要在中央与地方之间、地方各级政府之间作出妥善安排，既要与一国的总体政治、经济体制相一致，也要考虑税收活动本身的特性和税源分布的特性，既要方便监管，又要有利监督。从实践来看，有的国家建立了国税、地税两套税务系统，分别在各自的权限范围内行使税收征管权；也有的国家只设立了一套税务系统，但即使如此，税务系统内部也需要做出妥善的层级划分。各国国情不一，具体的模式也各不相同。我国也需要根据自己的国情，合理配置税收征管权，建立科学的税收执法体系。

在分税制财政管理体制下，我国将税收分为中央税、地方税和中央地方共享税，与此相适应，国家曾分别组建了国家税务局系统和地方税务局系统。国家税务局系统负责征收管理中央税、共享税和属于中央收入的基金和收费，地方税务局系统，负责征收管理地方税和属于地方人民政府收入的基金和收费。2018年3月，在国务院机构改革的过程中，将省级和省级以下国税地税机构合并，具体承担所辖区域内的各项税收、非税收入征管等职责。除了以上专门的税务机关，就税收执法活动整体而言，相关的税收执法主体还有海关系统等。

第二节　商品税调控法律制度

商品税法是指调整商品税收关系的法律规范的总称。本节主要从税收调控法角度阐述商品税法与宏观调控、商品税法的基本结构、增值税法、消费税法及关税法的主要内容。

一、商品税法与宏观调控

（一）商品税法的概念

商品税不是一个单独的税种，而是指以商品（包括劳务）为征税对象，以依法确定的商品的流转额为计税依据而征收的一类税，由于其以商品的流转额为计税依据，人们也称之为流转税。在国际上通称为"商品与劳务税"。商品流转额是指在商品生产和经营过程中，由于销售或购进商品而发生的货币金额，即商品销售收入额或购进商品支付的金额，也包括因各种劳务而发生的货币金额，即提供劳务取得的营业服务收入额。古今中外，商品税在各国税收中占有十分重要的地位，它是许多国家的主要税收来源。

商品税法属于税收实体法，其税法规范主要体现在现行的税收法律法规之中。在我国，商品税法律制度实行内外统一的税制，对于外商投资企业等也适用我国商品税法。

（二）商品税法的基本结构

商品税法的调整对象是商品税收关系，因其包括增值税、消费税、烟叶税和关税等税收关系，所以商品税法的基本结构体系相应包括增值税法、消费税法、烟叶税法和关税法。此外，还包括规范城市维护建设税和教育费附加等两个法规。

在我国现阶段商品税法基本结构体系中主要包括以下几个：

1. 增值税法

增值税法，在实质意义上是指调整增值税征纳关系的法律规范的总称，在形式意义上仅指调整增值税征纳关系的基本法。我国目前尚未制定《增值税法》，仅有《增值税暂行条例》①。

2. 消费税法

消费税法是调整消费税征纳关系的法律规范的总称。消费税法是国家征收消费税的法律依据。所谓消费税，是指税法规定的对特定消费品或特殊消费行为的流转额征收的一种商品税。消费税是各国或地区普遍征收的税种，在各国财政收入，尤其是发展中国家财政收入中占据相当大的比重。在我国，消费税属于中央税，由国家税务机关负责征收。形式意义上的消费税法仅指调整消费税征纳关系的《消费税暂行条例》。在消费税制度改革方面，国家应制定《消费税法》，调整消费税征收范围、环节、税率，把高耗能、高污染产业及部分高档消费品尽快纳入征收范围。

3. 关税法

关税法是调整进出口关税征纳关系的法律规范的总称。关税是对进出关境的货物、物品征收的一种商品税。为了贯彻对外开放政策，促进对外经济贸易和国民经济的发展，根据《海关法》（1987年），国务院2003年10月29日制定了《进出口关税条例》。此外，国务院还制定了《海关进出口税则》和《进境物品进口税率表》，规定了关税的税目、税则号列和税率。中华人民共和国准许进出口的货物、进境物品，除法律、行政法规另有规定外，海关依照规定征收进出口关税。

（三）商品税法的宏观调控作用

商品税法通过调整商品税收关系，一方面发挥商品税经济杠杆作用，配合价格机制满足市场对资源配置的决定性作用的需要；另一方面使国家能够实施有效的鼓励和限制措施，调节生产、消费和经济结构、产业结构及生产力布局的优化，保持经济总量平衡，促进宏观经济健康平稳发展，从而达到宏观调控的目标。商品税法对宏观调控的具体作用表现在以下方面：

1. 商品税法有助于调节社会总供求的结构。商品税法可根据消费需求和投资需求的不同对象，设置不同的税种、税目，在同一税种中实行差别税率，以控制需求数量和调节供求结构。例如，国家通过调整消费税征收范围，把高耗能、高污染产业及部分高档消费品纳入征收范围，调控部分商品生产和消费数量。

---

① 1993年12月13日，国务院公布。根据2017年11月19日《国务院关于废止〈中华人民共和国营业税暂行条例〉和修改〈中华人民共和国增值税暂行条例〉的决定》修订。

2. 商品税法有助于稳定地获取财政收入，增强宏观调控力。与所得税相比，商品税的税收收入较为稳定。这是因为，商品税是只要有市场交易行为就要课税，不受或较少受生产经营成本的影响；而所得税只有在市场交易行为发生以后有纯利润才能课税。因此，国家开征商品税能及时保证财政收入的稳定。这也是许多发展中国家普遍将商品税作为主体税种的主要原因。

3. 商品税法可灵活调节课税对象，提高调控的针对性和精准性。商品税的课税对象是商品和劳务的流转额，因此，在商品税法的具体税制设计时，可以选择所有商品和服务进行征税，也可以选择部分商品和服务进行征税；可以选择商品流通的所有环节进行征税，也可以选择其中的一个或几个环节进行征税；可以选择商品或劳务流转总额进行征税，也可以选择课税对象的增值额进行征税等。国家通过这种灵活调节课税对象的方式，可以有针对性地对宏观经济进行精准有效的调控。

4. 商品税法对促进国际收支平衡具有重要的调控作用。为了促进国际贸易和平衡国际收支，国家可以通过制定和修改《进出口关税条例》《海关进出口税则》和《进境物品进口税率表》等，规定关税的税目、税则号列和税率；规定暂定税率的货物、税率和期限；决定关税配额税率；决定征收反倾销税、反补贴税、保障措施关税、报复性关税以及决定实施其他关税措施。此外，通过调节增值税的出口退税率等，使从事进出口货物、进境物品的企业和个人，承担不同税负，进而可以影响对外贸易和外汇收支，达到促进国际收支保持平衡的宏观调控目标。

二、增值税法的主要内容

根据国务院 2017 年 11 月 19 日公布实施的《增值税暂行条例》的规定，其实体法规定的主要内容是：

（一）纳税人

凡在中华人民共和国境内销售货物或者加工、修理修配劳务（以下简称劳务），销售服务、无形资产、不动产以及进口货物的单位和个人，为增值税的纳税人。从税款计算的角度，增值税的纳税人分为一般纳税人和小规模纳税人。

（二）增值税税率

1. 纳税人销售货物、劳务、有形动产租赁服务或者进口货物，除适用 10% 税率和税率为零的项目外，税率为 16%。

2. 纳税人销售交通运输、邮政、基础电信、建筑、不动产租赁服务，销售不动产，转让土地使用权，销售或者进口下列货物，税率为 10%：（1）粮食等农产品、食用植物油、食用盐；（2）自来水、暖气、冷气、热水、煤气、石油液化气、天然气、二甲醚、沼气、居民用煤炭制品；（3）图书、报纸、杂志、音像制品、电子出版物；（4）饲料、化肥、农药、农机、农膜；（5）国务院规定的其他货物。

3. 纳税人销售服务、无形资产，除适用16%、10%的税率和税率为零的项目外，税率为6%。

4. 纳税人出口货物，税率为零。但是，国务院另有规定的除外。

5. 境内单位和个人跨境销售国务院规定范围内的服务、无形资产，税率为零。

《增值税暂行条例》还规定，税率的调整，由国务院决定①，纳税人兼营不同税率的项目，应当分别核算不同税率项目的销售额，未分别核算销售额的，从高适用税率。

（三）增值税应纳税额的计算

1. 一般纳税人应纳税额的计算

除小规模纳税人外，纳税人销售货物、劳务、服务、无形资产、不动产（以下统称应税销售行为），应纳税额为当期销项税额抵扣当期进项税额后的余额。其应纳税额计算公式：

$$应纳税额 = 当期销项税额 - 当期进项税额$$

上述公式中销项税额＝销售额×税率；进项税额＝买价×扣除率。

纳税人购进货物、劳务、服务、无形资产、不动产支付或者负担的增值税额，为进项税额。但下列进项税额准予从销项税额中抵扣：（1）从销售方取得的增值税专用发票上注明的增值税额；（2）从海关取得的海关进口增值税专用缴款书上注明的增值税额；（3）购进农产品，除取得增值税专用发票或者海关进口增值税专用缴款书外，按照农产品收购发票或者销售发票上注明的农产品买价和11%的扣除率计算的进项税额，国务院另有规定的除外；（4）自境外单位或者个人购进劳务、服务、无形资产或者境内的不动产，从税务机关或者扣缴义务人取得的代扣代缴税款的完税凭证上注明的增值税额。上述准予抵扣的项目和扣除率的调整，由国务院决定。当期销项税额小于当期进项税额不足抵扣时，其不足部分可以结转下期继续抵扣。

纳税人购进货物、劳务、服务、无形资产、不动产，取得的增值税扣税凭证不符合法律、行政法规或者国务院税务主管部门有关规定的，其进项税额不得从销项税额中抵扣。具体而言下列项目的进项税额不得从销项税额中抵扣：（1）用于简易计税方法计税项目、免征增值税项目、集体福利或者个人消费的购进货物、劳务、服务、无形资产和不动产；（2）非正常损失的购进货物，以及相关的劳务和交通运输服务；（3）非正常损失的在产品、产成品所耗用的购进货物（不包括

---

① 国务院决定，自2018年5月1日起，将制造业等行业的税率从17%降至16%，将交通运输、建筑和基础电信等行业以及农产品等货物的税率从11%降至10%。据此，财政部、税务总局发布了《关于调整增值税税率的通知》。

固定资产)、劳务和交通运输服务;(4)国务院规定的其他项目。

2. 小规模纳税人应纳税额的计算

小规模纳税人发生应税销售行为,实行按照销售额和征收率计算应纳税额的简易办法,并不得抵扣进项税额。其应纳税额计算公式为:

$$应纳税额=销售额\times征收率$$

《增值税暂行条例》规定,小规模纳税人的标准由国务院财政、税务主管部门规定。小规模纳税人增值税征收率为3%,国务院另有规定的除外;小规模纳税人以外的纳税人应当向主管税务机关办理登记,具体登记办法由国务院税务主管部门制定;小规模纳税人会计核算健全,能够提供准确税务资料的,可以向主管税务机关办理登记,不作为小规模纳税人,依照本条例有关规定计算应纳税额。

3. 纳税人进口货物的应纳税额的计算

纳税人进口货物,按照组成计税价格和《增值税暂行条例》规定的税率计算应纳税额。组成计税价格和应纳税额计算公式:

$$组成计税价格=关税完税价格+关税+消费税$$
$$应纳税额=组成计税价格\times税率$$

《增值税暂行条例》规定,中国境外的单位或者个人在境内销售劳务,在境内未设有经营机构的,以其境内代理人为扣缴义务人;在境内没有代理人的,以购买方为扣缴义务人。

(四) 增值税的税收优惠

根据《增值税暂行条例》第15条规定,下列项目免征增值税:(1)农业生产者销售的自产农产品;(2)避孕药品和用具;(3)古旧图书;(4)直接用于科学研究、科学试验和教学的进口仪器、设备;(5)外国政府、国际组织无偿援助的进口物资和设备;(6)由残疾人的组织直接进口供残疾人专用的物品;(7)销售的自己使用过的物品。

除上述规定外,增值税的免税、减税项目由国务院规定,任何地区、部门均不得规定免税、减税项目;纳税人兼营免税、减税项目的,应当分别核算免税、减税项目的销售额,未分别核算销售额的,不得免税、减税。

纳税人销售额未达到国务院财政、税务主管部门规定的增值税起征点的,免征增值税;达到起征点的,依照《增值税暂行条例》全额计算缴纳增值税。

三、消费税法的主要内容

我国的消费税法制度主要体现为《消费税暂行条例》及与之配套的相关法规、

规章的规定,其实体法规范主要有以下内容。

(一) 纳税主体

我国消费税法所规定的纳税主体,是指在中华人民共和国境内生产、委托加工和进口《消费税暂行条例》规定的消费品的单位和个人,以及国务院确定的销售《消费税暂行条例》规定的消费品的其他单位和个人。

(二) 征税范围

消费税法确定的征税范围,是指消费税法规定的征收消费税的消费品及消费行为的种类。为调控的需要,大多数国家消费税法只对部分消费品、消费行为征收消费税。也有少数国家消费税法规定对全部消费品课征消费税,但同时规定对若干消费品或消费行为免税。我国实行的是有选择性的有限型消费税。目前我国消费税法规定的征税范围主要包括:过度消费会对人类健康、社会秩序、生态环境等方面造成危害的特殊消费品,如烟、酒等;奢侈品和非生活必需品,如贵重首饰及珠宝玉石等;高能耗及高档消费品,如游艇、高档手表等;不可再生和不可替代的消费品,如成品油等。

(三) 消费税的税目与税率

根据征税范围,我国现行消费税法确定了十几个税目,分别采用比例税率和固定税额标准征收消费税。例如,烟税目适用比例税率:甲类卷烟税率为56%,乙类卷烟税率为36%。又如,啤酒适用固定税额,其中,甲类啤酒250元/吨,乙类啤酒220元/吨。

(四) 消费税应纳税额的计算

根据我国现行消费税法规定,消费税的一般计税方法:消费税实行从价定率、从量定额,或者从价定率和从量定额复合计税(以下简称复合计税)的办法计算应纳税额。具体计算公式为:

实行从价定率办法计算的应纳税额=销售额×比例税率

实行从量定额办法计算的应纳税额=销售数量×定额税率

实行复合计税办法计算的应纳税额=销售额×比例税率+
销售数量×定额税率

纳税人应税消费品的计税价格明显偏低并无正当理由的,由主管税务机关核定其计税价格。

(五) 退(免)税规定

对纳税人出口应税消费品,除国务院另有规定限制出口的以外,免征消费税。出口的应税消费品办理退税后,发生退关或者国外退货,进口时予以免税的,报关出口者必须及时向其机构所在地或者居住地主管税务机关申报补缴已退的消费税税款。纳税人自产自用的应税消费品,用于连续生产应税消费品的,不纳税。

四、关税制度的主要内容

我国的关税法律制度主要表现为《进出口关税条例》《海关进出口税则》《海关法》等相关法律、法规的规定，其实体法规范的主要内容是：

在征税范围方面，关税的征税范围包括准许进出我国关境的各类货物和物品。其中，货物是指贸易性的进出口商品，物品则包括非贸易性的下列物品：（1）入境旅客随身携带的行李和物品；（2）个人邮递物品；（3）各种运输工具上的服务人员携带进口的自用物品；（4）馈赠物品以及以其他方式入境的个人物品。

在纳税主体方面，关税的纳税主体是依法负有缴纳关税义务的单位和个人。就贸易性商品来说，其纳税主体是：（1）进口货物的收货人；（2）出口货物的发货人。就非贸易性物品而言，其纳税主体为进境物品的所有人。

在税率方面，我国关税实行差别比例税率，将同一税目的货物分为进口税率和出口税率。其中，进口关税设置最惠国税率、协定税率、特惠税率、普通税率、关税配额税率等税率。对进口货物在一定期限内可以实行暂定税率。出口关税设置出口税率。对出口货物在一定期限内可以实行暂定税率。在税率的适用方面，上述各类税率分别有各自的适用对象，具体情况由《海关进出口税则》和《进境物品进口税率表》等规定。按照国家规定实行关税配额管理的进口货物，在关税配额内的，适用关税配额税率；在关税配额外的，按照上述各类税率的适用对象。

在计税依据方面，关税的计税依据是关税的完税价格。在完税价格确定或估定以后，即可计算关税的应纳税额，其计算公式为：

$$应纳税额 = 完税价格 \times 关税税率$$
$$应纳税额 = 货物数量 \times 单位税额$$

在税收减免方面，关税的税收减免项目较多，可分为法定减免、特定减免和临时减免三大类。其中，法定减免是指应依据税法的明确规定来实施的税收减免；特定减免是国务院及其授权机关在法定减免以外，为实现特定的目的而特准给予的税收减免；临时减免是对某个具体纳税人的某次进出口货物临时给予的减免，它不具有普遍的减免效力。

第三节 所得税调控法律制度

所得税法是指调整所得税征纳关系的法律规范的总称。所得税是以所得为征税对象，向获取所得的主体征收的一类税。本节着重从税收调控法的视角阐述所得税法与宏观调控、所得税法制度的基本模式、企业所得税法和个人所得税法制度的主要内容。

一、所得税法与宏观调控

(一) 所得税的概念和特点

所得税，是指以收入所得为征税对象，向获取所得的主体征收的一类税。依纳税主体类别不同，国际上通常将所得税分为公司所得税（或法人所得税）和个人所得税两大类。

所得税与商品税、财产税等税种相比，具有以下特点：

第一，以所得为征税对象，其税基具有广泛性。作为征税对象的所得，可以是来自个人、企业、社会团体等各类纳税主体的所得。征税对象范围广泛，其中包括经营所得、劳务所得、投资所得、资本所得和其他所得。

第二，计税依据的确定具有复杂性。所得税的计税依据是根据总所得额减去各种法定扣除项目后的余额。由于应纳税所得额不等于会计利润，存在复杂的法定扣除项目，因而计算和确定计税依据比较复杂。

第三，累进税率与比例税率并用。所得税要体现量能课征的公平性原则，税率设计时尽可能采用累进税率；而为了提高效率，税率设计时针对企业经营所得、资本利得等采用比例税率。

第四，税收负担的直接性。所得税以所得为征税对象，无所得则不征税。并且所得税的税负由纳税人自己直接承担，不易于转嫁。所以所得税是典型的直接税。

(二) 所得税法制度的基本模式

从各国实行的所得税制看，目前所得税法制度可分为三种基本模式或类型：

1. 分类所得税制

分类所得税制，是指将所得按其来源不同分成若干类别，对不同类别的所得分别计税的所得税制度。如将所得分为营业利润所得、利息所得、股息所得、工资薪金所得等，分别征收相应的所得税。

2. 综合所得税制

综合所得税制，是指将纳税人全年各种不同来源的全部所得汇总在一起，在进行法定扣除后按统一规定的税率征税的所得税制度。

3. 混合所得税制

混合所得税制，亦称分类综合所得税制，是指分类所得税制和综合所得税制的优点的综合并用，实行对某些所得按类别分别征税，而对其他所得合并综合征税的两制混合的所得税制度。

(三) 所得税法的宏观调控作用

所得税法通过规范和调整以所得为征税对象产生的所得税收关系，而作用于宏观调控目标。所得税法对宏观调控的具体作用表现为以下方面：

第一，所得税法可以合理调节税收收入的弹性。税收弹性是指税收收入对经济增长的反应程度，一般表示为税收收入的变化率和 GDP 变化率之比。税收收入的弹性在累进的所得税制下，所得税的边际税赋随应纳所得税的变化而变化，从而使所得税的收入随着经济繁荣而增加，随经济衰退而降低，不仅使税收收入具有弹性，而且可发挥调控经济的"自动稳定器"的功能。所得税法保证发挥所得税的税收收入的弹性作用，完善分配调节机制，对调控和稳定经济，减缓经济周期波动影响，保持经济平稳发展具有重要作用。

第二，所得税法可以有效运用所得税的鼓励和限制措施。所得税法通过贯彻实施免税、减税和延期征税等优惠政策，可以有针对性地调节生产、消费和收入分配，促进经济结构、产业结构、产品结构和生产力布局的优化，促进不同行业和不同区域经济的平衡与协调发展。例如，《企业所得税法》规定，对国家重点扶持和鼓励发展的产业和项目，给予企业所得税优惠；对国家重点扶持的公共基础设施项目投资经营的所得等可以免征、减征企业所得税；符合条件的小型微利企业，减按20%的税率征收企业所得税；国家需要重点扶持的高新技术企业，减按15%的税率征收企业所得税。

第三，所得税法可以调节收入分配格局。所得税是直接税，无所得则不征税；所得税的税负由纳税人自己直接承担，不易于转嫁；所得税可以采用累进税率。所得税法通过发挥所得税的这些"特长"，可以定向调节企业之间、行业之间、地区之间、城乡之间、社会成员之间收入分配差距，缩小上述收入分配差距，有助于形成合理的橄榄型分配格局。完善所得税法制度，有助于促进社会公平，实现社会和谐，保障国家长治久安。

二、企业所得税法的主要内容

根据《企业所得税法》和《企业所得税法实施条例》的规定，我国企业所得税法实体规范的主要内容包括以下几点。

(一) 纳税主体

在我国境内的企业和其他取得收入的组织（以下统称企业）为企业所得税的纳税人。为了避免重复征税，我国对个人独资企业、合伙企业不征企业所得税，而征收个人所得税。

纳税人分为居民企业和非居民企业两种，其区分的意义主要在于确定征税的范围以及纳税人的纳税义务。居民企业承担无限纳税义务，应当就其来源于中国境内、境外的所得缴纳企业所得税。而非居民企业负有限纳税义务，一般只就其来源于我国境内的所得纳税。

(二) 征税对象和税率

企业所得税的征税对象，是指企业的生产、经营所得和其他所得。企业所得税的税率有普通税率和优惠税率之分。普通税率有两种情况：一般企业所得税的税率为25%；非居民企业在中国境内未设立机构、场所但有来源于中国境内的所得，或者虽设立机构、场所但获取与其所设机构、场所没有实际联系的所得，名义税率为20%。优惠税率也有两种情况：符合条件的小型微利企业，减按20%的税率征收企业所得税；国家需要重点扶持的高新技术企业，减按15%的税率征收企业所得税。

(三) 应纳税额的计算

要正确计算企业所得税的应纳税额，必须首先确定应纳税所得额。应纳税所得额是企业所得税的计税依据，即纳税人每一纳税年度的收入总额，减除不征税收入、各项扣除以及允许弥补的以前年度亏损后的余额。应纳税额的计算公式为：

$$应纳税额 = 应纳税所得额 \times 适用税率 - 减免税额 - 抵免税额$$

公式中的减免税额和抵免税额，是指依照企业所得税法和国务院的税收优惠规定减征、免征和抵免的应纳税额。

(四) 税收优惠制度

企业所得税法规定的税收优惠制度，直接影响到宏观调控功能的发挥。根据我国《企业所得税法》的规定，对国家重点扶持和鼓励发展的产业和项目给予优惠，引导资金和资源投入到目前国家需要鼓励和重点扶持的产业和项目，包括促进技术创新和技术进步，鼓励基础设施建设，鼓励农业发展及环境保护与节能节水、支持安全生产。

我国《企业所得税法》规定的税收优惠的措施是多种多样的，其主要优惠的措施有以下几类：(1) 免税收入。(2) 税款的免征、减征。(3) 降低税率。(4) 加计扣除支出、减计收入。(5) 抵扣应纳税所得额。创业投资企业从事国家需要重点扶持和鼓励的创业投资，可以按投资额的一定比例抵扣应纳税所得额。(6) 缩短折旧年限或加速固定资产折旧。(7) 税额抵免。(8) 专项优惠政策。《企业所得税法》规定的上述八项税收优惠的具体办法，由国务院规定。此外，国家财政部门、税务部门还规定了某些税收优惠措施，例如，2017年6月6日财政部、税务总局发布的《关于扩大小型微利企业所得税优惠政策范围的通知》中的有关规定。

(五) 纳税调整制度

由于在现实的经济生活中，纳税主体及其经济行为都非常复杂，在有些情况下，可能直接影响税基和应纳税所得额。为此，针对现实经济活动中的一些特殊情况，《企业所得税法》还专门规定了特别纳税调整制度，以确保纳税的真实性，保障国家的税收收入，防止纳税主体从事违法的税收逃避活动。

在纳税调整制度方面，税法赋予了征税机关以调整权，征税机关可以依照法律规定和具体情况，据实调整或推定调整纳税人的应税所得额或应纳税额。

纳税调整制度，主要用于关联企业领域，并由此形成了税法上的关联企业制度。事实上，广义的关联企业制度包含多个方面的内容，如转移定价的税法规制（包括预约定价）、关联企业的信息披露制度、对通过避税地或避税港以及资本弱化手段进行避税的规制，等等。由于这些制度的重要目标是反避税，因而也有人称之为反避税制度。

此外，企业实施其他不具有合理商业目的的安排而减少其应纳税收入或者所得额的，税务机关有权按照合理方法调整。这一规定也被视为反避税的一般条款，它有利于税务机关更好地开展反避税工作。

三、个人所得税法的主要内容

个人所得税是以个人所得为征税对象，并由获取所得的个人缴纳的一种税。它是各国开征十分普遍的一个税种，在保障财政收入和实现社会政策方面具有重要作用。

我国的个人所得税制度体现为由全国人大于 1980 年 9 月 10 日通过、1993 年以来多次修正的《个人所得税法》以及其他与之配套的法规、规章规定。其实体法规范的主要内容是：

在税法主体方面，征税主体是税务机关，纳税主体可分为两类，即居民纳税人和非居民纳税人。其中，凡在我国境内有住所，或者无住所而在境内居住满 1 年的个人，即为居民纳税人；凡在我国境内无住所又不居住，或者无住所而在我国境内居住不满 1 年的个人，为非居民纳税人。

在征税范围方面，我国实行分类所得税制，包括 11 个税目，即工资、薪金所得，个体工商户的生产、经营所得，对企事业单位的承包经营、承租经营所得，劳务报酬所得，稿酬所得，特许权使用费所得，利息、股息、红利所得，财产租赁所得，财产转让所得，偶然所得，以及经国务院财政部门确定征税的其他所得。

在税率方面，上述的前三类所得适用超额累进税率，而其他各类所得则适用比例税率。由于税目不同，所适用的税率也不尽相同。

在应纳税额的计算方面，应首先按税法规定确定应税所得额，然后计算应纳税额，其计税公式是：

$$应纳税额 = 应税所得额 \times 税率$$

在税收减免方面，我国《个人所得税法》的规定较多，如国债利息，福利费、抚恤金和救济金，军人的转业费、复员费等，均应免税。此外，残疾、孤老人员和烈属的所得等，经批准可以减征。

第四节　财产税调控法律制度

财产税法是指调整财产税征纳关系的法律规范的总称。财产税是以财产为征税对象，并由对财产进行占有、使用或收益的主体缴纳的一类税。由于财产税能起到商品税、所得税等税种难以实现的调节作用，因而被大多数国家所采用。财产税的税种较多，财产税法律制度较为复杂。本节主要从税收调控法的视角阐述财产税法与宏观调控、财产税法的基本结构，并对资源税法、土地税法、房产税法、契税法和印花税法等的主要内容作简要介绍。

一、财产税法与宏观调控

（一）财产税的概念和特点

财产税是以财产为征税对象，并由对财产进行占有、使用或收益的主体缴纳的一类税。所谓财产包括一切积累的劳动产品（生产资料和生活资料）、自然资源（如土地、矿藏、森林等）和各种科学技术、发明创作的特许权等。国家可以选择某些财产予以课税。财产税的历史是非常悠久的，但在现代各国一般都不具有主体税种的地位，通常是地方税收收入的主要来源。

我国财产税的税种较多，主要包括资源税、房产税、土地使用税、土地增值税、耕地占用税、契税、车船税等。从总体上看，整个财产税具有以下特点：

第一，征税对象是财产。这是财产税区别于商品税和所得税的根本特征。

第二，税负不易转嫁。财产税是由对财产进行占有、使用或收益的主体直接承担，属于直接税，其税负不易转嫁。

第三，税收收入可靠和稳定。作为财产税法客体的财产，大多为不动产，如土地、自然资源、房屋、建筑物等。这类财产位置固定，标志明显，不易被隐瞒和转移，对其征税可靠和稳定。因此，各国在选择财产税的征税对象时，一般只对不动产征税，对动产则不征税。

第四，体现税收公平。财产税计税依据是占有、用益的财产额。它与财产的用益密切相关，因而征收财产税可以更好地体现税收公平原则，促进社会财富的公平分配。

第五，适宜由地方政府征收。纳税人的财产情况，一般当地政府较易了解，适宜由地方政府征收管理，有不少国家把财产税划归地方税。

财产税虽然在现代各国税收结构中并不占主导地位，但由于它能起到商品税、所得税等税种难以实现的调节作用，因而被大多数国家所采用。

（二）财产税法及其外在表现形式

财产税法是一个综合性概念，凡是调整财产税征纳关系的法律规范都可纳入财产税法体系。在税收立法中并没有制定一部单行的《财产税法》。

目前，我国财产税法规范的外在表现形式主要是国务院制定的行政法规。在财产税领域的立法主要包括《车船税法》以及国务院制定的《资源税暂行条例》《城镇土地使用税暂行条例》《土地增值税暂行条例》《耕地占用税暂行条例》《房产税暂行条例》《契税暂行条例》和《印花税暂行条例》等。

（三）财产税法的宏观调控作用

由于财产税主要以房产、土地、自然资源等不动产为征税对象，在宏观调控方面可以发挥不同于商品税和所得税的作用。与此相适应，调整财产税征纳关系的财产税法，在宏观调控中也具有其独特作用：

第一，保护和合理利用土地、自然资源，防止资源滥用或开发过度，保持经济的可持续发展。土地、自然资源是稀缺的、不可再生的生产资料和生活资料。通过财产税法，如资源税法、土地税法，发挥其经济杠杆功能，保护和合理利用土地、自然资源，保证经济建设和生态环境需要，保持经济的可持续发展。

第二，通过财产税法调控房地产市场，抑制或消除楼市泡沫，防范经济风险，促进经济结构协调和产业结构优化。

第三，通过财产税法增加地方财政收入，有利于发展地方经济，减少地方债务风险。

第四，通过财产税法调节社会成员之间贫富差距，可以促进社会公平、实现社会和谐与国家稳定。

二、财产税法的体系

我国现行财产税法体系主要由房产税法、资源税法和车船税法等构成。

（一）房产税法

房产税是以房产为征税对象，按房产的计税余值或房产的租金收入为计税依据，向房产的所有人或使用人征收的一种财产税。对房产征税是为了运用税收杠杆，调节房产所有人和使用人的收入，有利于积累建设资金，加强房产管理，提高房屋的使用效率。此外，房产税税源稳定，易于控制管理，是地方财政收入的重要来源之一。

房产税法是调整房产税征纳关系的法律规范的总称。我国房产税的主要法律依据是 1986 年 9 月 15 日国务院颁布的《房产税暂行条例》。

（二）契税法

契税是以所有权发生转移、变动的不动产为征税对象，向产权承受人征收的一种财产税。在我国，契税是在国有土地使用权出让、转让，房屋买卖、赠与或交换而发生产权转移或变动，订立契约时，向产权承受人征收的一种税。

契税法是调整契税征纳关系的法律规范的总称。国务院于1997年7月7日发布了《契税暂行条例》，该条例自1997年10月1日起开始施行。此后，财政部又于同年10月发布了《契税暂行条例实施细则》。《契税暂行条例》和《契税暂行条例实施细则》是我国目前契税征收的主要法律依据。

（三）车船税法

车船税是在中华人民共和国境内的车辆、船舶的所有人或者管理人按照《车船税法》应缴纳的一种税。

车船税法是调整车船税征纳关系的法律规范的总称。车船税法的外部表现形式主要是第十一届全国人民代表大会常务委员会第十九次会议于2011年2月25日通过、自2012年1月1日起施行的《车船税法》和2011年11月23日国务院制定的《车船税法实施条例》。

（四）印花税法

印花税是指国家对纳税主体在经济活动中书立、领受应税凭证的行为征收的一种税。

印花税法是调整印花税征纳关系的法律规范的总称。1978年改革开放后，商品经济发展迅速，社会经济生活发生了巨大的变化。经济活动和经济交往过程中书立、领受凭证的行为已成为普遍现象，1988年8月，国务院发布了《印花税暂行条例》，自1988年10月1日起施行，2011年1月8日经国务院令第588号修改。

（五）资源税法

资源税是以各种应税自然资源为征税对象、为了调节资源级差收入并体现国有资源有偿使用而征收的一种税。资源税并非对所有资源课征，而是把某些特殊的资源列入征税范围予以征收。

资源税法是调整资源税征纳关系的法律规范的总称。1993年12月25日，国务院颁布了《资源税暂行条例》；2011年9月30日，国务院颁布了修改后的《资源税暂行条例》，自2011年11月1日起施行。资源税法的实施，会对资源的开发、利用起到较好的调节作用。

（六）城镇土地使用税法

城镇土地使用税是以开征范围的土地为征税对象，以实际占用的土地面积为计税标准，按规定税额对拥有土地使用权的单位和个人征收的一种税。城镇土地使用税是为了促进合理使用城镇土地，适当调节城镇土地级差收入而征收的税收。

城镇土地使用税法是调整城镇土地使用税征纳关系的法律规范的总称。现行《城镇土地使用税暂行条例》于 1988 年 9 月 27 日发布，后于 2006 年 12 月 31 日、2011 年 1 月 8 日、2013 年 12 月 7 日三次修订。该条例的实施办法由省、自治区、直辖市人民政府制定。

（七）土地增值税法

土地增值税，是指对有偿转让国有土地使用权、地上建筑物及其附着物的单位和个人，就其取得的收入的增值部分征收的一种税。它是为了规范房地产市场交易秩序，适当调节土地增值收益而征收的一种税收。

土地增值税法，是调整土地增值税征纳关系的法律规范的总称。我国关于土地增值税的法规主要是 1993 年 12 月 13 日国务院颁布的《土地增值税暂行条例》，并于 2011 年 1 月 8 日国务院令第 588 号进行了修改。

（八）耕地占用税法

耕地占用税，是指对占用耕地建房或者从事其他非农业建设的单位和个人，按其实际占用耕地面积实行从量定额征收的一种税。它是为了加强土地管理，合理利用土地资源，保护农用耕地而征收的一种税收。

耕地占用税法是调整耕地占用税征纳关系的法律规范的总称。2007 年 12 月 1 日，国务院发布了《耕地占用税暂行条例》，自 2008 年 1 月 1 日起施行。该条例对于保护耕地、促进合理利用土地资源起到了积极的作用。

思考题：

1. 如何理解税收和税法的概念？
2. 税法如何促进和保障税收调控功能的实现？
3. 如何理解税法的课税要素？
4. 各类商品税之间有何共性与个性？
5. 你认为所得税法有助于解决哪些现实问题？
6. 如何完善我国财产税法制度？

▶ 自测习题及参考答案

第十章　金融调控法律制度

金融法是调整金融活动中发生的社会关系的法律规范的总称。金融是融通货币和货币资金的经济活动，它是资金运动的"信用中介"，是现代经济的核心，是宏观调控的重要杠杆。金融调控与财税调控、发展规划调控、产业政策与投资调控、价格总水平调控等各种经济调控手段共同构成宏观经济调控体系。从这个意义上说，金融调控制度是经济法体系中重要的宏观调控法律制度。伴随金融在我国的迅速发展，金融创新需求日益旺盛，金融调控在宏观经济调控中的地位更显重要，只有加强金融重点领域立法，才能更多地运用金融法律手段促进和保障国家宏观调控目标的实现。

第一节　金融调控法基本原理

金融调控法基本原理涉及金融与金融法的概念、金融法与金融调控的关系、金融调控的内容与特征、金融调控法的目标与原则、金融调控法的体系与手段、金融调控法的主体与程序等基本问题。只有学习与理解好金融法与金融调控法的基本概念与原理，才能掌握金融调控法的具体制度。

一、金融法与金融调控

（一）金融的概念

金融，是"货币资金融通"的简称，即以银行等金融机构为中心的各种形式的信用活动以及在信用基础上组织起来的货币流通。金融通常被理解为货币或货币资金余缺的融通、调剂活动的总体。金融的基础是信用。货币资金融通的条件是市场。金融的目的是通过实现资金的融通服务于实体经济。从资金融通有无中介的角度来看，金融一般分为直接金融和间接金融两种形式。

金融在国民经济中居于非常重要的地位，是现代经济的核心，是国民经济的枢纽，它牵一发而动全身。金融属于经济范畴，是商品经济社会的产物。金融在市场经济活动中发挥着越来越重要的作用。金融的健康与安全运行离不开法治的保障，要规范金融行为，维护金融秩序，防范系统性金融风险，促进金融业健康发展，就必须加强和完善金融法律制度。

（二）金融调控及其特征

金融调控是金融的主要作用之一。金融调控是以中央银行制定和实施货币政策为主导，通过调节货币供应量、利率和汇率水平，间接调控金融市场。它是中央银行依照法律，通过制定和实施货币政策等手段实现的宏观调控，也是国家宏观调控体系中最重要的一种手段。党的十九大报告指出，"健全货币政策和宏观审慎政策双支柱调控框架，深化利率和汇率市场化改革。"① 金融调控具有如下特征：

1. 金融调控主体是中央银行

由于金融调控关乎一国经济的稳定、健康发展，各国通常规定金融调控主体为中央银行。中国人民银行是我国的中央银行，依照《中国人民银行法》第2条第2款的规定，中国人民银行在国务院领导下，制定和执行货币政策，防范和化解金融风险，维护金融稳定。中国人民银行是我国的金融调控主体。国家金融监管机关有配合中央银行实施调控的职责，商业银行和非银行金融机构等有服从法定的金融调控、监管与规制的义务。

2. 金融调控的手段以货币政策和宏观审慎政策为双支柱

货币政策，是指中央银行为实现特定的经济目标所采取的各种控制和调节货币供应量或信用量，进而影响宏观经济的方针、政策和措施的总称。货币政策是一种长期性宏观经济政策，是以调整社会总需求为目标的间接性控制措施。制定和实施国家货币政策是中央银行履行其法定职责和实现其调控职能的核心所在。货币政策工具的运用，直接对金融机构的基础货币和短期市场利率水平发生作用，进而影响商业银行的信用扩张能力和货币供应量的变化，实现对以货币为媒介的社会有效需求的调节。从宏观和逆周期的视角，运用审慎政策工具有效防范和化解系统性金融风险，从整体上维护金融稳定，是宏观审慎政策的核心内容。宏观审慎政策已经成为全球范围内宏观调控框架的支柱之一。由此可见，中央银行不直接对商业银行等金融机构的信用量和利率水平给予指令限定，而是通过货币政策和宏观审慎政策两大支柱，对一系列可调控可预测的中介目标施加影响力，并由传导机制的作用而达到调控目标。

3. 金融调控必须依法进行

中央银行必须在法定的权限内，严格按照法定程序，制定和实施金融调控方案，以保证权力不被滥用、维护金融市场自由为前提，不得损害金融消费者和投资者的权益。中央银行在参与市场活动时，如公开市场操作，也应该严格依法行事。只有依法调控，才能做到金融调控行为规范、程序合法并有可预见性，才能保障金融领域内政府宏观调控的科学和有效治理。

4. 金融调控的目的是稳定币值以促进经济的发展

---

① 习近平：《决胜全面建成小康社会 夺取新时代中国特色社会主义伟大胜利》，人民出版社2017年版，第34页。

金融调控的目的是中央银行通过适度干预金融市场的货币供给量，保证币值的稳定，以保持经济总量平衡，促进重大经济结构协调和生产力布局优化，促进金融为实体经济服务，减缓经济周期波动影响，防范区域性、系统性风险，稳定市场预期，实现经济持续健康发展的目标。

（三）金融调控法是政府实施金融调控的法律手段

在市场经济条件下，金融机构相互之间、金融机构与其他企业等市场主体之间、金融机构与政府部门之间以及金融机构与个人之间都存在着金融业务活动和金融管理活动，构成复杂的金融关系。金融法就是调整上述复杂的金融关系的法律规范的总称。金融关系是金融法的调整对象。金融关系一般包括国家金融主管机关与各类金融机构、非金融机构和自然人之间的金融调控关系和金融规制关系。金融法调整金融关系，就是要通过制定金融法律规范确认金融机构的性质、法律地位，设定金融机构的权利义务，调节金融机构与其他企业、组织、个人和政府之间的货币利益关系，保护金融关系的健康发展，将社会金融活动纳入法治轨道。

金融法具有强大的宏观调控功能，正是基于它能专门调整金融调控关系。所谓金融调控关系是指国家及其授权的金融主管机关以稳定币值并以此促进经济增长为目标，对有关金融变量实施调节和控制而产生的金融管理关系。金融调控关系是金融调控法的特定调整对象。金融调控法是金融法体系中的支柱性制度。金融调控法赋予中央银行和金融监管机关以金融调控权力和权利，允许它们运用各种金融杠杆调节货币供给总量和结构，在全社会配置货币资金，进而影响非货币形态的经济资源之配置和市场主体的经济行为，当然这种权力和权利不得滥用，不得减损市场机制的决定性作用。

在经济法体系中，金融法包括金融调控法与金融规制法两大制度。它们体现了国家运用货币政策对经济干预的共性，但二者分属宏观调控领域和微观监管领域。二者的区别：（1）任务不同。金融宏观调控的任务是保持社会总需求与社会总供给之间的平衡，减缓经济周期波动影响，防范区域性、系统性风险；金融规制的任务是管住市场准入、退出市场和监督管理银行等金融机构的合法合规经营活动，维护金融市场的公平竞争秩序和安全运行，控制金融机构风险。（2）主体不同。金融调控的主体主要是中央银行（即所谓"一行"）；而金融规制的主体则主要是证监会和银保监会（即所谓"两会"）。2017年11月，经党中央、国务院批准，国务院金融稳定发展委员会成立，设立的目的是强化人民银行宏观审慎管理和系统性风险的防范职责，强化金融监管部门监管职责，确保金融安全和稳定发展。（3）管理方式方法不同。金融调控法是政府实施金融调控的主要法律手段，作为调整金融规制关系的金融规制法对金融调控有重要配合作用。

二、金融调控法的目标与原则

（一）金融调控法的目标

金融调控法作为经济法系统中的重要制度，其价值目标是防范和化解系统性金融风险，维护金融稳定，实现宏观经济总量平衡。现分述如下：

第一，防范和化解系统性金融风险，维护金融稳定。金融调控法通过确定金融调控机构的性质、地位、职责，明确金融调控的目标与手段及金融调控的原则、工具以及法律责任等，促进金融调控目标的达成。中国人民银行在国务院领导下，制定和执行货币政策，防范和化解系统性金融风险，维护金融稳定。可见，防范和化解金融风险，维护金融稳定，既是中央银行金融调控的目标，也是金融调控法的作用。

第二，保持社会总需求与总供给的平衡。金融调控可以引导资金流向、控制信用规模，对有关的金融变量实行调节和控制，是国家宏观经济调控的重要组成部分。金融调控法律制度的各项具体制度，如存款准备金制度、公开市场操作制度等，都是从宏观上和总量上对金融市场进行的调控，所以说，金融调控法有助于维持社会总需求与总供给的平衡，以实现国家宏观经济目标，保证国民经济稳定、健康、协调发展为目标。

（二）金融调控法的原则

金融调控法的基本原则，是指调整金融调控关系时所必须遵循的基本行为准则。基本原则的确定，不仅应反映金融调控法的本质，也应揭示金融调控法调控金融关系的独特手段。基于上述考虑，金融调控法有三项基本原则：

第一，间接调控原则。间接调控原则，是指金融调控主体运用金融调控法律制度的各项具体制度，通过市场机制引导市场主体的活动，使其符合整个金融调控发展目标。在现代市场经济条件下，金融调控主体主要通过存款准备金制度、公开市场操作制度等对市场金融活动进行间接调控。为了更好地运用这些调控手段，国家还通过经济立法选择了利率、汇率等相应的经济参数，针对不同的经济情况，把各种经济政策和经济参数搭配使用，目的就是使市场主体的行为符合整个国民经济发展的目标。

第二，计划指导原则。计划指导原则，是指政府通过国民经济与社会发展计划和规划，引导市场主体的生产经营活动沿着国家计划指导的方向发展的原则。在社会主义市场经济条件下，计划或规划具有导向作用，是金融调控的重要形式。它不仅确定国民经济发展的重要方向，而且与货币政策协调配合，共同指导和调节国民经济运行，展示国民经济发展走势、方向和国家长期发展战略，引导市场主体的经营思路和投资流向。

第三，相互协调原则。相互协调原则，是指金融调控中的各种调控手段相互配合、形成合力，共同发挥作用的原则。金融调控的目的是实现总需求和总供给的平衡，同时防范和化解金融风险，维护金融稳定。为达到这一调控目的，金融调控主体采用存款准备金制度、基准利率制度、再贴现制度、再贷款制度、公开市场操作制度等手段。而每一种调控手段各有特点，在金融调控中各有其优越性和局限性。因此，金融调控主体在依法确定金融调控手段时，应协调各种调控手段，充分发挥其互补功能和组合效应。只有坚持相互协调原则，才能真正实现金融调控的目的。

三、金融调控法的体系与手段

（一）金融调控法的体系

调整金融调控关系的法律规范主要集中规定在一国的中央银行法之中，在我国主要集中规定在《中国人民银行法》中，同时也分散规定在《银行业监管法》《商业银行法》《证券法》《保险法》《外汇管理法》等各金融法律规范文件之中。因此，金融调控法的体系主要包括中央银行法律制度、专业性金融法律制度和外汇管理法律制度。

1. 中央银行法律制度是金融调控法体系的核心

中央银行法是金融调控法之核心和基础，是依法制定和执行国家货币政策，调控货币流通与信用活动，保障金融调控顺利实施的法律制度。中央银行的金融调控职能，就是通过制定和执行货币信用政策，影响商业银行创造货币的基础和能力，实现货币供应总量的调节与控制，并引导资金的流向，促进产业和产品结构的合理化，为国民经济的持续、健康、稳定、协调发展创造条件。

2. 专业性金融法律制度是金融调控法体系的配套制度

从对金融调控的功能作用看，中央银行法是核心主体法律制度，银行业监管法、商业银行法、证券法和保险法等专业性金融法律制度围绕金融调控目标，与中央银行法共同组成金融调控法体系。党的十八届三中全会作出的《中共中央关于全面深化改革若干重大问题的决定》强调，"建立健全宏观审慎管理框架下的外债和资本流动管理体系""落实金融监管改革措施和稳健标准，完善监管协调机制，界定中央和地方金融监管职责和风险处置责任。建立存款保险制度，完善金融机构市场化退出机制。加强金融基础设施建设，保障金融市场安全高效运行和整体稳定。"可见，专业性金融法律制度在金融调控中担负着重要的调控任务，发挥协调配合作用。例如，逆周期性质的宏观政策体系的建立，对于商业银行和非银行金融机构的资本要求、流动性、杠杆率、会计准则、系统重要性机构等因素都有所要求。对金融衍生品交易进行监管，对影子银行体系加强监测、分析，防止系统性风险的发生，减缓顺周期性对于金融市场的负面作用。

此外，为防控地方债风险，2018年4月，财政部印发了《关于规范金融企业对地方政府和国有企业投融资行为有关问题的通知》，明确禁止国有金融企业协助地方政府违法违规、变相举借债务的行为。例如，与地方政府合作设立实为债务融资平台的投资基金，发行资产管理产品筹资与地方建设项目债务对接，参与"伪PPP"项目投融资等。这些措施在遏制地方债风险和金融风险，打好防范和化解金融风险攻坚战方面可以发挥调控作用。

3. 外汇管理法律制度是金融调控法体系中的重要制度

外汇管理法，是调整在外汇管理活动中发生的社会关系的法律规范的总称。它既是国家监管外汇市场的法律依据，又是金融调控法体系中的重要制度。通过外汇管理法监管外汇市场，规范国家外汇经营，促进与保持汇率稳定，实现货币政策目标，因而外汇管理法是我国金融调控法体系中的重要制度。

（二）金融调控法的手段

金融调控法以中央银行调控制度为其核心制度，其采用的调控手段主要也规定在《中国人民银行法》中，主要有以下六种：

1. 存款准备金制度

存款准备金制度是中央银行在法律所赋予的权力范围内通过规定或调整商业银行缴存于中央银行的存款准备金比率，控制商业银行的信用创造能力，间接地控制社会货币供应量的制度。

2. 基准利率制度

基准利率是指利率体系中起主导作用的基础利率，它的水平和变动决定其他各种利率的水平和变动。中国人民银行通过对基准利率的调整来实现紧缩银根或放松银根的目的。

3. 再贴现制度

贴现就是将未到期的票据向商业银行转让，融通资金。再贴现是指商业银行或其他金融机构将贴现所获得的未到期票据向中央银行转让，也就是商业银行和中央银行之间的票据买卖和资金让渡。再贴现政策就是中央银行通过制定或调整再贴现利率来干预和影响市场利率及货币市场的供应与需求，从而调节市场货币供应量的一种金融政策。

4. 再贷款制度

再贷款是指中央银行对商业银行的贷款。中国人民银行通过再贷款控制和调节商业银行的信贷活动，从而控制和调节货币供应量和信用总量。

5. 公开市场操作制度

公开市场操作是指中央银行为实现货币政策目标而在公开市场上买进或卖出有价证券的行为。根据《中国人民银行法》的规定，中央银行公开市场业务是指中央银行在公开市场上买卖国债、其他政府债券和金融债券及外汇,从而控制和调节货币供应量。1997年3月29日,中国人民银行发布《公开市场业务暨一级交易商管理暂行规定》,规定了公开市场业务交易的品种、对象、方式等具体事项。

6. 常备借贷便利制度

常备借贷便利(Standing Lending Facility,简称SLF)是中国人民银行正常的流动性供给渠道,主要功能是满足金融机构期限较长的大额流动性需求。对象主要为政策性银行和全国性商业银行。期限为1~3个月。利率水平根据货币政策调控、引导市场利率的需要等综合确定。常备借贷便利以抵押方式发放,合格抵押品包括高信用评级的债券类资产及优质信贷资产等。其主要作用是提高货币调控效果,有效防范银行体系流动性风险,增强对货币市场利率的调控效力。

四、金融调控法的主体与程序

(一) 金融调控主体

中央银行是金融调控的主要机构,从各国的实际经验来看,金融调控的主体权力在各国几乎都授予中央银行行使,其作为货币的发行者和货币供应量的最终调节者,通过对货币及运行的调节,实现对宏观经济的强有力调控。根据《中国人民银行法》第2条规定:"中国人民银行是中华人民共和国的中央银行。中国人民银行在国务院领导下,制定和执行货币政策,防范和化解金融风险,维护金融稳定。"2017年成立的国务院金融稳定发展委员会是金融调控的新主体。

除此之外,银保监会、证监会和外汇管理局也承担着辅助中央银行实施金融调控的职能,它们同样是金融调控法的调控主体。

(二) 金融调控的法定程序

1. 金融调控程序的法律规范

为保证中国人民银行依法制定和实施货币政策,《中国人民银行法》规定了相应的程序。该法第5条规定:"中国人民银行就年度货币供应量、利率、汇率和国务院规定的其他重要事项作出的决定,报国务院批准后执行。中国人民银行就前款规定以外的其他有关货币政策事项作出决定后,即予执行,并报国务院备案。"该法第6条规定:"中国人民银行应当向全国人民代表大会常务委员会提出有关货币政策情况和金融业运行情况的工作报告。"该法第7条规定:"中国人民银行在国务院领导下依法独立执行货币政策,履行职责,开展业务,不受地方政府、各级政府部门、社会团体和个人的干涉。"

2. 金融调控法的决策程序与执行程序

要实现对金融宏观调控行为的法律控制,需要有相应的法律程序。金融宏观调控法律程序可分为两个方面:(1) 核心决策程序。中国货币政策的决策权在国务院，中国人民银行是货币政策的执行、实施部门，所以《中国人民银行法》对中央银行运用货币政策等金融调控工具的决策程序未作具体规定。（2）操作执行程序。指金融调控运行的全部执行程序，包括中央银行的金融调控信息收集管理程序、调控措施实施程序和监督程序。中国人民银行致力于制度体系的建设，例如，在公开市场业务操作程序方面，依据1997年发布的《公开市场业务暨一级交易商管理暂行规定》，这些程序包括决策、执行、信息反馈与报告程序等。

党的十八届四中全会作出的《中共中央关于全面推进依法治国若干重大问题的决定》指出："健全依法决策机制，把公众参与、专家论证、风险评估、合法性审查、集体讨论决定确定为重大行政决策法定程序，建立行政机关内部重大决策合法性审查机制，建立重大决策终身责任追究制度及责任倒查机制。"随着全面推进依法治国建设，为保障和提高金融调控的效率和效果，将加快建立和健全中国金融调控决策程序和执行程序的建设。

第二节 中央银行调控制度

金融调控法的核心制度是中央银行法律制度。在我国，中国人民银行作为中央银行，确认其法律地位、规范其宏观调控行为的法律是《中国人民银行法》。本节根据《中国人民银行法》的规定，着重阐述中央银行的宏观调控权、货币政策目标、人民币发行制度和保障货币政策实现的主要法律制度。

一、中央银行的法律地位和调控职能

（一）中国人民银行的法律地位

目前，中国人民银行具有双重法律性质或角色，既是国家机关，又是从事法定金融业务的特殊金融机构。作为国家机关，它是在国务院领导下，制定和实施货币政策，为防范和化解金融风险，维护金融稳定，依法行使对金融市场实施宏观调控的权力。这不仅明确了中国人民银行作为国家宏观调控部门的国家机关的性质，也明确了其属于中央政府综合经济管理部门的性质。

作为从事法定金融业务的特殊金融机构，中国人民银行与一般政府机关不同的是，它仍然是银行，是货币发行的银行、政府的银行和为商业银行等金融机构服务的银行，可以从事银行的某些业务，例如，向商业银行提供贷款，在公开市场上买卖国债等业务。可见，中国人民银行具有国有银行的特殊金融机构性质。

中国人民银行作为中央银行的特殊法律地位，决定了它制定、执行货币政策，履行职责、开展业务的独立性。因此，《中国人民银行法》第7条明确规定："中

国人民银行在国务院领导下依法独立执行货币政策,履行职责,开展业务,不受地方政府、各级政府部门、社会团体和个人的干涉。"这样,就从法律上保障了中国人民银行作为中央银行的地位和作用,为完善宏观调控体系,维护金融稳定中的独立性,创造了良好的金融发展环境。

(二) 中国人民银行的宏观调控职能

中国人民银行作为中央银行的法律地位,是通过其职能和具体职责体现的。按照《中国人民银行法》的规定,它主要行使三大职能:一是宏观调控职能。通过货币政策的制定与实施,保持社会总供给和总需求的总量平衡,在此前提下,优化国民经济结构。具体来说,要保证货币供应总量的适度增长,使货币供应和货币需求大体上吻合。二是服务职能。为政府服务,即充当政府的银行;为金融机构服务,即充当银行的银行。三是监管职能。为执行货币政策和维护金融稳定的需要,可以对包括银行业、证券业和保险业在内的金融机构进行监督管理。

按照《中国人民银行法》第 4 条的规定,中国人民银行依法履行 13 项职责,其中包括宏观调控职能的权限和职责。此外,中国人民银行依法监测金融市场的运行情况,对金融市场实施宏观调控,促进金融业的稳定、协调与健康发展。

二、中央银行制定和实施的货币政策

金融调控的手段以货币政策为核心。制定和实施国家货币政策是中央银行完成其任务和实现其调控职能的核心所在。《中国人民银行法》明确规定,货币政策目标是保持货币币值的稳定,并以此促进经济增长。货币政策和货币政策目标的选择是金融调控法律制度的重要组成部分。

(一) 货币政策及其目标的一般规定

所谓货币政策,是指中央银行为实现特定的经济目标所采取的各种控制和调节货币供应量或信用量,进而影响宏观经济的方针、政策和措施的总称。它在社会经济中扮演一个"制动器"的角色,与其他发挥驱动作用的宏观政策(如财政政策)相互配合、相互牵制,从而保证经济持续、稳定、协调发展,为国民经济的发展创造一个良好的货币金融环境。

货币政策目标是一国中央银行据以制定和实施货币政策的目的。货币政策目标可分为中介目标和终极目标。中介目标是货币政策调控的主要对象,主要指货币供应量;而终极目标则是一般所称的货币政策目标。中央银行货币政策所要达到的最终目标一般来说有四个,即稳定物价、充分就业、经济增长和国际收支平衡。货币政策诸目标之间关系十分复杂。除经济增长与充分就业二者之间是彼此一致之外,相互之间都有矛盾。从实践上看,中国人民银行多年来一直是把稳定币值和促进经济增长作为货币政策中并列的双重目标。

(二) 我国货币政策目标的现实选择

《中国人民银行法》第 3 条规定："货币政策目标是保持货币币值的稳定，并以此促进经济增长。"该规定具体有以下几层含义：(1) 中国人民银行首要的和直接的货币政策目标是保持货币币值的稳定，这是中国人民银行制定和实施货币政策的出发点和归宿点；(2) 中国人民银行制定和实施货币政策，不是为了稳定币值而稳定币值，而是为了促进经济增长而稳定币值；(3) 稳定币值和经济增长在货币政策目标序列中不是并列的，而是有层次和主次之分的。"有层次"是指稳定币值是货币政策目标的第一层次，促进经济增长是货币政策目标的第二层次。可见，《中国人民银行法》对货币政策实行的是"有层次和主次之分的单一目标"。

三、货币发行的基本制度

货币和货币发行制度是《中国人民银行法》的重要内容。根据《中国人民银行法》的规定，我国的货币发行权属于国家，国家授权中国人民银行具体负责掌管全国货币发行工作，并集中管理货币发行基金，所以，中国人民银行是我国唯一的货币发行机关。人民币是我国的法定货币。

(一) 人民币的发行

人民币发行是指中国人民银行向流通领域投入人民币现金的行为。发行人民币、管理人民币流通是《中国人民银行法》赋予中国人民银行的职责之一。《中国人民银行法》明确规定："人民币由中国人民银行统一印制、发行。"

由于人民币的发行是基础货币的投放，它直接关系货币币值的稳定，关系整个国民经济的稳定，所以我国对人民币的发行坚持实行集中统一发行原则，以保障正常的货币金融秩序。

(二) 人民币的管理

《中国人民银行法》对人民币管理的规定主要有：禁止伪造、变造人民币；禁止出售、购买伪造、变造的人民币；禁止运输、持有、使用伪造、变造的人民币；禁止故意毁损人民币；禁止在宣传品、出版物或者其他商品上非法使用人民币图样；任何单位和个人不得印制、发售代币票券，以代替人民币在市场上流通；残缺、污损的人民币，按照中国人民银行的规定兑换，并由中国人民银行负责收回、销毁。

四、中央银行调控的保障制度

为了保障货币政策目标的实现，《中国人民银行法》对中国人民银行执行货币政策过程中可以采用的货币政策工具作出了具体的规定，并形成相应的货币政策保障制度，即中央银行调控的保障制度。

(一) 存款准备金制度

存款准备金制度是指中央银行依据法律所赋予的权力，要求商业银行和其他金融机构按规定的比率在其吸收的存款总额中提取一定的金额缴存中央银行，并借以间接地对社会货币供应量进行控制的制度。提取的金额被称为存款准备金，准备金占存款总额的比率被称为存款准备率或存款准备金率。存款准备金率是现代各国中央银行进行宏观调控的三大货币政策工具之一。

存款准备金制度包括两个方面：一是法定准备金；二是超额准备金。法定准备金是以法律规定的形式缴存中央银行的存款准备金。其运作原理是中国人民银行通过调整存款准备金率，借以扩张或收缩商业银行的信贷能力，从而达到既定的货币政策目标；超额准备金是指银行为应付可能的提款所安排的除法定准备金之外的准备金，其特点是超额准备金是商业银行在中央银行的一部分资产。我国的超额准备金包括两个部分：一是存入中央银行的准备金；二是商业银行营运资金中的现金准备。前者主要用于银行间的结算和清算以及补充现金准备，后者主要用于满足客户的现金需要。

存款准备金制度可以调节和控制信贷规模，影响货币供应量。存款准备金率降低，商业银行可派生的存款增加，造成扩张，扩大了货币的供应量；反之，存款准备率提高，则产生收缩，货币供应量减少。中央银行就是这样通过调整存款准备金率，来实现对货币供应量的调节和控制，实现中央银行对信贷资金总量的宏观调控。

实践证明，存款准备金制度作为中央银行的一项实施货币政策的工具，具有较强的控制货币和信贷规模的能力。由于存款准备金制度是通过货币乘数影响货币供给，因此即使准备金率调整的幅度很小，也会引起货币供应量的巨大波动。但存款准备金制度也存在着一定局限性，比如，对存款准备金率"一刀切"式的变动，会对各家银行产生不同影响，有的银行可能会陷入资金周转不灵的困境。

(二) 基准利率制度

利率是利息率的简称，是指一定时期内利息的金额与存入或贷出金额的比率，由资金的供求关系决定。中国人民银行对商业银行及其他金融机构的存、贷款利率，即基准利率，又称法定利率。基准利率政策是中央银行的一项重要货币政策工具。当中央银行提高基准利率时，商业银行等金融机构筹措资金的成本增加，对中央银行的贷款需求降低，商业银行等就会到资金市场去寻求贷款。由于商业银行等筹措资金的成本加大，其对外贷款的利率必然提高，其客户的贷款数额就会相应减少，这样，社会货币供应量就会减少。相反，当中央银行降低基准利率时，商业银行等的贷款利率也会随之降低，贷款数额加大，货币供应量会相应增加。因此，基准利率直接影响金融机构存贷款活动的开展，进而影响整个社会的信贷总量。中央银行通过提高或降低基准利率中的贷款利率，可起到限制或扩张社会信贷规模，发挥中央银行对信贷资金总量宏观调控的作用。

目前，我国正在进行市场利率化改革，根据《中国人民银行关于进一步推进利率市场化改革的通知》，自2013年7月20日起全面放开金融机构贷款利率管制，取消金融机构贷款利率0.7倍的下限，由金融机构根据商业原则自主确定贷款利率水平。2013年9月24日，中国人民银行通过了《市场利率定价自律机制工作指引》，明确了市场利率定价自律机制的组织架构和工作机制，通过了《贷款基础利率集中报价和发布规则》。我国利率市场化改革的成果以及形成的相关利率制度，应当通过立法加以固定。

（三）再贴现制度

再贴现是商业银行及其他金融机构以买入的未到期的贴现票据向中央银行办理的再次贴现。再贴现是中央银行执行货币政策的重要手段之一，在再贴现过程中，中央银行根据执行货币政策的需要，买进商业银行等持有的未到期票据，让渡现实货币；商业银行等则为解决资金短缺而出让已贴现票据。所以，再贴现是商业银行及其他金融机构与中央银行之间的票据买卖和资金让渡的过程，是商业银行和其他金融机构向中央银行融通资金的重要方式。

再贴现作为中央银行执行货币政策的重要工具之一，还可以起到扩张或收缩社会信用的作用。当中央银行需要收缩银根、抑制经济过快扩张时，就可提高再贴现率，使商业银行和其他金融机构向中央银行融资的成本提高，从而抑制信贷需求，减少货币供给；当中央银行需要放松银根、刺激经济发展时，就降低再贴现率，从而增加货币供给。另外，再贴现率可以影响市场利率，通过调整再贴现率，能及时将货币政策的意图传递给社会，并引导人们的投资、消费行为，推动货币政策目标的实现。

1998年以来，为适应金融宏观调控由直接调控转向间接调控，加强再贴现传导货币政策的效果，规范票据市场的发展，中国人民银行出台了一系列完善商业汇票和再贴现管理的政策，改革再贴现、贴现利率生成机制，使再贴现利率成为中央银行独立的基准利率，为再贴现利率发挥传导货币政策的信号作用创造了条件。此外，为有效发挥再贴现促进结构调整、引导资金流向的作用，2008年以来，中国人民银行进一步完善了再贴现管理制度。

再贴现率是中央银行根据经济发展需要，反映中央银行货币政策意图所制定的利率。有的国家的再贴现率会略低于中央银行的放款利率；有的国家还对不同时期、不同种类的票据，规定有不同的再贴现率。

再贴现制度虽然有其诸多积极的作用，但也存在着一定的局限性：从货币供应量来看，再贴现制度不是一种理想的控制工具。因为中央银行在再贴现中处于被动地位，商业银行是否愿意到中央银行申请再贴现，以及再贴现多少，都决定于商业银行，中央银行处于不能预知的境地。而这种不能预知的情况势必会造成中央银行无法主动而有效地控制货币供应量。此外，如果商业银行都依赖于中央银行再贴现，就会增加中央银行的压力，从而削弱控制货币供应量的能力。正因为如此，西方国家在经历了20世纪30年代的经济大危机之后，再贴现制度的重要性开始下降，让位于主动权掌握在中央银行手中而又更具有弹性的公开市场操作制度。

（四）再贷款制度

中央银行贷款指中央银行对金融机构的贷款，简称再贷款，是中央银行调控基础货币的渠道之一。中央银行通过适时调整再贷款的总量及利率，吞吐基础货币，促进实现货币信贷总量调控目标，合理引导资金流向和信贷投向。再贷款政策是指中央银行通过向商业银行或其他金融机构发放贷款来执行其货币调控的政策。自1984年中国人民银行专门行使中央银行职能以来，再贷款一直是我国中央银行的重要货币政策。近年来，适应金融宏观调控方式由直接调控转向间接调控的需要，再贷款所占基础货币的比重逐步下降，结构和投向发生重要变化。新增再贷款主要用于促进信贷结构调整，引导扩大县域和"三农"信贷投放。

《中国人民银行法》明确了再贷款是短期信用贷款。信用贷款是指人民银行根据金融机构资金情况，以其信用为保证发放的贷款。再贴现是指金融机构以其持有的、未到期的贴现票据向人民银行办理贴现，取得资金。再贷款与再贴现虽然都是中央银行执行最后贷款人职能的体现，但二者又有所不同，中国人民银行对商业银行的再贷款作为信用贷款，无资金保证或物资保证；而中国人民银行对商业银行等金融机构的再贴现，因以商业银行等所持有的票据为基础，所以是有资金或物资保证的货币投放。又根据《中国人民银行法》第28、30条的规定，信用贷款是指中央银行向商业银行提供的贷款，不包括商业银行之外的其他金融机构。所以，在我国，再贷款即指中央银行向商业银行提供的信用贷款。再贷款的作用主要体现为：第一，中央银行通过调整再贷款利率，影响商业银行从中央银行取得信贷资金的成本和可使用额度，使货币供应量和市场利率发生变化。第二，再贷款利率的调整是中央银行向商业银行和社会宣传货币政策变动的一种有效方法，它能产生预告效果，从而在某种程度上影响人们的预期。当中央银行提高再贷款利率时，表明中央银行对通货膨胀的进展发出了警告，使厂商慎重从事进一步的投资扩张；如果中央银行降低再贷款利率时，则表示在中央银行看来通货膨胀已经缓和，这样就会刺激投资和经济增长，在一定程度上起到调整产业结构和产品结构的作用。

我国再贷款制度的主要内容有：

1. 再贷款的条件和期限

借款人申请短期再贷款的基本条件为：第一，在当地中国人民银行分行或中心支行设立准备金存款账户；第二，借款人具有法人资格的，应足额存放法定存款准备金，不具有法人资格的，应在申请贷款之前3个月内未发生透支行为；第三，资信情况良好，能按期归还短期再贷款；第四，分行规定的其他条件。

2. 再贷款的发放和收回

商业银行向中国人民银行申请贷款，必须说明借款用途、借款原因，讲清资金运用状况，加盖有效印鉴，报送当地中国人民银行开户行。中国人民银行依据经济发展、银根松紧和贷款条件，自主审查，决定贷与不贷、贷多贷少、贷款种类和贷款期限。商业银行应按照中国人民银行批准的贷款种类、期限和金额，与中国人民银行订立借款合同，办理借款手续。

中国人民银行对金融机构发放贷款，必须坚持期限管理，贷款到期必须收回。借款人应当按照借款合同规定，按时足额归还贷款本息。对逾期的短期再贷款，可从借款人准备金存款账户扣收代扣款本息，并按照逾期贷款利率计收利息。质押贷款发生逾期，可依法处置作为贷款权利凭证的有价证券用于偿还贷款本息。

3. 再贷款相关责任人的法律责任

对存在不按照规定的对象、条件、期限和用途审批、发放短期再贷款的，越权审批、发放短期再贷款的，对辖区内分支机构违反规定审批、发放短期再贷款监控不力、严重失职的，超过上级行核定、下达的贷款限额审批、发放短期再贷款的，对已确认为高风险的商业银行，擅自发放短期再贷款的，给予通报批评；情节严重的，对直接负责的主管人员和其他直接责任人员给予警告、记过、记大过、降级、撤职、留用察看或者开除的行政处分。违反规定审批、发放短期再贷款，造成资金损失，并构成犯罪的，由司法机关依法追究直接责任人的刑事责任。

（五）公开市场操作制度

1. 公开市场操作的概念和意义

公开市场操作是指中央银行在金融市场上买卖有价证券和外汇的活动。它是中央银行的一项主要业务，是货币政策的一种基本工具。中央银行买进或卖出有价证券或外汇意味着进行基础货币的吞吐，可以达到增加或减少货币供应量的目的。同时，中央银行买卖国债，可以影响国债供求，影响国债利率，从而间接影响商业银行利率。公开市场操作相对于其他货币政策工具具有其独特的优势，是美国、日本等发达市场经济国家主要的货币政策操作工具之一，也是中央银行调节商业银行流动性的主要手段之一。它具有的特点和优势是：

第一，公开性和平等性。中央银行在公开市场上买卖外汇和政府债券，吞吐基础货币，是根据货币政策要求，按照市场原则，通过与众多交易对手竞价交易进行的，具有较高的透明度，有利于消除金融市场上的幕后交易弊端。

第二，灵活性。中央银行在公开市场上进行证券交易，能够根据货币政策需要，随时操作，也可以按较小的规模和步骤操作。在时间和数量上很灵活，这是准备金制度和再贴现制度难以做到的，因为准备金率和再贴现率不能变化太频繁。这一特点使中央银行对货币供应量既可以进行微调，也可以进行大幅度调整，不必等到情况已经十分严重时才采取措施，这样可以减少经济、金融的震荡。

第三，主动性。中央银行通过公开市场业务可以主动采取措施，根据一定时期货币政策的要求和该时期银根的松紧情况，进行经常性、连续性的操作，不受来自其他方面的干扰，即使中央银行为抵消季节性或偶然性因素影响而采取的"能动性公开市场业务"（Dynamic Open Market Operation），实质上也是中央银行居于主动地位的，突破了其他货币政策工具（如再贴现制度）被动调整的局限性。

第四，调整结构。公开市场业务对社会资金结构等有较强的影响力，有利于结构调整。一方面，中央银行在公开市场上买进何种证券，实际上增强了该种证券的市场性或信誉，从而能够引导社会资金流向这些证券，改变社会资金结构；另一方面，中央银行可买卖不同品种、不同期限的证券，从而可以调整利率的品种结构和期限结构。

从公开市场操作的实践来看，实施该制度应具备以下基本条件：（1）中央银行必须具有强大的资金实力。因为中央银行只有拥有足够的资金，才能够对整个金融市场进行干预和控制，影响社会信用供给，防止金融市场秩序紊乱。（2）信用工具发达，金融市场上应具有相当种类和数量的有价证券。只有证券种类和数量齐全，中央银行才能依据货币政策的需要，有选择地进行买卖，吞吐足够数量的货币，促进货币政策目标的实现。（3）必须有完善的金融市场机制，包括有效的金融监管体制。只有这样，中央银行才能独立地执行货币政策并将其采取的措施付诸实施，其他金融机构也才能对中央银行的宏观调控信息作出正确的反应。

2. 我国关于公开市场操作的规定

我国公开市场操作制度是在金融体制改革的过程中建立和发展起来的。1994年，中国人民银行设立了公开市场操作室，负责公开市场操作业务，并于同年4月在银行间外汇市场开始实际操作。另外，中国人民银行已经陆续建立了全国性的外汇交易中心、同业拆借市场和进行公开市场操作的国债登记结算公司，为公开市场业务的开展创造了条件。1995年《中国人民银行法》规定，中国人民银行在运用货币政策工具时，可以"在公开市场上买卖国债和其他政府债券及外汇"。1997年3月，中国人民银行颁布了《公开市场业务暨一级交易商管理暂行规定》，为公开市场业务的操作提供了法律依据。我国公开市场操作制度的主要内容有：

第一，公开市场操作的根据。中国人民银行主要根据货币供应量和商业银行备付金头寸以及市场汇率等指标的变化，决定公开市场操作的具体运作。运作决策由行长办公会议制定并下达，外汇操作由总行设在上海的公开市场操作室具体执行。日常的买卖活动由操作室根据总行的指令办理。

第二，公开市场操作的工具。中国人民银行进行公开市场操作的工具是国债和外汇。就国债而言，中国人民银行以买卖国债的形式吞吐基础货币，调节商业银行的资金头寸，进而影响货币供应量的增减变化。由于中国外汇交易中心的成立，统一的外汇市场已经形成，外汇与人民币买卖的数额较大，人民银行通过在银行间外汇市场买卖外汇，同样能起到吞吐基础货币的作用。

第三，公开市场操作的对象。中国人民银行通过同金融机构买卖国债、外汇开展公开市场业务。中国人民银行买卖外汇的操作是在银行间外汇市场上进行，交易的对象主要是银行，中国人民银行不对个人或企业、事业单位买卖外汇。中国人民银行在国债市场进行国债买卖，买卖的对象也不是个人和企业、事业单位，而是国债一级交易商。国债一级交易商，是指经中国人民银行审定的、具有直接与中国人民银行进行债券交易资格的商业银行、证券公司和信托投资公司。

第四，国债公开市场操作的交易方式。中国人民银行国债公开市场操作采取买卖和回购的交易方式进行，一级交易商与中国人民银行进行债券交易须签署有关协议。债券交易一般采用招标方式进行，包括数量招标和利率招标（或价格招标）。具体中标原则由操作室规定。债券交易的资金清算按中国人民银行有关部门制定的会计核算手续办理。

第五，外汇公开市场业务的清算。外汇公开市场的清算由中国外汇交易中心实行集中清算。资金清算方式为外汇通过境外账户办理划款，人民币通过电子联行系统办理划款，外汇资金实行一级清算，人民币资金实行二级清算。清算速度为外汇交易资金于交易日后第一个营业日（如遇国内外休假日顺延）内划入总中心、分中心以及会员指定的账户。

3. 我国公开市场操作制度的完善

我国的公开市场业务起步较晚，是在缺乏市场基础、商业银行改革尚未到位的情况下开展的，目前，我国公开市场操作制度仍然存在着国债规模小且期限结构不合理、货币市场发展滞后、利率市场化程度不高、央行与商业银行的资产结构不能适应公开市场操作的需要等问题。因此，我国要借鉴发达国家的经验，即公开市场操作及其工具的选择是一个系统的工程，其实施需要一个比较完善的法治环境、经济环境和市场机制，为此，应注意以下几个方面：

第一，加快我国国债市场的发展。国债市场的发展是公开市场操作的前提和条件。加快发展我国国债市场，首先应加大国债发行规模，优化国债结构，坚持多种国债品种的发行，建立国债的短、中、长期的合理组合，以配合公开市场业务的开展。其次，加强立法支持，制定颁布新的《国债管理条例》和《国债法》，通过立法规范国债的发行、流通、使用、管理和偿还全过程，保障国债市场运行的公开、公平、高效和统一。

第二，构建发达的货币市场体系。构建和发展以银行间同业拆借市场为核心，短期债券市场和票据市场为基础，以回购市场等专业市场为补充的多个子市场共存、规范运作、结构合理，梯次性协调发展的发达货币市场体系。

第三，进一步推进利率市场化改革。推进利率市场化改革，促使央行调节利率的方式由行政型的直接调控向市场型的间接调控转变。目前，我国已全部放开了商业银行的外币市场利率，接下来我国还要逐步放开人民币利率市场。要推进利率市场化进程，就必须理顺利率关系，使利率变动反映并有力地作用于资金供求，促进利率水平和结构合理化，最终形成一系列密切联系、合理反映不同金融工具的风险、收益和流动性等特性组合的市场利率体系。只有利率完全实现市场化，我国的公开市场操作才能真正发挥作用，才能通过公开市场操作打通我国货币市场的连通渠道。

第四，调整央行资产结构。要调整央行资产结构，使央行持有足以干预和调控的操作工具资产，允许金融机构持有符合流动性管理和资产负债比例管理要求的大量债券，完善发展债券市场的一级自营商制度，充分发挥商业银行的承销商、分销商和做市商的作用。

（六）常备借贷便利操作制度

为提高货币调控效果，有效防范银行体系流动性风险，增强对货币市场利率的调控效力，客观上需要进一步创新和完善流动性供给及调节机制，不断提高应对短期流动性波动的能力，为维持金融体系政策运转提供必要的流动性保障。

常备借贷便利，是指中央银行向贷款符合国家产业政策和宏观审慎要求，有利于为实体经济、总量和进度比较稳健的金融机构提供支持，并借以间接地对社会货币供应量进行控制的金融法律制度。全球大多数中央银行都设立了该货币政策工具，但名称各异。中国人民银行于2013年年初创设了常备借贷便利操作制度，适时向符合宏观审慎要求的政策性银行和全国性商业银行提供大额的短期流动性支持。

从国际经验看，中央银行通常综合运用常备借贷便利操作和公开市场操作两大类保障货币政策目标实现的调控制度来调节市场流动性。目前常备借贷便利操作也是中国人民银行正常的流动性供给渠道，主要功能是满足金融机构期限较长的大额流动性需求。

中国人民银行通过常备借贷便利向贷款符合国家产业政策和宏观审慎要求、实体经济、总量和进度比较稳健的金融机构提供了流动性支持；对流动性管理出现问题的机构，也视情况采取了相应措施提供流动性支持，维护了金融稳定。中国人民银行通过发行三年期央票冻结长期流动性，通过常备借贷便利和公开市场逆回购提供必需的短期流动性支持，两种操作相结合，既有利于在未来国际收支形势不确定的情况下保持流动性适中水平，也有利于维护货币市场的稳定，防范金融风险。

第三节　其他金融调控制度

在货币政策和宏观审慎政策双支柱调控框架下，要围绕服务实体经济和防范系统性金融风险，创新金融调控思路和方式，发挥好其他金融调控制度的作用。

一、商业银行法中的调控制度

逆周期金融宏观审慎管理有助于金融调控目标的实现，而其所运用的工具主要与商业银行的资本要求、拨备要求以及杠杆率等相关，现行的一些法律规范也体现在商业银行法中，因此，本书将商业银行法中与逆周期金融宏观审慎管理相关的制度放入金融调控这一章中。

宏观审慎管理（Macro-prudential Supervision），是相对于微观审慎管理而言的监管模式，是指将金融系统视为整体，运用审慎工具对金融系统整体风险及其对宏观经济的影响进行识别、监测和处置，以防范系统性风险的累积和集中，维护金融体系整体稳定的管理模式。"宏观审慎"包括了三个基本要素，即以防范系统性风险为目标，以金融系统整体及其与实体经济相互作用为考量范围，以审慎工具为主要手段对金融体系的整体风险进行识别和监控。

金融系统自身具有顺周期性，即在时间维度上，金融体系与实体经济形成动态的正反馈机制放大繁荣和萧条周期，加剧经济的周期性波动，并导致或增强金融体系的不稳定性的波动倾向。由于金融体系顺周期性的客观存在，因而各国政府及监管机构都认识到需要加强逆周期金融宏观审慎管理制度，提高防御金融业系统性风险的能力。2010年9月，巴塞尔委员会发布的《巴塞尔资本协议Ⅲ》在具体监管制度部分正式引入了逆周期资本监管机制。

逆周期金融宏观审慎管理制度是为应对金融系统内在的顺周期性而出现的，是宏观审慎管理中时间维度上的监管模式。这就使得逆周期金融监管与传统的金融监管方式相比，有两个方面的区别：一方面，它与金融系统顺周期性相对应，解决金融系统跨时间维度的危机，区别于解决横截面维度上关联性的金融监管工具;另一方面,它又属于宏观审慎监管的次级范畴,其所使用的监管工具也就与微观审慎管理所运用的工具有所区别。因此,不能将其简单地归入一般性金融监管之中。

逆周期的宏观审慎管理与金融调控联系紧密,相互协调。一方面,其法治化有利于从宏观调控角度防控系统性风险,削减经济周期的波动,从而熨平经济周期,维护金融市场的可持续发展;另一方面,逆周期宏观审慎管理目标的前提是相信政府宏观金融调控的能力,认为通过政府或宏观调控机构的逆周期宏观审慎管理权力的实现,能够克服金融市场内在的顺周期性,从而提高金融体系在经济衰退及其他负面冲击下的恢复能力。

二、外汇管理法中的调控制度

外汇管理法是调整在外汇管理活动中发生的社会关系的法律规范的总称。它不仅是国家监管外汇市场的法律依据,也是金融调控法体系中的主要制度。通过外汇管理法监管外汇市场,规范国家外汇经营,促进与保持汇率市场稳定,对执行货币政策、实现国际收支平衡,具有重要作用。2016年和2017年两年中,人民币汇率出现异常波动,中国人民银行和外汇管理局通过宏观审慎政策工具对外汇市场的顺周期性进行逆周期调节,有效稳定了市场。因此,外汇管理法是我国金融调控法体系中的重要制度。

外汇,是指以外币表示的可以用作国际清偿的支付手段和资产。外汇管理,又称"外汇管制",是指一国依法对所辖境内的外汇收支、买卖、借贷、转移以及国际结算、外汇汇率和外汇市场所实施的行政限制性措施。外汇管理的作用在于:(1)稳定本国货币的对外汇率;(2)防范外汇风险,保护国内市场,促进经济发展;(3)平衡本国国际收支。

我国目前的外汇管理体制基本上属于部分外汇管制,主要表现为:对经常项目实行可兑换,对资本项目实行一定的管制;对金融机构的外汇业务实行监督管理;禁止外币在境内计价流通;保税区实行有区别的外汇管理。

国务院于1996年制定、2008年全面修订的《外汇管理条例》是我国外汇管理方面的主要法律依据。此外,中国人民银行、国家外汇管理局还先后发布了一系列外汇管理方面的法规、规章和规范性文件,如中国人民银行发布的《银行间外汇市场管理暂行规定》(1996年11月29日)等配套法规,构成我国外汇管理法规体系。其主要内容如下:

1. 外汇管理机关和外汇管理的对象

根据《外汇管理条例》的规定,我国外汇管理的机关是国务院外汇管理部门及其分支机构。外汇管理的对象是境内机构、境内个人的外汇收支或者外汇经营活动，以及境外机构、境外个人在境内的外汇收支或者外汇经营活动。

2. 经常项目外汇管理

经常项目，即国际收支中经常发生的交易项目，是指国际收支中涉及货物、服务、收益及经常转移的交易项目等。2008年修订的《外汇管理条例》大大简化了经常项目外汇收支管理的内容和程序，在对经常性国际支付和转移不予限制的基础上，进一步便利经常项目外汇收支。

3. 资本项目外汇管理

资本项目外汇，是指国际收支中引起对外资产和负债水平发生变化的交易项目，包括资本转移、直接投资、证券投资、衍生产品及贷款等。我国资本项目外汇收支管理的基本原则是在放松经常项目汇兑限制的同时，完善资本项目管理。

4. 金融机构外汇业务管理

金融机构须经外汇管理机关批准，领取经营外汇业务许可证，才能经营外汇业务，并且不得超范围经营外汇业务。未经批准的任何单位和个人不得经营外汇业务。

拓展阅读

金融行业新兴词汇介绍

5. 人民币汇率和外汇市场的管理

汇率是一国货币同他国货币之间的兑换比率，即一国货币用另一国货币表示的价格。从2005年7月21日起，我国开始实行以市场供求为基础、参考一篮子货币进行调节、有管理的浮动汇率制度。我国的外汇市场是全国统一的银行间外汇交易市场。市场交易主体是外汇指定银行和其他经批准经营外汇业务的金融机构。交易客体即交易的币种和形式，由国家外汇管理局规定和调整。外汇市场交易遵循公开、公平、公正和诚实信用的原则。国家外汇管理部门依法监督管理全国的外汇市场。国家外汇管理部门可以根据外汇市场的变化和货币政策的要求，依法对外汇市场进行调节。

思考题：

1. 试论依法进行金融调控的必要性。
2. 为什么说制定和实施货币政策是中央银行实现其调控职能的核心所在？
3. 存款准备金制度在金融调控中的地位和作用如何？
4. 如何理解公开市场操作制度？
5. 试论商业银行法与逆周期金融宏观审慎管理制度。

6. 为什么说外汇管理法是我国金融调控法体系中的重要制度?

▶ 自测习题及参考答案

第十一章　计划调控法律制度

科学的宏观调控离不开国家发展战略和规划，而规划或计划则需要依法实施。因此，党的十八届四中全会强调要"加强重点领域立法""制定和完善发展规划"等方面的法律法规。计划调控法是调整计划调控关系的法律规范的总称，是经济法体系中重要的宏观调控法律制度。本章着重阐述计划调控法律制度的基本原理和具体制度，以说明我国推进国家计划调控制度化、法治化的现实意义。

第一节　计划调控法基本原理

计划调控法基本原理涉及计划、计划调控与计划调控法、计划调控权分配和计划调控法的调控手段等基本问题。学习与理解好计划调控法基本原理，对于深入掌握计划调控法的具体制度具有指导意义。

一、计划调控与计划调控法

（一）计划的概念

计划，通常是指人们在行动之前预先进行的筹谋、设计的未来行动方案，包括未来行动的具体内容和实施步骤等。计划本身是一种理性的体现，无论是个人还是组织，行动之前往往都离不开周密的计划。对于国家来说，计划的重要性更为突出和明显，国家需要通过计划的运用，制定经济和社会发展战略，部署、规划、安排和调控国民经济运行和发展。

计划与规划意义相近，一般而言，规划是指国家或地区的中长期发展计划，是对今后一个较长时期的指导性纲要，而不是具体项目的方案。例如，《中华人民共和国国民经济和社会发展第十三个五年（2016—2020年）规划纲要》。而计划多指短期的未来行动方案，如历年全国人民代表大会通过的《国民经济和社会发展计划》。因此，也可以说，规划是指分阶段实施的中长期计划。本章在使用"计划"表述中，亦包括"规划"。

国家计划可分为以下几类：

1. 根据计划的期限，可将国家计划分为长期计划、中期计划和短期计划。它们是国民经济计划体系中最重要、最基本的计划形式。就国家计划而言，长期计划一般为十年规划，中期计划即五年规划，短期计划为年度计划。

2. 根据计划实施的范围，可将国家计划分为中央计划、地方计划（省级、县级等）、基层计划，也可分为中央计划、全国性行业计划和专项计划。

3. 根据计划的保证手段和效力，可将国家计划分为指令性计划和指导性计划。指令性计划是以指令性指标或以指令性指标为主组成的计划，指导性计划则是由指导性指标组成的计划。

4. 根据计划的经济、社会内容，可将国家计划分为社会总产品计划、国民收入计划、工业生产计划、农业生产计划、第三产业计划、固定资产投资计划、交通运输和邮电计划、科学技术发展计划、教育计划、环境保护计划、城乡居民收入和消费水平计划、人口计划等形式。

（二）计划调控

计划调控是宏观调控的下位概念。计划调控是国家通过制订和实施计划的方法，对国民经济和社会发展活动施加的指引、调节与控制。在现代市场经济条件下，国家计划调控在国家的经济和社会发展中有重要作用，它在宏观上为各级政府和企业提供了经济行动的指针和目标，并为实现这些预期目标提供了具体的政策协调和政策指引。国家发展规划有战略导向作用，可以对财政、税收、产业和金融等其他宏观调控手段进行协调和支持，可以说，计划调控是一种高层次的宏观调控手段。

国家计划调控具有以下三方面功能：（1）预测引导功能，即国家计划不但预测了未来的发展方向，而且引导市场主体遵从并行动；（2）协调功能，即在实现国家宏观调控目标的过程中，计划调控可以协调财政、税收和金融等各种手段，共同作用于宏观调控目标；（3）宏观调控功能，即通过国家发展战略和规划的预测、引导和利益协调功能，推动宏观调控目标的实现。

（三）计划调控法

计划调控需要法律的规范、约束和保障。国家需要授予国家机关制订、执行计划的权力，也需要法律对计划调控权加以限制。因此，"依法加强和改善宏观调控"，必须制定计划调控法，使计划调控制度化、规范化、程序化，这是计划调控的根本保障。所谓计划调控法，是调整国家制定和实施国家计划调控过程中发生的社会关系的法律规范总称。国家计划在其编制、审批、下达、执行、调整、检查和监督各个环节中，必然有各种国家机关、企事业单位等主体参加，各主体之间因计划行为而形成的社会关系，统称为计划调控关系。计划调控法，简而言之，是调整计划调控关系的法律规范的总称。

计划调控法的法律渊源包含了宪法中有关计划的规范，也包括一些法律、行政法规、地方性法规中有关计划调控的法律规范。改革开放后，我国出台了《关于改进计划体制工作的若干暂行规定》（1984年10月）、《关于大型工业联营企业在国家计划中实行单列的暂行规定》（1987年3月）、国务院《关于加强国民经济和社会发展规划编制工作的若干意见》（国发〔2005〕33号）等法规。党的十八届三中全会《决定》指出，"健全以国家发展战略和规划为导向、以财政政策和货币政策为主要手段的宏观调控体系"，十八届四中全会《决定》提出，要"制定和完善发展规划、投资管理"等方面的法律法规，这将大大推动我国计划立法进程。

二、计划调控权的分配

计划调控权是各计划主体所享有和行使的权力（利），具体应包括对国民经济总量平衡、结构优化、内外贸易以及社会发展目标等方面进行计划的权力。计划调控权一般包括编制权、审批权、执行权、调整权和监督权。我国实行三级三类计划管理体系。国民经济和社会发展计划按行政层级分为国家级计划、省（区、市）级计划、市县级计划；按对象和功能类别分为总体计划、专项计划、区域计划。中央和地方各级政府计划调控权的分配，主要在三级三类计划管理体系中体现。

（一）国家权力机关行使计划审批权和调整权

1. 国家权力机关行使计划审批权

根据《宪法》规定，作为国家最高权力机关的全国人民代表大会行使审查和批准国民经济和社会发展计划和计划执行情况的报告的职权；县级以上的地方各级人民代表大会审查和批准本行政区域内的国民经济和社会发展计划和计划执行情况的报告的职权。

2. 国家权力机关享有计划调整权

根据《宪法》规定，在全国人民代表大会闭会期间，全国人民代表大会常务委员会行使审查和批准国民经济和社会发展计划、国家预算在执行过程中所必须作的部分调整方案的职权。

（二）国家行政机关行使计划编制权和执行权

1. 根据《宪法》规定，作为国家最高行政机关的国务院行使编制和执行国民经济和社会发展计划和国家预算的职权。国家发改委主要职责之一是拟订并组织实施国民经济和社会发展战略、中长期规划和年度计划；提出国民经济发展和优化重大经济结构的目标和政策；提出运用各种经济手段和政策的建议；受国务院委托向全国人大作国民经济和社会发展计划的报告。

2. 根据国务院《关于加强国民经济和社会发展规划编制工作的若干意见》规定，国家总体规划和省（区、市）级、市县级总体规划，分别由同级人民政府组织编制，并由同级人民政府发展改革部门会同有关部门负责起草；专项规划由各级人民政府有关部门组织编制；跨省（区、市）的区域规划，由国务院发展改革部门组织国务院有关部门和区域内省（区、市）人民政府有关部门编制。

3. 全国性的行业计划由国务院各个部门负责编制。地方性的国民经济和社会发展计划包括省一级和县一级的计划，分别由省、自治区、直辖市、计划单列市人民政府和县人民政府编制和管理，并由同级发展和改革委员会负责编制工作。地方性的专项规划由各级人民政府有关部门和区域内省（区、市）人民政府有关部门编制。跨省（区、市）的区域规划由国务院发展改革部门组织国务院有关部门和区域内省（区、市）人民政府有关部门编制。

三、计划调控法的调整手段

计划调控的手段有很多种，但这些调控手段并不能等同于计划调控法的调整手段。计划调控法作为法律，不可能将具有时限性的调控政策和措施直接放入法律文本中，必须通过从法律调整自身特点出发，规范计划调控，实现更为间接的调控作用。计划调控法的调整手段实则是通过计划实体法对计划机构、计划调控职权和职责、计划内容和形式以及指标体系进行规定；计划调控法还要通过计划程序法，对计划的制订、审批、调整和监督进行规范，在实现程序正义的同时，达到计划调控目的。计划实体法和计划程序法是计划调控法作用于计划调控的两种手段或方法。

（一）计划实体法

计划实体法的内容，主要是对计划机构的法律地位和职责、计划的内容、计划的形式、计划的指标体系作出规定。

计划机构包括计划的制订、审批和管理机构。由于各国政治、经济处于不同的发展阶段，计划机构的设置也大为不同。在法国，计划机构分为决策机构、规划机构、协调机构、咨询机构和审议机构。日本对计划制订、审批和实施监督过程中并没有明确的职权划分，机构设置是附着于计划过程而临时组成的。如前所述，我国计划机构的设置与计划调控权的分配是一致的。各级计划的制订和实施机关均为各级行政机关，计划审批和监督机关为各级国家权力机关。

计划的内容包括计划发展目标以及为实现该目标所采取的各项政策措施。我国计划的内容包括经济、社会、民生等任务。我国计划的形式，一般按时限分为十年规划、五年规划和年度计划；按内容分为总体计划、专项计划、区域计划。计划指标是计划内容、目标和任务的量化结果，是对国家未来经济和社会发展的目标、规模、速度、结构、比例、效益以及效率等总体性活动的特征和状况的数量界定。目前，我国还将计划指标分为预期性和约束性两类。预期性指标是国家期望的发展目标，主要依靠市场主体的自主行为实现。约束性指标是在预期性基础上进一步明确并强化了政府责任的指标，是中央政府在公共服务和涉及公共利益领域对地方政府和中央政府有关部门提出的工作要求。

(二）计划程序法

计划程序法使计划调控操作程序法定化，是实现计划目标、落实实体内容的制度保障。如前所述，计划的制订须经历编制、审批、实施和监督等阶段。计划程序法就是调整围绕编制、审批、实施和监督展开而产生的计划程序关系的法律规范之总称。我国并没有制定一部综合、系统的调整计划程序的法律，对计划程序的规定散见于《宪法》《国务院组织法》《地方各级人民代表大会和地方各级人民政府组织法》以及国务院制定的相关行政法规和国家发改委制定的法规中。在国外，一些国家对计划程序的规定是比较集中的。计划的制订、审批、实施和监督的程序应有明确规范，这对计划调控手段的使用更有保障。

第二节 计划调控法的主要制度

计划调控法的主要制度包括计划调控实体法律制度、计划调控程序法律制度，以及与之相配套的产业调控法律制度、投资调控法律制度、区域规划法律制度和对外贸易调控法律制度等。

一、计划调控实体法律制度

计划调控实体法律制度是由计划调控实体法律规范所组成，它包括确认政府计划调控机关法律地位的组织法或称体制法、国民经济和社会发展计划调控法等。

（一）确认政府计划调控机关法律地位的组织法

政府计划调控机关，是指在计划的制订、实施过程中，依据计划调控法享有计划调控职权，履行计划调控职责的国家机关。计划调控机关是特定的计划调控法主体。计划调控机关包括各级政府的行政决策机关和计划调控职能机关。由于国家行政机关中的计划调控职能机关是计划调控专门机关，在整个计划调控运作中具有举足轻重的地位，它是计划调控法律关系中最基本、最重要的主体。

政府计划调控机关的法律地位取决于其法定职权。而计划调控机关的职权又取决于国家经济体制的模式和计划调控的根本任务。在高度集中的计划经济体制下，国家行政机关都在一定程度上执行着强制性计划调控职能。随着社会主义市场经济体制的建立，计划调控机关的职能应由行政性转为法定性，并超脱于其他政府机关对经济管理的职能，以体现计划调控工作的宏观性、战略性和导向性，同时，还要保持国家计划调控对政府有关问题决策的影响，以保证计划调控的有效实现。

在计划调控体制方面，我国的全国人民代表大会审查批准国民经济和社会发展计划，并检查、监督这一计划的实施。国务院主持国民经济和社会发展计划的编制和实施；审批中央专项计划、行业计划；领导、监督计划调控职能机关。政府计划调控职能机关作为专门计划调控机关，其职权的规范和实现是国家计划调控任务实现的关键。为适应全面推进依法治国的需要，应当按计划调控权法定的原则规定相应职权。

(二) 国民经济和社会发展计划调控法

国民经济和社会发展计划调控法，是计划调控实体法律制度的基础和核心。它主要规定国家在经济和社会发展方面的计划调控目标及其实现途径。具体说来，主要包括以下三方面的内容：

1. 国家计划调控目标制度

从根本上说，规定国家计划调控的目标的主要意义在于，尊重和适应经济和社会发展规律，通过"国家之手"对经济和社会发展进行积极而有效的干预，实现人与自然的和谐发展以及经济与社会的可持续发展。国家计划调控任务制度在国民经济和社会发展计划调控法中处于基础性地位，它不但涉及如何合理确定国民经济和社会发展的战略任务、宏观调控的目标以及产业政策，而且涉及如何搞好经济预测工作与合理计划调控基本经济结构、生产力布局、国土整治和重点项目建设等重大问题。对国家计划调控任务作出法律规定，是实现计划调控功能的必然要求，对其他各项具体计划调控内容的制定和实施具有重要的指导意义。

2. 国家计划调控体系制度

国家计划调控体系是指从不同角度表述国家计划调控内容所组成的相互衔接、相互补充的有关国家计划调控的有机结合体。该制度的内容和前述国家计划调控的不同分类方法紧密联系在一起，如从国家计划调控的经济、社会内容角度看，则国家计划调控体系内容包括了社会总产品规划、国民收入规划、工业生产规划、农业生产规划、第三产业规划、固定资产投资规划、科学技术规划、综合财政规划、环境保护规划、城乡居民收入和消费水平规划以及人口规划等；而从国家计划调控的期限角度看，则国家计划调控体系又由长期计划调控、中期计划调控和短期计划调控所组成。事实上，每个类型的国家计划调控体系均从不同的侧面、按照不同的标准，反映了国民经济和社会发展的计划调控目标以及实现条件等。

3. 国家计划调控指标体系制度

国家计划调控指标是国家计划调控的内容、目标和任务的量化结果，是对国家未来经济和社会发展的方向、目标、规模、速度、结构、比例、效益以及效率等总体性活动的特征和状况的数量界定。计划调控的各项指标之间相互联系、相互依存、相互作用，从而构成了一个完整的国家计划调控指标体系。建立科学的国家计划调控指标体系，对有效地定量地组织和管理国民经济和社会发展具有重要意义。

国家计划调控指标体系可以按照不同的标准进行分类，如：按反映内容可分为数量指标和质量指标；按表现形式可分为实物指标和价值指标；按反映问题的繁简程度可分为综合指标和单项指标；按所起作用可分为考核指标和核算指标；按管理性质可分为指令性计划调控指标和指导性计划调控指标；等等。在新的经济体制之下，国家计划调控指标中的宏观调控指标并不分解下达，但由于要通过全国人民代表大会审议通过，因此具有法律效力，各级政府部门应努力保证实现。当然，从过去的经验教训看，通过计划调控指标管理国家计划调控的实施是必要的，但需要强调的是，具有政策性特点的国家计划调控不能过分依赖计划调控指标，过多、过繁的计划调控指标容易导致国家计划调控制定和执行中出现僵化，结果不利于国家宏观调控目标的实现。

二、计划调控程序法律制度

计划调控程序法律制度是由计划调控程序法律规范所组成，它包括计划编制与审批制度、计划实施制度和计划的监督制度等。下面以国民经济和社会发展计划为例，简述我国计划调控程序法律制度的主要内容。

（一）计划的编制与审批制度

计划的制订是国家计划机关按照计划法的规定确定国民经济和社会发展计划的目标和实施方案。国家计划在国民经济宏观调控中的重要地位，要求国家计划机关必须依照法定程序和规范加以制订。依据我国有关规定，计划的制订分为编制和审批两个基本阶段。

1. 计划的编制

国民经济和社会发展计划由国务院主持编制。计划编制的具体工作由国家计划职能机关负责。在计划的编制过程中应注意：第一，掌握信息，分析预测。计划职能机关应当认真研究总结上一期计划的实施情况，准确掌握有关信息，全面分析各种信息所反映的政治、经济、科技和社会各方面的情况，在此基础上作出国民经济和社会发展趋势的预测，为计划的编制做好基础性工作。第二，草拟计划目标和相应的实施方案。这一阶段是计划编制极为关键的一环，也是计划编制的实质性工作阶段。计划职能机关不仅应充分运用第一阶段提供的各种资料、数据和其他各种科学方法，搞好综合平衡，也要制订各种方案进行筛选。这一阶段的基本要求是加强协调管理，遵循客观规律和科学原理，提高计划的科学性。第三，确定计划方案。国民经济和社会发展计划的编制方案，由国务院审查决定。这一步骤的基本要求是征求专家意见，全面分析，综合评价，慎重确定。

2. 计划的审批

计划审批机关是国家权力机关。中央计划由全国人民代表大会及其常务委员会审批，地方计划由地方人民代表大会及其常务委员会审批。对计划审批权限的法律规定，是确保计划严肃性、规范性，并具有法律效力的重要措施。国家权力机关作为计划的审批机关，其理由主要是：第一，国家计划直接影响到其实施所涉及的区域内公民的利益，因此，计划的内容应当反映该区域内公民的意志，尊重公民依法享有的权利。由该区域内最高权力机关审批是依据宪法规定的保障公民基本权利来制订国家计划的唯一合法途径。第二，国家制订实施计划，是国家对国民经济管理的方式。基于计划的这一性质及其在国家对国民经济和社会事务管理体制中的地位和功能，计划须经权力机构的审批才为有效，才能提高计划法律效力层次，对计划执行机关具有约束力，以保证计划的有效实施。

（二）计划实施制度

计划的实施或执行，是计划制订的实际意义所在，是整个计划法律程序中最重要的一环。国家计划宏观调控体制改革的重要表现之一就是计划实施方式的变化。在计划经济体制下，国家主要通过指令性计划指标的强制约束以及对企业和有关单位的行政管理手段实施计划。在社会主义市场经济体制中，计划实施制度发生了重大变化。按现行有关法规规定，除国务院和省级政府计划部门直接下达的，或者授权有关部门下达的指令性计划指标以外，企业有权不执行任何部门下达的指令性计划指标。企业对缺乏应当由国家计划指标保证的能源、主要物资供应和运输条件的指令性计划指标，可以要求调整。计划下达部门不予调整的，企业可以不执行。计划的实施逐步由行政手段转为以经济手段和法律手段为主的方式。

（三）计划的监督制度

计划的监督是在国民经济和社会发展计划的执行过程中，对执行单位完成计划的情况进行查看和督促，并指明存在的问题。计划的监督检查是职能部门和被检查单位对国家应尽的法定义务，是计划程序的重要组织部分。据我国现行法的有关规定，计划监督检查机关主要是各级权力机关、各级行政管理机关、职能部门等。

计划的监督和检查因监督检查者的不同而分为如下几种类型：（1）权力机关的监督和检查，即各级人民代表大会及其常委会对同级计划的执行情况进行监督和检查。（2）行政管理机关的监督和检查，即各级人民政府及其发展改革委员会，对所属单位计划实施情况进行经常性监督和检查。（3）职能部门的监督和检查，即统计、财政、金融、物价、税收、审计和工商行政管理等职能部门，在各自职能范围内对计划执行情况进行监督和检查。（4）社会监督和检查，即人民群众的监督和检查。这是最经常、最直接、也最具广泛性的监督和检查。

计划监督检查的主要内容是：计划的制订和实施是否符合法定程序；计划的内容是否切合实际；保证计划执行的政策和措施是否落实及落实的情况；计划执行过程中是否有违法行为等。对指令性计划的执行情况，要严格检查，认真分析，及时发现问题，并向有关部门反映。对计划的监督和检查，计划执行情况如何，应以国家批准的计划和统计部门的统计数字为依据。

三、产业调控法律制度

（一）产业政策的概念

产业政策是指一个国家或地区为实现其一定时期的经济和社会发展目标，而制定的相应的发展、限制产业的目标以及保障实现这些目标的各项政策所组成的政策体系。产业政策一般以各产业为直接对象，保护和扶植某些产业，调整和整顿产业组织，其目的是改善资源配置，实现经济稳定与增长，增强国际竞争力，改善与保护生态环境等。产业政策是市场经济条件下政府宏观经济调控政策的重要方面。

政府制定与实施产业政策必须以市场起决定性作用为前提。产业政策的实质是国家或政府对经济活动的一种自觉干预，以实现特定的经济、社会目的。这种干预包括对产业的规划、调整、保护、扶持、限制等，如2016年11月29日国务院发布的《"十三五"国家战略性新兴产业发展规划》。

产业政策的体系是开放的、动态的。目前，产业政策的体系主要由产业结构政策、产业组织政策、产业技术政策、产业布局政策以及其他对产业发展产生重大影响的其他产业政策构成。各类产业政策彼此交叉渗透，难以截然分开，不同国家在不同发展阶段也各有侧重。

（二）产业调控法的概念和特点

产业调控法是调整基于产业调控而发生的社会关系的法律规范的总称。产业调控法调整对象包括产业结构关系、产业组织关系、产业技术关系、产业布局关系以及产业政策的制定和实施关系等一系列的特定社会关系。产业调控法作为宏观调控法的重要制度具有以下特征：

1. 产业调控法具有综合性和协调性

产业调控法的综合性是指：（1）调整对象的综合性。产业调控法规制的对象是"产业"，即生产同类或具有密切关系的产品或服务的企业的集合，产业本身具有综合性，涉及一国国民经济的整体，即由一国各产业综合构成。在社会生产力日益发展和社会分工日趋精细的态势下，任何一国的产业都是多元的，各产业之间相互作用组成系统合为一体，必然具有综合性。（2）调整方法的综合性。产业政策主要由国家依法运用刺激性手段、强制性手段、诱导性手段、法律性手段制定和推行，其中以法律性的手段为主。其法律规范以体现间接调控特点的任意性规范、授权性规范和鼓励性规范为主，但也有一些限制性和义务性规范的形式。

产业调控法的协调性特点是前述综合性特点的延伸。一方面，产业调控法是协调市场调节机制与国家调节机制的重要法律之一，协调局部利益与整体利益、当前利益与长远利益、个人利益与社会公共利益、经济发展与环境资源保护等各种关系；另一方面，产业政策要通过多种政策手段才能实现，一项产业政策至少要涉及财政、货币、对外贸易、收入分配、竞争政策的综合运用，与此相关的法律制度十分复杂，只有注重众多法律制度相互之间的协调配套使用，才能使产业调控法与相关法律制度在互动中得到实施。

2. 产业调控法具有政策性与灵活性

政策性是产业调控法在内容方面的显著特征，产业调控法的制定、修改与国家的产业政策密切相关，产业调控法就是将国家制定的比较稳定的产业政策上升为法律，或将某些政策法律化，这充分体现了政策与法律的关联性。产业调控法既具有政策性也具有法律性。在产业调控法中，政策是其内容，法律是其形式，或者说产业政策获得了法律的表现形式。

根据一定时期和一定发展阶段的经济和社会发展的整体目标确定不同的产业政策并使之法律化，使产业调控法又具有灵活性的特点。这种灵活性首先表现在针对性上，并非所有的产业都要制定产业调控法，具体的产业调控法往往是针对特定的产业而制定的，目的是扶持或调整某个产业；其次表现在阶段性上，一旦它所针对的特定产业被成功扶持或调整，该产业调控法的使命即告完成。同时，产业调控法在实施过程中也会受到政策变化的影响，尤其是一国竞争政策实施的宽严程度就明显受到产业组织等政策的影响。

(三) 产业调控法的主要内容

产业调控法，是国家产业政策的法律化，其目的在于通过各种经济手段的综合运用，推进国家产业结构的调整，实现产业结构的优化，进而从供给角度促进国民经济总量的平衡。产业调控法是中央和地方各级政府贯彻国家产业政策的具体依据，它以国民经济和社会发展规划为基础，是就一定时期内国家总的优化产业结构的政策所进行的专门立法，包括综合立法和单项立法两个方面。

从内容上看，产业调控法不但规定国家产业结构发展的长期措施，对战略产业保护和扶持的措施，对衰退产业的调整和援助等，而且针对重点产业规定那些需要重点扶持或重点限制的具体方法，以及不同产业的管理方针和措施等。由于各国的产业政策，尤其是产业结构政策主要体现在计划调控法当中，所以把产业调控法归属于计划调控法体系是合理的。产业调控法包括产业组织法、产业结构调控法、产业布局调控法、产业技术政策法等。

我国明确的产业政策立法是从 20 世纪 80 年代后半期开始的。1989 年的《关于当前产业政策要点的决定》是我国第一个关于产业政策的正式规范性文件，该决定标志着中国有了独立的产业政策方面的规范性文件。1994 年，国务院颁布《九十年代国家产业政策纲要》，作为今后制定各项产业政策的指导和依据，这是我国第一个规定长期产业政策措施的行政法规。此后，国家陆续制定了规范或体现相关产业调控的法律、法规、规章和其他规范性文件，例如，《关于加快发展第三产业的决定》（1992 年）、《中小企业促进法》（2002 年）、《促进产业结构调整暂行规定》（2005 年）、《产业结构调整指导目录》（2014 年）等。

四、投资调控法律制度

（一）投资与计划

广义的投资是指主体牺牲或放弃现在可用于消费的价值以获取未来更大价值的一种经济活动，狭义的投资仅指固定资产投资。按照不同标准，投资又有不同分类：以投资对象为标准，可以分为固定资产投资和流动资产投资；以投资是否借助金融中介为标准，投资可以分为直接投资和间接投资；以用于投资的资产性质为标准，投资可以分为国家投资和民间投资；以投资主体的身份为标准，投资可以分为政府投资和私人投资；以用于投资的资产来源是境内还是境外为标准，投资可以分为内资投资和外资投资；以资本投向是境内还是境外为标准，投资可以分为境内投资和境外投资。

在国家宏观调控中，投资与计划紧密相关。一方面，国家的各项投资必须在国家各级政府的计划指导和协调下进行。投资计划是政府对投资活动进行宏观调控的集中体现，是投资管理的基本依据，可以促进经济结构和生产力布局优化。另一方面，国家的国民经济和社会发展计划要通过包括投资在内的各种建设活动进行落实，投资建设是实现国家发展战略和规划的手段之一。党的十九大报告指出，"深化投融资体制改革，发挥投资对优化供给结构的关键性作用。"[①]

（二）投资调控法的概念和渊源

在国家投资过程中发生的以国家（或其主管部门）为一方主体的社会关系，国家需要制定法律予以调整。这种社会关系，有的表现为国家对非国家投资主体参与的竞争性投资项目，运用经济杠杆（如利率、税收）进行间接调控发生的社会关系，也有的表现为以国家参与为主的基础性和公益性投资项目，运用经济和行政手段进行直接调控发生的社会关系。投资调控法就是规范国家投资调控行为，

[①] 习近平：《决胜全面建成小康社会 夺取新时代中国特色社会主义伟大胜利》，人民出版社 2017 年版，第 34 页。

调整国家投资调控关系的法律规范的总称。

从投资法的渊源或外在表现形式看，我国尚未制定统一的《投资调控法》，而是采取分别立法的形式。20世纪80年代以来，我国出台了一些涉及投资调控的法律、法规，但多集中于地方层面。进入21世纪后，国家投资调控的法律、法规增加较多。例如，《国务院关于投资体制改革的决定》《国务院关于固定资产投资项目试行资本金制度的通知》，国家发展和改革委员会颁布的《企业投资项目核准暂行办法》《国家发展改革委员会关于实行企业投资项目备案制指导意见的通知》，国务院国有资产管理委员会发布的《中央企业投资监督管理暂行办法》《财政部、发展改革委、人民银行关于在公共服务领域推广政府和社会资本合作模式的指导意见》等。虽然我国投资调控法的分散立法模式并未阻碍我国社会、经济发展，但这样的立法模式并不利于我国宏观调控制度的完善，因此，制定完整统一的《投资调控法》也非常必要。

（三）投资调控法律制度的主要内容

我国投资调控法律制度包括了投资主体制度、投资管理制度、投资责任制度和投资程序制度。

1. 投资主体制度

投资主体制度是指政府依法确立、约束和规范投资主体的法律规范的总称。现阶段我国投资主体主要有政府、企业、事业单位和公民个人及外商。根据我国投资调控法律制度，投资主体需具备以下基本条件：（1）能相对独立作出投资决策的法人或自然人；（2）有足够的资金来源；（3）对投资所形成的资产享有所有权和法人财产权或经营管理权；（4）能承担投资风险并承担相应的法律责任。但这并不意味着具有这些条件的主体就可以进入到各个投资调控领域。不同主体的投资范围不同，在投资调控中也发挥着不同作用：（1）涉及社会公共利益的项目一般由政府负责投资。这些公共项目往往投资基金很大，成本回收周期长，私人一般不愿进行投资，只能由政府参与，并在这一领域进行投资调控。（2）涉及基础建设的项目一般由政府成立各种专业投资公司或者由企业作为投资主体进行投资，或由政府与企业合作投资。基础建设投资大、风险高、回收慢，且关系国计民生，因此多由政府垄断或承担主要投资。但这些基础建设的投资又具有一定的营利性，一些市场经济主体也会参与进来，与政府共同承担投资。（3）除了公益性和基础性项目之外的其他一般投资项目，可以依靠市场进行调节，由企业或私人进行自由投资，政府只起引导和监督作用。此时各类主体都可进入这一领域，政府则退到进行间接调节的位置。

2. 投资管理制度

投资管理制度是指政府依法通过经济和行政手段的综合作用对投资活动形成

制约关系，从而使投资主体的活动符合计划要求的内在调控机制。投资管理制度分为纵向和横向两种。纵向管理制度可分为中央政府的管理和地方政府的管理。其中，中央政府的纵向管理要求国务院有关部门依据国民经济和社会计划，编制各个领域的发展建设规划。地方政府的纵向管理则要求各级地方政府及其有关部门要努力提高政府投资效益，引导社会投资，制定并适时调整国家固定资产投资指导目录、外商投资产业指导目录，明确国家鼓励、限制和禁止投资的项目。建立投资信息发布制度，及时发布政府对投资的调控目标、主要调控政策、重点行业投资状况和发展趋势等信息，引导全社会投资活动。建立科学的行业准入制度，规范重点行业的各项标准。除了纵向管理，投资调控还有横向管理，包括计划管理、财政管理和金融管理。

一般来说，财政管理和金融管理都受财政法和金融法规范。本章为计划调控法律制度，故在此主要阐释投资调控中的计划管理制度。在投资调控法律制度中，计划管理的内容是确定计划期内投资规模、结构、布局、项目投资来源、效率等。投资计划是政府对投资活动进行宏观调控的集中体现，是投资管理的基本依据，包含了计划调控在投资活动中的作用、原则和方法。一般而言，属于固定资产的投资活动都需要纳入国家计划管理的范围。与投资调控有关的基本建设，不论具体的投资方式和资金来源，都要按照隶属管理和各投资主体的投资范围，由各级计划管理部门综合平衡后，纳入基本建设计划，按照统一领导、分级管理的原则进行管理。管理的方式主要是通过不同的投资计划体系，下达不同投资计划指标体系来实现。投资计划指标主要包括固定资产投资额、建设项目、投资效益等，并根据是否有约束力分为指令性投资计划指标和指导性投资计划指标。一般而言，指令性投资计划指标主要针对政府投资活动，而指导性投资计划指标主要针对非政府投资主体的投资活动。

3. 投资责任制度

投资责任制度是强化投资主体和投资管理制度的关键。投资主体制度和投资管理制度的实现需要投资责任制度加以约束。在投资责任制度中，投资主体对投资项目的筹划、筹资、人事任免、招标定标、建设实施直至生产经营、账务偿还以及资产保障、增值，要全过程负责。法律责任形式包括了民事责任（如投资债务清偿中的赔偿责任）、行政责任（如投资计划决策失误需承担的行政责任）、刑事责任（如对蓄意转移国有投资资产、化公为私行为人追究的刑事责任）。在政府投资中，政府作为投资者主要承担的是民事责任，而政府中的投资决策者主要承担的是行政责任或刑事责任；在国有企业投资中，国有企业主要承担民事责任，而国有企业管理人员除了承担民事责任，还需承担行政责任或刑事责任。这些责任承担方式的划分是以政府投资或国有企业投资中的法律关系为基础进行划分的。如在政府投资活动中，政府作为投资人（法人）进行的投资活动可以视为民事活动，政府与被投资企业之间依公司法确立相互之间的责、权、利关系；同时，政府与银行之间形成了投资信贷关系，以合同法明确相互间的责、权、利。但当投资决策失误造成国家资产流失时，有关责任人要承担行政责任，甚至刑事责任。

4. 投资程序制度

投资程序制度是前述投资主体、管理、责任制度为投资法律关系主体一体遵行并保障法治的关键环节。投资程序制度主要包括投资项目建设程序和投资监督程序。

投资项目建设程序包括以下几个阶段：（1）投资决策阶段。该阶段涉及可行性论证制度、审批制度、专家评议制度和公示制度。在可行性论证制度中，提出政府投资项目的申请，必须提交符合资质要求的咨询中介机构作出的可行性论证报告，以避免领导人"头脑发热"，盲目投资。在审批制度中，所有政府投资项目都必须经过国家投资主管部门审批，对于政府采用直接投资和资本注入方式的项目，从投资决策角度考虑要审批项目建议书和可行性研究报告；采用投资补助、转贷和贷款贴息方式的政府投资，只审批资金申请报告，不审批项目建议书和可行性研究报告。专家评议制度是指政府投资的审批机构在审批投资申请人的申请时，邀请相关领域的专家对投资项目的可行性再评估和再论证，以增加决策的科学性。公示制度是指政府投资的审批机构将申请予以公告，以广泛听取各方面的意见和建议，最后再作出是否批准的决定。（2）投资项目建设实施阶段。这一阶段又包括投资项目设计和投资项目施工两个阶段。在项目设计阶段，包括投资项目设计单位的选择、设计单位的权利和义务、设计的依据和标准以及设计文件的审批等规定。当设计文件批准之后，投资项目就进入施工阶段。在此阶段中，有关施工单位的选择、建筑施工承包合同的订立和履行，严禁建设承包合同的层层转包和违法分包，以及相关的施工配套措施和施工原材料的准备等，都有详尽的规定。（3）投资建设项目的竣工验收和交付使用阶段。这是投资项目建设程序的最后阶段。

现阶段投资监督程序主要包括三种：（1）政府各部门在各自职权划分范围内，对投资活动进行的审查监督，这包括计划部门对投资计划的制订和执行进行的计划监督，以及税收部门依税法对投资活动实施财税监督。（2）其他国家机关（立法和司法机关）对投资活动进行审查监督，这包括各级人大对投资计划、预算和决算的审查批准，对投资计划执行情况的监督，以及对投资活动过程中违法现象的检查；司法机关则在其权限范围内，依法调处投资纠纷，依法追究投资活动中的违法犯罪行为人的法律责任，以保证投资活动的顺利进行。（3）有关社会组织对投资活动进行的审查监督。

五、区域规划法律制度

（一）区域规划的概念和内容

区域规划是为实现一定区域范围的开发和建设目标而进行的总体计划或部署，是国民经济和社会发展规划任务在特定空间上的落实，是使地区生产力合理布局、各项建设事业协调发展的重要手段与步骤，也是政府进行区域调控和管理，推进区域发展、协调区域关系的重要工具。区域规划主要是对人口、资源、生态环境和经济活动等进行空间布局安排。"十一五"规划时期，我国首次把区域规划放在突出的重要位置。从我国现实看，国务院为协调区域发展，先后批准发布了几十个区域规划或指导性意见，有力地推进了区域经济与社会的协调发展。

区域规划主要包括以下内容：一是基础设施整合，着重解决重复建设和资源共享问题。二是空间结构优化，明确空间发展方向和重点，特别是城镇空间布局的方向和重点，解决区域内部特别是跨行政区的协调发展问题。三是产业结构、经济结构的优化，主要是从全国甚至全球视角，解决区域在全国发展格局中的职能分工和定位问题。四是土地、水和其他重要资源的综合利用和生态环境保护，使经济社会发展和资源环境协调起来。五是政策措施，通过提出支撑规划实施的政策措施，协调中央与地方、地方与地方之间的关系。

（二）区域规划法的概念和渊源

区域规划法是指调整政府在进行区域规划管理过程中发生的各种社会关系的法律规范的总称。其调整对象是区域规划关系。区域规划对产业结构和经济结构的优化、城镇空间布局和基础设施整合等涉及宏观调控目标和任务，有重要的影响作用，所以作为调整区域规划关系的区域规划法是宏观调控法体系中的重要制度。

国家为推进区域经济、社会和生态的协调有序发展，批准发布数十个区域规划，有力推进了区域协调发展与和谐社会的建设。然而，我国的区域规划的制定和实施缺乏法律的规制。从区域规划法的渊源或外在表现形式看，我国尚未制定统一的《区域规划法》，其法律规范的表现形式主要分散在一些有关国土规划、城乡规划、环境和自然资源的法律、法规之中。例如，《土地管理法》《城乡规划法》《环境保护法》《水法》《森林法》《草原法》《城市规划编制办法》等法律法规中均有涉及区域规划方面的规定。要保证调控程度的平衡，必须将原来以行政手段为主的手段转变为以法律手段与经济手段相结合的综合调控手段。为此，就要加快区域规划立法，逐步形成区域规划法规体系。

（三）区域规划法律制度的主要内容

1. 区域规划主体制度

凡是依照国家区域规划法律的规定，有权参加区域规划法律关系，并以自己的法律行为承担一定法律后果的社会主体，均可成为区域规划主体。区域规划法主体既包括省级、市级、县级等多层级的政府，也包括执行和落实规划的相关组织。例如，在建设基础设施和公共服务设施方面，国家鼓励政府与社会资本合作（PPP），引导民营企业和私人企业成为建设主体。

2. 区域规划协作制度

区域规划协作制度是具体落实区域规划的任务的合作制度。它包括区域内技术交流与合作制度；区域内土地、资源、能源合作开发利用制度；区域内工业基地、先进装备基础设施等合作开发利用制度；区域生态环境共建与保护制度；区域内运输通道和通信网络的互联互通合作制度等。

3. 区域规划调控制度

区域规划调控制度是调整区域规划与产业、财政、金融等政策之间的关系的法律制度。例如，区域规划与产业政策法律制度是区域协调发展中极为重要的一环。区域内各地区具有的各种呈离散状态的潜在优势，诸如产业优势、资源优势、能源优势、技术优势、港口优势等，必须进行整合，才能转化成现实的竞争力和生产力，仅仅依托市场机制的力量是不够的，还需要依托政府调控功能，通过区域规划调控法制度，将产业政策、财政、金融等政策整合起来，保障整个区域内的产业梯度合理转移，实现产业分工的合理化和科学化。通过区域规划调控法制度，突破行政区划限制，集聚产业，组织区域内各地区人口和资源环境，实现在整个区域内经济结构、产业结构和产业布局的科学合理化，逐步形成符合自己经济发展特色的具有产业关联的、有凝聚力的新型经济综合体。

4. 区域规划程序制度

区域规划程序制度包括区域规划编制、审批和实施制度。我国于1956年出台《1956—1967年全国农业发展纲要》，在这一时期，国家建委设立了区域规划与城市规划管理局，拟订了《区域规划编制与审批暂行办法（草案）》。1987年国家计划委员会出台了《国土规划编制办法》，2005年国家建设部发布了《城市规划编制办法》，2007年全国人大常委会制定了《城乡规划法》。

《城乡规划法》对城乡规划的制定、实施、修改、监督等程序作出了详细的规定。如该法第12条规定："国务院城乡规划主管部门会同国务院有关部门组织编制全国城镇体系规划，用于指导省域城镇体系规划、城市总体规划的编制。全国城镇体系规划由国务院城乡规划主管部门报国务院审批。"该法第13条规定："省、自治区人民政府组织编制省域城镇体系规划，报国务院审批"。

拓展阅读

《全国主体功能区规划》节选

六、对外贸易调控法律制度

我国加入世界贸易组织（WTO）之后，与世界经济形成了高度关联。2008年国际金融危机以来，世界经济处于变革、调整与动荡之中，我国经济发展也进入了新常态，迫切需要统筹国内国际两个大局，确定国家对外贸易的长远发展战略目标，推进"一带一路"建设，规划对外贸易发展的"路线图"，健全对外贸易法治。对外贸易调控法律制度作为对外贸易法中的重要法律制度，对于国家对外贸易发展战略与规划的制定，促进国际收支平衡，实现国家宏观调控目标，都具有重要的作用。下面以我国对外贸易法为依据，简述对外贸易调控法律制度。

（一）对外贸易和对外贸易法的概念

1. 对外贸易的概念

对外贸易亦称"进出口贸易"，简称"外贸"，是指一个国家（地区）与另一个国家（地区）之间的商品、技术和服务等交换活动，包括进口和出口。对外贸易同国内贸易一样，都是商品的交换活动，但由于不同国家和地区社会制度、经济文化水平、风俗习惯存在差异，在对商品的要求、价格水平、贸易方式、结算方式以及贸易的管理制度等方面，对外贸易与国内贸易有着很大的区别。因此，各国通常采取专门立法调整对外贸易关系。

2. 对外贸易法的概念

从实质意义或广义上理解的对外贸易法，是指国家调整在货物进出口、技术进出口和国际服务贸易中产生的对外贸易管理关系和对外贸易合作关系的法律规范的总称。它的表现形式散见于一系列法律、行政法规和其他具有法律效力的规范性文件中。目前，我国的对外贸易法主要规定在《对外贸易法》《反倾销条例》《反补贴条例》《保障措施条例》《海关法》等法律文本之中。此外，我国缔结、参加的有关国际经济贸易方面的国际条约和通行的国际惯例，也必须遵守。

从形式意义或狭义上理解的对外贸易法，专指《外贸易法》，它于1994年制定，2004年进行了修订。它共11章70条，除总则外，还规定了对外贸易经营者、货物进出口与技术进出口、国际服务贸易、与对外贸易有关的知识产权保护、对外贸易秩序、对外贸易调查、对外贸易救济、对外贸易促进、法律责任和附则。《对外贸易法》是我国对外贸易领域的法律基础和支柱，是整个外贸制度的核心。

（二）对外贸易法与宏观调控

国家宏观调控目标一般包括经济增长、稳定物价、充分就业和国际收支平衡四个方面。对外贸易活动与国际收支关系密切，外贸顺差或逆差都直接影响一国的国际收支平衡，进而影响宏观调控目标的实现。为此，各国政府需要运用对外贸易法促进外贸平衡，保持国际收支平衡。

为实现宏观调控的目标，我国《对外贸易法》总则规定，"国家实行统一的对外贸易制度""国务院对外贸易主管部门依照本法主管全国对外贸易工作。"依据《对外贸易法》第三章和第四章的规定，国家可以限制或者禁止有关货物、技术的进口或者出口，还可以限制或者禁止有关的国际服务贸易。《对外贸易法》第九章还专章规定"对外贸易促进"，明确"国家制定对外贸易发展战略，建立和完善对外贸易促进机制"等内容。

从《对外贸易法》的上述规定看，对外贸易法所特有的制度措施，在保障国家国际金融地位和国际收支平衡、保障国家外汇收支平衡、实现我国宏观调控目标方面，发挥着不可替代的作用。对外贸易法既是国家实施宏观调控的重要法律手段，也是实现国家宏观调控目标的法律保障。

（三）对外贸易预警应急制度是政府宏观调控的重要手段

对外贸易预警应急制度（机制），又称产业损害预警机制。这种预警制度主要是通过对货物进出口、技术进出口和国际服务贸易异常情况的连续性监测，分析其对国内产业的影响，及时发布相关预警信息，为政府相关部门、产业和企业决策服务。对外贸易预警应急制度由预警、预案、应对实施三个部分组成，是国家调控宏观经济的重要制度手段，也是有效运用贸易救济措施的基础性、前瞻性、预防性制度，对维护国内产业安全具有重要的作用。

实行对外贸易预警应急制度是国际上的通行做法。例如，美国商务部于2003年成立"工业分析办公室"，承担审查和评估进出口贸易、政府政策对产业及企业的影响的法定职责。此外，印度建立了进口监测机制，欧盟、南非也建立了"进口监测快速反应机制"，等等。

要保障市场配置资源的决定性作用，就要更好地发挥政府的作用，政府的宏观调控必不可少。由于对外贸易的涉外性质，更需要政府建立调控与协调机制。因此，除了要健全反倾销、反补贴制度、关税制度等传统制度，还要建立健全对外贸易预警应急制度。我国《对外贸易法》第49条规定，"国务院对外贸易主管部门和国务院其他有关部门应当建立货物进出口、技术进出口和国际服务贸易的预警应急机制，应对对外贸易中的突发和异常情况，维护国家经济安全。"这一条款的规定，强化了政府的预警职能，使我国产业损害预警机制上升为对外贸易的重要法律制度。

（四）中国"一带一路"愿景与行动规划

国家规划或计划具有导向作用，是宏观调控的重要手段。为推进实施"一带一路"重大倡议，2015年3月，中国政府（经国务院授权由国家发展改革委、外交部、商务部联署）发布了《推动共建丝绸之路经济带和21世纪海上丝绸之路的愿景与行动》（以下简称《"一带一路"愿景与行动》）。这是实施"一带一路"战略目标的国家级长远规划。《"一带一路"愿景与行动》由时代背景、共建原则、框架思路、合作重点、合作机制、中国各地方开放态势、中国积极行动、共创美好未来八部分内容组成。这里主要以《"一带一路"愿景与行动》文本为依据，简述其与外贸调控有关的以下内容：

1. 投资贸易合作是"一带一路"建设规划的重点内容

为解决投资贸易便利化问题，消除投资和贸易壁垒，构建区域内和各国良好的营商环境，积极同沿线国家和地区共同商建自由贸易区，激发释放合作潜力，沿线国家宜加强信息互换、监管互认、执法互助的海关合作，以及检验检疫、认证认可、标准计量、统计信息等方面的双边多边合作，推动世界贸易组织《贸易便利化协定》的生效和实施；改善边境口岸通关设施条件，加快边境口岸"单一窗口"建设，降低通关成本，提升通关能力；加强供应链安全与便利化合作，推进跨境监管程序协调，推动检验检疫证书国际互联网核查，开展"经认证的经营者"（AEO）互认；降低非关税壁垒，共同提高技术性贸易措施透明度，提高贸易自由化、便利化水平；拓宽贸易领域，优化贸易结构，挖掘贸易新增长点，促进贸易平衡；创新贸易方式，发展跨境电子商务等新的商业业态；建立健全服务贸易促进体系，巩固和扩大传统贸易，大力发展现代服务贸易；把投资和贸易有机结合起来，以投资带动贸易发展。

2. 资金融通是"一带一路"建设规划的重要支撑

加强金融合作，推进亚洲货币稳定体系、投融资体系和信用体系建设；扩大沿线国家双边本币互换、结算的范围和规模；推动亚洲债券市场的开放和发展。共同推进亚洲基础设施投资银行、金砖国家开发银行的筹建，有关各方就建立上海合作组织融资机构开展磋商；加快丝路基金组建运营；深化中国—东盟银行联合体、上合组织银行联合体务实合作，以银团贷款、银行授信等方式开展多边金融合作；支持沿线国家政府和信用等级较高的企业以及金融机构在中国境内发行人民币债券；符合条件的中国境内金融机构和企业可以在境外发行人民币债券和外币债券，鼓励在沿线国家使用所筹资金；充分发挥丝路基金以及各国主权基金作用，引导商业性股权投资基金和社会资金共同参与"一带一路"重点项目建设；加强金融监管合作，推动签署双边监管合作谅解备忘录，逐步在区域内建立高效监管协调机制。

3. 合作机制是共建"一带一路"的重大举措

积极利用现有双多边合作机制，加强双边合作，开展多层次、多渠道沟通磋商，推动双边关系全面发展；强化多边合作机制作用，发挥上海合作组织（SCO）、中国—东盟"10+1"、亚太经合组织（APEC）、亚欧会议（ASEM）、亚洲合作对话（ACD）、亚信会议（CICA）、中阿合作论坛、中国—海合会战略对话、大湄公河次区域（GMS）经济合作、中亚区域经济合作（CAREC）等现有多边合作机制作用，让更多国家和地区参与"一带一路"建设。

思考题：
1. 为什么计划的导向和调控需要依法实施？
2. 如何创新我国计划法的调控手段？
3. 试论产业调控法特征。
4. 试述计划调控法律制度下的投资调控。
5. 试论区域规划法律制度与计划调控法律制度的关系。
6. 试论对外贸易法与宏观调控的关系。

▶ 自测习题及参考答案

第十二章　市场规制法的基本理论与制度

市场规制法是经济法的重要组成部分。本章承接"经济法总论",统摄"市场规制法"其他各章,是本单元的"小总论"。本章集中阐述的市场规制法基本理论,包括市场规制法的理论基础、体系、宗旨和原则、调整方式;市场规制法的基本制度则包括主体制度、权利义务、配置制度、程序制度和责任制度。上述内容是学习本部分其他各章的基础。

第一节　市场规制法基本理论

一、市场规制法的理论基础

（一）市场、市场竞争和市场规制

1. 市场

在不同语境下,对市场,可以有不同的理解。有的理解为交易场所、地点和区域,有的理解为是由买者和卖者相互作用并共同决定商品和劳务的价格和交易数量的机制,[①] 即配置资源的一种方式或手段,被称为"无形之手"。

2. 市场竞争

竞争,是自然、经济和社会中的普遍现象。何谓竞争?"并逐曰竞,对辩曰争。"[②]"竞,逐也。"[③] 从一般语词上讲,竞争是追求相同或相近的主体互相争胜的现象。市场竞争,又称商业竞争或经济竞争,是指经济利益互相对立的市场主体实施的所有以获取交易机会为目的的经济行为。通过消费者的"货币选票",确认在市场竞争中的优胜者,并给予优胜者享有更多资源的机会,使优胜者得以利用其质量、技术、价格等方面效率更高的优势,发挥资源最大化的效益。市场竞争的机制,既凸显公平,又富于效率。这正是市场竞争普遍存在的内在合理性。

3. 市场规制

市场竞争的优胜者在市场份额得到扩大、市场支配地位得到提高后,不再愿意受主体平等、意思自治等交易规则的制约,试图利用自身的经济优势左右交易的关键条件,排除、限制竞争,获取超额利润。市场中常常可以见到防不胜防的

[①] 参见［美］保罗·A.萨缪尔森、威廉·D.诺德豪斯:《经济学》（第十七版）,萧琛主译,人民邮电出版社2004年版,第21页。
[②] 《庄子·齐物论》中"有竞有争"的郭象注。
[③] 《诗·商颂·长发》之郑玄笺。

商品伪劣、坑蒙拐骗、尔虞我诈，使消费者不放心消费甚至不敢消费，既妨碍交易公平，又危害市场效率。

由此可见，市场和市场竞争同样是双刃剑：正当的竞争增进公平，提升效率，促进经济发展；不正当的竞争或限制竞争，会妨碍公平、危害效率，阻碍经济发展、社会进步。因此，有必要发挥国家的职能，通过制定和实施规范市场主体市场竞争行为的法律规范，适度介入市场，规制市场竞争。由此，产生了市场规制和市场规制法。

(二) 市场规制法的产业组织理论基础

1. 产业组织理论的概述

市场规制法的经济学基础，主要是产业组织理论 (Theory of Industrial Organization)。关于产业组织理论的研究范围和学科归属，美国的乔治·斯蒂格勒、法国的泰勒尔和美国的威廉姆森等著名经济学家在这些方面有不同的观点。综合各家之长，可以认为：产业组织理论是一门以微观经济学、博弈论、交易费用理论等为基础，以市场结构、市场行为和市场绩效为基本分析框架，以为国家的市场规制政策和法律制定提供建议为主要功能的应用经济学学科。因此，学习和研究市场规制法的原理和制度，应当了解产业组织理论。

产业组织理论，经历了以马歇尔的完全竞争理论为代表的萌芽时期、以哈佛学派为代表的产生时期，现正处在以芝加哥学派、奥地利学派为代表的发展时期。市场结构、市场行为和市场绩效的理论是其基本框架，微观经济学原理、交易费用理论和博弈论等行为科学是其理论基础或研究方法。下面着重介绍市场结构、市场行为和市场绩效 (SCP) 的分析范式。

2. 市场结构

市场结构是分析、判断经营者的市场行为的基础，界定相关市场又是分析市场结构的前提。

影响市场结构的因素，主要有市场的集中度、进入相关市场的障碍和产品的差异性。根据上述三个方面的计量，可以判断该市场结构的基本形态。市场结构的基本形态有完全竞争、垄断竞争、寡头垄断和垄断四种。

完全竞争 (perfect competition) 是一种理想的市场结构。此类市场中，同质的商品有很多卖者，没有一个卖者或买者能控制价格，市场没有壁垒。垄断竞争 (monopolistic competition) 的市场结构中，有很多有差别产品的卖者，进入很容易并且厂商之间没有勾结行为。这是最常见的市场结构。在寡头垄断 (oligopoly) 的市场结构中，只有少数卖者，商品可以是同质的也可以是有差别的，如石油市场、电信市场。在垄断 (monopoly) 的市场结构中，一种产品只有一个卖者或买者，如城市自来水、管道天然气市场。

3. 市场行为

市场行为，是经营者各种市场竞争行为的总称。依行为的内容，可分为价格行为、非价格行为和组织调整行为，这是基本分类。价格行为如价格歧视、价格固定、掠夺性定价等；非价格行为如广告行为、产品差异、研究与开发等；组织调整行为包括企业合并等。这三种分类，对于认识和判断垄断行为甚有裨益。

4. 市场绩效

市场绩效，是对市场结构和市场行为的市场效果评价。因此，市场绩效成为研究者政策建议的依据，也是决定反垄断规制措施的基础。市场绩效的评价，主要角度有：一是资源利用效率，是指生产要素的投入产出率。产出效率包括市场资源配置效率和企业内部效率。常被提及的"X无效率"（X-inefficiency），就是指企业内部无效率，即企业开支超出实际所需成本的情形。二是技术进步，主要考察不同的市场结构或市场行为在提高产品和服务的技术含量并因此降低生产成本和价格等方面的绩效。三是分配公平，关注福利在社会集团、成员等不同主体之间的分配的公平、公正与否。

5. 三大学派对市场结构、市场行为和市场绩效的观点

关于市场结构、市场行为和市场绩效三者间的关系，哈佛学派认为，市场结构决定了厂商的行为，厂商的行为又决定了产业绩效的好坏。所以，政府规制垄断的措施应以拆分等结构措施为主。芝加哥学派则认为，与其说存在着市场结构决定市场行为进而决定市场绩效，还不如说是市场绩效或市场行为决定了市场结构。而新产业组织理论则认为，市场结构取决于企业规模，而企业规模取决于交易费用，交易费用又取决于交易活动的复杂与不确定性程度。因此，垄断的标志是企业的行为，市场规制的重心应放在企业的市场行为上。

关于市场绩效评价标准的重心，哈佛学派将市场绩效评价的重心放在资源配置效率和分配公平上。芝加哥学派则特别关注技术进步。新产业组织理论则认为，既要考虑企业的生产成本，还要侧重于交易费用的节约。

哈佛学派、芝加哥学派和新产业组织理论的观点，分别对美国和其他一些国家不同时期的产业结构、产业组织与市场规制政策和法律的制定和实施产生了重大影响。

（三）市场规制法的产生及其原因

1. 市场规制法的产生

自由竞争的市场经济经过一个多世纪的发展，盗用他人的商标、商号和商业秘密，捏造不实信息诋毁其他经营者商誉等不正当竞争行为日益增多。随着资本的积聚和集中，垄断组织经济实力越来越强，利用其经济实力限制竞争越来越普遍，中小企业深受其害。在此背景下，社会要求禁止或限制不正当竞争行为和垄

断行为的呼声也越来越高。

在中小企业、农业组织、消费者和一般公众强烈要求以及其他相关力量的推动下，根据联邦参议员谢尔曼（John Sherman）1888年提出的议案，美国国会1890年通过了《保护贸易和商业免于非法限制和垄断之害法》（也称《谢尔曼反托拉斯法》，*The Sherman Antitrust Act of 1890*，简称《谢尔曼法》）。这成为市场规制法（特别是反垄断法）产生的标志，同时也是经济法产生的标志之一。

1850年，法国一法院将《法国民法典》第1382条关于侵权损害赔偿的条款适用于不正当竞争领域，判决不正当竞争行为人承担损害赔偿责任。该判决书中首次出现了"不正当竞争"的概念。德国对盗用他人商号或标志、诋毁商誉、侵害商业秘密等不正当竞争案件，不采用援引民法典的方式，而是试图通过制定专门的反不正当竞争法律予以规制。1896年，世界第一部《反不正当竞争法》在德国诞生。

2. 市场规制法产生的原因

市场竞争在市场机制配置资源过程中发挥着关键作用。市场竞争的自由发展所出现的不正当竞争和垄断是市场竞争的异化。保护市场竞争免受异化力量的危害，需要有国家和政府介入并规制市场竞争行为。在法治国家，国家和政府的市场规制行为需要以法律规定为依据，从而制定了大量的市场规制的法律法规。这样，市场规制法便应运而生。

（四）市场规制法的概念

1. 市场规制法的语词

理解市场规制法的概念，首先得阐释"规制"和"市场规制"。规制，作动词，源于英语 regulate，指根据规则、原则或法律所进行的控制和引导。译成汉语时，在社会科学方面的文献中，常译成"规制""管制""监管""调节"等。[①] 采用"规制"译法，能比较充分地吸纳其英语含义，同时较好地体现汉语表达中的语义、修辞和专业含义。

结合 regulate 及在其所组合成的英语多学科词组中的含义，可以对"市场规制法"中的"规制"作如下解析：（1）规，指规矩、规则，也指法律、法规，是规制行为的依据和目标。（2）制，亦为治，指控制、调节、调校，也有制约、限制、治理之意，包括对逾矩行为的纠偏，也包括对可能出现逾矩的预防。（3）整体理解则是"依规而制、制以达规"。这样，规制的本义，就是依照规范对特定对象所

[①] 日本著名经济法学家金泽良雄在使用"规制"一词时，强调其这样的意义："一般所谓'规制'，在最狭义上，可以理解为是由于对一定行为规定了一定的秩序，而起到限制的作用。"参见［日］金泽良雄：《经济法概论》，满达人译，甘肃人民出版社1985年版，第45页。另外，该词在科学技术文献中翻译为汉语时，还可译为"校验""校准"等。

进行的纠偏、调校和预防偏差的行为。市场规制，则是国家依法规范市场主体的市场竞争行为的行为。

有的著述用"市场监管法"语词，含义和理念有一些区别，但相同和相近的成分更多。本书有些章节的个别部分使用"监管"一词时，有时是沿用现行立法的用词，有时是作为市场规制的一种具体方式，有时则是"规制"的同义语。另外，常见到的"竞争法"一词，外延为"两反"，即反垄断法和反不正当竞争法，被涵盖在市场规制法的范围内。

2. 市场规制法的调整对象

市场规制法的调整对象，需要在理解调整对象的一般原理和经济法的调整对象理论的基础上展开。市场规制法所调整的是市场规制关系。市场规制关系，就是在国家规制市场行为过程中发生的社会关系。市场规制，是国家依法规范市场主体的市场竞争行为的行为。由于国家市场规制行为是国家对整个经济运行进行调控和规制行为的一部分，市场规制关系也就成为调制关系的一部分。

由于市场规制行为主要是反垄断行为和反不正当竞争行为，市场规制关系也主要包括了反垄断关系和反不正当竞争关系。基于其他视角，还可以将市场规制关系分为市场行为规制关系和市场规制体制关系。二者结合，反垄断关系包括垄断行为规制关系和反垄断体制关系，反不正当竞争关系包括不正当竞争行为规制关系和反不正当竞争体制关系。多角度、多层次分类，有助于增进对市场规制法所调整的市场规制关系的认识。

3. 市场规制法的定义

既然市场规制法所调整的是市场规制关系，根据部门法定义的逻辑规则，市场规制法，是调整在国家规制市场行为过程中所发生的社会关系的法律规范的总称。

需要强调的是，这是部门法意义上即实质意义上市场规制法的定义。形式意义上的市场规制法，表现为一国或地区的反垄断和反不正当竞争的基本法律，如竞争法或反垄断法、反不正当竞争法。其中，采行统一立法模式的国家，其竞争法是比较完整的形式意义上的市场规制法。

二、市场规制法的体系构成

（一）概念

市场规制法的体系，是指各类市场规制法规范所构成的和谐统一的整体。由于市场规制法是由不同类型的法律规范所构成的系统，各种类型的市场规制法规范便可分别构成市场规制法的子系统，即市场规制法的部门法。探讨市场规制法的体系，有助于我们理解市场规制法的边界和范围，理解市场规制法与宏观调控法的关系，为进一步认识市场规制法在价值、宗旨、原则和主体、权利、义务和责任等方面的特质提供理论基础。

(二) 划分标准的同质性

分析市场规制法的体系，首先要明确市场规制法体系的构造。明确市场规制法体系构造的前提，则是对市场规制法作进一步划分。由于法的部门法划分是以法的调整对象为依据的，进一步划分市场规制法，仍须以对市场规制法所调整的社会关系的再划分为依据。问题在于，划分社会关系实际上存在着多种标准。如果在多个层次上对社会关系以不同质的标准进行划分，所划分出的各层次部门法将不会构成有严密逻辑关系的法的体系。坚持划分标准的同质性，有必要坚持"行为—社会关系"的范式，根据不同的行为所产生的社会关系的不同划分部门法。[1]

(三) 市场规制法体系的构造

国家对经济运行所进行的宏观调控行为和市场规制行为，即调制行为，产生宏观调控关系和市场规制关系，即调制关系。[2] 这样，继续分解市场规制行为，便相应地对市场规制关系进行了多层次的分解，形成对市场规制法多层次的划分：

第一层次：经济法分为宏观调控法和市场规制法。

第二层次（只分解市场规制部分）：市场规制法分为反垄断法、反不正当竞争法和消费者保护法。

第三层次（以反垄断法和反不正当竞争法为例）：反垄断法分为滥用市场支配地位行为规制法、联合限制竞争行为规制法、经营者集中行为规制法和行政性垄断行为规制法。反不正当竞争法分为欺骗性标示行为规制法和侵犯商业秘密规制法、诋毁商誉行为规制法、商业贿赂行为规制法和不当附奖赠促销行为规制法。

随着市场竞争行为的发展，垄断行为和不正当竞争行为会有新的分化，国家规制垄断行为和不正当竞争行为的行为也会进一步丰富。

(四) 关于特别市场规制制度

特别市场规制制度是与特别市场的特点密切结合并体现其个性的市场规制法律制度。理解特别市场规制制度的基本含义，需要从其与市场规制法律制度之间的关系角度展开。

首先，特别市场规制制度属于市场规制法律制度。特别市场规制制度，仍然是市场规制制度体系的一部分，而且并不是独立的一部分，是融合在市场规制各类法律制度之中的。因此，在剖析市场规制法体系的构造时，并没有某个或某些

---

[1] 肖江平：《中国经济法学史研究》，人民法院出版社 2002 年版，第八章第二部分。
[2] 张守文：《略论经济法上的调制行为》，载《北京大学学报（哲学社会科学版）》2000 年第 5 期。

单列的特别市场规制部门法。

其次，特别市场规制制度是市场规制法律制度在特殊市场中的体现，是体现特殊市场特点的市场规制法律制度。以虚假陈述为例，在反不正当竞争法中的欺骗性标示规制制度包括仿冒规制制度和虚假陈述规制制度。其所规制的虚假陈述行为，既可能在各种商品和服务的包装、装潢和广告中出现，当然也可能在证券市场中出现。其在各类商品和服务市场中表现出来的共性中，行为主体是所陈述商品和服务的经营者和陈述者，如广告，则是广告主和广告经营者。在证券市场表现出来时，其行为主体既包括经营者，也包括其他相关的主体：拟发行股票、债券的公司，正式发行股票、债券的公司，证券交易所、证券公司、证券登记结算机构、证券交易服务机构、社会中介机构及其从业人员，证券业协会、证券监督管理机构及其工作人员，其他国家机关工作人员，新闻传播媒介从业人员和其他有关人员（如文秘等）。市场规制制度在认定虚假陈述主体时之所以只列了经营者，是因为经营者是所有产品和服务市场中虚假陈述行为的主体。这种共性与个性的区别，也体现了市场规制法律制度与特别市场规制制度之间的区别。

这一关系，从特别市场规制制度与市场规制法律制度的执行机构也可以得到印证。我国 2017 年修订的《反不正当竞争法》第 4 条规定："县级以上人民政府履行工商行政管理职责的部门对不正当竞争行为进行查处；法律、行政法规规定由其他部门查处的，依照其规定。"前者主要承担市场规制综合执法，但基于对特别市场进行特别规制的需要，其他法律、行政法规有时也规定了另外的主管部门承担对特别市场的特别规制职责。比如，我国银行、证券、保险、电信、电力、食品药品等特别市场，都有相对独立的主管部门。美国、德国、日本等国也基本相似。在美国，至少有 34 个机构承担着执行该国市场规制法律制度的职责，范围广、综合性强的只有几个。[①]

最后，特别市场规制法律制度是丰富和发展市场规制法律制度的主要领域。对某些市场之所以予以特别规制，既有其市场交易的标的重要、影响面大等因素，还与作为共性的市场规制法律制度在规制特殊市场时的制度供给不足有关。根据我国立法的传统，可以经过层级较低的立法进行规制制度的探索，在总结经验教训的基础上逐步上升到层级较高的规制制度。这样看来，一般市场规制制度与特别市场的特点结合的过程，既是市场规制制度具体化的过程，也是丰富和发展市场规制制度的过程。

（五）市场规制法与相关法的关系

这样划分所揭示的市场规制法体系的构造中，没有包括形式意义上的产品质

[①] ［美］W. 吉帕·维斯库斯、约翰·M. 弗农、小约瑟夫·E. 哈林顿：《反垄断与管制经济学》（原书第 3 版），陈甬军等译，机械工业出版社 2004 年版，第 2~15 页。

量法、证券法、房地产法等。这是因为这些法中既有市场规制法规范，也有其他部门法规范。如果我们详细解剖这些法，产品质量法中的市场规制法规范主要是反垄断法规范和反不正当竞争法规范在产品生产、加工、储存、运输和销售质量控制行为规范中的具体化；证券法中的市场规制法规范主要是反不正当竞争法规范及少部分反垄断法规范在证券发行、上市、交易，上市公司收购行为规范中的具体化；房地产法中的市场规制法规范是反垄断法规范和反不正当竞争法规范在房地产开发行为、交易行为规范中的具体化。简言之，是市场规制法规范在相对特殊的证券市场、房地产市场和其他特殊市场中对市场竞争行为规范的具体化。如果将产品质量法、证券法、房地产法等纳入市场规制法体系，只能将其中的市场规制法规范纳入，而不能将其中的其他部门法规范也纳入进来。

三、市场规制法的宗旨和原则

市场规制法的宗旨和原则，是市场规制法基础理论中价值论的主要问题，所考察的是市场规制法与人类社会之间这种客体与主体之间的关系。探讨市场规制法的宗旨和原则，有助于增强市场规制法律实践的自觉性。

（一）市场规制法的宗旨

1. 界定

市场规制法的宗旨，是指市场规制法所欲实现的目标。基于市场规制法在法的体系中的地位，其宗旨一方面要秉承法（特别是经济法）的宗旨，另一方面又会体现具有自身个性。同时，市场规制法的宗旨，又是市场规制法调整对象在主客观关系上的延伸，是市场规制法规范的目的、功能的抽象体现。

2. 市场规制法宗旨的提炼

提炼市场规制法的宗旨，有必要从以下四个角度思考：

一是从市场规制法的价值为宗旨提供的客观可能性角度的考察。提炼市场规制法的宗旨，有必要将市场规制法的价值和人类社会的主观欲求联结考察。相对于宗旨，市场规制法的价值更具客观性。人们希望市场规制法达成的目标，必须建立在市场规制法具备满足人们这些希望的有用性基础之上。比如，我们不能希望市场规制法能够直接实现国民经济总量平衡、结构优化和促进就业等宏观经济目的。市场规制法总体上具有公平价值、效率价值和秩序价值。其公平价值体现在对实质公平、结果公平的侧重；其效率价值体现在提高资源配置效率、促进技术进步和增进社会福利；其秩序价值体现在恢复被垄断行为和不正当竞争行为破坏了的秩序，维护和增强良好的市场运行秩序。

二是从人们对市场规制法的需求角度考察。这种需求往往在市场规制法产生前后能够最直观地体现出来。美国的《谢尔曼反托拉斯法》和德国的《反不正当竞争法》制定之前，美国和德国（以至当时整个欧洲）大多数市场主体对托拉斯现象和不正当竞争现象的反感、对完全竞争和正当竞争状态的留恋、对自身近期利益与长远利益均衡最大化的欲望、对国家规制市场等公共物品的热切期盼和相应的警惕等，正是其生动的体现。

三是从经济与社会互动角度考察。市场规制法经济方面的价值会扩展为社会价值，人们对市场规制法的欲求也会同时包括经济和社会两个方面。

四是从直接和间接、初级和高级角度表达。既然市场规制法的宗旨是其所欲实现的目标，而目标既有近期与远期之分，又有直接与间接、初级与高级之别，那么市场规制法的宗旨也可以作相应的分类，比如将其分为初级宗旨和终级宗旨。

3. 市场规制法宗旨的表达

从上述多个角度思考和提炼的市场规制法宗旨，可以分初级和终极两个层次作如下表达。

市场规制法的初级宗旨主要是：通过规制垄断行为和不正当竞争行为，调整市场规制关系，恢复和维护公平竞争机制，提高市场配置资源的效率，保护经营者和消费者的权利和利益。

市场规制法的终极宗旨主要是：通过初级宗旨的达成，不断解决个体营利性和社会公益性的矛盾，克服市场失灵，保障社会公益和基本人权，促进经济的稳定增长，实现经济和社会的良性互动和协调发展。①

（二）市场规制法的原则

1. 界定

市场规制法原则，是市场规制法的制定和实施所应遵循的基本准则。市场规制法原则，应当统帅市场规制法的各规则、各环节，并与宏观调控法原则相区别。

提炼市场规制法的原则，首先要遵循法治国家依法而治的基本准则，与经济法的基本原则、市场规制法的价值和宗旨以及国内外市场规制实践相契合。基于这些要求，市场规制法的原则包括：规制法定原则、规制公平原则、规制绩效原则和规制适度原则。需要说明的是，本部分所称的原则，是市场规制法的基本原则。

2. 规制法定原则

市场规制是国家介入市场运行、规范市场主体竞争行为的行为。在法治国家，这类行为必须有法律的明确授权，同时还应当有法律明确的实体与程序的界定。被公认为世界第一部市场规制法（或竞争法）基本法律的《谢尔曼法》，比较全面、简要地体现了规制法定原则：（1）规定三类托拉斯行为为非法行为，并须承

---

① 张守文：《经济法理论的重构》，人民出版社2004年版，第315页。

担相应的法律责任。这是将托拉斯这种原来是市场主体可自由实施的市场竞争行为纳入国家规制范围的法律依据。(2)"授予美国区法院司法管辖权,以防止、限制违反本法。"这是法院享有规制托拉斯的权力,进而成为市场规制主体的法律依据。(3)"各区的检察官,依司法部长的指示,在其各自区内提起衡平诉讼,以防止和限制违反本法行为。"这是授权特定国家机构——列入行政序列的准司法机构的工作人员——检察官,享有启动反托拉斯诉讼以规制违反市场规制法的权力。也规定了启动规制程序的一项法定条件。同时,为满足便捷、有效的需要,还允许"依据美国联邦法律、州法、准州法或外国法律成立的,经上述法律授权的现存公司及联合会",也可通过提起诉讼而启动反托拉斯这种市场规制行为的程序。美国《联邦贸易委员会法》第1条有关联邦贸易委员会的成立、构成、第一届的任职年限等的详细规定,将规制法定原则体现得同样非常详细、严格。

由此可见,规制法定原则要求,规制市场主体竞争行为的主体、权力和程序等均需依照法律规定;非依法律规定,任何组织或个人不得规制市场主体的竞争行为。

3. 规制公平原则

既然市场规制法具有人类社会所需要的公平价值,那么在制定、实施市场规制法规范时就应以实现公平、增进公平和彰显公平为基本准则,通过对合同法、商法公平价值的矫正和恢复,均衡实现形式公平与实质公平、机会公平与结果公平。

比如,在立法中,界定垄断及其四类垄断行为的法律定义时,应突出其限制公平竞争的属性;在规定反垄断调查程序和认定垄断与否的法律标准时,着重于其对公平竞争的损害及其程度;在规定反垄断法适用除外的条件和范围时,同样应重点体现对公平竞争的保护。在实施中,应以恢复、实现、保护和促进公平竞争为基本准则。在适用反垄断法律的规定、原则和精神进行权变考量时,公平性是最重要的判断依据之一。

4. 规制绩效原则

产业组织理论和市场规制法原理的研究表明,不同的市场结构和市场行为产生不同的市场绩效,不同的规制行为所产生的市场绩效也不同。既然如此,规定规制主体、规制权力、规制行为方式和行为程序的市场规制法规范,在制定前进行制度设计时的预期、在制定后运行时的绩效都应当是最大化的。

追求并体现规制绩效的最大化,包括资源配置效率的最大化、技术进步速度和质量的最大化、社会福利提高的最大化等。绩效的最大化应当不仅仅考察单个市场或单个市场的局部,而应当全面考察各有关因素。

5. 规制适度原则

凡事皆有度，过犹不及，适可而止。由于观察角度、参照点和理论依据不同，许多市场竞争行为常常同时存在着妨碍公平和体现公平、减损绩效和提高绩效、阻碍竞争和促进竞争等相互对立的属性。作为一物之二面，全面禁止或完全放任，都会给经济社会带来不利的影响，并反过来破坏市场规制制度本身。因此，需要既有禁止又有允许，既有一般规定又有适用除外"规制"。规制所适之度，在于：（1）适用市场规制法的"法度"；（2）追求经济和社会协调发展的"绩效之度"；（3）均衡达成形式与实质公平和机会与结果公平的"公平之度"。也就是说，市场规制法的制定和实施，均须在法定的范围内，以实现绩效的最大化和公平的均衡化作为制约规制手段的选择、节制规制权力运行的力度的基准。适度原则的上述精神在反垄断法、反不正当竞争法各类制度中都有较充分的体现。

四、市场规制法的调整方式

法是调整社会关系的社会现象。深入到法的调整方式的微观层面，我们知道，法律规范是由"假定—后果"构成的。不同类型的假定—后果，构成不同类型的规范，对规范的对象及其行为表达不同的倾向，并产生不同的作用。第一类是一般允许式，法律赋予人们可以作为或不作为的权利，一般在私法领域。第二类是一般禁止式，法律要求人们承担不为一定行为的义务，一般在公法领域。第三类是积极义务式，法律要求人们承担为一定行为的义务，在公法、私法领域都存在。这三类规范，形成法律的三类调整方式。

市场规制法调整的是在国家规制市场竞争过程中发生的社会关系，即市场规制关系。市场规制法是公法，相应地，市场规制法的调整方式主要是一般禁止式、积极义务式，辅之以有条件的一般允许式。

（一）一般禁止式的调整方式

市场规制法是在自由竞争的市场经济后期出现的法现象。自由竞争的市场经济条件下，法律的调整方式以一般允许式为主，积极义务式为辅。当垄断、不正当竞争泛滥，市场机制名存实亡，需要国家"有形之手"介入。其一般倾向当然是划定竞争的边界，禁止市场主体为某些行为。美国《谢尔曼法》第 1 条、第 2 条，分别禁止市场主体联合限制竞争、滥用市场支配地位。我国《反垄断法》第 13 条、第 14 条禁止垄断协议，第 17 条禁止滥用市场支配地位，皆是如此。《证券法》《广告法》等特别市场规制法律也是如此。这些法律规范，在市场规制制度中比比皆是。

法律条文中的限制性条款，在限制范围内实质上是禁止。比如，我国《反不正当竞争法》对最高奖超过 50 000 元的附奖促销行为予以禁止，从另一个角度看也是限制。

（二）积极义务式的调整方式

规制市场主体的市场行为需要有法律规定，还需要有相应的机构、人员实施。《谢尔曼法》第 4~6 条，设定了美国法院管辖权，也赋予了法院及其法官特定的行为义务。我国市场规制法律均有规制体制和程序的规定。这些规定，均设定了有关部门及其工作人员为市场规制行为的义务。

基于一般禁止，市场规制法还会赋予市场主体为特定行为的义务。比如，经营者集中达到申报标准的，参与集中的经营者有申报的义务。在一般禁止协议的前提下，如果具备适用除外的条件，可以对市场主体的相应行为予以豁免，但该主体应当履行举证和证明的义务。

（三）有条件的允许式的调整方式

市场规制法是公法，不会有一般允许式。但在一般禁止的前提下，会对特定主体的特定行为予以允许。比如，我国《反垄断法》第 55 条、第 56 条对知识产权人、农产品相关经营者设定了有条件的允许。在特别市场规制法律中也比较常见。

上述三种方式，正体现了市场规制法"依规而制，制以达规"的特点。

第二节　市场规制法基本制度

一、市场规制法主体制度

（一）概念

法律关系中的主体，是法律所规范的特定行为的施动者和受动者。相应地，市场规制法的主体，是市场规制行为的施动者和受动者。尽管市场规制行为的施动者和受动者都被称为市场规制法的主体，但如果进一步细分，还可以将市场规制行为的施动者称为市场规制主体，而将市场规制行为的受动者称为市场规制受体，并分别简称为规制主体和规制受体。

（二）规制主体

规制主体，即市场规制主体，是市场规制行为的施动者。也就是说，所有依法为市场规制的行为人，都是市场规制法规范中的规制主体。综合各国市场规制法，规制主体的客观形态包括国家和政府。

1. 国家

国家成为经济法主体，是基于市场经济体制下解决市场和政府两个失灵的需要。为了解决近代市场经济后期发生的一系列经济社会问题，国家作为国家利益和社会公共利益的最好代表，被要求对宏观经济运行实施调控，对市场运行实施规制。在现代法治之下，国家介入市场，实施宏观调控行为和市场规制行为，必须依法律的明确授权。当履行法定程序制定了相关的法律，授予了国家实施宏观调控和市场规制行为的权利和义务后，国家也就成为宏观调控和市场规制行为的施动者，成为调制主体。在市场规制领域，也就成为规制主体。

在美国，为了使中小企业、农业组织、消费者和一般公众免受日益蔓延的托拉斯之害，经过谢尔曼议员提议，国会通过《谢尔曼法》。正是该法律的制定，国家承担反托拉斯的责任并享有相应的权力，成为市场规制的主体。

2. 政府

这里的政府，是指与立法、司法机关并列的机构体系。当国家的权力在许多方面由政府行使时，政府也就成为国家介入市场，规制市场竞争行为的实际担当者和执行者。政府作为市场规制的主体时，既要全面、有效、合理地执行市场规制法律所赋予的职责，行使相应的权力，还要根据执行法律的需要制定层级低一些的规范性法律文件，如法规、规章。为了执行市场规制法律，政府既要调查、裁处垄断行为和不正当竞争行为，也要为了防范垄断和不正当竞争行为的发生而设置相应的申报、许可或核准程序。这样，在规制市场竞争行为过程中，会依法发生多种具体的法律关系，政府会充任不同的、具体的法律关系的主体。无论它作为哪一种具体的市场规制法律关系的主体，都仍然属于规制主体的角色。

当然，政府在作为市场规制主体时，既要接受市场规制法的约束，还要作为宪法、行政法主体，同时接受宪法、行政法规范的约束。这样，在其外观上，政府是一身二任或多任，同时充当着多重法律关系的主体。这也正如一个人，在不同角度或场合，同时充任不同的社会角色一样。需要明确的是，不能因为政府常常是宪法、行政法的主体，就认为它是以宪法、行政法主体的身份充任经济法主体的，更不可因此误以为市场规制法是行政法或所谓的经济行政法的一部分。部门法的界分须以调整对象为依据，主体的界分也不能仅以外观为标准。政府事实上以不同的角色充任着宪法关系、行政法关系、经济法关系、民商法关系等多个部门法法律关系的主体。

3. 行业协会在市场规制关系中的地位

行业协会是规制主体还是规制受体，存在争议。如果考察行业协会的成立基础、权力来源、行业协会与协会成员的法理关系，我们会发现，行业协会的权力基于协会创始成员的授权，基于协会成员的共同协议——章程的约定。没有协会成员权利的让渡，就没有行业协会的"规制权"。① 从法理上看，不过是通过立法

---

① 我国《证券法》第九章规定了证券业协会是证券业的自律性组织，要求证券公司应当加入证券业协会。规定的职责也只是对会员进行自律性管理的职责，并不具备规制权。

的形式赋予了行业协会本由政府享有和行使的权力。从此类立法的实际运行来看，行业协会行使规制权，也需要全过程接受政府主管部门的监督和制约。更重要的是，无论是何种形式，行业协会如果实施限制竞争行为或不正当竞争行为，都会受到政府主管部门的规制。综上所述，行业协会在市场规制关系中处于规制受体地位的观点，更有说服力。

（三）规制受体

市场规制行为是直接针对市场竞争行为中垄断行为和不正当竞争行为的。市场竞争行为的主体，特别是从事垄断行为和不正当竞争行为的主体，是市场规制行为最主要的受动者。因此，规制受体主要有经营者及其利益的代表者。

1. 经营者

经营者，是以营利为目的提供商品或服务的组织或个人。这一界定，概括了经营者的如下特征：（1）以营利为目的。从事非营利类活动的如国家机关、志愿者，不是也不应该是经营者。（2）实现营利目的的载体或途径是提供商品或服务。虽然以营利为目的，但不是通过提供商品或服务作为载体或途径的，也不是经营者，如赌徒、盗窃者。（3）其自然形态既可以是组织，也可以是个人。这样规定，要比规定为单位、团体、法人等更具备开放性，更能揭示特质。

需要强调的是，这样界定是实质界定，不以注册的身份为限。比如，高等学校注册为事业单位，事业单位是不以营利为目的的组织，如果以"事业单位"的定义为限，就无法理解高等学校开办高价培训班的行为。相反，按照上述关于经营者的定义，举办高价培训班的高等学校，此时即是经营者。而其作为普通高等教育本科生教育机构时，则不是经营者。这也体现了市场规制法重实质、轻形式的特点。

2. 经营者利益的代表者

尽管垄断、不正当竞争和侵犯消费者权益的行为人常常是经营者，但有时也可能不是经营者而是其利益的代表者。当其行为违反市场规制法应受到规制主体的规制时，实施该行为的经营者的利益代表者也就成为规制受体。

比如，行业协会的决定和专业工作者协会起草、制定的专业规范（如行业标准、行业惯例等），实施垄断协议并违反反垄断法时，它们也就成为市场规制的对象。行业协会、专业工作者协会本身不是经营者，实施该行为时事实上是经营者的利益代表者。在反不正当竞争法、消费者权益保护法中，行业协会也常常成为规制对象。

再比如，行政性垄断行为的实施者——地方政府和各级政府部门，本来是规制主体，而不是规制受体，但如果它滥用其行政性权力限制市场竞争行为构成行政性垄断后，也就成为规制受体。经营者是行政性垄断行为直接或间接的受益者。

比如，某县财政局要求本县行政、事业单位接待用烟一律用本县某烟厂生产的香烟。此时，该县财政局实施垄断行为，事实上成为该烟厂利益的代表者。

二、市场规制权配置制度

（一）概念

市场规制权是规制主体依法律的授权而享有的、规制市场竞争的权利。市场规制权具有法定性和一定的强制性，因而也是一种权力。市场规制权的配置，包括市场规制权在不同的市场规制主体之间的横向配置和纵向配置。

（二）市场规制权的横向配置

市场规制权的横向配置，包括不同规制权在不同规制主体之间的配置和同一规制权在不同规制主体之间的配置。

市场规制权包括反垄断权、反不正当竞争权、消费者保护规制权和特别市场规制权，由国家市场监督管理总局行使。国务院反垄断委员会行使协调、调研和部分立法权。

反不正当竞争权中的欺骗性标示行为规制权、侵犯商业秘密行为规制权、诋毁商誉行为规制权、商业贿赂行为规制权、不当附奖赠促销行为规制权和互联网不正当竞争行为规制权，由国家市场监督管理总局综合行使，其他部委在本部门职责范围内行使。消费者保护规制权也是如此。

（三）市场规制权的纵向配置

四类垄断行为的规制权，仅由国家市场监督管理总局行使。但是，根据工作需要，可以授权省、自治区、直辖市人民政府相应的机构，依照反垄断法规定负责有关反垄断执法工作。这意味着，反垄断权在中央，地方政府没有反垄断权。这样配置体现了反垄断法维护统一开放、竞争有序市场的宗旨。当然，国务院反垄断委员会与执法机构之间存在一定程度的纵向关系，但执法权赋予执法机构，反垄断委员会仅行使执法的协调权，规则制定权则分级行使。

五类不正当竞争行为规制权的配置，适用地域管辖的原则。本行政区域内的，由本级政府市场监督管理部门行使；跨行政区域的，由共同的上一级市场监督管理机关行使。实践中，国家市场监督管理总局更多的是组织、指导、协调、监督。

三、市场规制的程序制度

根据规制法定原则，市场规制权力的行使，必须依法进行。因此，市场规制制度体系中，程序制度是其重要组成部分。

不同的市场规制权的行使，需要履行不同程序。以反垄断法为例，特定行为许可权、违法行为查处权、规则制定权等的行使，须履行不同的程序。经营者集中规制权中的经营者集中申报许可权,必须履行整套申报许可的程序。对应当申报而不申报的查处,则履行违法行为查处权行使的程序。这些程序中,包括一系列的实体条件、程序条件、环节及其时限、材料填写提交、保密等的规定。在特别市场规制制度中,证券的发行、上市等,涉及相应的市场规制权,也有一整套程序规则在规范。

由于不同类型的市场规制权履行不同的程序,并与相应的法律制度密切关联,限于篇幅,本部分不再展开,详见本书第十三章第三节、第十四章第三节、第十五章第四节和第十六章的相应部分。

四、市场规制的责任制度

市场规制法责任,是市场规制法主体违反市场规制法义务而应承担的不利后果。市场规制法责任,是保障市场规制法的执法、司法和守法的重要制度,不可或缺。

(一) 归责基础

违反市场规制法义务的经营者,之所以应当承担法律责任,一方面在于该类行为破坏市场机制,危害公平竞争,侵犯了其他经营者、消费者的合法权益,毒化社会风气,具备承担法律责任的法理基础;另一方面,垄断行为或不正当竞争行为已经不只是一种道德概念,而是法律概念。规制主体和规制受体违反了市场规制法的规定,违背了法定义务,应当承担法律所规定的不利的后果。规定违反市场规制法规范的经营者应承担相应的法律责任,才能促使市场规制法规范发生潜在的威慑力和现实的惩罚力。其发生效力的情形,既包括强制违反者实际承担法律责任,也包括市场规制法主体对市场规制法的主动遵守。

(二) 责任形式

违反市场规制法的法律责任形式,可分为财产性责任和非财产性责任两类。财产责任,如赔偿、财产罚(强制超额赔偿、罚款、罚金、没收非法所得);非财产责任,如声誉罚、自由罚、资格罚。

1. 财产性责任

违反市场规制法,根据情节可能承担赔偿、强制超额赔偿、罚款、罚金责任。

(1) 赔偿。经营者通过实施垄断行为或不正当竞争行为,获得超额利润或者交易机会、竞争优势,而其他经营者、消费者的权利和利益则因此受到了损害。这种损害,虽然不同于违约和民事侵权那样直接、具体,但垄断行为和不正当竞争行为与损害后果之间仍然存在因果关系,根据相应的法理,应当设定赔偿责任。实施各种不正当竞争行为、部分垄断行为的市场主体都可能承担赔偿责任。比如,日本《禁止私人垄断及确保公正交易法》第 25 条规定:"①实施私人垄断或者不正当交易限制或者使用不公正的交易方法的事业者，对受害人承担损害赔偿责任。②事业者证明其无故意或过失的，亦不能免除前款规定的责任。"相应地，规制主体越权、滥权而致规制受体受到损失的，依法应发生国家赔偿责任，这是赔偿的特殊情形。

（2）强制超额赔偿。对于违反反垄断法、反不正当竞争法，在交易中存在欺诈的故意并导致侵权的，通过强制超额赔偿以惩罚，确有必要。比如，采用欺骗性标示行为（包括仿冒、虚假陈述）侵害消费者权益的，一般会承担双倍、三倍或多倍的强制超额赔偿责任。我国《消费者权益保护法》第55条规定："经营者提供商品或者服务有欺诈行为的，应当按照消费者的要求增加赔偿其受到的损失，增加赔偿的金额为消费者购买商品的价款或者接受服务的费用的三倍；增加赔偿的金额不足五百元的，为五百元。法律另有规定的，依照其规定。"在受贿人为行贿人提供交易机会或竞争优势，违反公平竞争规则，实质上具有欺诈的属性。为此，设定强制超额赔偿责任既可以鼓励受害人起诉，也可以达到对现实和潜在违法者惩戒的效果。美国《克莱顿法》第2~4条界定不同情形的商业贿赂，并同时规定，凡因违反有关商业贿赂规定而遭受财产或营业损害的人，可以在被告居住的区、被发现的区或有代理机构的区向美国区法院提起诉讼，无论损害大小，一律给予其损害额3倍的赔偿，并由加害人支付诉讼费和合理的律师费用。《谢尔曼法》第7条规定："任何因反托拉斯法所禁止的事项而遭受财产或营业损害的人，可在被告居住的、被发现或有代理机构的区向美国区法院提起诉讼，不论损害大小，一律给予其损害额的3倍赔偿及诉讼费和合理的律师费。"

（3）罚款和罚金。各类垄断行为和不正当竞争行为都会使其他经营者、消费者受到损害，还会破坏公平竞争的市场秩序和社会管理秩序，对社会造成危害。如果仅仅采用赔偿、强制超额赔偿，还不足以弥补损失，也不足以使违法成本超过违法收益。为此，有必要设定罚款或罚金。本项责任连同强制超额赔偿，加大了行贿人、受贿人的违法成本，可能为其带来负效益，有助于从经济上遏阻各种违反市场规制法的行为。这是大多数国家采用的普遍形式。如英国《药物法》（1968年）、《药物广告法》（1994年）和其他相关法律规定，如果医药公司为了推销其产品给购买药品的单位或医生提供免费旅游，免费饮料、食品及其他物品和代金券，其负责人将被处以最高额为5 000英镑的罚款，还并处自由刑。我国《反垄断法》第46条、47条均设定了罚款，其幅度为该经营者上一年度营业额的1%~10%。我国2017年《反不正当竞争法》较之1993年立法，在罚款数额上大幅度增加。

2. 非财产性责任

（1）声誉罚。通过作为规制主体的市场规制机关立案、调查和与其他相关机关一道的处罚,并向社会公布,会大大降低为垄断行为或不正当竞争行为的经营者的商誉。商誉降低,会减少甚至丧失此后交易机会。我国市场监督管理机关常常定期、不定期地向社会公布"十大案件",实质上是在其他处罚的同时并处声誉罚。至于剥夺违法经营者的荣誉称号,更是声誉罚的直观运用。

(2) 自由罚。市场主体的市场竞争行为严重违反市场规制法的规定,并同时达到刑法规定的要件时,即可能招致"双罚"——对单位和个人的罚金和对个人的自由罚。我国《刑法》第三章"破坏社会主义市场经济秩序罪"中规定了28项罪名,绝大多数是严重违反市场规制法(含特别市场规制法)所致之罪。这些罪名都可能对直接行为的个人处以自由罚。

(3) 资格罚。因为严重违反市场规制法,经营者可能会被市场规制主管部门处罚吊销营业执照,这是最严重的资格罚。其他的,比如违反特别市场规制法规范达到一定程度,被主管机关降低从事特别市场经营的资质等级,或者暂停从事某类或某几类业务的资格。

(三) 责任构成

虽然违反市场规制法中不同的部门法或者不同的法律规范,责任构成会有所不同,但其共性还是存在的。下面主要阐述其共性的内容。

1. 主体

绝大多数情形下是经营者,有些情形是其利益代表者,如联合限制竞争行为、行政性垄断行为。个别情形是经营者的工作人员和其他相关人,如商业贿赂中的受贿人。同时,规制主体违反实体和程序的规定进行市场规制,也会成为责任主体。

2. 主观方面

绝大多数情形是故意。反不正当竞争法责任中有部分情形,过失也会构成市场规制法责任,如诋毁商誉行为、侵犯商业秘密行为。

3. 客体

所有违反市场规制法的行为,都会破坏市场机制、公平竞争秩序,侵犯其他经营者的权利和消费者权利,侵犯法律所保护的其他社会关系(如一般社会管理关系),这是客体。

4. 客观方面

垄断行为和不正当竞争行为的具体类型不同,主要源于其客观方面不同。后面各章会着重介绍违反市场规制法的客观方面。

(四) 责任竞合

违反市场规制法的行为,在外观上往往同时是市场交易行为。这样,同一行为,从其作为竞争行为的角度观之,违反了市场规制法,承担市场规制法责任;

从合同法、人身权法、知识产权法、民事侵权法角度观之，因其具有违约或侵权的特征，也可能同时构成违约责任和侵权责任，从而发生责任竞合。

责任竞合，不独存在于市场规制法责任与其他法责任之间，即使在同为民法的合同法、人格权法、知识产权法和侵权法相互之间，也很常见。但需要说明的是，由于市场规制法与其他法相比往往具有兜底性质，当市场规制法与其他法责任发生竞合时，适用市场规制法责任对于恢复、重建市场竞争秩序意义更显著。

思考题：
1. 如何理解市场规制和市场规制法的概念？
2. 如何理解市场结构、市场行为和市场绩效之间的关系？
3. 如何理解市场规制法的宗旨和原则？
4. 市场规制法体系构造如何？
5. 如何理解我国市场规制权的配置？
6. 如何理解市场规制法责任的构成？

▶ 自测习题及参考答案

第十三章 反垄断法律制度

反垄断法律制度及其原理，是市场规制法律制度及其原理中最重要的组成部分之一，主要涉及反垄断法的基本原理、反垄断法的实体制度和反垄断法的程序制度。其中，垄断的定义，滥用市场支配地位、垄断协议、经营者集中和行政性垄断行为的行为表现，以及本身违法原则和合理分析原则、反垄断执法权力和执法程序、诉讼程序中的证据制度需要重点理解和掌握。

第一节 反垄断法基本原理

一、垄断与反垄断法

（一）垄断的概念

1. 经济学意义上的垄断

经济学著述中所称的垄断，有三层含义：一是最狭义的垄断，即独占；二是狭义的垄断，是指除完全竞争之外所有的市场结构，包括垄断竞争、寡占和独占；三是广义的垄断，既指垄断结构，也指垄断行为。

2. 法律意义上的垄断

法律意义上的垄断，具有如下特征：一是仅指垄断行为，不包括垄断结构。二是指行为的主体是经营者或其利益的代表者。经营者是以营利为目的提供商品或服务的组织或个人，是垄断案件中最常见的主体；行业协会、行政机关或根据法律法规授权享有公共管理权力的其他组织，也会成为垄断行为的主体。三是行为目的或后果是排除限制竞争、牟取超额利益。排除竞争或限制竞争，是垄断的核心特征。反垄断的最重要的理由正在于垄断行为排除或限制竞争，使市场经济的竞争机制名存实亡。四是行为应当具有违法性。如果依法不构成垄断或者具备适用除外的条件，则不是法律意义上的垄断。

3. 垄断的定义

垄断，是指经营者或其利益的代表者，滥用已经具备的市场支配地位，或者通过协议、合并或其他方式谋求或谋求并滥用市场支配地位，借以排除或限制竞争，牟取超额利益，依法应予规制的行为。简言之，垄断是指经营者或其利益的代表者排除或限制竞争的违法行为。

（二）反垄断法的概念

反垄断法，有实质意义和形式意义之分。实质意义的反垄断法，是由反垄断法律规范所构成的系统，是部门法意义上的反垄断法。形式意义的反垄断法，是指一国规制垄断行为的基本法律。例如，我国于 2007 年 8 月制定的《反垄断法》。在此之前，我国制定的法律（如《价格法》《招标投标法》）、法规和规章中已有不少反垄断法律规范，这些规范属于实质意义上的反垄断法。

反垄断法的调整对象，是指在国家规制垄断过程中所发生的社会关系，即反垄断关系。反垄断关系，又可以分为垄断行为规制关系和反垄断体制关系。

根据反垄断法的调整对象和部门法的定义规则，可以认为：反垄断法是调整在国家规制垄断过程中所发生的社会关系的法律规范的总称。

二、反垄断法的理论基础

一个国家的反垄断基本法律中要规定哪些制度，其来源从根本上讲是一国的经济、法制实践，直接意义上则是反垄断法的理论基础以及该国的经济法治特别是反垄断的需求。反垄断法以相应的法学理论、经济学理论和其他社会科学理论为基础。较之其他部门法，反垄断法受到经济学理论的影响最大。

（一）反垄断法的经济学基础

经济学特别是其产业组织理论对垄断弊害、成因和规制路径有深入的、体系化的研究。从马歇尔提出"马歇尔冲突"（Marshall's dilemma）并引发大论争，到斯拉法、张伯伦和琼·罗宾逊 1933 年对垄断与竞争作更深入研究，再到后来著名的哈佛学派、芝加哥学派、新产业组织理论等，产业组织理论的每一个大的发展，都对反垄断法的有关制度变革带来很大影响。

产业组织理论不仅影响反垄断立法，还影响反垄断执法和司法。美国 20 世纪中期和末期，在竞争政策和反垄断执法、司法宽严把握上是有很大区别的，一个重要原因是这两个时期分别是产业组织理论的哈佛学派和芝加哥学派占主导地位的时期。在垄断行为的认定中，常常需要界定相关市场、认定市场支配地位。在分析行为的利弊时，也需要分析该行为对竞争、消费者、产业等的损害或福利。因此，学习和研究反垄断法，应当学习和掌握微观经济学和产业组织理论。

（二）反垄断法的法学基础

反垄断法的法学基础，首先是经济法学理论。经济法总论所阐述的相关理论，都是反垄断法制度制定和实施的理论基础；市场规制的基本理论，则对反垄断法制度的制定和实施具有更直接的意义。当然，整个法学理论体系，特别是法理学、法史学、宪法学等，都是反垄断法制度的法学理论基础。

（三）反垄断法的其他学科理论基础

反垄断法律制度，总是在特定的市场中实施的。当该市场具有独特的技术特征时，就需要有适应该市场技术特征的反垄断制度。比如，电信市场的反垄断制度与能源市场的反垄断制度会有所不同，分别体现电信市场和能源市场不同的技术特征和经济特征。这些市场所涉及的相应的科学技术知识、理论便成为该市场反垄断制度制定和实施的理论基础。实施反垄断法，还要运用社会学、政治学等其他社会科学的理论。

（四）反垄断法的定位

从部门法视角看，反垄断法是经济法体系中市场规制法的重要部门法之一。而市场规制法则又是经济法的重要组成部分。

从法域归属视角看，作为经济法部门法的反垄断法，当然属于公法。

从与其他法的关系来看，反垄断法与反不正当竞争法同属于经济法中的市场规制法，它们是平行的关系；与产品质量法的关系，集中在对产品质量技术标准制定过程中发生的社会关系调整的不同划分上；与知识产权法的关系，主要集中在对知识产权的专有、行使过程中发生的社会关系调整的不同划分上，合理行使知识产权的行为不构成垄断，但滥用知识产权、排除限制竞争的行为构成垄断；与企业法之间的关系，则主要集中在对企业合并和控制上的反垄断规制。

三、反垄断法的特征

与经济法之外的其他部门法如合同法、知识产权法等相比较，反垄断法具有经济法所具有的经济性、现代性等特征。与经济法内部的宏观调控法中的财政调控法、税收调控法、金融调控法等相比较，反垄断法具有市场规制法所具有的微观性、规制性等特征。

如果将反垄断法各个方面的特征进行综合，提炼出最能体现出反垄断法特殊性的表征，主要有：一是与经济学关系密切。二是法律规范的确定性较弱。在法的各分支之中，法律规范的确定性各不一样，刑法相对而言确定性更强一些。反垄断法律规范的确定性较弱，是由垄断行为及其经济环境、经济效果的复杂性所决定的。比如，我国《反垄断法》第17条在规定滥用市场支配地位行为时都用了"没有正当理由"或者"不公平的"等限定词。如何认定，均需个案分析。三是域外效力。能发生域外效力的法律规范是很少的。由于经济要素的流动往往不以国界为限，基于垄断行为的跨国界影响，一国反垄断执法、司法机关，可以对外国经营者在本国之外实施的垄断行为作出禁止或限制以至相应的处罚决定。

四、反垄断法的基本结构

由于反垄断法所调整的反垄断关系可以分为垄断行为规制关系和反垄断体制关系，反垄断法相应地可分为垄断行为规制法和反垄断体制法。由于垄断行为被分为滥用市场支配地位行为、联合限制竞争行为、经营者集中行为和行政性垄断行为四大类，垄断行为规制法亦可分为滥用市场支配地位行为规制法、联合限制竞争行为规制法、经营者集中行为规制法和行政性垄断行为规制法。

第二节 反垄断法的实体制度

一、规制滥用市场支配地位的制度

滥用市场支配地位规制制度及其理论，是其他各类垄断行为规制制度及其理论的学习基础。

（一）相关市场及其界定

市场，是由在一定时间和空间范围内的一系列商品或服务（以下统称"商品"）的贸易所构成的。相关市场，是指经营者在一定时期内就特定商品进行竞争的商品范围和地域范围。界定相关市场，要分别界定商品市场和地域市场。

1. 商品市场及其界定

商品市场是指经营者在一定时期内就特定商品进行竞争的商品范围，包括同种品和替代品的范围。如考察某大米经营者的市场地位，各类大米均是同种品，面粉、小米等则是替代品。实践中，比较困难的是替代商品范围的界定。

从需求替代角度界定相关商品市场，要考虑：需求者因价格或其他竞争因素变化，转向或考虑转向购买其他商品的证据；商品的外形、特性、质量和技术特点等总体特征和用途；商品之间的价格差异；商品的销售渠道等。

从供给角度界定相关商品市场，还要考虑其他经营者对商品价格等竞争因素的变化作出反应的证据，转产的难易、时间、额外费用和风险，转产后所提供商品的市场竞争力，营销渠道等。

2. 地域市场及其界定

地域市场是指经营者在一定时期内就特定商品进行竞争的地域范围。由于消费需求和偏好、跨区域交通成本、贸易制度的限制，能够发生竞争关系的商品在市场的地域上总是有边界的。比如，在中国，暖气片市场的地域范围，不太可能包括广东、海南地区；手表的地域市场范围要比建筑砖大得多。

从需求替代角度界定相关地域市场，要考虑：需求者因价格或其他竞争因素变化，转向或考虑转向其他地域购买商品的证据；商品的运输成本和运输特征；多数需求者选择商品的实际区域和主要经营者商品的销售分布；地域间的贸易壁垒（如关税、环保和技术政策），以及如特定区域需求者偏好、商品运进和运出该地域的数量等。

从供给角度界定相关地域市场时，还要考虑其他地域的经营者对商品价格等竞争因素的变化作出的反应，其他地域的经营者供应或销售相关商品的即时性和可行性等。

(二) 市场支配地位及其认定

1. 市场支配地位

市场支配地位，是指经营者在相关市场中对其他经营者的较大影响力。比如，经营者在相关市场内具有对商品价格、数量、品质、付款条件、交付方式、售后服务等的较强的影响力，或者能够排除其他经营者进入相关市场，或者延缓其他经营者在合理时间内进入相关市场，或者其他经营者虽能够进入该相关市场，但进入成本提高，难以在市场中开展有效竞争等。

2. 市场支配地位的认定

观测和判断经营者的市场支配地位，需要运用经济学特别是产业组织理论和方法，进行全面的市场调查和周密的数据分析。认定市场支配地位的依据，一般以市场份额为主，兼顾市场行为及其他相关因素。

(1) 市场份额及相关市场的竞争状况。市场份额是指一定时期内经营者的特定商品销售额、销售数量等指标在相关市场所占的比例。我国《反垄断法》第19条规定，一个经营者市场份额达到1/2，或者两个经营者、三个经营者市场份额合计分别达到2/3、3/4以上的，可以推定该经营者具有市场支配地位。但有相反证据证明的，不应被认定，应分析相关市场竞争状况和其他因素。

(2) 在销售市场或者原材料采购市场的影响力，包括控制销售渠道或者采购渠道的能力，影响或者决定价格、数量、合同期限或者其他交易条件的能力，以及优先获得企业生产经营所必需的原料、半成品、零部件及相关设备等原材料的能力。

(3) 财力和技术条件，包括资产规模、财务能力、盈利能力、融资能力、研发能力、技术装备、技术创新和应用能力、拥有的知识产权等。分析时，应同时考虑其关联方情况。

(4) 交易相对方的依赖性，包括与该经营者之间的交易量、交易关系的持续时间、转向其他交易相对人的难易程度等。

(5) 其他经营者进入相关市场的难易程度，包括市场准入制度、拥有必需设施的情况、销售渠道、资金和技术要求以及成本等因素。

此外，交易自由度、利润率的差距、经营者横向或纵向联合的紧密程度等也是考虑的因素。

(三) 滥用市场支配地位行为

1. 特征和含义

"滥用市场支配地位行为"先在德国法上使用，后在联合国《竞争法范本》和经合组织相关规定中使用。我国《反垄断法》也用这一表述。

其特征包括：行为主体是具有市场支配地位的经营者；行为目的是维持或提高市场地位，获取超额垄断利益；行为后果是对市场竞争的实质性损害或损害的可能性；行为没有正当理由。实践中，行为主体往往会提出减少亏损、应对竞争、技术特征以及在公平、效率和消费者保护上的"正当理由"，但是否成立，需要履行举证、证明义务，并经有关机关采信。

因此，滥用市场支配地位行为，是指具有市场支配地位的经营者，没有正当理由，利用其市场支配地位所实施的排除限制竞争、牟取超额利益的违法行为。

2. 行为表现

（1）垄断高价和垄断低价。垄断高价，是指具有市场支配地位的经营者，没有正当理由，利用其市场支配地位，使其所销售商品的价格长期、稳定、大幅度地超过平均利润率水平的行为。如依托独占或寡占的网络优势，提供电信、电力、公共交通、城市自来水、管道燃气等商品和服务的，易于实施垄断高价行为。

垄断低价，则是指具有市场支配地位的经营者，没有正当理由，利用其市场支配地位，使其所购买商品价格长期、稳定、大幅度地低于平均利润率水平的行为。依据政策享有独家采购权的经营者、大型零售连锁超市，常常采用垄断低价。

垄断高价和垄断低价实质上一样，都以牟取超额利润为直接目的。这里的平均利润率，可以是一定区域内社会平均利润率、行业平均利润率或市场平均利润率。

实践中，认定"不公平的高价"和"不公平的低价"，应考虑：销售价格或者购买价格是否明显高于或者低于其他经营者销售或者购买同种商品的价格；在成本基本稳定的情况下，是否超过正常幅度提高销售价格或者降低购买价格；销售商品的提价幅度、购买商品的降价幅度是否明显高于交易相对人成本降低幅度等。

> **拓展阅读**
>
> 高通公司滥用知识产权垄断案——国家发改委反垄断执法决定书

（2）掠夺性定价。掠夺性定价，是指具有市场支配地位的经营者，没有正当理由，为了排挤竞争对手，以低于成本的价格销售商品的行为。掠夺性定价中的"正当理由"包括：降价处理鲜活商品、季节性商品、有效期限即将到期的商品和积压商品的；因清偿债务、转产、歇业降价销售商品的；为推广新产品进行促销；能够证明行为具有正当性的其他理由。

一些具备较强市场支配地位的生产者，有时会用过剩生产规避对掠夺性定价的反垄断。

（3）拒绝交易。拒绝交易，是指具有市场支配地位的经营者，没有正当理由，拒绝与交易相对人进行交易的行为。根据传统民法意思自治的理念，经营者应当有是否交易以及和谁交易的权利。但是，当拒绝交易的权利是由具有市场支配地位的经营者来行使，且意在排除或限制竞争或者牟取超额利益的时候，其目的、效果就走向了市民社会自由竞争的反面，因此应予规制。

拒绝交易的行为方式主要有：削减与交易相对人的现有交易数量；拖延、中断现有交易；拒绝与交易相对人进行新的交易；设置限制性条件，使交易相对人难以继续与其进行交易；拒绝交易相对人在生产经营活动中以合理条件使用其必需设施；通过设定过高的销售价格或者过低的购买价格，变相拒绝交易相对人的交易。在认定拒绝进行新的交易时，应当综合考虑另行投资建设和开发建造该设施的可行性、交易相对人有效开展生产经营活动对该设施的依赖程度、该经营者提供该设施的可能性以及对自身生产经营活动造成的影响等因素。

实践中，认定拒绝交易，还要考察：主体具有市场支配地位；具有排除限制竞争的目的或后果；没有正当理由。当交易相对人有严重的不良信用记录，或者出现经营状况持续恶化等情况，可能会给交易安全造成较大风险，或者交易相对人能够以合理的价格向其他经营者购买同种商品、替代商品，或者能够以合理的价格向其他经营者出售商品，或者有能够证明行为具有正当性的其他理由，该行为就不能被认定为拒绝交易。

（4）独家交易。独家交易，是指具有市场支配地位的经营者，没有正当理由，限定交易相对人只能与其进行交易或者只能与其指定的经营者进行交易的行为。

行为方式包括：限定交易相对人只能与其进行交易，限定交易相对人只能与其指定的经营者进行交易，以及限定交易相对人不得与其竞争对手进行交易。以前在有的地方曾出现过的电网公司、管道煤气公司、固定电话公司限定客户购买其指定的经营者生产的仪表设备的行为，就是独家交易行为。实现独家交易的手段，或以高额奖励、大幅度折扣，或以拒绝交易为要挟。日本公正交易委员会、欧盟委员会就曾调查、处罚过某著名饮料公司以特别折扣、奖励形式实施的独家交易行为。

如果行为人是为了保证产品质量和安全，为了维护品牌形象或者提高服务水平，能够显著降低成本、提高效率，并且能够使消费者分享由此产生的利益的，即属于正当理由的情形。

（5）搭售及附加不合理条件的行为。搭售，是指具有市场支配地位的经营者，没有正当理由，利用其市场支配地位，搭配销售商品的行为。搭售的直接目的可能仅是扩大市场份额、排挤竞争对手，也可能是为了扩大销量，获取超额利润。

我国《反垄断法》及其配套规章将搭售与附加其他不合理限制一并规定，后者的表现主要有：具有市场支配地位的经营者，对合同期限、支付方式、商品的运输及交付方式或者服务的提供方式等附加不合理的限制，对商品的销售地域、销售对象、售后服务等附加不合理的限制，在价格之外附加不合理的费用，或者附加与交易标的无关的其他交易条件。实践中，不能将"附加其他不合理限制"作扩大理解。

（6）差别待遇。差别待遇，是指具有市场支配地位的经营者，没有正当理由，利用市场支配地位，对条件相同的交易相对人设定不同的交易价格等交易条件的行为。价格歧视是最常见的差别待遇。认定差别待遇，要考察行为主体和交易相对人的市场地位，还要看该行为的目的或后果。

实践中的差别待遇主要是针对交易条件基本相同的相对人实行，具体包括：价格歧视；交易数量、品种、品质等级不同；数量折扣等优惠条件不同；付款条件、交付方式不同；保修内容和期限、维修内容和时间、零配件供应、技术指导等售后服务条件不同。认定差别待遇行为，应当考虑公认的商业惯例，对因预先付款、数量和数额大等特殊情况而给予折扣和奖励，并且对所有符合这些条件的交易相对人都给予相应的待遇，则不应认定为差别待遇。是否具有排除或限制竞争的后果或者可能性是认定中最重要的因素。

3. 行为的分类问题

我国《反垄断法》第 17 条规定的上述六类行为，只是择要列举，没有穷尽滥用行为的全部表现，不是严谨的逻辑分类。此外，根据行为的直接目的，滥用市场支配地位的行为还可分为阻碍性滥用和剥削性滥用。上述六类滥用行为，有的仅属于阻碍性滥用，如掠夺性定价；有的仅属于剥削性滥用，如垄断高价和垄断低价；大多数兼具阻碍性滥用和剥削性滥用的属性，如搭售、独家交易、差别待遇等。

（四）危害

1. 破坏公平竞争秩序

经营者因其具有市场支配地位而与竞争对手、交易相对人实质上不平等。交易中，往往利用其市场支配地位，以形式上"合法""合理"的交易和其他方式，限制相对方意思自由的空间，强制相对方接受价格等条款，强制相对方与己方甚至仅与己方订立合同，强制相对方接受己方随意附加的义务，践踏平等、公平、正义等社会理念，使市场竞争机制名存实亡。

2. 侵犯其他经营者和消费者的利益

如果没有反垄断法规制或者规制力弱，具有市场支配地位的经营者利用其支配地位恣意侵占其他经营者和广大消费者的利益，对社会资财巧取豪夺。阻碍性滥用虽以排除限制竞争为直接目的，但其根本目的仍是牟取超额利益。

3. 造成社会整体福利的损失

在仅凭其优势地位即可轻松攫取超额垄断利润的时候，经营者往往会失去通过平等竞争改善管理、推进技术进步的内在动力。滥用市场支配地位行为，不仅导致福利在不同经营者和社会主体间的不合理分配，还会损失社会整体福利。

4. 左右政府的市场规制法律和政策

研究表明，一些基于独占的网络而享有垄断地位的经营者，常常自觉不自觉地操纵或左右政府市场规制部门，操纵或左右政府的市场规制法律和政策的制定与实施，使国家政策为其一个或几个垄断地位的经营者服务。

（五）违法责任

主要是财产性责任。在我国，经营者违反反垄断法规定，滥用市场支配地位的，由反垄断执法机构责令停止违法行为，没收违法所得，并处上一年度销售额1%以上10%以下的罚款。经营者实施垄断行为，给他人造成损失的，依法承担赔偿责任。

二、规制垄断协议的制度

（一）概念和特征

垄断协议，德国法上称为"卡特尔"、日本法上称为"不正当交易限制"，美国法上称为"合同""联合"和"共谋"。我国《反垄断法》所称"垄断协议"，是指经营者为限制竞争而达成协议、决定或者其他协同一致的行为。学理上，称为"联合限制竞争"，更能反映该概念的内涵和外延。

垄断协议的特征包括：首先，主体是经营者和经营者团体。除经营者外，各种行业协会也可能通过其决定、决议等形式限制竞争。其次，行为方式是协议、决议或其他协同一致的行为。最后，行为的目的和后果是排除或限制竞争。经营者之间虽然订立了协议，如产品购销合同，但合同的目的仅仅是彼此生产经营之所需，既无排除或限制竞争的目的，也无排除或限制竞争的后果，就不构成垄断协议行为。该后果不以实际发生为必要。

（二）行为类型

1. 不同形式的联合

一是经营者之间限制竞争的协议，包括合同、协议或其他与约定类似的方式（如共谋、建议、策划、交换情报等），且具有限制竞争的目的、后果或其可能性。参与者之间必须是彼此具有产权上的独立性。

二是经营者团体的决议。经营者团体，是指同行业经营者的联合组织或者同职业人员的联合组织，如经营者联合形成的行会、商会、协会、联合会等联合体，同业从业人员的联合会等。经营者团体的决议，则是指经营者团体所作出的反映团体及其成员意愿的决定，包括章程、规章、规则、决定、决议、建议、信息交换协议、标准合同等。

三是经营者之间其他协同一致的行为。在没有上述协议、决议的情况下，经营者存在事实上的协调一致的共同行为，且经营者之间进行过意思联络或信息交流，并且经营者不能对一致行为作出合理的解释，一般也可认定其属于其他协同一致的行为。

2. 不同内容的联合

联合的内容，一般有市场价格、市场额度、市场区域、技术开发与技术标准、交易相对人的选择等。

（三）横向垄断协议的主要表现

横向垄断协议，是指在产业链上居于同一环节的两个或两个以上经营者所为的垄断协议。如彩电销售商之间的垄断协议行为。由于横向限制竞争行为，排斥了最具竞争关系的经营者之间的竞争，对竞争的危害严重，各国对其规制也非常严厉。依联合内容的不同，横向垄断协议有下列表现：

1. 固定价格

固定价格，是指处于产业链同一环节的经营者通过协议、决议或其他协同一致的方式确定、维持或者改变价格的行为。固定价格行为，也称为价格协议、价格联盟。此类垄断协议行为非常常见，如方便面或牛奶生产商分别通过协议统一上调出厂价。当相关市场内所有经营者都参加固定价格行为，则在该市场内完全排除了竞争。因此，固定价格对竞争的损害至为严重，各国对其处罚也至为严厉。固定价格行为一般适用本身违法原则。

实践中，固定价格的表现有：（1）固定或者变更商品的价格水平；（2）固定或者变更价格变动幅度；（3）固定或者变更对价格有影响的手续费、折扣或者其他费用；（4）使用约定的价格作为与第三方交易的基础；（5）约定采用据以计算价格的标准公式；（6）约定未经参加协议的其他经营者同意不得变更价格；（7）通过其他方式变相固定或者变更价格；（8）国务院价格主管部门认定的其他价格垄断协议。

2. 划分市场

划分市场，是指处于产业链同一环节的经营者通过协议、决议或其他协同一致的方式限定商品的生产数量或者销售数量、分割销售市场或者原材料采购市场的行为。

划分市场的行为表现有：（1）以限制产量、固定产量、停止生产等方式限制商品的生产数量或者限制商品特定品种、型号的生产数量；（2）以拒绝供货、限制商品投放量等方式限制商品的销售数量或者限制商品特定品种、型号的销售数量；（3）划分商品销售地域、销售对象或者销售商品的种类、数量；（4）划分原料、半成品、零部件、相关设备等原材料的采购区域、种类、数量；（5）划分原料、半成品、零部件、相关设备等原材料的供应商。

3. 联合抵制

联合抵制，是处于产业链同一环节的经营者通过协议、决议或其他协同一致的方式拒绝与特定交易相对人交易的行为。

联合抵制的行为表现有：（1）联合拒绝向特定经营者供货或者销售商品；（2）联合拒绝采购或者销售特定经营者的商品；（3）联合限定特定经营者不得与其具有竞争关系的经营者进行交易。

4. 不当技术联合

不当技术联合，是指具有竞争关系的经营者以排除或限制竞争为目的，制定技术标准，限制购买新技术、新设备，或者限制开发新技术、新产品等行为。

不当技术联合的行为表现有：（1）限制购买、使用新技术、新工艺；（2）限制购买、租赁、使用新设备；（3）限制投资、研发新技术、新工艺、新产品；（4）拒绝使用新技术、新工艺、新设备；（5）拒绝采用新的技术标准。

（四）纵向垄断协议的主要表现

纵向垄断协议行为，是指处于同一产业链上下环节（即有交易关系或供求关系）的两个或两个以上经营者所为的垄断协议行为。比如，牛奶厂商与分销商之间就交易对象、价格、经营模式等达成的垄断协议，即是纵向垄断协议。实践中，纵向垄断协议行为主要有限制转售价格、独家交易、特许协议等。

1. 限制转售价格

限制转售价格，是指在同一产业链中上一环节经营者，利用其市场支配地位，通过协议确定下一环节经营者销售价格的行为，包括限制最低价格、限制最高价格和固定某一价格。反垄断法实践中，作为卖方的经营者，限制最高价格一般不被认定为违法行为。

2. 独家交易

独家交易，是指在同一产业链中上一环节经营者与下一环节经营者之间，利用其一方或双方的市场支配地位，通过协议约定对方或双方在特定地区不与第三方发生与对方有竞争关系的产品或服务交易的行为。

3. 特许协议

特许协议，是指经营者将其已投入流通的产品和服务的商标、企业形象标识、经营方式、专用技术等整体或部分有偿地准许其他经营者在特定地区使用的协议。

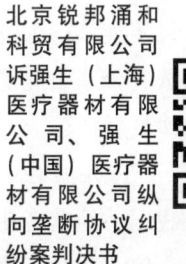

> **拓展阅读**
>
> 北京锐邦涌和科贸有限公司诉强生（上海）医疗器材有限公司、强生（中国）医疗器材有限公司纵向垄断协议纠纷案判决书

一般而言，独家交易、特许协议因其也有促进竞争的一面，更易被豁免。我国《反垄断法》第14条只规定了固定向第三人转售商品的价格、限定向第三人转

售商品的最低价格,以及国务院反垄断执法机构认定的其他垄断协议。

需要明确的是,许多国家和地区的反垄断立法将串通招标投标行为列为垄断行为,大多将其归入垄断协议行为。其中,投标方串通行为属于横向垄断协议,招标方与部分投标方串通则是纵向垄断协议。

（五）成因与利弊

1. 经济动因

经济学的研究表明,在其他因素不变的情况下,参与垄断协议的行为,有助于减少经营者的生产、交易成本,提高或维持较高的销售价格,从而有助于经营者提高利润率。横向联合,可以消除处于产业链同一环节的经营者之间的竞争,从而获得超额垄断利润。纵向联合,也可以消除本产业链各环节中同一环节经营者之间的竞争,从而获取超额利润。

2. 合理性

对处于弱势的经营者而言,通过横向和纵向联合,增进不同品牌的商品和服务之间的竞争,可以在一定程度上增强市场竞争。

3. 弊害

处于产业链同一环节的经营者之间具有直接的竞争关系,它们之间一旦实现价格联合,就会从根本上排除相互间的竞争,损害其他经营者和消费者的合法权益。比如,划分市场,可以使原本需要相互竞争的经营者在各自市场范围内获得较高的支配地位。联合抵制同样排除了交易的一方相互之间的竞争。限制转售价格行为,限制了下一环节经营者之间的竞争。

基于垄断协议利弊并存,各国对垄断协议行为均予以规制,但政策立场不同:对大多数横向垄断协议行为是禁止的,而对纵向垄断协议行为则分不同情形,有条件地允许、限制或禁止。我国《反垄断法》第15条规定,对能够改进技术、提高质量、降低成本、增进效率,或者能够增强中小经营者竞争力、增进社会公共利益、有助于渡过经济不景气阶段、保障国际贸易中本国利益等作用的垄断协议行为,且实施该行为的经营者能够证明该行为不会严重限制相关市场的竞争,能够使消费者分享由此产生的利益的,可以作为适用除外,不被禁止或者不承担相应的法律责任。

（六）违法责任

在我国,经营者违反反垄断法规定,达成并实施垄断协议的,由反垄断执法机构责令停止违法行为,没收违法所得,并处上一年度销售额1%以上10%以下的罚款;尚未实施所达成的垄断协议的,可以处50万元以下的罚款。经营者主动向反垄断执法机构报告达成垄断协议的有关情况并提供重要证据的,反垄断执法机构可以酌情减轻或者免除对该经营者的处罚。

行业协会违反反垄断法规定,组织本行业的经营者达成垄断协议的,反垄断执法机构可以处 50 万元以下的罚款;情节严重的,社会团体登记管理机关可以依法撤销登记。

经营者实施垄断行为,给他人造成损失的,依法承担赔偿责任。

三、规制经营者集中的制度

(一)概念和特征

市场支配地位的获得,有的来自于经营者自身资本的积聚或积累,有的则来自于不同经营者经济力的集中。经营者集中是获得市场支配地位最迅速的途径,并且可能为滥用市场支配地位、达成垄断协议提供条件,因此需要规制。所谓经营者集中,是指经营者通过合并、收购、委托经营、联营或其他方式,集合经营者经济力,提高市场地位的行为。

经营者集中的主体是经营者,行为方式属于组织调整行为,包括经营者合并和不形成新经营者的股份或资产收购、委托经营或联营、业务或人事控制等。其目的和后果是迅速集合经济力,提升市场地位。其对市场竞争和经济发展利弊并存。

(二)类型

1. 经营者合并

经营者合并,是指两个或两个以上经营者合为一个经营者,从而导致经营者集中的行为。各国反垄断法高度关注经营者集中行为。

反垄断法视角的经营者合并,可以根据参与合并的经营者在产业链上的关系,分为横向合并、纵向合并和混合合并。横向合并,是指处于同一产业链同一环节的经营者之间的合并;纵向合并,是指处于同一产业链上下环节的经营者之间的合并。混合合并,是指不属于同一产业链的经营者之间的合并。

由于参与横向合并的经营者在合并之前存在直接的竞争关系,横向合并更易导致垄断结构发生垄断行为,对其反垄断规制要比纵向合并、混合合并更为严格。全球第五次经营者合并浪潮中,多数为横向合并。

经营者合并,涉及公司法、证券法和反垄断法等多方面的法律问题。

2. 经营者控制

经营者控制,是指经营者通过收购、委托经营、联营和其他方式获得控制权,从而导致经营者集中的行为。

根据其获得控制权的途径可分为三类:一是通过取得股权或资产的方式获得对其他经营者的控制权;二是通过订立受托经营、联营合同或其他合同方式获得对其他经营者的控制权;三是通过变更其所享有的债权而获得对其他经营者的控制权。

此外，根据其控制的内容还可分为财产型控制、业务型控制和人事型控制；根据经营者在产业链上的关系又可分为横向控制和纵向控制。

(三) 动因和利弊

1. 动因与合理性

经营者集中特别是经营者合并可以为经营者带来下列利益：一是带来规模经济效益；二是减少竞争对手、提高市场份额；三是可以减轻税收负担；四是通过交易内部化降低交易成本。此外，经营者集中还可能有助于国家调整和完善产业结构。

2. 弊害

不言而喻，经营者集中行为会迅速提高其市场地位，并可能利用其市场支配地位对外排除或者限制市场竞争，对内会出现 X-无效率，阻碍所在行业、产业或区域的经济发展，损害消费者权益。在对垄断协议规制严格的情况下，经营者集中便会成为规避反垄断的一种方式。

(四) 规制政策

正因为经营者集中既存在诸多弊害，在特定情形下又存在一定的合理性，反垄断法对经营者集中，既不是一概禁止，也不是放任。世界各国大多采用前置性的申报许可程序。对于资产、销售额、市场占有率等达到一定数量的经营者集中行为，应当向反垄断主管部门申报。如果经营者集中不产生限制竞争或损害有效竞争的后果，或者不具有产生该后果的可能性，那么应当被许可，否则将不被许可，被禁止，或者给予附限制性条件的许可。

(五) 经营者集中的申报许可

根据我国《反垄断法》和配套法规、规章的规定，我国经营者集中实施下列申报许可制度：

1. 申报的实体条件

(1) 主体：参与集中的是两个或两个以上独立的经营者，并由参与集中的经营者统一申报。如果参与集中的一个经营者拥有其他每个经营者50%以上有表决权的股份或者资产，或者参与集中的每个经营者50%以上有表决权的股份或者资产被同一个未参与集中的经营者拥有的，其实施"集中"行为，无须申报许可。

(2) 行为：经营者意图实施经营者集中行为。

(3) 经济规模：参与集中的经营者的总规模和单个经营者的规模，如销售量、生产量、在相关市场中的份额或其他规模指标。由于银行、保险、证券、期货等行业、领域与其他行业、领域有许多特殊性，商务部等部委联合规定了不同的营业额计算方法。[1] 需要说明的是，即使经营者集中未达到上述申报标准，但按照规定程序收集的事实和证据表明该经营者集中具有或者可能具有排除、限制竞争效果的，商务部应当依法进行调查。

2. 申报的程序条件

（1）主管机关。根据现行规定，国家市场监督管理总局是我国经营者集中的反垄断执法机构。

（2）申报义务人。通过合并方式实施的，由参与合并的各方经营者申报；通过其他方式实施的，由取得控制权或能够施加决定性影响的经营者申报，其他经营者予以配合。申报义务人未进行集中申报的，其他参与集中的经营者可以提出申报。申报义务人可以自行申报，也可以依法委托他人代理申报。

（3）须提交的文件、资料。包括申报书、集中对相关市场竞争状况影响的说明、集中协议、参与集中的经营者经会计师事务所审计的上一会计年度财务会计报告、主管机关规定的其他文件和资料。申报书应当载明本次集中行为的必要信息。

3. 审查的程序

在商务部立案之后、作出审查决定之前，申报人要求撤回经营者集中申报的，应当提交书面申请并说明理由。除放弃集中交易的情形外，申报的撤回应当经商务部同意。撤回经营者集中申报的，审查程序终止。

（1）初审。主管机关自收到经营者提交的符合法定条件的文件、资料之日起30日内进行初步审查，作出是否实施进一步审查的决定，并书面通知申报人。如作出不实施进一步审查的决定或者逾期未作出决定的，参与集中的经营者可以实施集中。

（2）进一步审查。决定实施进一步审查的，自决定之日起90日内审查完毕，作出是否禁止经营者集中的决定，并书面通知经营者。作出禁止经营者集中的决定，应当说明理由。如有法定特殊情形，可以延长审查期限。逾期未作出决定的，参与集中的经营者可以实施集中。在进一步审查阶段，国家市场监督管理总局可以根据案件情况，征求其他经营者的意见，也可以根据需要征求有关政府部门、行业协会、消费者等单位或个人的意见，可以主动或应有关方面的请求决定召开听证会。

4. 审查的结果：许可或禁止

（1）审查的内容。包括：参与集中的经营者在相关市场的市场份额及其对市场的控制力；相关市场的市场集中度；经营者集中对市场进入、技术进步的影响；

---

[1] 根据2018年3月《国务院机构改革方案》，国务院反垄断执法机构统一归属国家市场监督管理总局。根据相关法理，原来三个执法机构制定的反垄断规章应当继续有效，除非新执法机构制定新的规章。下同。

经营者集中对消费者和其他有关经营者的影响；经营者集中对国民经济发展的影响；主管机关认为应当考虑的影响市场竞争的其他因素。对外资并购境内企业或者以其他方式参与经营者集中，涉及国家安全的，还应当按照国家有关规定进行国家安全审查。审查的重点在于评估经营者集中对竞争产生不利影响的可能性。

审查、评估时，要分析相关市场及其市场结构、市场集中度、市场壁垒，还要分析集中对国民经济、技术进步、市场效率、相关竞争者和消费者的影响。

（2）禁止。经营者集中具有或者可能具有排除、限制竞争效果的，国家市场监督管理总局应当作出禁止经营者集中的决定。例如，2009年3月18日，中国执法机构作出决定，禁止可口可乐收购汇源的经营者集中。

（3）许可。经营者能够证明该集中对竞争产生的有利影响明显大于不利影响，或者符合社会公共利益的，国家市场监督管理总局可以作出对经营者集中不予禁止的决定。

对于不予禁止的经营者集中，国家市场监督管理总局可以决定附加减少集中对竞争产生不利影响的限制性条件。根据经营者集中交易具体情况，限制性条件可以包括如下种类：一是剥离参与集中的经营者的部分资产或业务等结构性条件；二是参与集中的经营者开放其网络或平台等基础设施、许可关键技术（包括专利、专有技术或其他知识产权）、终止排他性协议等行为性条件；三是结构性条件和行为性条件相结合的综合性条件。对于附加限制性条件批准的经营者集中，国家市场监督管理总局应当对参与集中的经营者履行限制性条件的行为进行监督检查。

5. 审查结果的公布

主管机关应当将禁止经营者集中的决定或者对经营者集中附加限制性条件的决定，及时向社会公布。

6. 未依法申报经营者集中的调查处理

实施经营者集中，根据《反垄断法》和国务院规定应当申报而未申报径行集中的，国家市场监督管理总局负责对其调查处理。对相关举报，国家市场监督管理总局应当进行必要的核实。对有初步事实和证据表明存在未依法申报嫌疑的经营者集中，国家市场监督管理总局应当立案查处。经调查认定被调查的经营者未依法申报而实施集中的，国家市场监督管理总局可以对被调查的经营者处50万元以下的罚款，并可责令被调查的经营者采取以下措施恢复到集中前的状态：（1）停止实施集中；（2）限期处分股份或者资产；（3）限期转让营业；（4）其他必要措施。对未依法申报经营者集中的处理决定可以向社会公布。

四、规制行政性垄断的制度

（一）概念

行政性垄断虽然在许多国家都存在，但在我国当代的表现尤为突出。所谓行政性垄断，是指行政机关和法律、法规授权的具有管理公共事务职能的组织滥用行政权力、违反法律规定实施的限制市场竞争的行为。

(二) 行为构成

1. 主体

行政性垄断行为的主体不以行政机关为限，法律、法规授权的具有管理公共事务职能的组织，也应当纳入主体范围。

2. 行为方式

从学理上看，行政性垄断行为依其作用对象的不同可分为具体行政性垄断行为和抽象行政性垄断行为；依行政性垄断行为的具体行为人的不同可分为直接行政性垄断行为和间接行政性垄断行为（即行政强制经营者限制竞争行为）。相比之下，近些年来市场运行中表现更普遍、危害更严重、特性更突出的行政性垄断行为主要有：

（1）行政性强制交易。即行政机关滥用行政权力，违反法律规定，限定或者变相限定经营者、消费者经营、购买、使用其指定的经营者提供的商品。比如，某县政府要求所有机关、事业单位购买某啤酒厂质次价高、没有竞争力的啤酒，并且下达具体购买任务。

（2）行政性限制市场准入。即行政机关滥用行政权力，违反法律规定，妨碍商品和服务在地区之间的自由流通，排除或限制市场竞争的行为。根据我国《反垄断法》，行政性限制市场准入行为包括相关行政机关：对外地商品设定歧视性收费项目、实行歧视性收费标准，或者规定歧视性价格；对外地商品规定与本地同类商品不同的技术要求、检验标准，或者对外地商品采取重复检验、重复认证等歧视性技术措施，限制外地商品进入本地市场；采取专门针对外地商品的行政许可，限制外地商品进入本地市场；设置关卡或者采取其他手段，阻碍外地商品进入或者本地商品运出；滥用行政权力，以设定歧视性资质要求、评审标准或者不依法发布信息等方式，排斥或者限制外地经营者参加本地的招标投标活动；妨碍商品和服务在地区之间自由流通的其他行为。2014年9月，当时的反垄断执法机构国家发改委查处了河北省政府交通厅等三部门制定高速公路歧视性收费规定的行政性垄断行为。

（3）行政性强制经营者限制竞争。即行政机关滥用行政权力，违反法律规定，强制经营者从事反垄断法所禁止的排除或者限制市场竞争的行为。比如，强制本地区、本部门的企业合并，或者通过经营者控制组建企业集团；强制经营者通过协议等方式固定价格、划分市场、联合抵制等。

以上三类行为，可能仅是具体行政行为，也可能是抽象行政性垄断行为。所谓抽象行政性垄断行为，是指行政机关违反反垄断法律的规定，滥用行政权力，制定排除或者限制竞争的规定，妨碍市场竞争的行为。比如，某县政府制定文件，要求全县机关和事业单位的接待必须到具有一定规模、条件的国有宾馆，而该县政府办的招待所则是唯一一家具备条件的宾馆。

3. 其他要件

分析行政性垄断行为的构成，还要分析其是否滥用行政权力、是否违反法律规定、是否限制市场竞争。

（三）成因和危害

行政性垄断现象，绝不仅仅是一个法律问题，而是我国经济、政治、法律、社会、文化传统等许多因素长期、综合作用的结果。

1. 成因

（1）体制成因。我国是直接从高度集权的计划经济体制过渡到国家适度调控和规制的现代市场经济体制，在体制转型历程中，高度集权的特征在逐渐弱化的趋势下仍将在较长时期内以各种形式体现在体制之中。行政性垄断即是其体现之一。

（2）机制成因。我国现行的财税体制，使地方财政状况与地方税收状况密切相关。在这样的利益链条上，地方政府及其各部门自然会努力推动本地和本行业经济发展。同时，我国经济发展的不平衡，带来资源、产品或服务贸易中的不平衡，为了在贸易中保护本地利益，一些地方政府及其部门自觉不自觉地通过实施相应的行政性限制市场准入行为，保护本地的资源。此外，公务员工资福利保障机制源于本机关的创收，也成为行政性垄断的原因之一。

（3）法治成因。法治，首先应当尊崇"依法而治"的理念。所依之法，应当是体现公平、公正、效率，并超然于地区和部门利益之法，应当是最大多数利益的体现。现实的情形是，立法，无论是权力机关授权行政机关立法还是权力机关径行立法，无论是由行政机关起草提交权力机关审议还是由权力机关直接组织起草，都难以摆脱政府主导的窠臼。

（4）观念成因。诸多行政性垄断行为，在民主法治国家是不可思议的事情，但在封建集权观念看来却是理所当然的。行政中心观念和权力本位思想浓厚，以人为本、尊重公民权利的意识淡薄，直接和间接地导致了形形色色的行政性垄断行为。

2. 危害

行政性垄断行为具有滥用市场支配地位、垄断协议和违法的经营者集中的全部危害，并且因其由享有公共权力的行政机关和其他组织所为，而具有传统垄断行为所不具备的更严重的危害。突出表现在：一是破坏统一市场、限制公平竞争，阻碍现代市场经济体制的建立和完善；二是与民争利，侵犯民权，助长、维护和强化行政腐败，毒化社会风气；三是强化官本、忽视民本，破坏社会主义政治民主和制度文明。

（四）规制路径

规制行政性垄断，需要从法律、经济、政策、文化等方面多管齐下、标本兼治，具体路径如下：

1. 进一步完善我国经济和政治体制

行政性垄断行为的根基在于体制，既包括经济体制也包括政治体制。改革和完善我国权力分配的体制，强化权力的制衡和监督，构建有限政府，是规制行政性垄断行为的主要路径。因此，须全面实施公平竞争审查。

2. 修正政府部门及其工作人员的考核、福利机制

淡化政府特别是其官员考核中经济发展指标的权重，加入市场竞争公平性、限制不正当竞争和垄断状况等市场运行质量考核指标。继续转变政府职能，严格"三定"（定职能、定机构和定编制）方案的编订和执行。实行公务员工资由本地人事、财政部门统一确定、发放，严格收支两条线，淡化政府机关的单位化色彩。

3. 不断完善和严格实施《反垄断法》

建立健全立法备案与审查制度，修订与市场经济体制不相适应的法律、法规，健全社会主义市场经济法治。根据我国《宪法》和《立法法》的规定，全面清理违背《反垄断法》的法规、规章和地方性法规、政府规章。严格实施《行政许可法》和《行政诉讼法》，使更广范围内的主体享有对抽象行政性垄断行为提起诉讼的权利。

（五）违法责任

在我国，行政机关和法律、法规授权的具有管理公共事务职能的组织滥用行政权力，实施排除、限制竞争行为的，由上级机关责令改正；对直接负责的主管人员和其他直接责任人员依法给予处分。反垄断执法机构可以向有关上级机关提出依法处理的建议。法律、行政法规对行政机关和法律、法规授权的具有管理公共事务职能的组织滥用行政权力实施排除、限制竞争行为的处理另有规定的，依照其规定。

第三节　反垄断法的程序制度

"徒法不足以自行"，反垄断法尤其如此。反垄断法的程序制度，是反垄断法实体制度实施的重要保障。它既包括反垄断执行制度，又包括反垄断诉讼制度，还包括涵盖执行和诉讼的一般制度。反垄断法实施的基本路径和原则、适用除外和域外效力制度，也主要是程序制度及与程序制度直接相关的理论、知识。为便

于编排和学习，这些内容也列入本节。

一、反垄断法程序制度概述

（一）结构主义和行为主义

结构主义与行为主义，是规制垄断过程中逐步形成的两种路径。它形成于规制滥用市场支配地位行为的路径，后来演变成为规制整个垄断现象的路径。

1. 结构主义

对滥用市场支配地位行为的结构主义规制，以日本和美国为代表。日本的结构主义规制集中在对垄断状态的规制上。日本《禁止私人垄断及确保公正交易法》第 2 条和第 8 条对行为构成、法律责任的规定，强调了份额和拆分的作用。美国对滥用市场支配地位行为所采取的规制，源于《谢尔曼法》第 2 条。结合相关判例，美国的规制在要件上既有结构的路径，也有行为的路径。比如，在法律责任形式上，包括刑事罚金、自由刑、企业拆分、三倍惩罚性赔偿等。

2. 行为主义

对滥用市场支配地位行为的行为主义规制，以德国、法国和欧盟为代表。德国《反对限制竞争法》关于滥用市场支配地位行为的构成要件，包括主体资格、行为方式和行为后果（包括发生后果的可能性）。对实施滥用市场支配地位行为的经营者，承担合同被禁止或被宣布无效、停止侵害、损害赔偿和罚金等法律责任。

产业组织理论中，哈佛学派更侧重于结构主义，芝加哥学派更侧重于行为主义。总体上看，结构主义的影响在减弱已经成为趋势。

（二）本身违法原则和合理原则

1. 产生和发展

一般认为，美国《谢尔曼法》第 1 条承袭了源于 18 世纪以前的本身违法原则：任何以托拉斯或其他方式限制州际贸易或对外贸易的合同、联合或共谋为非法。美国法院在实施该法的初期，严格按字面意思，体现出"本身违法原则"的精神。后来，一些观点提出对限制贸易协议应当分清合理和不合理，并且只有不合理的协议才需要禁止，美国最高法院在 1911 年对著名的美孚石油公司案的判决采纳了该观点，以促进竞争还是抑制甚至摧毁竞争为标准，只有"不合理地"限制竞争的行为才应当被禁止。这样，美国法院在分析是否构成垄断和适用法律时，形成了本身违法原则和合理原则两种分析方法，并逐步被其他一些国家采用。

2. 本身违法原则

规制限制竞争行为，适用法律、判断其违法性时，对一旦发生即会对市场竞争造成损害的限制竞争行为，只需确认该行为发生即认定其违法，且不再考虑其他因素。这样的分析思路被称为本身违法原则。这里的"其他因素"，是指行为的目的、行为人的市场支配地位、行为的实际损害是否发生、其他抗辩等。美国的制定法和判例法，逐步明确了比较典型地适用本身违法原则的限制竞争行为，即固定价格、划分市场、联合抵制和限制转售价格等。但是，近年来有部分案件适用合理原则。

3. 合理原则

规制限制竞争行为，在适用法律、判断其违法性时，对于对市场竞争损害的发生与否和损害的大小并不确定的限制竞争行为，既要确认该行为是否发生，还要确认和考量行为人的市场地位、经济实力，行为的目的、方式和对市场竞争所造成的损害后果等诸多因素。这样的分析思路被称为合理原则。在适用范围上，不应适用本身违法原则的行为即应适用合理原则。合理原则有助于准确判断行为的违法性，但单个案件成本较大。

以上这两项原则，各自的优点正是另一原则的缺点。实践中应当恰当选择、适用。

（三）反垄断法的适用除外

1. 含义和制度价值

反垄断法适用除外，是指在规定反垄断法适用范围和适用反垄断法时，将符合特定条件的领域、事项或行为作为例外而不适用反垄断法基本规定的一项制度。

对某些利大于弊的垄断行为，适用除外的规定，有利于实现反垄断法经济社会效益的最大化，有利于实现反垄断法稳定性与反垄断案件的权变性有效结合，有利于最大限度地体现和维护国家整体利益。

2. 适用条件

其实体要件是要有利于国家整体利益和社会公共利益。从正面看，应当是有利于改进技术、提高产品和服务质量、降低成本、提高经济效益、增强中小企业的竞争能力，或者有利于度过经济低谷期，保障我国对外贸易和对外经济合作中的正当利益。从反面看，不严重增加对地区竞争的限制，不阻碍某一行业、产业或区域经济发展，不严重地妨碍市场竞争，不损害消费者权益且消费者能够分享由此带来的利益。

其程序要件是应当履行申报登记或许可程序。即使许可，如果竞争环境条件、行为目的和效果等发生变化，主管机关仍可依法撤销该许可。

3. 适用范围

包括两类：一类是自然垄断行业经营者，部分行业协会、合作社、著作权保护组织、中小经营者及其团体等，知识产权人，对外贸易经营者等主体，符合前述的实体条件和程序条件的行为；另一类是其他主体为了应对经济不景气而制止销售量严重下降或者生产明显过剩、促进经营者合理化，没有其他更适宜的方法的情形下所采取的联合行为。我国《反垄断法》的适用除外规定，集中体现在下列四个方面：

一是联合限制竞争。我国《反垄断法》第15条规定了适用除外的7种情形和证明责任。

二是滥用市场支配地位。我国《反垄断法》第17条在规定禁止具有市场支配地位的经营者滥用市场支配地位行为时，均设定了"不公平""没有正当理由"等限定。如果行为人能够证明其价格行为"公平"、其他被诉滥用行为有"正当理由"，即可能不构成滥用。

三是滥用知识产权。对经营者依照有关知识产权的法律、行政法规规定行使知识产权的行为，不适用我国《反垄断法》；但是经营者滥用知识产权，排除、限制竞争的行为，适用《反垄断法》。

四是农业生产者及农村经济组织的特定行为。农业生产者及农村经济组织在农产品生产、加工、销售、运输、储存等经营活动中实施的联合或者协同行为，不适用《反垄断法》。

4. 反垄断法适用除外的立法模式

反垄断法适用除外法律规范的渊源，是指规定反垄断法适用除外的法律形式。各国所采用的有三种形式：基本法的专门条款、其他法律的专门条款和单行立法。

（四）反垄断法的域外效力

1. 含义

反垄断法在效力范围上的特殊性体现在空间效力和对人的效力上。反垄断法不仅对在国外违反内国反垄断法的国内经营者和在国内违反内国反垄断法的外国经营者发生效力，而且可能对在国外违反内国反垄断法并影响市场竞争的外国经营者发生效力。这种内国反垄断法效力范围超越国家领土，适用于对内国市场竞争产生影响的垄断行为的现象，称为反垄断法的域外效力。

2. 缘起

反垄断法的域外效力，起源于1945年美国铝公司垄断案。在该案中，法官指出，由于美国铝公司加拿大分公司的限制竞争行为的"意图是影响对美国的出口，而且事实上也影响了对美国的出口"，即使是在境外发生的，也可以适用美国《谢尔曼法》。该"效果原则"所产生的域外效力毕竟对其他国家主权造成直接影响，理所当然地受到了抵制。后来，美国法院创设"合理管辖原则"，不仅考虑效果，还要考虑国家间的礼让、对内国和东道国影响的比较、影响的可预见性、域外管辖权发生冲突的可能性等因素。

3. 发展

随着反垄断法域外效力案件日益增多，一些国家和地区也在探索国家和地区间在实施上的协调机制。欧盟委员会的决定和欧盟法院的判例确立了反垄断法的域外效力，并将效果原则与履行地原则、单一经营者原则并列。美国和欧盟在1991年9月订立《反垄断法执行的合作协定》，通过确立积极礼让与消极礼让原则，加强双方反垄断主管机构之间的通告、信息交流、程序性合作，减少管辖权冲突，增进反垄断法执行上的协调。

我国《反垄断法》第2条明确规定："中华人民共和国境内经济活动中的垄断行为，适用本法；中华人民共和国境外的垄断行为，对境内市场竞争产生排除、限制影响的，适用本法。"

二、反垄断执法程序

（一）执法主体

1. 概念

反垄断执法主体，是指反垄断法执行职责的承担者和执行权力的享有者。美国的联邦贸易委员会、司法部反托拉斯局，日本的公正交易委员会，德国的联邦卡特尔局，都是本国反垄断法执法主体。我国的反垄断法执法主体是国务院反垄断委员会和国务院反垄断执法机构（国家市场监督管理总局反垄断局）。

2. 职责

（1）特定行为许可。依法受理、审查和核准依法需要审查、核准的经营者集中行为、垄断协议行为等。

（2）违法行为查处。依法受理或自行启动对违法垄断行为的调查、审议和制裁。对反垄断案件进行裁决，当事人不服的可诉到法院。

（3）竞争状况监控。调查和研究本国产业结构、产业组织、市场运行状况，作为规制市场行为的依据，也作为本国政府宏观决策参考。

（4）行为规则制定。发布反垄断方面的指导性文件。

在我国，国务院反垄断委员会负责组织、协调、指导反垄断工作。具体职责是：研究拟订有关竞争政策；组织调查、评估市场总体竞争状况，发布评估报告；制定、发布反垄断指南；协调反垄断行政执法工作；国务院规定的其他职责。国家市场监督管理总局负责反垄断执法，根据工作需要，执法机构可以授权省、自治区、直辖市人民政府相应的机构，依照反垄断法规定负责有关反垄断执法工作。[1]

---

[1] 需要说明的是，由于国务院反垄断委员会办公室与国家市场监督管理总局反垄断局是一个机构、两个牌子，国务院反垄断委员会日常运行的职能实质上由国家市场监督管理总局承担。

3. 权力

（1）调查权。为履行其职责，反垄断执法主体调查的事项主要包括四类垄断行为和产业组织结构、市场竞争状况及其他需要调查的事项。为此，反垄断执法主体须享有对经营者的住所、营业场所或者其他场所进行实地调查以获取一切必要证据的权力，包括采取必要的强制性调查手段的权力，如查封、扣押相关证据，查询经营者的银行账户的权力。我国反垄断执法机构调查权的具体权能包括：一是检查权；二是询问权；三是资料调阅复制权；四是证据查封、扣押权；五是账户查询权。

（2）许可权，包括对经营者集中行为、联合行为等的申报行使许可权和许可废止权。

（3）制裁权，包括对违反反垄断法强行规范的经营者行使特定制裁的权力，如告诫权、禁止权、经营者解散权、宣布联合行为无效权、拆分权、罚款权、强制赔偿权、没收权等。

（4）调研权。

（5）规则制定权。我国《反垄断法》第 9 条规定的国务院反垄断委员会享有研究拟订有关竞争政策，制定、发布反垄断指南的权力。反垄断执法机构享有反垄断规章制定权。

此外，有的国家反垄断执法主体有起诉权，如美国司法部反托拉斯局。

（二）一般执法程序

反垄断执法主体履行职责、行使权力时，都应当依照程序。下面以最具代表性的对违法行为的查处程序为例进行介绍。

1. 执法程序的启动

启动的具体情形包括：

（1）垄断行为受害人的申请或控告，经依法受理后启动。

（2）其他组织或个人报告（举报），经依法受理后启动。

（3）主管机构自行启动。执法主体也可以自行启动。

2. 反垄断调查

（1）启动。实施调查，须由调查人员向反垄断执法机构主要负责人书面报告，并经批准。

（2）方式。包括现场检查，询问，资料调阅、复制，证据的查封、扣押，银行账户的查询等。

（3）程序规范。一是实施调查的执法人员不得少于 2 人，并应出示证件；二是询问和调查应当制作笔录，并由被询问人或者被调查人签字；三是对执法过程中知悉的商业秘密负有保密义务；四是被调查的经营者、利害关系人有权陈述意见。

(4) 调查的中止、终止与恢复。被调查的经营者承诺在反垄断执法机构认可的期限内采取具体措施消除该行为后果的,反垄断执法机构可以决定中止调查。这是通行的反垄断和解的一种体现。中止调查的决定应当载明被调查的经营者承诺的具体内容。

反垄断执法机构决定中止调查的,应当对经营者履行承诺的情况进行监督。一是经营者履行承诺的,反垄断执法机构可以决定终止调查。二是如果经营者未履行承诺,或者作出中止调查决定所依据的事实发生重大变化,或者中止调查的决定是基于经营者提供的不完整或者不真实的信息作出的,反垄断执法机构应当恢复调查。

3. 审议

在调查取证的基础上,主管机构组织审议。审议的形式,不同国家有不同的规定。有的由主管机构采用类似法院开庭的方式,有的则由顾问机构提出鉴定报告,有的由主管机构调查小组或专案小组根据法律审议。无论哪种方式,一般会给予被调查的经营者查阅案卷、陈述意见和提出申辩的机会。不采用开庭方式的,也应当充分听取被调查的经营者的意见,对其提出的事实、理由和证据进行复核。被调查的经营者提出的事实、理由和证据成立的,主管机构应予采纳。

4. 决定

经过上述程序,主管机构应当作出相应的决定。决定包括:(1) 违法与否的认定,包括是否构成垄断或限制竞争、是否可以依法豁免等。(2) 如果属于违法行为,则应采取制裁措施:宣布行为违法、无效;责令行为人停止违法行为;给予受害人赔偿;给予罚款;提起诉讼或提出民事、刑事处分建议等。(3) 如果不属于违法行为,也作出相关的决定,认可或许可其行为。主管机关对涉嫌垄断行为调查核实后作出的处理决定,可以向社会公布。

5. 执行

经公布后,即进入执行环节。执行环节,可以是自动执行。如果被制裁人不服该决定的,可以向上级机关提起复议或者向法院提起诉讼。被制裁人不服该决定,又不提起复议或者诉讼的,主管机关可以依法强制执行。

反垄断案件的查处往往特别费时费力,需要耗费大量的行政和司法资源,为节省成本,一些国家的反垄断立法规定,在反垄断调查启动之后、违法与否及制裁措施决定作出之前,如果被调查处理的经营者承认行为违法,主管机关可根据案件的实际情况,通过与被查处的经营者达成协议或其他形式,中止查处程序,向被调查人提出告诫,要求其停止该行为,并接受相应的制裁。我国《反垄断法》明确的是在调查启动之后、审议开始之前,在被调查的经营者承诺的基础上,主管机关可以根据案件的情况决定和解与否。

三、反垄断诉讼制度

通过民事诉讼、行政诉讼和刑事诉讼的方式实施反垄断法，统称为反垄断诉讼。以民事诉讼方式实施反垄断法，在管辖、证据、赔偿等方面均与一般民事诉讼制度有较大不同。2012 年 6 月 1 日起实施的《最高人民法院关于审理因垄断行为引发的民事纠纷案件应用法律若干问题的规定》，即凸显反垄断民事诉讼特点的民事特别诉讼制度。实践中，反垄断诉讼绝大多数是民事诉讼。为此，下面集中阐述反垄断民事诉讼特别制度。

(一) 反垄断民事诉讼的管辖

1. 受理

原告直接向人民法院提起民事诉讼，或者在反垄断执法机构认定构成垄断行为的处理决定发生法律效力后向人民法院提起民事诉讼，并符合法律规定的其他受理条件的，人民法院应当受理。

2. 一审管辖

第一审垄断民事纠纷案件，由省、自治区、直辖市人民政府所在地的市、计划单列市中级人民法院以及最高人民法院指定的中级人民法院管辖。经最高人民法院批准，基层人民法院可以管辖第一审垄断民事纠纷案件。

3. 地域管辖和移送

垄断民事纠纷案件的地域管辖，根据案件具体情况，依照《民事诉讼法》及相关司法解释有关侵权纠纷、合同纠纷等的管辖规定确定。

民事纠纷案件立案时的案由并非垄断纠纷，被告以原告实施了垄断行为为由提出抗辩或者反诉且有证据支持，或者案件需要依据反垄断法作出裁判，但受诉人民法院没有垄断民事纠纷案件管辖权的，应当将案件移送有管辖权的人民法院。

两个或者两个以上原告因同一垄断行为向有管辖权的同一法院分别提起诉讼的，人民法院可以合并审理。两个或者两个以上原告因同一垄断行为向有管辖权的不同法院分别提起诉讼的，后立案的法院在得知有关法院先立案的情况后，应当在 7 日内裁定将案件移送先立案的法院；受移送的法院可以合并审理。被告应当在答辩阶段主动向受诉人民法院提供其因同一行为在其他法院涉诉的相关信息。

(二) 反垄断民事诉讼的证据制度

1. 举证责任分配

(1) 原告承担的举证责任。被诉垄断行为属于《反垄断法》第 17 条第 1 款规定的滥用市场支配地位的，原告应当对被告在相关市场内具有支配地位和其滥用市场支配地位承担举证责任。

原告可以以被告对外发布的信息作为证明其具有市场支配地位的证据。被告对外发布的信息能够证明其在相关市场内具有支配地位的，人民法院可以据此作出认定，但有相反证据足以推翻的除外。

（2）被告承担的举证责任。在反垄断民事诉讼中，被诉垄断行为属于《反垄断法》第13条规定的横向垄断协议的，被告应对该协议不具有排除、限制竞争的效果承担举证责任。在对滥用市场支配地位行为提起的民事诉讼中，被告以其行为具有正当性为由进行抗辩的，应当承担举证责任。被诉垄断行为属于公用企业或者其他依法具有独占地位的经营者滥用市场支配地位的，人民法院可以根据市场结构和竞争状况的具体情况，认定被告在相关市场内具有支配地位，但有相反证据足以推翻的除外。

2. 专家证人

为更好地审理涉及专业技术、经济问题的垄断案件，当事人可以向人民法院申请1~2名具有相应专门知识的人员出庭，就案件的专门性问题进行说明。

3. 经济分析报告和鉴定

当事人可以向人民法院申请委托专业机构或者专业人员就案件的专门性问题作出市场调查或者经济分析报告。经人民法院同意，双方当事人可以协商确定专业机构或者专业人员；协商不成的，由人民法院指定。

人民法院可以参照民事诉讼法及相关司法解释有关鉴定结论的规定，对前款规定的市场调查或者经济分析报告进行审查判断。

（三）反垄断民事诉讼的赔偿制度

被告实施垄断行为，给原告造成损失的，根据原告的诉讼请求和查明的事实，人民法院可以依法判令被告承担停止侵害、赔偿损失等民事责任。根据原告的请求，人民法院可以将原告因调查、制止垄断行为所支付的合理开支计入损失赔偿范围。

（四）违反反垄断法的合同、章程等的效力认定

当事人之间的合同、行业协会的章程或决议等，如果违反《反垄断法》或其他法律、行政法规的强制性规定，人民法院应当认定其无效。

（五）反垄断民事诉讼中的诉讼时效

因垄断行为产生的损害赔偿请求权的诉讼时效期间，从原告知道或者应当知道权益受侵害之日起计算。原告向反垄断执法机构举报被诉垄断行为的，诉讼时效从其举报之日起中断。反垄断执法机构决定不立案、撤销案件或者决定终止调查的，诉讼时效期间从原告知道或者应当知道不立案、撤销案件或者终止调查之日起重新计算。反垄断执法机构调查后认定构成垄断行为的，诉讼时效期间从原告知道或者应当知道反垄断执法机构认定构成垄断行为的处理决定发生法律效力

之日起重新计算。

原告起诉时被诉垄断行为已经持续超过 2 年，被告提出诉讼时效抗辩的，损害赔偿应当自原告向人民法院起诉之日起向前推算 2 年计算。

思考题：
1. 如何理解垄断的含义？
2. 如何理解滥用市场支配地位中的"正当理由"？
3. 如何理解垄断协议的适用除外制度？
4. 如何理解经营者集中反垄断规制中的申报许可制度？
5. 如何理解行政性垄断行为的成因和弊害？
6. 反垄断法执法主体的权力一般有哪些？
7. 如何理解反垄断法的本身违法原则和合理原则？
8. 如何理解反垄断民事诉讼制度中的证据制度？

▶ 自测习题及参考答案

第十四章 反不正当竞争法律制度

自由、公平竞争是使市场在资源配置中起决定性作用的前提。在市场主体竞争的过程中，难免会同时出现正当竞争行为和不正当竞争行为；各种不正当竞争行为会破坏公平竞争秩序，影响市场经济的健康发展。因此，凡是实行市场经济体制的国家，无论政治制度和社会制度如何，往往在制定和实施反垄断法的同时，也将反不正当竞争法作为调整市场经济关系的基本法律之一。

第一节 反不正当竞争法基本原理

一、不正当竞争与反不正当竞争法

（一）不正当竞争

"不正当竞争"这一概念最早出现在法国法院于 1850 年依照《法国民法典》第 1382 条所作出的一项判决中。1883 年缔结的《保护工业产权巴黎公约》经 1900 年在布鲁塞尔修订后，增加了反不正当竞争的内容，并在世界上首次对不正当竞争作了界定。该公约在第 10 条之 2 第（2）项规定："凡在工商业事务中违反诚实的习惯做法的竞争行为构成不正当竞争的行为。"同时，该公约还对特别应予以禁止的不正当竞争行为作了列举。世界上第一部反不正当竞争法，即德国于 1896 年制定的《反不正当竞争法》，并未对不正当竞争进行直接界定，但也如同《保护工业产权巴黎公约》一样，通过一般条款①加列举的方式，明确了应当禁止的不正当竞争行为。该法除规定典型的不正当竞争行为以外，还在第 1 条规定："行为人在商业交易中以竞争为目的而违背善良风俗，可向其请求停止行为和损害赔偿。"德国《反不正当竞争法》虽然历经多次修改，但通过一般条款加列举的方式来明确应当禁止的不正当竞争行为的立法体例一直没有改变。例如，该法 2004 年经全面修改后在第 3 条规定："不正当竞争行为，如足以损害竞争者、消费者或其他市场参与人而对竞争造成并非轻微的破坏的，是非法的。"这一新的一般条款取代了原法第 1 条的一般条款，新的一般条款又通过第 4-7 条列举的不正当竞争行为而予以具体化。为了贯彻欧洲议会与欧盟委员会 2005 年 5 月 11 日第 2005/29/EC 号《关于内部市场中针对消费者的不正当商业竞争行为的指令》，德国又在 2008 年、

---

① 反不正当竞争法一般条款（general clause, generalklausel），即在法律具体列举的不正当竞争行为以外认定其他不正当竞争行为要件的抽象规范，一般表现为对竞争应当遵循的原则以及对"不正当竞争"的概括性规定。

2015年对其《反不正当竞争法》进行了较大的修改，但这两次修改的主要目的，在于强化对消费者（包括通常意义上的消费者和作为购买方的经营者）的保护，使该法的规定形成对竞争者和消费者保护的完整体系，而对于不正当竞争行为的规定，仍然沿用了一般条款加列举的体例。

> **拓展阅读**
> 北京百度网讯科技有限公司诉青岛奥商网络技术有限公司等不正当竞争纠纷案

我国立法对不正当竞争的界定，也采取了一般条款加列举的方式。《反不正当竞争法》第2条规定："经营者在生产经营活动中，应当遵循自愿、平等、公平、诚信的原则，遵守法律和商业道德。本法所称的不正当竞争行为，是指经营者在生产经营活动中，违反本法规定，扰乱市场竞争秩序，损害其他经营者或者消费者的合法权益的行为。"该法第二章则具体列举了不正当竞争行为的表现形式。

一般认为，不正当竞争具有以下几个特征：

1. 不正当竞争的行为主体是经营者

按照我国《反不正当竞争法》第2条规定，这里所称的经营者，是指从事商品生产、经营或者提供服务的自然人、法人和非法人组织。不正当竞争从根本上讲是竞争主体实施的不当行为，而竞争主体只限于经营者，因此，不正当竞争的主体只能是经营者。

2. 不正当竞争是违法的竞争行为

首先，不正当竞争行为具有竞争性。它是经营者以谋取交易机会或者竞争优势为目的的争胜行为。这使得不正当竞争行为既区别于旨在限制、排除竞争的垄断行为，又区别于那些与谋取市场竞争利益无直接关系的侵权行为。其次，不正当竞争行为具有违法性。即不正当竞争行为的目的，在于开展竞争并谋取交易机会或者竞争优势，但其手段违反了法律的规定。这里的违法性应作广义的理解，既包括经营者违反我国《反不正当竞争法》第二章具体罗列的禁止性规范，也包括经营者在市场交易中违背自愿、平等、公平、诚信的原则，以及违反公认的商业道德的情形。不正当竞争行为具有违法性，这使它与正当竞争行为区别开来。

由于不正当竞争行为是违法的竞争行为，因而其行为人应当承担否定性法律后果。不过需要注意的是：人民法院在审理不正当竞争案件中，对于我国《反不正当竞争法》第二章没有规定的涉嫌不正当竞争行为，可以根据该法第2条规定的一般条款来作出认定和处理。但是，由于该法没有针对违反一般条款的行为设定相应的处罚，因而按照我国《行政处罚法》第3条作出的"没有法定依据或者不遵守法定程序的，行政处罚无效"的规定，行政机关不能仅仅根据一般条款来查处不正当竞争行为。

3. 不正当竞争是损害其他经营者公平竞争权的行为

这是不正当竞争行为在危害后果上所表现出的一个特征。不正当竞争行为可能直接或者间接地侵害其他经营者的知识产权、财产权、名誉权或者经营权，也必然损害消费者的合法权益，并且都是扰乱市场竞争秩序的行为，因此，不正当竞争行为所侵犯的客体具有复合性。但是，不正当竞争行为必须以侵犯其他经营者的公平竞争权为构成要件；没有对其他经营者的公平竞争权构成损害的侵权行为，尽管要受到法律的禁止，但不是反不正当竞争法所规范的不正当竞争行为。这一特点，使得不正当竞争行为与其他非竞争法上的侵权行为区别开来。

（二）反不正当竞争法

反不正当竞争法，是指为了鼓励和保护公平竞争，制止不正当竞争行为，保护经营者和消费者的合法权益，而由国家制定的调整竞争关系和竞争监管关系的法律规范的总称。

作为竞争法调整对象的竞争关系，是指市场主体（经营者）在竞争过程中所形成的社会关系。竞争关系发生在营利性的市场主体之间，属于平等主体之间的经济关系，并且以谋取交易机会或者竞争优势为目的。竞争关系原本由民法来调整，并且民法的诚信等基本原则和侵权责任等制度对制止不正当竞争行为具有一定的积极作用，但是，单纯通过民法调整竞争关系，难以营造公平竞争的环境。究其原因在于：（1）市场主体之间的竞争除了会导致垄断并最终妨碍自由竞争和否定竞争自身以外，还可能引发不正当竞争。无论是经营者实施的垄断还是不正当竞争，都会损害其他经营者、消费者的权益和社会整体利益。与反垄断一样，反不正当竞争也难以仅仅通过奉行意思自治、契约自由等原则的民法来实现。（2）民法不足以制止所有的不正当竞争行为。例如，巨额有奖销售行为虽然有损于公平竞争，但从民法的角度看，又属于行为人的处分行为和自由契约行为，民法难以提供充分的处理依据。（3）对于不正当竞争行为给特定经营者造成的损害，虽然可以按照民法的相关规定进行救济，但民法不直接关注从宏观上维持竞争秩序，尤其当不正当竞争行为侵害的是不特定经营者的公平竞争权，以及未给特定经营者造成直接损失时，由经营者通过主张民法上的权利来制止不正当竞争行为，这是不现实的。（4）民法中的民事责任制度可以在一定程度上对不正当竞争行为的处理提供依据，但不能确立行政责任、刑事责任等制裁不正当竞争行为的手段。因此，在民法之外制定和实施反不正当竞争法来对竞争关系进行调整，是很有必要的。

作为竞争法另一调整对象的竞争监管关系，是指竞争监管机关、不正当竞争行为的社会监督主体相互之间，它们与市场主体之间因监督、管理市场竞争而形成的社会关系。竞争法中的反不正当竞争法调整竞争监管关系的目的在于：

（1）确立不正当竞争的监督管理体制，即规定不正当竞争行为的各级各类监督管理机关、不正当竞争行为的各种社会监督主体及其职权、职责或者权利、义务划分。（2）明确对不正当竞争监督管理的方式和程序。（3）查处各种不正当竞争行为。

二、反不正当竞争法的定位

反不正当竞争法的定位，主要是指反不正当竞争法的功能定位以及由此决定的反不正当竞争法在一国法律体系中的地位。反不正当竞争法的具体制度构建、反不正当竞争的法律适用，都在很大程度上取决于反不正当竞争法的定位。

（一）反不正当竞争法的功能定位

在历史上，反不正当竞争法最初是适应保护经营者的公平竞争权而产生的，并且在传统理论中，其保护的经营者公平竞争权较为狭隘，限于与实施不正当竞争行为的经营者具有竞争关系的经营者的公平竞争权。这里所谓的竞争关系，是指两个以上的经营者生产或者销售的产品具有使用价值上的同一性或者可替代性，以至于共同指向、分享和争夺相同的市场。按照竞争法理论，竞争关系只存在于在使用价值上具有同一性或者可替代性的产品的生产者与生产者之间、销售者与销售者之间；生产者与销售者即使向市场提供的产品在使用价值上具有同一性或者可替代性，但也不认为其相互之间存在竞争关系，而被视为在同一产业中处于不同经济阶段而具有现实的或者潜在的买卖关系的经营者。反不正当竞争法着眼于保护与实施不正当竞争行为的经营者具有严格意义上的竞争关系的经营者的公平竞争权，这是反不正当竞争法在传统上的功能定位。

反不正当竞争法自产生以后，保护与不正当竞争行为实施者具有竞争关系的经营者的公平竞争权，依然是它的主要功能。然而，随着不正当竞争行为侵犯客体的复合性日益受到关注，反不正当竞争法也被赋予了更加广泛的功能；除传统的保护竞争者公平竞争权的功能以外，其他经营者和消费者的权益、社会整体利益，都被明确纳入反不正当竞争法的保护范围之中。[①] 例如，德国于 2004 年修订的《反不正当竞争法》在第 1 条"立法目的"条款中明确规定："本法旨在保护竞争者、消费者以及其他市场参与人免遭不正当竞争之害。本法同时保护公众对不受扭曲的竞争所享有的利益。" 2015 年，德国甚至按照欧盟的要求修改《反不正当竞争法》，进一步强化了对消费者（包括通常意义上的消费者和作为购买方的经营

[①] 世界知识产权组织于 1996 年公布的《反不正当竞争示范条款》（*Model Provisions on Protection against Unfair Competition*）第 1 条第（1）项规定："（a）除第 2 条至第 6 条指涉的行为和行径外，在工商业活动中违反诚实惯例的任何行为或行径，应构成不正当竞争行为；（b）受到不正当竞争行为损害或者可能受到损害的任何自然人或法人，应有权（从待续订条款的规定中）获得救济。"

者）的保护。此外，不少国家的反不正当竞争立法，例如，匈牙利《禁止不公平市场行为法》、比利时《关于交易行为信息和消费者保护法》、瑞典《市场行为法》和瑞士联邦《反不正当竞争法》等，在反不正当竞争的功能定位上，也采取类似的立法体例。这就意味着，在当今国际社会，反不正当竞争法所界定和适用的不正当竞争行为已变得相当宽泛，它不仅保护竞争法上的竞争者的利益，而且保护其他经营者和消费者的权益以及社会整体利益，由此体现出现代竞争法的多元价值取向。

我国《反不正当竞争法》第1条将保护经营者和消费者的合法权益作为其立法目的；同时，这一条所规定的"促进社会主义市场经济健康发展，鼓励和保护公平竞争，制止不正当竞争行为"的立法目的，在一定意义上蕴含着该法保护社会整体利益的功能定位。

（二）反不正当竞争法在法律体系中的地位

在反不正当竞争法产生、发展的历史上，不正当竞争行为最初是被视为民法中的侵权行为来看待和处理的。1850年，法国法院依照《法国民法典》第1382条所作的判决，在世界上首次使用了"不正当竞争"这个概念，由此使《法国民法典》被视为反不正当竞争法的母法。时至今日，法国仍没有制定专门的《反不正当竞争法》，有关制止不正当竞争的判决，几乎都根据《法国民法典》第1382、1383条关于不法行为的总则条款作出。

世界上最早出现的反不正当竞争专项立法，是德国1896年颁布的《反不正当竞争法》。该法的目的，在于制止市场竞争中某些特别有害的行为，如诋毁竞争对手、假冒商标、窃取商业秘密等。在司法实践中，法院经常适用《德国民法典》第823条第1款和第826条关于侵权行为的规定，以弥补《反不正当竞争法》的不足。由此可以看出，德国《反不正当竞争法》最初的基础，也是民法的侵权责任法。自1909年起，德国对《反不正当竞争法》进行了多次修改，并拓展了该法的适用范围。这样，该法已不单是保护竞争者、反对侵权行为的法律，而在很大程度上也具备了保护消费者权益和维护社会整体利益的功能。自德国开创反不正当竞争专项立法的先河以后，许多国家也采取这种体例。例如，瑞士1934年颁布了《反不正当竞争法》，日本和韩国分别于1934年和1986年颁布了《不正当竞争防止法》。

世界上另有一些国家采用反不正当竞争和反垄断合并立法的体例。例如，匈牙利在1990年颁布了《禁止不正当竞争法》，该法除禁止不正当竞争行为外，还就禁止欺骗消费者、禁止限制竞争性协议、禁止滥用经济优势以及控制企业合并作了规定。因此，这部法律不单禁止不正当竞争，而是对市场竞争、消费者权益保护进行统一规定的法律。此外，我国台湾地区1991年颁布的"公平交易法"，也将反不正当竞争和反垄断合并规定。其中，反不正当竞争的被称为"公平竞争法"，反垄断的被称为"自由竞争法"，二者的最终目的都在于促进和保护竞争。

上述不同的立法体例，反映了不同国家和地区的传统和文化，因此，很难说何者更优。但就反不正当竞争法在法律体系中的地位而言，仍然有如下共同点：

第一，反不正当竞争法是具有多种功能的重要法律。时至今日，绝大多数国家和地区的反不正当竞争法，已不单注重保护竞争者的公平竞争权，还成为规范市场竞争秩序、维护经营者和消费者权益以及社会整体利益的具有多种功能的法律。也正因如此，反不正当竞争法彰显了经济法理念，这已成为我国学界的共识。

第二，反不正当竞争法是竞争法的重要组成部分。市场经济在本质上是一种竞争型经济，市场配置资源的决定性作用主要是通过竞争机制来发挥的。但是，竞争本身有着向垄断和不正当竞争发展的自然趋向，由竞争引起的垄断和不正当竞争，反过来又必然妨碍、限制甚至消灭竞争，并最终使市场机制遭到破坏。因此，当今世界各国和地区都十分注重制定和实施反垄断法和反不正当竞争法，来对竞争秩序进行规范。反不正当竞争法与反垄断法共同成为竞争法不可或缺的组成部分；二者分别以维护公平竞争和自由竞争为着眼点或者直接目的，进而保护经营者、消费者的权益和社会整体利益。

三、反不正当竞争法的基本结构

反不正当竞争法的结构，是指构成反不正当竞争法整体的各部分及其搭配和安排。综合中外的立法体例，反不正当竞争法的基本结构可以作如下划分：

（一）反不正当竞争法的形式结构

以表现形式为标准，反不正当竞争法可以划分为形式意义上的反不正当竞争法和实质意义上的反不正当竞争法。这种划分，有助于准确把握反不正当竞争法的本质、外延和反不正当竞争的法律适用。

形式意义上的反不正当竞争法，是指以"反不正当竞争法"或者类似称谓命名的成文法典或者法规。在世界上，法国、美国等一些国家没有对反不正当竞争进行专门立法，因而并不存在形式意义上的反不正当竞争法。自德国于1896年开反不正当竞争专项立法的先河后，世界上许多国家和地区借鉴这种立法体例，制定了专门的反不正当竞争法典或者法规，由此在这些国家和地区出现了形式意义上的反不正当竞争法。例如，瑞士1934年颁布了《反不正当竞争法》，日本和韩国分别于1934年和1986年颁布了《不正当竞争防止法》。我国对反不正当竞争采取的是专门立法的体例，1993年9月2日，第八届全国人大常委会第三次会议通过了《反不正当竞争法》；2017年11月4日，第十二届全国人大常委会第三十次会议对《反不正当竞争法》作出了修订。这是我国最基本的形式意义上的反不正当竞争法。

实质意义上的反不正当竞争法，是指与不正当竞争和反不正当竞争相关的所有法律规范。实质意义上的反不正当竞争法，不但包括形式意义上的反不正当竞争法，而且包括散见于其他法律法规之中与不正当竞争和反不正当竞争有关的法律规范以及可以适用于反不正当竞争的习惯法；在英美法系国家，还包括反不正当竞争的判例法。与形式意义上的反不正当竞争法不同，实质意义上的反不正当竞争法客观地存在于各国的法律体系之中。例如，美国虽然没有形式意义上的反不正当竞争法，但在《专利法》《版权法》《商标法》《商业秘密法》《联邦贸易委员会法》等成文法中，仍有不少规制不正当竞争的条款；此外，美国大量涉及不正当竞争的判例法，在反不正当竞争中也发挥着重要的作用。在我国，2017年《反不正当竞争法》修订以前，即有大量反不正当竞争规定分散于其他法律法规中；为了避免不同法律法规规定的交叉、重复现象，2017年修订后的《反不正当竞争法》删除了1993年《反不正当竞争法》中《商标法》《产品质量法》等其他法律法规已有明确规定的内容。这些删除的内容，也由形式意义上的反不正当竞争法内容变为实质意义上的反不正当竞争法内容。

（二）反不正当竞争法的层次结构

在我国，按照制定机关、效力的不同，反不正当竞争法由以下几部分构成：

1. 反不正当竞争宪法规范

我国《宪法》虽然没有专门涉及反不正当竞争，但一些规定仍然与反不正当竞争相关，这些规定包括"国家实行社会主义市场经济""国家依法禁止任何组织或者个人扰乱社会经济秩序"等。《宪法》具有最高的法律效力，一切有关反不正当竞争的法律、行政法规、地方性法规的制定，都必须以《宪法》为依据，遵循《宪法》的基本原则，不得与《宪法》相抵触。

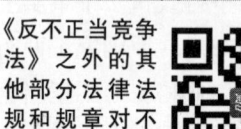

> 拓展阅读
> 《反不正当竞争法》之外的其他部分法律法规和规章对不正当竞争行为的规定

2. 反不正当竞争法律

这是由全国人大及其常委会制定的反不正当竞争专项法律和其他法律中适用于反不正当竞争的规范。前者主要是指《反不正当竞争法》；后者则大量分散于《消费者权益保护法》《价格法》《广告法》《产品质量法》《商标法》《刑法》等法律之中。反不正当竞争的法律是反不正当竞争法律体系的主干，相关行政法规、地方性法规不得与之相抵触。

3. 反不正当竞争行政法规

这是由国务院根据宪法和法律制定的反不正当竞争规范，是反不正当竞争法律体系的重要组成部分。我国目前没有专门的反不正当竞争行政法规，但是在一些行政法规中，仍然涉及反不正当竞争的问题。例如，《彩票管理条例》对彩票发行机构、彩票销售机构和彩票代销者进行虚假性或者误导性宣传、以诋毁同业者等手段进行不正当竞争作了禁止性规定，并确立了其法律责任。类似的行政法规还有《价格违法行为行政处罚规定》《广告管理条例》《商标法实施条例》《电信条例》等。

4. 反不正当竞争地方性法规

这是根据宪法和法律，省、自治区、直辖市和较大的市的人大及其常委会制定的反不正当竞争规范，是反不正当竞争法律体系的又一重要组成部分。迄今为止，我国几乎所有的省、自治区、直辖市都制定了反不正当竞争条例或者实施《反不正当竞争法》办法，对反不正当竞争法律、行政法规在各地的落实产生了积极的效应。

5. 反不正当竞争法部门规章

这是国务院各部委根据法律和国务院的行政法规、决定、命令，在本部门的权限内发布的有关反不正当竞争的行政性规范文件。在2011年10月国务院新闻办公室发布的《中国特色社会主义法律体系》白皮书中，部门规章并未作为中国特色社会主义法律体系的构成部分，但是，反不正当竞争部门规章在我国反不正当竞争行政执法中事实上发挥着重要作用。自1993年9月2日《反不正当竞争法》颁布后，原国家工商行政管理总局先后针对不当有奖销售、仿冒、商业贿赂、侵犯商业秘密等不正当竞争行为的认定和处理发布了部门规章。

（三）反不正当竞争法的制度结构

以内容为标准，反不正当竞争法的结构可以作不同的划分，其中最基本的是分为反不正当竞争法实体制度和程序制度。反不正当竞争法实体制度，是指反不正当竞争法中规定不正当竞争行为的构成，相关主体的权利、义务、职权、职责、责任等内容的制度。反不正当竞争法程序制度，是指反不正当竞争法中有关行使权利和职权、履行义务和职责、追究责任的程序的制度。反不正当竞争法实体制度的主要功能，在于认定不正当竞争行为并确定其法律责任，明确不正当竞争行为的监管体制尤其是查处部门及其职权、职责。反不正当竞争法程序制度的主要功能，则在于及时、恰当地为实现反不正当竞争法实体制度提供规则、方式和次序。由于各国一般都制定了行政程序法和诉讼法，因而，反不正当竞争法所确立的主要是实体制度。

第二节　反不正当竞争法的实体制度

在反不正当竞争法的实体制度中，有关不正当竞争行为、其他违反反不正当竞争法的行为及其法律责任的规定是十分重要的内容。在这方面，我国《反不正当竞争法》第二章对经营者不得实施的不正当竞争行为作了明确规定；第四章对所有不正当竞争行为均应承担的法律责任、各种不正当竞争行为分别应当承担的特定法律责任以及其他违反反不正当竞争法的行为应当承担的法律责任作了规定。对所有不正当竞争行为均应承担的法律责任、其他违反反不正当竞争法的行为应当承担的法律责任，我国《反不正当竞争法》作了以下几项规定：（1）关于民事责任。经营者违反该法规定，给他人造成损害的，应当依法承担民事责任。因不正当竞争行为受到损害的经营者的赔偿数额，按照其因被侵权所受到的实际损失确定；实际损失难以计算的，按照侵权人因侵权所获得的利益确定。赔偿数额还应当包括经营者为制止侵权行为所支付的合理开支。（2）关于刑事责任。该法在这方面作了宣示性规定，即违反该法规定，构成犯罪的，依法追究刑事责任。（3）关于行政责任的适用。经营者违反该法规定从事不正当竞争，有主动消除或者减轻违法行为危害后果等法定情形的，依法从轻或者减轻行政处罚；违法行为轻微并及时纠正，没有造成危害后果的，不予行政处罚。经营者违反该法规定从事不正当竞争，受到行政处罚的，由监督检查部门记入信用记录，并依照有关法律、行政法规的规定予以公示。妨害监督检查部门依照该法履行职责，拒绝、阻碍调查的，由监督检查部门责令改正，对个人可以处 5 000 元以下的罚款，对单位可以处 50 000 元以下的罚款，并可以由公安机关依法给予治安管理处罚。监督检查部门的工作人员滥用职权、玩忽职守、徇私舞弊或者泄露调查过程中知悉的商业秘密的，依法给予处分。（4）关于民事责任优先适用。经营者违反该法规定，应当承担民事责任、刑事责任和行政责任，其财产不足以支付的，优先用于承担民事责任。

本节以下涉及的是我国《反不正当竞争法》规定的各种不正当竞争行为及其应当承担的特定法律责任；对所有不正当竞争行为均应承担的法律责任以及其他违反反不正当竞争法的行为应当承担的法律责任，以下不再赘述。尚需说明的是：除《反不正当竞争法》以外，我国其他相关法律法规对某些不正当竞争行为也有所规定。对于其他法律法规中规定的不正当竞争行为，按照其规定认定和处理，本节也不予涉及。

一、规制混淆行为的制度

（一）混淆行为的认定

所谓混淆行为，是指经营者通过擅自使用他人具有一定影响的标识等方式，引人误认为其生产、经营的商品是他人商品或者与他人存在特定联系的行为。

我国《反不正当竞争法》第 6 条规定的混淆行为，包括以下两类：

1. 擅自使用他人具有一定影响的标识的行为

这类混淆行为具有以下几方面的特征：

（1）行为主体是经营者。所谓经营者，是指从事商品生产、经营或者提供服务的自然人、法人和非法人组织。

（2）被混淆的对象是具有一定影响的标识。这里所谓"标识"，包括三种：第一，商品标识。这是指用以区分不同经营者商品（含服务）的标志。商标，产地名称和标志，商品名称、包装、装潢都是商品标识，但是，鉴于经营者通过商标、产地名称和标志实施的不正当竞争行为分别在我国商标法、产品质量法等法律法规中作了规定，因而我国《反不正当竞争法》第6条涉及的商品标识，并未包括商标、产地名称和标志。第二，主体标识。这是指表明特定主体身份的标志，具体包括企业名称（包括简称、字号等）、社会组织名称（包括简称等）、姓名（包括笔名、艺名、译名等）。第三，互联网领域中的特殊标识，包括域名主体部分、网站名称、网页等。需要注意的是：经营者只有擅自将他人的标识作商业使用从而使其成为该经营者的商业标识，才有可能构成不正当竞争行为，但作为被混淆的对象的标识，并不限于商业标识。这就意味着，经营者在生产经营活动中仿冒他人的商业标识、仿冒他人非用于商业活动的标识（如社会组织名称、公益网站名称等），都可能构成不正当竞争行为。

对于混淆行为的构成是否以被混淆的标识具有一定影响为要件的问题，《保护工业产权巴黎公约》第10条之二禁止以任何手段对竞争者的营业场所、商品或者工商业活动产生混淆性质的一切行为，并未要求被混淆对象在相关领域具有一定影响。但是，考虑到在现实中经营者实施仿冒他人标识的不正当竞争行为，所选择用于混淆的标识通常都在相关领域有一定影响，加之如果某标识在相关领域没有一定影响，那么也不可能造成混淆，因此，我国《反不正当竞争法》明确规定，混淆行为的构成，须以被混淆的标识"具有一定影响"为要件。

（3）混淆的手段是擅自使用。这里所谓"使用"，包括对他人具有一定影响的标识作相同使用和近似使用两种情况。在认定近似使用时，对使用他人具有一定影响的标识，可以根据主要部分和整体印象相近，一般购买者（即相关领域的普通购买者，区别于专业人士、无关人员）或者公众施以普通注意力会发生误认等因素综合分析认定。这里所谓"擅自使用"，是指未经权利人同意的使用。若经营者使用他人具有一定影响的标识依法征得了权利人的同意（例如，通过签订合同取得了他人具有一定影响的商业标识的使用权、依法通过赞助获得社会组织的冠名权、请明星代言等），那么该行为不构成混淆行为。

（4）混淆产生了引人误认的效果。这里所谓"产生了引人误认的效果"，既包括购买者已经发生误认，也包括足以使购买者产生误认；既包括使相关公众对商品的来源产生误认（即引人误认为实施混淆行为的经营者生产、经营的商品是他人的商品），也包括使相关公众对特定联系的误认（即引人误认为实施混淆行为的经营者或者其生产、经营的商品与他人存在商业联合、许可使用、商业冠名、广告代言等特定联系）。

2. 其他混淆行为

在我国《反不正当竞争法》中，其他混淆行为，囊括了擅自使用他人具有一定影响的标识之外其他足以引人误认为是他人商品或者与他人存在特定联系的所有混淆行为。《反不正当竞争法》设置这一"兜底条款"的目的，在于为认定和处理该法漏列的仿冒行为和今后可能出现的新型仿冒行为提供法律依据。

（二）混淆行为的法律责任

我国《反不正当竞争法》除了对包括混淆行为在内的所有不正当竞争行为均应承担的法律责任作了规定以外，还对混淆行为的特定法律责任作了以下规定：

1. 法定赔偿额

经营者实施混淆行为，权利人因被侵权所受到的实际损失、侵权人因侵权所获得的利益难以确定的，由人民法院根据侵权行为的情节判决给予权利人300万元以下的赔偿。

2. 行政责任

经营者实施混淆行为的，由监督检查部门责令停止违法行为，没收违法商品。违法经营额5万元以上的，可以并处违法经营额5倍以下的罚款；没有违法经营额或者违法经营额不足5万元的，可以并处25万元以下的罚款。情节严重的，吊销营业执照。经营者登记的企业名称违反《反不正当竞争法》对混淆行为的禁止性规定的，应当及时办理名称变更登记；名称变更前，由原企业登记机关以统一社会信用代码代替其名称。

二、规制商业贿赂行为的制度

（一）商业贿赂行为的认定

1. 商业贿赂的定义和特征

所谓商业贿赂，是指经营者为了谋取交易机会或者竞争优势而采用财物或者其他手段贿赂可能影响交易的单位或者个人的行为。

商业贿赂的特征包括：

（1）行为的主体是经营者。我国《反不正当竞争法》第7条明确禁止经营者实施商业贿赂行为。同时，鉴于经营者也可能通过其工作人员实施商业贿赂行为，

拓展阅读
①天津中国青年旅行社诉天津国青国际旅行社擅自使用他人企业名称纠纷案
②意大利费列罗公司诉蒙特莎（张家港）食品有限公司、天津经济技术开发区正元行销有限公司不正当竞争纠纷案

因此，该条又规定：经营者的工作人员进行贿赂的，应当认定为经营者的行为。考虑到经营者的工作人员行贿有时不是为经营者谋取交易机会或者竞争优势，而是出于其他目的，所以，该条还规定：经营者有证据证明其工作人员的贿赂行为与为经营者谋取交易机会或者竞争优势无关的，不应当认定为经营者的行为。需要说明的是：《反不正当竞争法》规定的商业贿赂限于商业行贿，究其原因在于，受贿者的直接目的不是为了谋取交易机会或者竞争优势，而是为了满足自己的物质和非物质欲望，因此，商业受贿并不具有不正当竞争的性质，不宜在《反不正当竞争法》中进行规定，而应当适用公司法、刑法等其他法律来认定和处理。

（2）行为人的目的在于谋取交易机会或者竞争优势。这意味着：不是为了谋取交易机会或者竞争优势，而是为了提干、晋级、调动等其他目的而收买有关人员，不构成商业贿赂。

（3）行为人在客观上实施了以财物或其他手段给可能影响交易的单位或者个人以利益的行为。所谓"财物"，是指现金和实物，同时也包括经营者为谋取交易机会或者竞争优势，假借促销费、宣传费、赞助费、科研费、劳务费、咨询费、佣金等名义，或者以报销各种费用等方式，给付可能影响交易的单位或者个人的财物。所谓"其他手段"，是指提供国内外各种名义的旅游、考察等给付财物以外的其他利益的手段。所谓"可能影响交易的单位或者个人"，包括以下3类：第一，交易相对方的工作人员；第二，受交易相对方委托办理相关事务的单位或者个人；第三，利用职权或者影响力影响交易的单位或者个人。

（4）行为人的行为具有违法性。即行为人给可能影响交易的单位或者个人以利益的行为违反了法律规定和商业道德，足以达到认定为商业贿赂的程度。按照商业惯例赠送小额广告礼品、符合财务制度的礼仪性接待开支等，都不能认定为商业贿赂。

2. 与商业贿赂行为的认定相关的概念

（1）折扣。即商品购销中的让利，是指经营者在销售商品时，以明示并如实入账的方式给予对方的价格优惠，包括支付价款时对价款总额按一定比例即时予以扣除和支付价款总额后再按一定比例予以退还两种形式。其特征是：

第一，折扣是由经营者向交易对方所作的款项支付。此点使得折扣既区别于佣金，也区别于商业贿赂。佣金是经营者在交易活动中向买卖双方之外为其提供服务的第三人（中间人）所作的劳务报酬支付；商业贿赂的支付对象是可能影响交易的单位或者个人。

第二，折扣的给予和接受是以明示和入账的方式进行的。这里所谓明示和入账，是指根据合同约定的金额和支付方式，在依法设立的反映其生产经营活动或者行政事业收支的财务账上按照财务会计制度规定明确如实记载。

第三,折扣具有合法性。这是因为,折扣采取明示入账的方式进行,符合商业惯例。当然,折扣要具有合法性,必须遵守价格法、反垄断法的相关规定。例如,具有市场支配地位的经营者没有正当理由,通过折扣以低于成本的价格销售商品,将构成滥用市场支配地位的违法行为。折扣具有合法性,这是它与商业贿赂的一个重要区别。

(2)佣金。这是指经营者在市场交易中给予为其提供服务的中间人的劳务报酬。其特点是:

第一,佣金是一种劳务报酬,是对为交易提供服务的中间人所付出的劳务的价值补偿。

第二,佣金是经营者向中间人所作的支付。依情况的不同,佣金既可以由买方支付,也可以由卖方支付,还可以由买卖双方共同支付。但无论如何,都必须以买卖双方以外的中间人为支付对象。此点使佣金区别于经营者向交易相对方支付的折扣。在向买卖双方之外的第三人支付这一点上,佣金与商业贿赂具有相似性;对此,应当结合接受支付的第三人能否被认定为是为交易提供服务的适格、合法的中间人,以及佣金和商业贿赂各自的其他特点,来判定经营者作出的支付究竟是佣金还是商业贿赂。

第三,佣金的支付和接受是以明示的方式进行的。所谓明示,通常指如实记载在经营者与中间人之间订立的居间合同、中介合同或者代理合同中;简单的交易也允许在发票上注明。此外,按照规定,经营者给中间人佣金的,必须如实入账;中间人接受佣金的,也必须如实入账。

第四,佣金具有合法性。佣金是一种劳务报酬,且采取明示入账的方式支付和接受,符合商业惯例,这是佣金具有合法性的主要原因。佣金具有合法性,这是它与商业贿赂的一个区别。

(二)商业贿赂行为的法律责任

经营者实施商业贿赂行为,除应当承担我国《反不正当竞争法》针对包括商业贿赂在内的所有不正当竞争行为规定的共通性法律责任外,还应承担如下特定责任,即经营者违反该法规定贿赂他人的,由监督检查部门没收违法所得,处10万元以上300万元以下的罚款;情节严重的,吊销营业执照。

三、规制虚假或者引人误解的商业宣传行为的制度

(一)虚假或者引人误解的商业宣传行为的认定

虚假或者引人误解的商业宣传行为,是指经营者为了谋取交易机会或者竞争优势,对商品(含服务)进行虚假或者引人误解的商业宣传,导致或者足以导致购买者对商品产生错误认识的不正当竞争行为。其特点是:

1. 行为的主体是经营者

这里的经营者，是指从事商品生产、经营（含提供服务）的自然人、法人和非法人组织。

2. 行为人在主观方面表现为故意

作为不正当竞争行为的虚假或者引人误解的商业宣传是故意行为，并且行为人具有谋取交易机会或者竞争优势的动机，具有误导他人购买商品的目的。

3. 行为人在客观方面对商品作了虚假或者引人误解的商业宣传，并产生了欺骗、误导购买者的后果或者可能性

这里的商业宣传，是指经营者直接或者间接地介绍自己所推销的商品的活动。商业宣传包括商业广告，经营者通过商业广告实施虚假或者引人误解的宣传，也可能构成不正当竞争行为。但鉴于商业广告已由我国《广告法》规范，因此，我国《反不正当竞争法》规定，对属于发布虚假广告的商业宣传依照我国《广告法》的规定追究法律责任。

这里所谓对商品作虚假或者引人误解的商业宣传，是指对商品的性能、功能、质量、销售状况、用户评价、曾获荣誉等与商品有关的信息作虚假或者引人误解的商业宣传。其中，对商品作虚假商业宣传，是指经营者宣传的商品信息与实际情况不相符合；对商品作引人误解的商业宣传，通常是指经营者在对商品进行宣传中使用了含糊不清或者具有多重语义的表述，或者表述虽然真实，但仅陈述了部分事实，足以使普通购买者产生错误联想。

虚假或者引人误解的商业宣传构成不正当竞争，除要求行为人实施了虚假或者引人误解的商业宣传行为外，还必须以欺骗、误导了购买者或者具有欺骗、误导购买者的可能性为要件。因此，在判断虚假或者引人误解的商业宣传是否构成不正当竞争行为时，需要把握以下几点：第一，虚假或者引人误解的商业宣传已经造成普通购买者误认误购所宣传的商品的，通常应当认定为不正当竞争行为。第二，如果对商品某些信息的宣传虽然不真实，但对购买者的购买决策不足以产生实质性影响，那么对该虚假宣传不宜认定为不正当竞争行为。第三，有的宣传虽然陈述的信息虚假，但属于宣传的艺术夸张表达，普通公众能够正确理解其含义和用意，这也不应当认定为不正当竞争行为。

鉴于组织虚假交易是长期存在于现实经济生活中的一种虚假或者引人误解的商业宣传行为，尤其是近年来在电子商务领域，一些经营者雇用他人为其"刷单炒信"（即通过网络虚构交易量、用户好评）以吸引消费者购买商品，进而不当谋取交易机会或者竞争优势的现象十分普遍，因此，我国《反不正当竞争法》第8条除规定经营者不得对商品的销售状况、用户评价作虚假或者引人误解的商业宣传外，还专门规定：经营者不得通过组织虚假交易等方式，帮助其他经营者进行

虚假或者引人误解的商业宣传。

（二）虚假或者引人误解的商业宣传行为的法律责任

经营者违反我国《反不正当竞争法》的规定，对其商品作虚假或者引人误解的商业宣传，或者通过组织虚假交易等方式帮助其他经营者进行虚假或者引人误解的商业宣传的，除应承担该法针对包括虚假或者引人误解的商业宣传在内的所有不正当竞争行为规定的共通性法律责任外，还应对其追究以下责任：由监督检查部门责令停止违法行为，处 20 万元以上 100 万元以下的罚款；情节严重的，处 100 万元以上 200 万元以下的罚款，可以吊销营业执照。经营者违反《反不正当竞争法》的规定，属于发布虚假广告的，依照我国《广告法》的规定处罚。

四、规制侵犯商业秘密行为的制度

（一）商业秘密的界定

1. 商业秘密的定义

按照我国《反不正当竞争法》的规定，所谓商业秘密，是指不为公众所知悉、具有商业价值并经权利人采取相应保密措施的技术信息和经营信息。这里所谓"权利人"，是指依法对商业秘密享有所有权或者使用权的自然人、法人和非法人组织。

2. 商业秘密的特征

作为一国法律所保护的商业秘密，必须具备一定的质的规定性，即特征；这些特征，也可以说是法律所保护的商业秘密的构成要件。在当代，世界各国对商业秘密特征的认识基本一致。

（1）秘密性。商业秘密应当是不为公众所知悉、处于保密状态、一般人不易通过正当途径或者方法获得的信息。秘密性是商业秘密最基本的特征。商业秘密的秘密性，主要体现在两个方面，即主观秘密性和客观秘密性；并且，只有同时具备这两方面秘密性的信息，也才有可能成为商业秘密并作为法律保护的对象。

商业秘密的主观秘密性，是指信息的持有者具有的对该信息予以保密的主观愿望。在实践中，通常都以信息的持有者对信息是否采取了相应保密措施，来判断是否具有这种主观愿望。相应保密措施，是指保密措施与信息的商业价值、他人获取的难易程度相适应。至于相应保密措施究竟有哪些，我国司法实践中的认定是：具有下列情形之一，在正常情况下足以防止涉密信息泄露的，应当认定权利人采取了相应保密措施：第一，限定涉密信息的知悉范围，只对必须知悉的相关人员告知其内容；第二，对于涉密信息载体采取加锁等防范措施；第三，在涉密信息的载体上标有保密标志；第四，对于涉密信息采用密码或者代码等；第五，签订保密协议；第六，对于涉密的机器、厂房、车间等场所限制来访者或者提出保密要求；第七，确保信息秘密的其他合理措施。

商业秘密的客观秘密性，是指有关信息在客观上没有被公众所了解以及不能从公开渠道直接获取。在实践中，认定某种信息是否具有客观秘密性，可视具体情况的不同，分别适用两个标准。

一是根据该信息是否确为公众所了解的事实加以考察，即以该信息的公开行为所造成的实际效果作为判断客观秘密性的标准。当然，在受理因侵权而泄露商业秘密的案件时，将这种在处理案件时已丧失客观秘密性的信息作为商业秘密对待并提供损害赔偿等法律救济，这是一个必要的例外；这时所提供的法律救济，针对的是泄露前作为商业秘密管理的信息。

二是该信息获取的难易程度。按照这一标准，作为商业秘密管理的信息，一旦处于一种他人意欲获取便可以通过合法途径获得的状态，即丧失其客观秘密性，而不论该信息是否已确为公众了解，以及了解该信息的公众规模。

应予注意的是："不为公众所知悉"中的"公众"，并非指商业秘密的权利人以外的一切人。商业秘密的权利人为了生产经营等方面的需要，在采取一定保密措施的条件下，向其职员披露该项秘密，或许可他人加以使用，该信息并不丧失其秘密性。如果他人通过自己的独立研究发明或发现了同一商业秘密，不论是否加以利用或许可他人使用，只要他人也对其采取了相应保密措施，那么尽管该商业秘密在客观上已为二人以上所知悉，但它仍可视为不为公众所知悉。当然，如果商业秘密的扩散范围过大，则将丧失其秘密性。至于商业秘密扩散到何种程度、在多大范围内为他人知悉即丧失其秘密性，这应视具体情况加以认定。

（2）非物质性。即无体性、无形性。商业秘密是人类智力劳动的产物，它包括技术信息和经营信息。这些信息往往通过设计图纸、配方、公式、操作指南、实验报告、技术记录、经营策略、方案、计划等形式表现出来。它的载体可能是有形的，但其表现出来的思想内容则是无形的。因此，与工业产权一样，商业秘密实际上是一种无形资产，具有非物质性的特征。商业秘密的这一特性，意味着商业秘密遗失或被窃，虽然可以追回其载体，但往往难以追回其信息，同时也决定了商业秘密保护方法的特殊性。

（3）商业价值性。即商业秘密必须具有现实的或者潜在的商业价值，能够作营利性使用，并给持有人带来经济利益及竞争优势。这是商业秘密区别于政治秘密、个人隐私的主要标志。

3. 商业秘密的分类

（1）技术秘密。技术秘密为英文"know-how"的中译语。"know-how"可直译为"知道怎么做",在我国也被译为技术诀窍、专有技术、非专利技术等。按照我国《反不正当竞争法》的规定,技术秘密是指不为公众所知悉、具有商业价值并经权利人采取相应保密措施的技术信息。

技术秘密具备商业秘密的一般特征;此外,技术秘密还具有技术性特征,即技术秘密是服务于工业生产目的的、有关产品制造和工艺改造方法的知识、诀窍和经验等技术信息。技术性是技术秘密与经营秘密相区别的基本标志。

技术秘密具有技术性,但技术秘密是未取得专利的技术知识,它不受专利法保护,没有专利那种独占排他的垄断权。从国际上的一些做法看,可以作为技术秘密的技术知识主要包括以下几种:一是本身不具备专利条件,但具有较高实用价值的技术。二是依国内工业产权法规定,不属于专利保护范围的技术,如我国《专利法》规定的科学发现、智力活动的规则和方法、疾病的诊断和治疗方法、动物和植物品种(其生产方法可依法授予专利、取得专利保护)、用原子核变换方法获得的物质。三是具备了申请专利的条件,但当事人尚未申请或经申请但尚未授予专利的技术;或者当事人出于某种考虑,例如,不愿因申请专利而公开技术秘密,或想取得比专利更长期的保护而不予申请专利的技术。四是在某项申请专利的发明创造中,申请人在不影响其专利性的前提下,不在专利申请文件中披露而作为技术秘密来享有的关键性技术。

(2)经营秘密。经营秘密,是指不为公众所知悉、具有商业价值并经权利人采取保密措施的经营信息。经营秘密同样具有商业秘密的一般特征;同时,经营秘密虽不具有技术性,但具有经营管理性,即它是经营管理以及与经营管理密切相关的信息。在现实生活中,产品推销计划、市场占有情况、产品的社会购买力情况、产品的区域性分布情况、客户名册、经营战略、原材料价格、流通渠道、资信状况、投资计划、管理模式和方法等,都可能构成经营秘密。至于某项信息是否是经营秘密,则应根据商业秘密的构成要件,视具体情况加以认定。

(二)侵犯商业秘密行为的表现

在包括我国在内的各国立法中,一般都采取列举的方式对侵犯商业秘密的行为予以规定。归纳起来,侵犯商业秘密的行为主要包括以下几类:

1. 不正当取得权利人商业秘密的行为

这是指以盗窃、贿赂、欺诈、胁迫或者其他不正当手段获取权利人商业秘密的行为。

2. 不正当披露权利人商业秘密的行为

这类行为具体又包括两种:一是披露不正当取得的商业秘密的行为;二是违反约定或权利人有关保守商业秘密的要求,披露其所掌握的权利人的商业秘密的行为。

3. 不正当使用或允许他人使用权利人商业秘密的行为

这类行为也包括两种：一是使用或允许他人使用不正当取得的商业秘密的行为；二是违反约定或权利人有关保守商业秘密的要求，使用或者允许他人使用其所掌握的权利人的商业秘密的行为。

4. 恶意获取、披露、使用或允许他人使用来自侵权人的商业秘密的行为

我国《反不正当竞争法》规定，第三人明知或者应知商业秘密权利人的员工、前员工或者其他单位、个人获取、披露、使用或者允许他人使用商业秘密违法，但仍然获取、披露、使用或者允许他人使用该商业秘密的，视为侵犯商业秘密。

为了准确认定侵犯商业秘密的行为，我国司法实践中还从另一角度对不视为侵犯商业秘密的行为予以明确。按照最高人民法院的司法解释，通过自行开发研制或者反向工程等方式获得商业秘密，不认定为侵犯商业秘密行为。所谓"反向工程"，是指通过技术手段对从公开渠道取得的产品进行拆卸、测绘、分析等而获得该产品的有关技术信息。

（三）侵犯商业秘密行为的法律责任

我国《反不正当竞争法》除对包括侵犯商业秘密在内的所有不正当竞争行为的共通性法律责任作了规定之外，还对侵犯商业秘密应当承担的特定法律责任作了以下规定：

1. 法定赔偿额

经营者实施侵犯商业秘密行为，权利人因被侵权所受到的实际损失、侵权人因侵权所获得的利益难以确定的，由人民法院根据侵权行为的情节判决给予权利人300万元以下的赔偿。

2. 行政责任

经营者实施侵犯商业秘密行为的，由监督检查部门责令停止违法行为，处10万元以上50万元以下的罚款；情节严重的，处50万元以上300万元以下的罚款。

拓展阅读
① 中国天府可乐集团公司（重庆）诉重庆百事天府饮料有限公司等侵犯技术秘密纠纷案
② 宁夏正洋物产进出口有限公司诉宁夏福民蔬菜脱水集团有限公司侵犯商业秘密纠纷上诉案

五、规制不当有奖销售行为的制度

（一）不当有奖销售行为的认定

有奖销售又被称为附奖赠促销，是指经营者销售商品或者提供服务，附带性地向购买者提供物品、金钱或者其他经济上的利益，以促进销售的行为。有奖销售包括两种：一是奖励所有购买者的附赠式有奖销售；二是奖励部分购买者的抽奖式有奖销售。按照规定，凡以抽签、摇号等带有偶然性的

方法决定购买者是否中奖的，均属于抽奖方式。

不当有奖销售，又被称为不当附奖赠促销，是指经营者违反诚信和公平竞争的原则，利用物质、金钱或者其他经济利益引诱购买者与之交易，损害竞争对手的公平竞争权行为。不当有奖销售具有以下特征：第一，行为的主体是作为卖方的经营者；第二，行为人在主观上存在故意的心理状态，并且具有促进销售的目的；第三，行为人在客观上实施了法律所禁止的有奖销售行为；第四，行为侵害了正常的竞争秩序，损害其他经营者的公平竞争权。

不当有奖销售在现实生活中具有多种具体表现形式，我国《反不正当竞争法》第 10 条将其划分为以下两类：

1. 欺骗性有奖销售

即经营者采用欺骗购买者的方式实施有奖销售的行为。它包括以下行为：第一，所设奖的种类、兑奖条件、奖金金额或者奖品等有奖销售信息不明确，影响兑奖。第二，采用谎称有奖的欺骗方式进行有奖销售。第三，采用故意让内定人员中奖的欺骗方式进行有奖销售。

2. 巨额抽奖式有奖销售

这是指奖金额超过 5 万元的抽奖式有奖销售。巨额抽奖式有奖销售一般中奖概率低，却能吸引大量存在侥幸心理的顾客，从而严重影响其他经营者的正常经营活动，破坏公平竞争秩序。此外，过度的有奖销售还会助长人们的投机心理，败坏社会风气。因此，法律对这种促销方式加以禁止。

（二）不当有奖销售的法律责任

我国《反不正当竞争法》第 22 条对不当有奖销售法律责任的专门规定是：经营者实施不当有奖销售的，由监督检查部门责令停止违法行为，处以 5 万元以上 50 万元以下的罚款。

拓展阅读

光明乳业股份有限公司诉潜山县市场监督管理局工商行政处罚案二审行政判决书

六、规制诋毁他人商誉行为的制度

（一）诋毁他人商誉行为的认定

诋毁他人商誉行为又称商业诽谤行为、商业诋毁行为，是指经营者通过编造、传播虚假信息或者误导性信息，损害竞争对手的商誉，以削弱其竞争力，由此获取不正当利益的行为。这一行为的特征是：

1. 行为的主体是经营者

在实践中，经营者通常自己实施诋毁竞争对手商誉的行为，但有时候，经营者也利用他人实施这种行为。当经营者利用他人实施诋毁竞争对手商誉的行为时，被唆使、收买或者欺骗的行为人的行为，应视为该经营者的行为。当然，具体实施行为的人不能免除其应承担的法律责任。

2. 行为人在主观上存在故意

即行为人实施诋毁竞争对手商誉的行为，目的在于贬低竞争对手的商誉，从而削弱其竞争力，进而谋求自己的交易机会或者竞争优势。经营者也可能过失造成竞争对手商誉的损害，并由此承担侵权法上的责任，但过失行为并不构成诋毁竞争对手商誉的不正当竞争行为。

3. 行为侵害的直接客体是作为竞争对手的特定经营者的商誉

这里的"商誉"，包括商业信誉和商品声誉，是指经营者在生产、流通和与此有直接联系的经济行为中逐渐形成的，反映社会对其生产、产品、销售、服务等多方面的综合评价。特定经营者的商誉是诋毁竞争对手商誉行为侵害的直接客体。同时，这种侵害也伴随着对竞争对手的公平竞争权的侵犯，这也正是诋毁竞争对手商誉被作为不正当竞争行为对待的原因。

4. 行为的客观方面表现为诋毁或诽谤

即行为人编造、传播了虚假信息或者误导性信息，对竞争对手的商誉进行诋毁。行为方式包括散发传单、寄送信函、召开新闻发布会、刊播广告、张贴告示等。

拓展阅读
①成都天天海鲜餐饮有限公司诉成都市金牛区金龙渔港侵害名誉权案
②北京奇虎科技有限公司、奇智软件（北京）有限公司与腾讯科技（深圳）有限公司、深圳市腾讯计算机系统有限公司不正当竞争纠纷案

（二）诋毁他人商誉行为的法律责任

经营者违反《反不正当竞争法》规定，损害竞争对手商业信誉、商品声誉的，由监督检查部门责令停止违法行为、消除影响，处10万元以上50万元以下的罚款；情节严重的，处50万元以上300万元以下的罚款。

七、规制网络领域不正当竞争行为的制度

（一）网络领域不正当竞争行为的认定

网络领域不正当竞争行为，是指经营者以网络为手段实施的不正当竞争行为。

网络领域不正当竞争行为可以划分为以下两类：

1. 网络领域的传统不正当竞争行为

这是指经营者利用网络但未使用网络专业技术手段实施的不正当竞争行为。这类不正当竞争行为是传统不正当竞争行为在网络领域的延伸。例如，利用网络实施混淆、虚假宣传、商业诋毁等不正当竞争行为，即属于这类不正当竞争行为。这类不正当竞争行为与传统不正当竞争行为相比并不存在实质上的差别，只是在行为上使用了网络手段。对这类不正当竞争行为，按照反不正当竞争法关于传统

不正当竞争行为的相关规定认定和处理。

2. 网络领域特有的不正当竞争行为

这是指经营者利用网络专业技术手段，通过影响用户选择或者其他方式实施的妨碍、破坏其他经营者合法提供的网络产品或者服务正常运行的行为。这里的"运行"，应当作宽泛的理解，既包括网络产品或者服务的安装、使用，也包括下载。与其他领域一样，在网络领域，经营者合法提供的网络产品或者服务应当平等地接受用户的自主选择，经营者通过影响用户选择或者其他方式实施妨碍、破坏其他经营者合法提供的网络产品或者服务的正常运行，违反了公平、诚信等原则和商业道德，损害了其他经营者的公平竞争权和消费者的合法权益，因而是不正当竞争行为。

按照我国《反不正当竞争法》第12条的规定，"妨碍、破坏其他经营者合法提供的网络产品或者服务正常运行的行为"，具体包括以下几种：（1）未经其他经营者同意，在其合法提供的网络产品或者服务中，插入链接、强制进行目标跳转。（2）误导、欺骗、强迫用户修改、关闭、卸载其他经营者合法提供的网络产品或者服务。（3）恶意对其他经营者合法提供的网络产品或者服务实施不兼容。（4）其他妨碍、破坏其他经营者合法提供的网络产品或者服务正常运行的行为。

（二）网络领域不正当竞争行为的法律责任

网络领域不正当竞争行为，应当承担我国《反不正当竞争法》针对所有不正当竞争行为所规定的共通性法律责任。此外，对于网络领域特有的不正当竞争行为，我国《反不正当竞争法》还专门规定了如下责任：经营者违反该法规定，妨碍、破坏其他经营者合法提供的网络产品或者服务正常运行的，由监督检查部门责令停止违法行为，处10万元以上50万元以下的罚款；情节严重的，处50万元以上300万元以下的罚款。

拓展阅读

北京爱奇艺科技有限公司诉深圳聚网视科技有限公司其他不正当竞争纠纷案

第三节　反不正当竞争法的程序制度

反不正当竞争法的程序制度，包括反不正当竞争的执法程序制度和诉讼制度。我国没有反不正当竞争程序的专门立法，反不正当竞争执法和诉讼活动，分别适用我国有关行政程序法和诉讼法的相关规定。此外，《反不正当竞争法》和2007年公布的《最高人民法院关于审理不正当竞争民事案件应用法律若干问题的解释》中的一些程序性条款，是专门适用于反不正当竞争程序的规定。本节仅涉及反不正当竞争法执法和诉讼中的一些特殊的和需要强调的程序性问题。

一、反不正当竞争执法程序制度

反不正当竞争执法程序制度，是指具有反不正当竞争执法权的行政机关在对涉嫌不正当竞争行为查处中应当遵循的法定权限、法定方式、法定时限和法定时序的统称。

（一）不正当竞争行为的监督检查部门

不正当竞争行为的监督检查部门，又被称为不正当竞争行为的查处部门、反不正当竞争执法主管机关、反不正当竞争法执行机构，是指政府系统中具有查处涉嫌不正当竞争行为权力的部门。不正当竞争行为的监督检查部门及其职权，这主要是一个实体问题，但是，这一问题由于关系涉嫌不正当竞争行为查处的主管和管辖，因而也是一个程序问题。

按照我国《反不正当竞争法》的规定，县级以上人民政府履行市场监督管理职责的部门对不正当竞争行为进行查处；法律、行政法规规定由其他部门查处的，依照其规定。这一规定意味着，县级以上人民政府履行市场监督管理职责的部门是不正当竞争行为的查处部门，承担反不正当竞争的主要职责；按照法律、行政法规的规定，某些特殊行业的不正当竞争（如金融行业、律师行业的不正当竞争）和特定类型的不正当竞争（如非法利用他人专利的不正当竞争），则由其他有关部门查处，因而这些部门也是承担着一定反不正当竞争职能的监督检查部门。考虑到我国查处不正当竞争行为的部门多，需要对多个部门查处不正当竞争行为进行协调，我国《反不正当竞争法》第3条规定："国务院建立反不正当竞争工作协调机制，研究决定反不正当竞争重大政策，协调处理维护市场竞争秩序的重大问题。"

按照我国《反不正当竞争法》的规定，不正当竞争行为的监督检查部门对涉嫌不正当竞争行为行使调查权、认定权，对经认定成立的不正当竞争行为行使行政处罚权。

（二）反不正当竞争执法管辖

除法律、行政法规另有规定的以外，不正当竞争由县级以上人民政府履行市场监督管理职责的部门管辖。

对于由县级以上人民政府履行市场监督管理职责的部门负责查处的不正当竞争行为，我国市场监督管理实践中的管辖分工是：县（区）、市（地、州）人民政府履行市场监督管理职责的部门依职权管辖本辖区内发生的案件；省、自治区、直辖市人民政府履行市场监督管理职责的部门依职权管辖本辖区内发生的重大、复杂案件；国务院履行市场监督管理职责的部门（即国家市场监督管理总局）依职权管辖应当由自己实施行政处罚的案件及全国范围内发生的重大、复杂案件。

对于法律、行政法规规定由其他部门查处的不正当竞争行为的管辖，依照有关法律、行政法规的规定确定。

此外，反不正当竞争执法中出现管辖权冲突、管辖权争议的处理，无管辖权案件的移送等，适用我国《行政处罚法》等行政程序立法的相关规定。

（三）反不正当竞争执法的程序

除法律、行政法规另有规定的以外，反不正当竞争执法的程序主要包括以下环节：

1. 立案

不正当竞争行为的监督检查部门依据监督检查职权，或者通过投诉、申诉、举报、其他机关移送、上级机关交办等途径，发现涉嫌不正当竞争行为并在相关法律规定的期间内决定是否立案。

2. 调查取证

对于决定立案的涉嫌不正当竞争行为，不正当竞争行为的监督检查部门应当及时进行调查，收集、调取证据。在调查取证中，不正当竞争行为的监督检查部门可以采取以下措施：（1）进入涉嫌不正当竞争行为的经营场所进行检查。（2）询问被调查的经营者、利害关系人及其他有关单位、个人，要求其说明有关情况或者提供与被调查行为有关的其他资料。（3）查询、复制与涉嫌不正当竞争行为有关的协议、账簿、单据、文件、记录、业务函电和其他资料。（4）查封、扣押与涉嫌不正当竞争行为有关的财物。（5）查询涉嫌不正当竞争行为的经营者的银行账户。

不正当竞争行为的监督检查部门对涉嫌不正当竞争行为采取调查取证措施，尤其是查封、扣押财物和查询银行账户等，对经营者的生产经营活动有影响甚至影响很大，为了避免调查取证权被滥用，尽量减少调查取证对经营者生产经营活动的影响，我国《反不正当竞争法》对调查取证的程序规则作了以下规定：（1）监督检查部门采取调查取证措施，应当向监督检查部门主要负责人书面报告，并经批准；查封、扣押与涉嫌不正当竞争行为有关的财物，查询涉嫌不正当竞争行为的经营者的银行账户，应当向设区的市级以上人民政府监督检查部门主要负责人书面报告，并经批准。（2）监督检查部门调查涉嫌不正当竞争行为，应当遵守我国《行政强制法》和其他有关法律、行政法规的规定，并应当将查处结果及时向社会公开。

此外，我国《反不正当竞争法》还对反不正当竞争执法调查中相关当事人应当承担的一些义务作了规定。按照规定，监督检查部门调查涉嫌不正当竞争行为，被调查的经营者、利害关系人及其他有关单位、个人应当如实提供有关资料或者情况。监督检查部门及其工作人员对调查过程中知悉的商业秘密负有保密义务。

3. 审查认定

在调查取证结束后，不正当竞争行为的监督检查部门应当对当事人的行为是否构成不正当竞争行为进行审查认定。在审查认定中，应当充分听取当事人的陈述、申辩意见。不正当竞争行为的监督检查部门在作出责令停产停业、吊销许可证或者执照、较大数额罚款等行政处罚决定之前，应当告知当事人有要求举行听证的权利；当事人要求听证的，不正当竞争行为的监督检查部门应当组织听证。

4. 作出决定

根据调查取证、审查认定的不同情况，不正当竞争行为的监督检查部门分别作出如下决定：（1）确有应受行政处罚的不正当竞争行为的，根据情节轻重及具体情况，作出行政处罚决定；经营者从事不正当竞争，有主动消除或者减轻违法行为危害后果等法定情形的，依法从轻或者减轻行政处罚。（2）不正当竞争行为情节轻微并及时纠正，没有造成危害后果的，不予行政处罚。（3）不正当竞争事实不能成立的，不得给予行政处罚。（4）不正当竞争行为涉嫌犯罪的，移送司法机关。

二、反不正当竞争诉讼制度

反不正当竞争诉讼，包括反不正当竞争民事诉讼、行政诉讼和刑事诉讼。这三种诉讼，分别适用我国《民事诉讼法》《行政诉讼法》和《刑事诉讼法》。但是，在《反不正当竞争法》和反不正当竞争司法实践中，仍然针对其中的民事诉讼和行政诉讼作了一些特别规定。

（一）反不正当竞争民事诉讼的特别规定

1. 反不正当竞争民事诉讼原告的特别规定

《反不正当竞争法》第17条规定，被侵害的经营者的合法权益受到不正当竞争行为损害的，可以向人民法院提起诉讼。该法并没有按照第1条确立的立法目的，为受到不正当竞争行为侵害的消费者提供民事诉讼救济。《民事诉讼法》第55条规定：对侵害众多消费者合法权益等损害社会公共利益的行为，法律规定的机关和有关组织可以向人民法院提起诉讼。这在一定程度上弥补了《反不正当竞争法》关于民事诉讼规定的不足。

2. 不正当竞争民事第一审案件级别管辖的特别规定

在我国目前的司法实践中，《反不正当竞争法》规定的下列不正当竞争行为所引发的民事第一审案件，一般由中级人民法院管辖：（1）第6条规定的混淆行为。（2）第8条规定的虚假或者引人误解的商业宣传行为。（3）第9条规定的侵犯商业秘密的行为。（4）第11条规定的诋毁他人商誉的行为。

考虑到随着市场竞争的日趋激烈，不正当竞争民事案件可能会增加，为了减轻相关中级人民法院审理案件的压力，同时也方便当事人诉讼，我国司法实践中还规定：各高级人民法院根据本辖区的实际情况，经最高人民法院批准，可以确定若干基层人民法院受理不正当竞争民事第一审案件，已经批准可以审理知识产权民事案件的基层人民法院，可以继续受理。此外，对于涉及知识产权保护的其他不正当竞争案件，应参照上述级别管辖的规定办理。

3. 侵犯商业秘密民事诉讼的特别规定

（1）侵犯商业秘密的举证责任分配。当事人指称他人侵犯其商业秘密的，应当对其拥有的商业秘密符合法定条件、对方当事人的信息与其商业秘密相同或者实质相同以及对方当事人采取不正当手段的事实负举证责任。其中，商业秘密符合法定条件的证据，包括商业秘密的载体、具体内容、商业价值和对该项商业秘密所采取的具体保密措施等。

（2）商业秘密被许可人的诉讼主体资格。在以下三种情况下，商业秘密的被许可人对于侵犯商业秘密行为，可以和权利人共同提起或者单独提起侵权诉讼：第一，独占使用许可合同的被许可人，可以向人民法院起诉；第二，排他使用许可合同的被许可人可以和权利人共同起诉，或者在权利人不起诉的情况下，自行提起诉讼；第三，普通使用许可合同的被许可人可以和权利人共同提起诉讼，或者经权利人书面授权，单独提起诉讼。

（二）反不正当竞争行政诉讼的特别规定

按照我国《反不正当竞争法》的规定，当事人对监督检查部门作出的处罚决定不服的，可以依法申请复议或者提起诉讼。这意味着，反不正当竞争行政诉讼不需要以行政复议程序为前置条件。

思考题：

1. 试论反不正当竞争法的功能。
2. 试论反不正当竞争法调整竞争关系的必要性。
3. 试论反不正当竞争法一般条款及其作用。
4. 试述侵犯商业秘密的不正当竞争行为的认定。

▶ 自测习题及参考答案

第十五章　消费者保护法律制度

没有消费，就没有生产。正是消费者不断增长的需求才推动着生产的不断发展。消费升级成为经济发展的重要引擎。为此，党的十九大报告明确提出，要"完善促进消费的体制机制，增强消费对经济发展的基础作用"。营造安全放心的市场环境，切实维护消费者合法权益，既是落实"以人民为中心"的新时代法治观的客观要求，也是建设中国特色社会主义现代化强国，实现中华民族伟大复兴的中国梦的现实需要。由于消费者与作为商品和服务提供者的经营者相比，在信息、能力等方面处于较为弱势的地位，仅用民法制度无法实现对消费者和经营者之间交易关系的规制，有必要在民法之外寻求应对之道。于是，旨在有效规制经营者市场行为、保护消费者权益的消费者保护法便应运而生，并成为经济法的重要分支。

第一节　消费者保护法基本原理

一、消费者与消费者保护法

（一）消费者的界定

在消费思想的发展过程中，经济学、法学等学科都对消费者有界定，但侧重点各有差异。经济学中消费者的定义主要是基于个人在经济生活中的消费活动，并无弱势保护的语境；而在法学中，对消费者的定义一般与经营者对应，有弱势保护的特有意旨。由于各国立法宗旨和法治环境不同，不同国家的法律对消费者的含义和范围的规定也不尽相同，但都对消费者设定了消费主体实质自然人标准、消费目的标准和消费客体标准，以体现立法的特殊宗旨。

通常意义上的消费者是指为生活消费需要购买和使用商品或服务的人。它是与商品的生产者、销售者和服务提供者即经营者相对应的一类市场主体。这一类市场主体与经营者相比，在交易中处于弱势地位，无法以自身的实力与经营者相抗衡，需要国家对其利益进行特殊保护。

对于消费者基本含义的界定，需要从三个方面加以把握：

第一，消费主体。强调消费者的自然人属性是国际社会的通行做法，[1] 也与消

---

[1] 例如美国《布莱克法律词典》认为，"消费者是那些购买、使用、持有、处理产品或服务的个人"；1978年国际标准化组织消费者政策委员会日内瓦会议将消费者定义为"为个人目标使用商品或服务的个体成员"；俄罗斯联邦《消费者权利保护法》将"消费者"定义为"使用、取得、定做或者具有取得、定做商品（工作、劳务）的意图以供个人生活需要的公民"。

费者保护的立法宗旨和目标相符合。消费者保护法，是在对市场经济条件下消费者弱势地位充分认识的基础上而给予消费者特别保护的立法，单位或机构作为团体，在以某种形式进行交易时并不缺乏专门知识和交涉技能，因而不具备予以特殊保护的理论基础。①

第二，消费目的。作为消费者，其消费目的是为生活需要而进行消费。在现代经济生活中，消费有生产消费和生活消费之分，生产消费的主体主要是企业等生产经营单位，生活消费的主体则一般是自然人。在这两类消费中，消费者保护法只调整生活消费而不调整生产消费。②

第三，消费客体，又称消费品。对于消费品的含义各国法律见解不一，差异较大，但包括商品和服务两种基本类型，则无争议。商品，通常是指用于交换的有形物品，但消费者权益保护法上的商品，仅限于消费品，即可用于生活消费的商品。现代社会，服务业日趋发达，服务消费成为生活消费的重要内容，而且服务领域呈不断扩大趋势，交通运输、旅游、电信、金融、医疗、文化、法律服务等均属于现代服务的范畴，应纳入消费者保护法的规制之下。

(二) 消费者保护法的概念和特点

消费者保护法，是指以保护消费者利益为宗旨，调整在保护消费者权益过程中所发生的各种社会关系的法律规范的总称。

消费者保护法有其独特的调整对象，它调整的社会关系是在保护消费者过程中所发生的经济关系，具体包括两类社会关系：一是消费关系，即消费者与经营者之间在购买商品或接受服务过程中所发生的经济关系，这是消费者保护法调整的主要社会关系；二是与消费关系相关关系，或称消费辅助关系，是指与消费关系存在密切联系的社会关系，包括国家与经营者、消费者之间的管理、保护关系，国家与消费者保护团体、消费者保护团体与经营者之间的关系等。这些关系不属于消费关系，但与消费关系存在密切联系，是国家干预消费关系过程中发生的社会关系，也属于消费者保护法的调整对象。

---

① 不过在实践中，应该突破"机构"或"团体"的表象，采取实质自然人认定标准，不仅家庭，即使是一些小机构，如果其仅是消费者的简单集合，其行为与单个消费者并无二致，也应认定为自然人。美国2010年《多德—弗兰克华尔街改革与消费者保护法案》第1002款即反映消费者概念扩大的趋势，体现了自然人的实质认定标准。我国《消费者权益保护法》并无明确限定消费者的自然人身份，但学术界多坚持其自然人属性。

② 对于生活消费可以从正反两方面结合进行认定。前者从购买商品或服务的目的、所购商品的性质及数量来加以考量或认定。后者则从反向进行推定，只要购买商品不是为了生产或交易，不论其购买的商品是自己使用或赠送他人或者其他目的，都属于生活消费，消费主体均属于消费者的范畴。简言之，消费者是作为与制造商、销售商等经营者相对应的概念，只要不是经营者，即可以推定其为消费者。

消费者保护法具有对象特定性、权力配置倾斜性及规范强制性等特点。首先，消费者保护法以消费者这一特定社会群体作为保护对象。消费者保护法是商品经济发展到一定阶段，在国家充分认识到消费者的弱势地位的基础上，通过法律干预经济生活的产物，保护消费者权益是其最为核心的立法宗旨。其次，消费者保护法对消费者和经营者双方当事人之间关系的调整，采取了完全不同于民商法所采取的均等保护的方法和手段，而以保护消费者利益为宗旨，赋予消费者更多的权利，课以经营者更为严格的义务，在权力配置上明显向消费者倾斜，是典型的强调实质公平的法律。最后，与传统的民商法不同，消费者保护法在承认传统私法所确认的权利的同时，强调公权力的介入，以社会正义、实质正义为价值追求，体现国家对私法领域的干预。因此，在消费者保护立法中多为强制性规范，交易者的意思自治受到严格限制。

消费者保护法从消费者利益出发，在充分考虑消费者弱势地位的基础上，给予消费者特殊的法律保护，是国家对经济生活的一种干预，是国家运用公权力来纠正市场信息不对称的缺陷。因此，消费者保护法本质上是经济法，是市场规制法的重要部门法。

二、消费者保护法的立法体例

无论是英美法系国家还是大陆法系国家，消费者保护法都主要以制定法的形式存在。在立法体例上主要表现为专门立法与分散立法两种类型。

在市场经济发展的早期阶段，关于消费者保护的立法主要散见于合同法、侵权法、产品质量法等传统的法律部门中，多以分散立法的形式存在。消费者权利意识的觉醒，尤其是20世纪60年代爆发的"消费者权利运动"，促使各国开始制定相应的消费者政策和专门的消费者立法，消费者保护呈现出法典化的专门立法趋势。世界上第一部消费者保护立法是日本于1968年制定的《保护消费者基本法》。继日本之后，泰国、西班牙、英国、俄罗斯等也先后制定了消费者保护基本法。

即便是采取专门立法体例的国家，除了有关消费者保护的专门立法外，还在反垄断法、反不正当竞争法、产品质量法、广告法等其他法律法规中规定有与消费者保护相关的内容。只不过法典化或专门化的消费者保护法更强调从消费者的角度来直接保护消费者这一特定的市场主体，而反垄断法等其他立法则更多地是从规范市场主体行为以及维护竞争秩序的角度间接地保护消费者的权益，它们之间相互关联、相互补充，构成了消费者保护法律体系。

我国在消费者保护立法方面采取了专门立法的体例。1993年10月31日，第八届全国人大常委会第四次会议通过了《消费者权益保护法》，这是我国制定的第一部关于消费者权益保护的基本法，该法经过 2009 年 8 月和 2013 年 10 月两次修订，为保护消费者的合法权益、维护社会经济秩序、促进社会主义市场经济健康发展起到了积极的作用。

三、消费者保护法的原则

（一）自愿、平等、公平、诚实信用和依法交易原则

自愿、平等、公平、诚实信用是市场交易的基本原则，依法交易是消费者保护法对经营者的最低要求，也是经营者在与消费者进行交易时的法定义务。这一原则要求经营者在与消费者进行交易时，诚实守信，尊重消费者的意愿，不得恃强凌弱，不得采取欺诈或者其他违法手段，不得损害消费者的合法权益。

（二）对消费者予以特别保护原则

对消费者予以特别保护是消费者保护立法的根本宗旨，也是贯穿该法的一项基本原则。消费者保护法只规定消费者权利而不规定义务和只规定经营者义务而不规定其权利，以及该法在消费争议解决、消费者权益受损救济等问题上所创设的一系列有利于消费者的制度，均突破了传统法律平等保护的思想，体现了现代立法对实质公平的追求。

（三）国家保护和社会监管相结合的原则

由于消费者与经营者地位上的不平等，需要国家对消费关系进行干预，达到实质上的平等。同时，由于客观上的原因，国家的干预和监督也会存在种种局限，这就要求社会各类组织和个人，尤其是以保护消费者权益为宗旨的消费者保护组织，参与到对涉及消费者权益的经济与社会活动的监督中来。我国《消费者权益保护法》也明确规定了这一原则，确立了国家保护与社会监督相结合的全面保护的基本指导思想。

目前，国际社会已将消费者保护上升到人权保障的高度加以强调，尊重和保障人权已成为不少国家消费者保护法的重要指导原则，经济秩序的稳定也是社会主义市场经济发展的客观要求，因此，我国《消费者权益保护法》所确立的上述原则不仅在具体的消费者保护法领域里具有重要意义，在推进"法治中国"建设中也具有特殊价值。对于消费者权益保护，不能仅从调整消费者和经营者之间的个体关系这一狭隘角度去理解，还应该站在人权、经济与社会秩序的高度，加强市场监管，维护市场秩序，切实保障消费者的合法权益。

四、消费者权益的国际保护

随着市场经济的发展，消费者保护已成为全球性话题，消费者保护运动在全

球各地风起云涌。当今世界消费者保护立法也出现由国内走向国际的趋势，即由国际组织推动或起草，并由参与该组织的成员一致通过关于消费者保护的国际准则、协定和条约，以协调各国消费者的保护措施，统一国际标准，沟通立法信息以及确定国际义务。

联合国及国际消费者联盟组织[①]在推动消费者保护方面发挥了积极作用。1985 年 4 月 9 日，在国际消费者联盟组织的积极倡导和推动下，联合国大会投票通过了第 39/248 号决议，在该项决议中通过了《保护消费者准则》。该准则是最具世界意义的保护消费者的纲领性文件，其主要目标是协助各国加强本国消费者的保护，措施包括：鼓励企业遵守商业道德，协助各国限制不利于消费者的商业陋习，保护消费者的健康和安全免受危害；鼓励消费者组织的发展，推进消费者保护的国际合作等。尽管该文件并不具有法律强制力，但作为消费者保护的纲领性文件，对各国保护消费者权益产生了积极的指导意义和示范作用，将保护消费者权益的立法带入了一个崭新的阶段。1988 年，在《保护消费者准则》基础上，联合国又形成并通过了《消费者保护和可持续消费准则》。这是一个关注消费安全与环境关系问题的国际文件，它要求各国政府实施生态标签计划、工业环境报告等，并对健康产品的产业和实践进行了规定；同时，要求各国政府努力促进健康产品的生产和流通，减少环境污染等环境问题对安全消费的影响。

世界贸易组织作为促进世界经济和贸易的最重要的国际组织，具有对世界经贸发展的主导权力，世贸组织的重要贸易规则也势必影响消费者权益。为此，世贸组织成员国所签订的服务贸易总协定（GATS）基于消费安全的考虑，在第 14 条规定了"一般例外"与"安全例外"，其目的是允许各成员方为了保护人类生命健康安全而作出背离正常贸易规则的贸易限制措施。消费安全不仅包括产品安全，而且还包括服务安全，从而为服务行业的消费安全提供了保障。

区域性国际组织在推进消费者保护方面也同样发挥着不可忽视的作用。1973 年，欧洲理事会制定了《消费者保护宪章》，明确规定了消费者所享有的援助保护权、损害赔偿权、知悉真情权、接受教育权、依法结社权五项权利，为随后出台的各项消费者保护指令起到了纲领性作用，也推进了全球消费者保护立法的进程。此外，亚洲的食品安全法典协调委员会也对消费者权益的维护

---

① 国际消费者联盟组织（International Organization of Consumers Unions，简称 IOCU），由美、英等五国消费者联盟或消费者协会于 1960 年在海牙发起设立。中国消费者协会已于 1987 年被接纳为正式成员，该组织于 1995 年更名为国际消费者协会，简称 CI。

作出了积极的贡献。

第二节 消费者权利的法律界定

一、消费者权利概述

消费者保护法是基于消费者弱势地位而予以特别保护的法律规范，因此，消费者权利历来是消费者保护法的核心内容。一般认为，最早提出消费者权利的是美国总统约翰·肯尼迪。1962年3月15日，肯尼迪总统在向美国国会提交的《关于保护消费者利益的特别国情咨文》中，首次提出了消费者应享有的四项权利，即获得商品安全保障的权利、获得正确的商品信息的权利、对商品的自由选择的权利以及提出消费者意见的权利。肯尼迪的"四权论"抛出后，渐为各国所广泛认同并在实践中加以发挥，随后相继增加了获得求偿的权利、接受消费者教育的权利以及获得有益于健康环境的权利和结社权等，以作为上述"四权论"的补充。

消费者权利作为一个集合的概念，是一种复合性质的权利。从宏观上看，消费者权利具有普遍性、基础性和内容的广泛性，是生存权的重要组成部分，是人权在新的历史时期的新发展。从微观上看，部分消费者权利，如安全权、选择权、知情权、求偿权等具有私权的特征，而结社权、受教育权等则明显具有社会权的属性。因此，诸项消费者权利存在着宪法、民法、经济法，乃至社会法多重属性交错的情况，但从制度设置目的这一整体角度看，消费者权利则完全可以视为经济法意义上的权利。

二、我国立法保护的消费者权利

尽管各国对于消费者权利内容的界定不尽相同，但基本权利却是相同的。我国《消费者权益保护法》自1993年颁布之后，历经两次修订，在消费者权利的规定方面也日趋完善。主要权利内容包括如下几个方面：

（一）安全保障权

消费者的安全保障权，是指消费者在购买、使用商品或接受服务时所享有的保障人身和财产安全不受侵害的权利，是消费者最基本的权利。它包括人身安全和财产安全两个方面，而人身安全又包括消费者的健康不受损害和生命安全保障两个方面。

安全是人最基本的、首要的需求，只有在安全有保障的前提下，才谈得上对其他权利的需求。长期以来，人类在大自然面前饱经困苦和不幸。今天，虽然科学技术的快速发展在一定程度上减轻了人们对自然灾害的恐惧，但却形成了新的恐惧来源。同时，社会结构的变迁又使得社会关系从熟人社会走向了陌生人社会，人们之间的不安全感也随之不断增加。在充满不确定性的高风险社会，产品安全更是一个值得高度关注的现实问题。在安全需求给定的情况下，将安全需要提升到权利的高度是确保安全需求得到满足的基本条件。所以，必须在法律上确立消费者最为基本的安全保障权。为此，我国《消费者权益保护法》规定，消费者在购买、使用商品和接受服务时享有人身、财产安全不受损害的权利，消费者有权要求经营者提供的商品和服务符合保障人身、财产安全的要求。

除《消费者权益保护法》对消费者安全保障权作出原则性规定外，《食品安全法》《药品管理法》《产品质量法》等其他法律对某一方面的消费者安全问题也作了更为具体的规定，只有严格遵守这些法律规范，才能使消费者的安全保障权得以实现。

（二）知悉真情权

知悉真情权，或称知情权，是指消费者享有的知悉其购买、使用的商品或者接受的服务的真实情况的权利。消费者只有充分了解了商品和服务，才能知晓商品和服务是否能满足自己的要求。同时，也只有满足了消费者的知情权，消费者才能正确地消费商品和服务。因此，信息的准确、及时、有效获取对于消费者具有至关重要的意义。为此，我国《消费者权益保护法》第8条对消费者的知悉真情权作了明确规定。

消费者信息获取权具有两方面的基本内涵：一是消费者有权了解商品和服务的真实情况；二是有权充分获取其购买的商品或服务的相关信息。根据《消费者权益保护法》的有关规定，消费者有权了解和获取的信息范围包括：商品的价格、产地、生产者、用途、性能、规格、等级、主要成分、生产日期、有效期限、检验合格证明、使用方法说明书、售后服务，或者服务的内容、规格、费用等有关情况。

> **拓展阅读**
>
> 张莉诉北京合力华通汽车服务有限公司买卖合同纠纷案

随着科技信息快速发展，人们的消费习惯和消费模式已经发生了巨大改变。这种改变给消费者知悉真情权的实现带来了前所未有的挑战，也增加了权利保障的迫切性。一方面，网络购物逐步取代传统的购物方式，成为一种新型的消费方式；另一方面，商品和服务智能化、专业化和无形化的特点也愈加明显。在传统交易中，消费者固然因信息的不对称而处于弱势地位，但面对面的洽谈、现场验货，加之所购买商品多属于以基本的认识可以认知的生活用品、所接受的服务大都是感官感受得到的普通服务，所以，信息的传递尚且直观且基本明确。但是，在信息化时代，对于结构复杂的科技产品和专业性极强的专业化服务，除极少数的专业人士外，很少有消费者真正了解其所购商品或服务的真实情况，而且在网络消费的模式下，经营者和消费者并不见面，经营者发布的信息是否真实充分，令消费者难以确认，这一切无疑增加了消费者信息获取权保护的难度，也凸显了信息化时代消费者知悉真情权制度改进的必要性。

（三）自主选择权

自主选择权，是指消费者享有的根据自己的意愿自主选择其购买商品及接受服务的权利。

市场经济是建立在意思独立和意志自由的基础之上的自主经济和平等经济，它反对任何形式的强买强卖与欺行霸市。消费者作为与经营者相对立的市场主体，必须拥有独立的意志和自主选择消费的权利，任何人不得违背消费者的真实意思，强行推销商品和服务。

根据《消费者权益保护法》的规定，消费者的自主选择权具有以下几个方面的内容：一是自主选择经营者；二是自主选择商品品种和服务方式；三是自主决定购买或不购买商品、接受或不接受一项服务；四是在自主选择商品或服务时有权进行比较、借鉴和挑选。

（四）公平交易权

公平交易权，是指消费者在与经营者之间进行消费交易中所享有的获得公平交易条件的权利。公平交易是市场经济的本质要求。公平交易的基础就是交易过程中体现公平、公正和合理的结果，任何以欺诈、胁迫、排挤或限制，以及有违平等互利、等价有偿原则的交易均属于不公平交易。

公平交易权的内容具体可以概括为以下几点：其一，消费者有权要求商品或服务应当具备公众普遍认为其应当具备的功能或质量；其二，消费者有权要求商品或服务的定价合理，即价格公允；其三，消费者有权要求商品或服务的计量正确，不得克扣或短斤少两、不得降低服务水准；其四，消费者有权拒绝经营者的强制交易行为。①

（五）依法求偿权

依法求偿权，是指消费者在因购买、使用商品或者接受服务受到人身、财产损害时，依法享有的要求并获得赔偿的权利，它是弥补消费者所受损害的必不可少的救济性权利。

致人损害承担赔偿责任，是法的一般理念和规则。消费者在购买商品或接受服务时，可能会由于商品或服务质量、价格、计量等方面的原因而受到人身和财

---

① 自主选择是公平交易的前提，在强制交易的情况下，消费者通常都要接受不公平的交易条件，这无疑是要求消费者必须接受经营者的非法侵害，因此，拒绝强制交易与自主选择权密切相关，同时也是公平交易权的一项重要内容。

产方面的损害。对于这些损害，从损害赔偿的一般法理上说，当然要予以赔偿，以补偿受损者，惩戒致害者，维护市场秩序。与单纯的以赔偿消费者财产损失的民事责任不同，我国《消费者权益保护法》第55条专门规定了惩罚性赔偿制度，其目的在于惩罚不法经营者，鼓励受损害的消费者与侵害消费者的不法行为作斗争。此外，快捷、高效的争议解决和诉讼救济机制对于消费者求偿权的实现具有至关重要的作用。

（六）适当期间单方解除合同权

适当期间单方解除合同权（简称单方解除权），或称消费者反悔权或撤销权，是指消费者在限定的交易类型中，在与经营者缔约后，可在法定期限内按规定程序单方无条件解除合同，且不承担任何补偿性费用的权利。

消费者的单方解除合同权，源于"无因退货"这一商家相互竞争的现代营销手段，目前已成为不少发达市场经济国家的一项法定权利。该项权利的最终确立，与消费者权益保护运动的蓬勃发展密切相关，也反映出消费者保护立法及其理论的不断发展和完善。因为在当今发达的市场经济条件下，已经不能固守传统形式上的契约自由原则，对消费者与经营者的关系也不能从传统民法中的平等主体关系的角度来考量，而应当侧重实现实质正义。相反，有条件地赋予消费者单方享有反悔权，是对消费者进行的特别保护，符合实质上的公平正义。

由于我国刚刚开始实行这项制度，且我国消费者的整体素质有待于进一步提高，在所有消费领域全面实施该项制度的条件尚不成熟。为此，我国《消费者权益保护法》在2013年引入该项制度时，对其适用范围和行使条件作出了较为严格的限制。根据规定，目前该项权利仅适用于采用网络、电视、电话、邮购等远程交易方式销售商品，消费者定做的商品、鲜活易腐的商品等法定不适用单方解除权的商品被排除在外；同时要求商品完好无损，并在法定的期限（即7天）内行使权利。

（七）依法结社权

依法结社权，是指消费者为了维护自身合法权益而依法组织社会团体的权利。

消费者结社权不仅是宪法上公民结社自由在消费者群体上的具体体现，同时也是消费者改善自身弱势地位的必然要求。消费者往往是孤立的、分散的社会成员，其面临的经营者却表现为具有强大实力、庞大的组织机构，常常是拥有各种专门知识和经验的专业人员的企业。同时，经营者为了垄断市场、获得超额利润，往往通过协议等方式，采取一致行动，共同对付消费者。为了与强大的经营者及其经营者联盟相抗衡，实现与经营者之间的真正平等，依法组成社会团体来维护自身合法权益便具有现实必要性。为此，不少国家消费者保护法都赋予消费者依法结社的权利，我国也不例外。

消费者享有依法结社权,意味着政府不仅不能对合法的消费者团体加以限制,还应该在制定有关消费者方面的政策时充分征求消费者团体的意见,支持消费者团体依法行使权利和开展工作。

(八)接受教育权

消费者接受教育权,又称求知权、获得教育权,是指消费者享有的获得有关消费和消费者权益保护方面知识的权利。消费者接受教育权既是接受教育之类的宪法性权利在消费者保护立法中的具体化,也是从消费者信息获取权中引申出来的一种权利。

在现代社会条件下,消费者是以他人生产、经营的产品及提供的服务作为消费对象的,作为商品的使用者及服务的接受者,消费者面对的是不断更新、日益复杂的商品和服务,只有不断更新知识,才能更好地了解和掌握所需商品或服务的知识和使用技能,缩小和经营者在知识和信息方面的差距,更好地实现信息获取权,提高自我保护能力,而消费者权利意识的增强及信息知识的取得都需要通过实施消费者教育来实现。正因为如此,我国《消费者权益保护法》明确规定消费者享有接受教育权。

消费者教育的内容包括消费知识教育和消费者保护知识教育。消费知识包括与消费者正确选购、公平交易、合理地使用消费品、接受服务有关的知识,如关于选购商品的方法、应注意的问题、商品的一般价格构成、商品的正常功能、使用商品应注意的问题等;有关消费者保护方面的知识,主要指消费者保护自己的法律知识与保护途径等方面的知识。

消费者接受教育权作为一种权利,一方面意味着消费者有通过适当方式表达获得有关商业服务消费知识和消费者保护知识的要求的权利,另一方面意味着政府、社会应当提供相应的条件,努力保证消费者能够接受这种教育。

(九)获得尊重权

获得尊重权,是指消费者在购买、使用商品和接受服务时所享有的人格尊严、民族习惯以及个人隐私得到尊重和保护的权利。

人的尊严是基于人类自身的自然存在、社会存在和超越性存在而产生和发展的,是人所拥有的不可剥夺、不可侵犯的根本性权利。尊严,是人的存在意义和存在价值的最高体现。赋予消费者受尊重权既是马克思主义法学尊严观的要求,也是宪法及民法规定的各种人身权保护原则和制度在消费生活中的具体体现。尊重消费者的人格尊严和民族风俗,保护消费者的个人隐私,有助于形成公序良俗,有利于社会文明进步。

(十)监督批评权

消费者的监督批评权,是指消费者享有的对于商品和服务以及消费者保护工作进行监督和批评的权利。监督批评权同样是宪法性权利在消费者保护法中的具体化，对于消费者保护法运行良性反馈机制的形成和法治社会的构建都具有积极的意义。

第三节　各类主体保护消费者的义务

一、经营者的义务

（一）经营者义务概说

权利作为对人的主体性价值的肯定与阐释，已经成为现代社会赖以存在的一个实质性要素，但权利的实现尚有赖于其他主体义务的履行。消费者权利的有效实现同样离不开其他主体，尤其是经营者义务的履行。

在消费者保护法中，经营者是相对于消费者一方的市场主体，是通过市场为消费者提供消费商品和消费服务的人。在经营者与消费者的关系中，经营者的义务主要有两类：一类是基于法律规定而产生的法定义务；另一类是基于合同而产生的约定义务。消费者保护法所规定的义务属于前一种义务，即法定义务，但它所规定的多属于经营者的基本义务，具有一定的概括性。除此之外，《产品质量法》《价格法》《广告法》等其他的法律和行政法规中还有不少关于经营者义务的具体规定，这些规定均属于经营者对消费者应该承担的法定义务。此外，经营者作为合同当事人时，当然会以合同约定各种义务，从而产生契约义务。

法定义务和约定义务虽然性质不同，但相互关联：一方面，约定义务不得与强制性法定义务相抵触，即经营者不得通过合同约定排除其依法承担的强制义务，当合同约定与该法定义务相抵触时，该约定无效；另一方面，尽管有法定义务存在，但法定义务是对经营者的基本要求，所以法律允许经营者和消费者通过合同，约定经营者承担高于法定基准的契约义务。

（二）《消费者权益保护法》所规定的经营者义务

在商品经济发展的早期阶段，经营者与消费者之间的消费关系主要通过合同制度加以规制，经营者对消费者义务主要是基于约定而产生，属于约定义务。其后，基于消费者保护的客观需要，国家通过立法的形式直接规定了经营者所必须遵守的强制性义务。自1906年美国率先颁布《联邦食品与药品法》以来，通过旨在"干预"的经济法领域以特别立法的方式对消费者予以倾斜性保护的实践，已经成为整个比较法世界的共同现象。根据我国《消费者权益保护法》第三章的有关规定，在保护消费者权益方面经营者负下列基本义务：

1. 依法定或约定履行义务

经营者向消费者提供商品或者服务，应当依照《消费者权益保护法》和其他有关法律、法规的规定履行义务。经营者和消费者有约定的，应当按照约定履行义务，但双方的约定不得违背法律、法规的规定。

2. 听取意见和接受监督

经营者应当听取消费者对其提供的商品或者服务的意见，接受消费者的监督。这是与消费者的监督批评权相对应的经营者义务。

3. 保障消费者人身和财产安全

这是与消费者安全保障权相对应的经营者的安全保障义务。为了有效实现消费者的安全保障权，我国《消费者权益保护法》规定："经营者应当保证其提供的商品或服务符合保障人身、财产安全的要求；对于可能危及人身、财产安全的商品和服务，应当向消费者作出真实的说明和明确的警示，并说明和标明正确使用商品或服务的方法以及防止危害发生的方法。宾馆、商场、餐馆、银行、机场、车站、港口、影剧院等经营场所的经营者，应当对消费者尽到安全保障义务。经营者发现其提供的商品或者服务存在缺陷，有危及人身、财产安全危险的，应当立即向有关行政部门报告和告知消费者，并采取停止销售、警示、召回、无害化处理、销毁、停止生产或者服务等措施。采取召回措施的，经营者应当承担消费者因商品被召回支出的必要费用"。从上述规定中可以看出，这里的安全保障既包括商品安全、服务安全，也包括经营场所安全。

应该说明的是，经营者的安全保障义务的具体内容是随着经济繁荣、科技发展、社会进步而不断变化的，总的趋势是经营者的安全责任越来越重，消费者享受到的安全保障程度越来越高。经营者安全责任的加重，在整体上有利于社会秩序的维护，有利于保护消费者的人身和财产安全，也是经营者必须承担的社会责任。

4. 不作虚假或引人误解的宣传

这是与消费者的知悉真情权相对应的经营者义务。为了保证消费者的知悉真情权，经营者应向消费者提供有关的商品或服务的真实信息，不得作引人误解的虚假宣传，否则就构成侵犯消费者权益的行为和不正当竞争行为。经营者对消费者就其提供的商品或服务的质量和使用方法等具体问题提出询问时，应当作出真实、明确的答复。在价格标示方面，商店在提供商品时，应当明码标价。

5. 出具相应的凭证和单据

经营者在提供商品或服务时，应当按照国家有关规定或商业惯例向消费者出具购货凭证或服务单据；消费者索要购买凭证或服务单据的，经营者必须出具。由于购货凭证或服务单据具有重要的证据价值，对于界定消费者和经营者的权利义务也具有重要意义，因此明确经营者出具相应的购货凭证和服务单据的义务，有利于保护消费者权益。

6. 品质担保义务

经营者的品质担保义务分为默示担保和明示担保。默示担保是指经营者应当保证在正常使用商品或者接受服务的情况下，其提供的商品或者服务应当具有的质量、性能、用途和有效期限；但消费者在购买该商品或者接受该服务前已经知道其存在瑕疵的除外。明示担保是指经营者以广告、产品说明、实物样品或者其他方式表明商品或者服务的质量状况的，应当保证其提供的商品或者服务的实际质量与表明的质量状况相一致。

7. 承担退货、更换或修理等义务

经营者提供的商品或者服务不符合质量要求的，消费者可以依照国家规定、当事人约定退货，或者要求经营者履行更换、修理等义务。没有国家规定和当事人约定的，消费者可以自收到商品之日起7日内退货；7日后符合法定解除合同条件的，消费者可以及时退货，不符合法定解除合同条件的，可以要求经营者履行更换、修理等义务。依照上述规定进行退货、更换、修理的，经营者应当承担运输等必要费用。

与消费者的适当期单方解除权相对应，《消费者权益保护法》还规定了"无理由退货"的情况，即在经营者采用网络、电视、电话、邮购等方式销售商品，消费者有权自收到商品之日起7日内退货，且无须说明理由，但下列商品除外：（1）消费者定做的；（2）鲜活易腐的；（3）在线下载或者消费者拆封的音像制品、计算机软件等数字化商品；（4）交付的报纸、期刊。除上述商品外，其他根据商品性质并经消费者在购买时确认不宜退货的商品，不适用无理由退货。需强调的是，消费者退货的商品应当完好。经营者应当自收到退回商品之日起7日内返还消费者支付的商品价款。退回商品的运费由消费者承担；经营者和消费者另有约定的，按其约定。我国现行立法对于无理由退货制度设定的诸多限制体现了法律在经营者权益和消费者权益之间的平衡。

8. 不得从事不公平、不合理的交易

为了保证消费者的公平交易权，经营者在经营活动中使用格式条款的，应当以显著方式提请消费者注意商品或者服务的数量和质量、价款或者费用、履行期限和方式、安全注意事项和风险警示、售后服务、民事责任等与消费者有重大利害关系的内容，并按照消费者的要求予以说明。经营者不得以格式条款、通知、声明、店堂告示等方式，作出对消费者不公平、不合理的规定，或者减轻、免除其损害消费者权益应当承担的民事责任。格式条款、通知、声明、店堂告示等含有上述内容的，其内容无效。

9. 尊重消费者人格尊严的义务

人身权是基本人权，消费者的人格尊严、人身自由不受侵犯。为此，经营者不得对消费者进行侮辱、诽谤，不得搜查消费者的身体及其携带的物品，不得侵犯消费者的人身自由。

10. 信息提供与个人信息保护的义务

在高度商业化和信息化的时代，属于个人的私密空间被不断地压缩。一方面，"不受打扰的独处"对于现代人来说几乎成了一种奢望，人们饱受各种商业广告和商业信息的滋扰；另一方面，消费者的个人信息又在不断地被外泄和商业化利用。因此，强化经营者对消费者的信息提供与对消费者的个人信息保护义务，就显得极为必要。

为此，我国《消费者权益保护法》作出了如下具体规定，以规范经营者的信息收集和使用行为：（1）经营者收集、使用消费者个人信息，应当遵循合法、正当、必要的原则，明示收集、使用信息的目的、方式和范围，并经消费者同意；经营者收集、使用消费者个人信息，应当公开其收集、使用规则，不得违反法律、法规的规定和双方的约定收集、使用信息。（2）经营者及其工作人员对收集的消费者个人信息必须严格保密，不得泄露、出售或者非法向他人提供。经营者应当采取技术措施和其他必要措施，确保信息安全，防止消费者个人信息泄露、丢失。在发生或者可能发生信息泄露、丢失的情况时，应当立即采取补救措施。（3）经营者未经消费者同意或者请求，或者消费者明确表示拒绝的，不得向其发送商业性信息。

二、国家的义务

（一）保护消费者权益是国家的职责

社会主义国家存在的根本目的是促进最广大人民的福祉。根据现代法治理论，国家是与公民权利相对的概念，其直接根源于公民权利，公民权利决定国家义务。随着社会经济的发展和"效能政府""法治政府"等观念的不断深入，国家义务正在由法律抽象义务向具体法律义务转变，政府除了对于公民权利予以充分尊重之外，还需要通过制度保障、权利侵害排除以及权利救济等来保障和促进公民权利的实现。

在现代市场经济体系中，政府和市场是两个相互关联的重要组成部分，既要发挥市场在资源配置方面的决定性作用，也要更好地发挥政府作用。正是由于单纯的市场机制无法给消费者提供有效的保护，才有了消费者保护法的诞生，通过国家权力来遏制侵犯消费者权利行为的发生，促进和保障消费者权益的有效实现。因此，国家是消费者权利实现的关键主体。

(二)《消费者权益保护法》所规定的国家义务

为了有效地保护消费者权益，维护市场秩序，国家应当保护消费者的合法权益不受侵害，并应采取措施，保障消费者依法行使权利，维护其合法利益。依据我国《消费者权益保护法》第四章的规定，国家应在以下方面承担起保护消费者权益的义务：

1. 立法方面的保护义务

只有把消费者权益保护上升到立法的高度，才能为消费者权益提供制度保障基石，所以制定和完善有关消费者权益保护立法是国家在维护消费者权益方面的一项基本任务。《消费者权益保护法》还规定，国家制定有关消费者权益的法律、法规、规章和强制性标准，应当听取消费者和消费者协会等组织的意见。因此，立法机关在把消费者政策上升为法律时，也应该听取消费者的意见和要求。

2. 行政管理方面的保护义务

政府的行政管理工作与消费者权益的保护水平直接相关。各级人民政府应当加强领导，组织、协调、督促有关行政部门做好保护消费者合法权益的工作，落实保护消费者合法权益的职责。各级人民政府应当加强监督，预防危害消费者人身、财产安全行为的发生，及时制止危害消费者人身、财产安全的行为。

我国《消费者权益保护法》除对各级政府在消费者权益保护方面的义务作出规定以外，还特别强调政府的一些具体职能部门在消费者权益保护方面的义务。根据该法规定，各级工商行政管理部门和其他有关行政部门应当依照法律、法规的规定，在各自的职责范围内，不断畅通消费者诉求表达、矛盾化解、权益维护的渠道，加强消费维权监督执法，保护消费者的合法权益。

另外，有关行政部门在各自的职责范围内，应当定期或者不定期对经营者提供的商品和服务进行抽查检验，并及时向社会公布抽查检验结果。有关行政部门发现并认定经营者提供的商品或者服务存在缺陷，有危及人身、财产安全危险的，应当立即责令经营者采取停止销售、警示、召回、无害化处理、销毁、停止生产或者服务等措施。

3. 惩治违法犯罪行为方面的保护义务

对违法犯罪行为有惩处权力的有关国家机关，应当依照法律、法规的规定，惩处经营者在提供商品和服务中侵害消费者合法权益的违法犯罪行为。

司法救济是运用国家权力调整处理各种社会关系和矛盾并强制相关当事人履行法定义务的一种救济手段，具有权威性、强制性等特点，也是保障消费者权益的最终和最有效的途径。便捷、高效的司法救济对于消费者权利的维护具有特殊的价值和意义，因此，人民法院应当采取措施，方便消费者提起诉讼。对符合我国《民事诉讼法》起诉条件的消费者权益争议，必须受理，及时审理，以使消费者权益争议尽快得到解决。

三、社会的义务

保护消费者权益，不仅是国家的责任，也是全社会的共同职责。对此，我国《消费者权益保护法》明确规定，"国家鼓励、支持一切组织和个人对损害消费者合法权益的行为进行社会监督"。只有建立起全社会共同保护消费者权益的保护机制，才能使消费者的合法权益得到最充分、最有效的保护。

首先，大众传播媒介应当做好维护消费者合法权益的宣传，对损害消费者合法权益的行为进行舆论监督。大众传播媒介的宣传，可能针对关于商品或服务的知识，也可能针对消费者权益保护的知识，并应对侵害消费者合法权益的行为进行报道，实行监督。

其次，消费者组织应担负起履行消费者权益维护及宣传教育的职责。消费者组织是指依法成立的，对商品和服务进行社会监督，保护消费者合法权益的社会团体，属于非营利性、公益性的社团，是保护消费者合法权益体系中的一个重要组成部分，包括中国消费者协会和各地设立的消费者协会，以及由消费者依法成立的旨在维护自身合法权益的其他社会团体。

根据《消费者权益保护法》的有关规定，消费者协会履行下列职能：（1）向消费者提供消费信息和咨询服务；（2）参与有关行政部门对商品和服务的监督、检查；（3）就有关消费者合法权益问题，向有关行政部门反映、查询，提出建议；（4）受理消费者投诉，并对投诉事项进行调查、调解；（5）对商品和服务的质量问题提请鉴定部门鉴定；（6）支持受损害的消费者起诉；（7）通过大众传播媒介对损害消费者合法权益的行为予以揭露、批评。

第四节　消费者权利的法律救济

一、消费者权益争议的解决

（一）争议解决的途径

消费者权益争议，简称消费争议，或称消费纠纷，是指消费者与经营者在购买、使用商品或接受服务过程中发生的权益争议。我国《消费者权益保护法》规定了五种争议解决途径，即与经营者协商和解，请求消费者协会调解，向有关行政部门投诉，根据与经营者达成的仲裁协议提请仲裁机构仲裁，以及向人民法院提起诉讼。

消费纠纷通常具有小额性、多样性、复杂性、群体性等特点，因此不能简单重复一般民间纠纷的争议解决途径，应当针对消费纠纷的特殊性设置特殊的争议解决机制，畅通消费者诉求表达、矛盾化解、权益维护的渠道。我国《消费者权益保护法》针对消费纠纷的特殊性，也作出了一定的特殊制度安排。如针对投诉制度，该法规定，消费者向有关行政部门投诉的，该部门应当自收到投诉之日起7个工作日内，予以处理并告知消费者。此外，在关于消费诉讼方面确立了公益诉讼制度，对侵害众多消费者合法权益的行为，允许中国消费者协会以及在省、自治区、直辖市设立的消费者协会向人民法院提起诉讼。这些规定有利于消费争议的解决和消费者权益的维护。但是，这些规定尚难以满足消费争议快速有效解决的客观需要，仍需不断探索适合于小额消费纠纷以及群体消费纠纷的特殊的争议解决机制，包括建立独立的消费者争议仲裁机制，设置小额法庭或小额诉讼程序，完善有关诉讼代表人制度，制定有利于消费维权的程序规范等。

（二）解决争议的几项特殊规则

1. 销售者的先行赔付义务。消费者在购买、使用商品时，其合法权益受到损害的，可以向销售者要求赔偿。销售者赔偿后，属于生产者的责任或者属于向销售者提供商品的其他销售者的责任的，销售者有权向生产者或者其他销售者追偿。

2. 生产者和销售者的连带责任。消费者或者其他受害人因商品缺陷造成人身、财产损害的，可以向销售者要求赔偿，也可以向生产者要求赔偿。属于生产者责任的，销售者赔偿后，有权向生产者追偿。属于销售者责任的，生产者赔偿后，有权向销售者追偿。此时，销售者与生产者可看作一个整体，对消费者承担连带责任。

3. 消费者在接受服务时，其合法权益受到损害的，可以向服务者要求赔偿。

4. 变更后的企业仍应承担赔偿责任。消费者在购买、使用商品或者接受服务时，其合法权益受到损害，因原企业分立、合并的，可以向变更后承受其权利义务的企业要求赔偿。

5. 营业执照持有人与租借人的赔偿责任。使用他人营业执照的违法经营者提供商品或者服务，损害消费者合法权益的，消费者可以向其要求赔偿，也可以向营业执照的持有人要求赔偿。

6. 展销会举办者、柜台出租者的特殊责任。通过展销会、出租柜台销售商品或者提供服务，不同于一般的店铺营销方式。为了在展销会结束后或出租柜台期满后，使消费者能够获得赔偿，法律规定，消费者在展销会、租赁柜台购买商品或者接受服务，其合法权益受到损害的，可以向销售者或者服务者要求赔偿。展销会结束或者柜台租赁期满后，也可以向展销会的举办者、柜台的出租者要求赔偿。展销会的举办者、柜台的出租者赔偿后，有权向销售者或者服务者追偿。

7. 网络平台提供者的特殊责任。消费者通过网络交易平台购买商品或者接受服务，其合法权益受到损害的，可以向销售者或者服务者要求赔偿。网络交易平台提供者不能提供销售者或者服务者的真实名称、地址和有效联系方式的，消费者也可以向网络交易平台提供者要求赔偿。网络交易平台提供者作出更有利于消费者的承诺的，应当履行承诺。网络交易平台提供者赔偿后，有权向销售者或者服务者追偿。网络交易平台提供者明知或者应知销售者或者服务者利用其平台侵害消费者合法权益，未采取必要措施的，依法与该销售者或者服务者承担连带责任。政府市场监管部门应依法依责做好网络交易平台的监测工作，切实维护网络市场秩序和消费者合法权益。

8. 从事虚假广告行为的经营者及相关主体的责任。广告对消费行为的影响尽人皆知。为规范广告行为，《广告法》《反不正当竞争法》《消费者权益保护法》均对虚假广告作了禁止性规定。《消费者权益保护法》规定：（1）消费者因经营者利用虚假广告或者其他虚假宣传方式提供商品或者服务，其合法权益受到损害的，可以向经营者要求赔偿；广告经营者、发布者发布虚假广告的，消费者可以请求行政主管部门予以惩处。（2）广告经营者、发布者不能提供经营者的真实名称、地址和有效联系方式的，应当承担赔偿责任；广告经营者、发布者设计、制作、发布关系消费者生命健康商品或者服务的虚假广告，造成消费者损害的，应当与提供该商品或者服务的经营者承担连带责任。（3）社会团体或者其他组织、个人在关系消费者生命健康商品或者服务的虚假广告或者其他虚假宣传中向消费者推荐商品或者服务，造成消费者损害的，应当与提供该商品或者服务的经营者承担连带责任。

二、法律责任的确定

消费者权益保护法以其独特的价值尺度，规定消费者享有的基本权利及经营者负有的基本义务，力图使原本强弱悬殊的利益群体之间趋于平衡。当消费者的权益因经营者及相关责任主体的原因无法行使或受到损害时，消费者权益保护法规定可采取相应的措施对违法者予以制裁。一般来说，违法者需要承担的法律责任主要有两类：一类是赔偿性法律责任；另一类是惩罚性法律责任。

（一）赔偿性法律责任的确定

追究赔偿性法律责任的目的在于使受害人遭受的权利损害和财产损失能够得到恢复和补救。侵犯消费者权益的行为主要包括对消费者人身权和财产权的侵犯。

1. 侵犯人身权的法律责任

人身权是重要的基本人权，为此，《消费者权益保护法》对侵犯消费者人身权的法律责任作了专门规定，其主要内容包括：

（1）致人伤亡的法律责任。经营者提供商品或者服务，造成消费者或者其他受害人人身伤害的，应当赔偿医疗费、护理费、交通费等为治疗和康复支出的合理费用，以及因误工减少的收入。造成残疾的，还应当赔偿残疾生活辅助具费和残疾赔偿金。造成死亡的，还应当赔偿丧葬费和死亡赔偿金。

（2）侵犯人格尊严或侵犯人身自由的法律责任。法律明确规定，经营者侵害消费者的人格尊严、侵犯消费者人身自由或者侵害消费者个人信息依法得到保护的权利的，应当停止侵害、恢复名誉、消除影响、赔礼道歉，并赔偿损失。经营者有侮辱诽谤、搜查身体、侵犯人身自由等侵害消费者或者其他受害人人身权益的行为，造成严重精神损害的，受害人可以要求精神损害赔偿。

2. 侵犯财产权的法律责任

在消费侵权中，大量涉及的是对消费者财产权利的侵犯。为此，《消费者权益保护法》规定：（1）经营者提供商品或者服务，造成消费者财产损害的，应当依照法律规定或者当事人约定承担修理、重作、更换、退货、补足商品数量、退还货款和服务费用或者赔偿损失等民事责任。（2）经营者以预收款方式提供商品或者服务的，应当按照约定提供。未按照约定提供的，应当按照消费者的要求履行约定或者退回预付款，并应当承担预付款的利息、消费者必须支付的合理费用。（3）依法经有关行政部门认定为不合格的商品，消费者要求退货的，经营者应当负责退货。（4）该法特别强调，经营者对消费者未尽到安全保障义务，造成消费者损害的，应当承担侵权责任。

3. 相关法律、法规在法律责任确定方面的协调

《消费者权益保护法》属于专门针对消费者权益保护所作出的专门立法。根据特别法优于一般法的原则，特别法有特殊规定的适用特别法，没有特殊规定的适用一般法。因此，在《消费者权益保护法》没有规定的情况下，《民法总则》《侵权责任法》《合同法》等民事立法同样适用于消费侵权纠纷。为此《消费者权益保护法》规定：经营者提供商品或者服务有下列情形之一的，除本法另有规定外，应当依照其他有关法律、法规的规定，承担民事责任：（1）商品或者服务存在缺陷的；（2）不具备商品应当具备的使用性能而出售时未作说明的；（3）不符合在商品或者其包装上注明采用的商品标准的；（4）不符合商品说明、实物样品等方式表明的质量状况的；（5）生产国家明令淘汰的商品或者销售失效、变质的商品的；（6）销售的商品数量不足的；（7）服务的内容和费用违反约定的；（8）对消费者提出的修理、重作、更换、退货、补足商品数量、退还货款和服务费用或者赔偿损失的要求，故意拖延或者无理拒绝的；（9）法律、法规规定的其他损害消费者权益的情形。

（二）惩罚性法律责任的确定

与以补救受害人的损失为功能的赔偿性法律责任不同，惩罚性法律责任则重

在通过对违法者的惩罚，起到法律的威慑和惩戒作用。由于在消费者侵权领域，违法者侵犯的不仅仅是单个的消费者利益，而是侵犯的社会经济秩序，仅补偿私人损失不足以达到有效规制市场秩序的目的，所以《消费者权益保护法》还专门规定了惩罚性法律责任。

1. 一般性违法行为应承担的惩罚性法律责任

（1）欺诈行为的惩罚性赔偿责任。《消费者权益保护法》第55条规定，经营者提供商品或者服务有欺诈行为的，应当按照消费者的要求增加赔偿其受到的损失，增加赔偿的金额为消费者购买商品的价款或者接受服务的费用的3倍；增加赔偿的金额不足500元的，为500元。法律另有规定的，依照其规定。经营者明知商品或者服务存在缺陷，仍然向消费者提供，造成消费者或者其他受害人死亡或者健康严重损害的，受害人有权要求经营者依照该法有关规定赔偿损失，并有权要求所受损失2倍以下的惩罚性赔偿。这是我国关于惩罚性赔偿责任最为明确的规定，属于特别法上的责任规则。设定这一规则的目的，一是惩罚性地制止损害消费者的欺诈行为人，特别是制造、销售假货的经营者；二是鼓励消费者同欺诈行为做斗争。惩罚性赔偿责任超越了传统的民事责任，是一种借助私法责任的手段和形式达成公法责任的目的，兼具有公法和私法责任融合特征的一种特殊法律责任形式。

（2）其他惩罚性责任。依据该法规定，经营者有下列情形之一的，除承担相应的民事责任外，其他有关法律、法规对处罚机关和处罚方式有规定的，依照法律、法规的规定执行；法律、法规未作规定的，由工商行政管理部门或者其他有关行政部门责令改正，可以根据情节单处或者并处警告、没收违法所得、处以违法所得1倍以上10倍以下的罚款，没有违法所得的，处以50元以下的罚款；情节严重的，责令停业整顿、吊销营业执照：①提供的商品或者服务不符合保障人身、财产安全要求的；②在商品中掺杂、掺假，以假充真，以次充好，或者以不合格商品冒充合格商品的；③生产国家明令淘汰的商品或者销售失效、变质的商品的；④伪造商品的产地，伪造或者冒用他人的厂名、厂址，篡改生产日期，伪造或者冒用认证标志等质量标志的；⑤销售的商品应当检验、检疫而未检验、检疫或者伪造检验、检疫结果的；⑥对商品或者服务作虚假或者引人误解的宣传的；⑦拒绝或者拖延有关行政部门责令对缺陷商品或者服务采取停止销售、警示、召回、无害化处理、销毁、停止生产或者服务等措施的；⑧对消费者提出的修理、重作、更换、退货、补足商品数量、退还货款和服务费用或者赔偿损失的要求，故意拖延或者无理拒绝的；⑨侵害消费者人格尊严、侵犯消费者人身自由或者侵害消费者个人信息依法得到保护的权利的；⑩法律、法规规定的对损害消费者权益应当予以处罚的其他情形。经营者有上述规定情形的，除依照法律、法规规定予以处罚外，处罚机关应当记入信用档案，向社会公布。经营者违反该法规定，应当承担民事赔偿责任和缴纳罚款、罚金，其财产不足以同时支付的，先承担民事赔偿责任。

2. 严重违法行为应承担的惩罚性法律责任

经营者及相关责任主体严重违反法律规定，侵犯消费者合法权益的，依法应当承担刑事责任。依照我国《消费者权益保护法》的规定，经营者严重违法构成犯罪的行为包括：（1）经营者提供商品或者服务，侵害消费者合法权益，构成犯罪的；（2）以暴力、威胁等方法阻碍有关行政部门工作人员依法执行职务的。① 此外，国家机关工作人员玩忽职守或者包庇经营者侵害消费者合法权益，情节严重，构成犯罪的，也应依法追究刑事责任。

思考题：

1. 如何理解"消费者"这一概念？
2. 消费者享有哪些基本权利？
3. 经营者对消费者应承担哪些义务？
4. 当消费者的权益受到损害时，如何确定承担损害赔偿的责任主体？
5. 试析网络交易平台的法律地位及其责任。

▶ 自测习题及参考答案

---

① 拒绝、阻碍有关行政部门工作人员依法执行职务，但未使用暴力、威胁方法的，由公安机关依照《治安管理处罚法》的规定处罚。

第十六章 质量、价格、广告和计量监管法律制度

产品质量、价格、广告、计量事关经营者、消费者合法权益和社会整体利益的维护。产品质量的保障和提高、价格行为的规范和价格机制的有效、广告的真实合法、计量的准确可靠，是营造良好市场秩序和确保市场经济健康发展的基本要求，而这些要求仅通过市场机制的自发调节作用难以实现。因此，为了全面实现市场规制的目标，我国通过制定法律，确立了产品质量、价格、广告、计量的监管法律制度。

第一节 产品质量监管法律制度

一、产品质量监管法律制度概述

（一）产品质量监管法律制度的定义

产品质量监管法律制度，是指产品质量立法确立的对产品质量的形成、维持和提高进行监督管理的主体、方式、程序等方面的制度安排。

我国产品质量监管法律制度的框架，主要由《产品质量法》搭建。该法确立了产品质量监管体制，明确了产品质量监管的具体措施，设定了产品质量违法行为的法律责任。这些规定是国家和社会对产品质量实施监管的基本依据。但是，该法仅仅适用于经过加工、制作，用于销售的产品。诸如服务、建设工程、军工产品以及未经加工、制作的天然物品等特殊产品，不适用该法所确立的质量监管法律制度。不过，国家针对这些特殊产品的立法所确立的产品质量监管特别法律制度，仍然属于我国产品质量监管法律制度体系的组成部分。

（二）产品质量监管法律制度的地位

产品质量监管法律制度的地位，可以从多个角度加以认识：

第一，产品质量监管法律制度是解决产品质量问题的必要制度。发展社会主义市场经济，确保并不断提高产品质量，保护用户、消费者的合法权益，是我国的一项基本国策。多年来，我国在产品质量工作方面采取了许多措施，并取得了明显的成效，但产品质量低、经济效益差、物质消耗高，一直是我国经济发展中的突出问题。从国内外市场经济发展的经验看，解决产品质量问题，主要靠市场竞争，促使经营者在市场竞争中确保和提高产品质量。但是，缘于经营者的经济人理性，一些经营者难免片面追求产量、利润，而不考虑国家建设和人们对产品质量的需求，甚至采取不正当手段生产、销售假冒伪劣产品。因此，对于产品质

量，政府也要进行一定的监管，以弥补市场解决产品质量问题的不足。产品质量监管法律制度，一方面，为政府监管产品质量提供正当性依据；另一方面，对政府监管产品质量进行规范，以防政府在产品质量监管中侵犯经营者自主权，同时充分发挥市场解决产品质量问题的作用。

第二，产品质量监管法律制度是我国产品质量法的重要内容。产品质量法，是指调整产品质量监管关系和产品质量责任关系的法律规范的总称。为了确保和提高产品质量，保护消费者的权益，各国都十分重视产品质量关系的法律调整，但市场经济发达国家的产品质量立法，主要表现为产品责任法。产品责任法，是指调整缺陷产品导致人身和财产损害所产生的民事赔偿关系的法律规范的总称。产品责任法与我国产品质量法的主要区别在于：前者仅仅明确产品的生产者或销售者对其生产或经销的产品因缺陷致人损害所应承担的民事责任，不涉及生产者和销售者管理产品质量以及国家和社会监管产品质量等问题；后者除规定产品责任外，还对衡量产品质量的基准、生产者和销售者保障产品质量、国家和社会监管产品质量等问题作出规定。我国对产品质量采取产品质量法的立法体例，是因为在我国当今的情况下，仅靠市场机制和事后的民事责任追究制度，不能完全解决产品质量问题；除此之外，还必须强化产品质量监管，就产品质量建立起事前、事中和事后的保障体系，才能切实确保和不断提高产品质量。因此，制定既包括产品质量监管，又包括产品质量责任（含生产者和销售者的产品质量义务和责任、产品责任等）两方面内容的法律，才更符合我国的实际。由此可见，在我国，产品质量监管法律制度与产品质量责任法律制度共同构成我国产品质量法的制度体系。

第三，产品质量监管法律制度与消费者权益保护制度密切相关。产品质量法重点从保障产品的安全性、实用性等质量特性的角度，构建包括产品质量监管在内的制度；它与我国制定的侧重于确立消费者保护的政策基准、调整消费合同关系的《消费者权益保护法》，共同为消费者权益提供保护。也正是因为如此，产品质量法与消费者权益保护法密切相关。

二、产品质量监管的主要法律制度

（一）产品质量监管体制

产品质量监管体制，是指产品质量监管机构的设置及其职权划分的制度。

我国产品质量监管机构与我国经济体制相适应，经历了一个曲折的演变过程。从中华人民共和国成立之初至20世纪70年代末，国家在政府部门先后设立标准局、锅炉压力器安全监察局、船舶检验局、进出口商品检验局等质量监管机关，但并未形成严密的质量监管组织体系，监管的产品也有限。1985年，国务院确定由国家标准局主管全国的产品质量监管工作,省、自治区、直辖市人民政府标准化管理部门负责管理本地区的产品质量监管工作。1986年,国务院又决定:由各级经委负责对产品质量监管进行统一领导和组织协调;各级行业主管部门和企业主管部门负责本行业、本部门的产品质量管理工作。为了克服我国质量监管工作中存在的管理分散、机构重叠、相互分割等问题,1988年,国务院决定撤销原国家标准局、国家计量局,将国家经委质量局等并入,组建成国家技术监督局,作为国务院统一管理全国技术监督工作的职能部门。1998年,国家技术监督局经过改组,更名为国家质量技术监督局。2001年,又将国家质量技术监督局、国家出入境检验检疫局合并,组建国家质量监督检验检疫总局。2018年3月17日,第十三届全国人大第一次会议表决通过了《国务院机构改革方案》,该方案提出:将国家工商行政管理总局的职责、国家质量监督检验检疫总局的职责、国家食品药品监督管理总局的职责等加以整合,组建国家市场监督管理总局,作为国务院直属机构。同时,将国家质量监督检验检疫总局的出入境检验检疫管理职责和队伍划入海关总署。国家认证认可监督管理委员会、国家标准化管理委员会职责划入国家市场监督管理总局。

按照《产品质量法》的规定,结合《国务院机构改革方案》的相关内容,我国产品质量监管机构的构成是:(1)国家市场监督管理总局;(2)县级以上地方人民政府市场监督管理部门。

产品质量监管机构主要行使以下职权:

1. 产品质量监督

各级人民政府应当把提高产品质量纳入国民经济和社会发展规划,加强对产品质量工作的统筹规划和组织领导,引导、督促生产者、销售者加强产品质量管理,提高产品质量,组织各有关部门依法采取措施,制止产品生产、销售中的违法行为。国家市场监督管理总局主管全国产品质量监管工作,县级以上地方人民政府市场监督管理部门主管本行政区域内的产品质量监管工作。

2. 产品质量违法案件查处

县级以上人民政府市场监督管理部门根据已经取得的违法嫌疑证据或者举报,对涉嫌违反《产品质量法》规定的行为进行查处时,可以行使以下职权:第一,对当事人涉嫌从事违反本法的生产、销售活动的场所实施现场检查;第二,向当事人的法定代表人、主要负责人和其他有关人员调查、了解与从事违反本法的生产、销售活动有关的情况;第三,查阅、复制当事人有关的合同、发票、账簿以及其他有关资料;第四,对有根据认为不符合保障人体健康和人身、财产安全的国家标准、行业标准的产品或者有其他质量问题的产品,以及直接用于生产、销售该项产品的原辅材料、包装物、生产工具,予以查封或者扣押。

（二）产品质量检验

产品质量检验，是指按照特定的标准，对产品质量进行检测，以判明产品是否合格的活动。这里的"标准"，可以是国家标准、行业标准、地方标准或企业标准，但有强制性标准的产品，必须按强制性标准检验。产品质量检验，包括两种：

1. 生产经营者自行检验

生产经营者生产、经销的产品，其质量应当检验合格，不得以不合格产品冒充合格产品。

2. 第三方检验

第三方检验，是指由生产方和购买方以外的产品质量检验机构对产品质量进行的检验。与上述第一种检验不同，这种检验通常只在特定的情况下、针对特定的产品适用；并且其直接目的，主要不在于建立生产经营者的质量保证体系，而在于获取特定产品的质量信息，以便为产品质量纠纷处理和产品质量监管提供决策的依据。产品质量发生争议，由当事人申请或争议处理机关决定将争议产品提交检验机构检验，这是最常见的一种第三方检验。此外，适用第三方检验的情况还有很多，例如，在国家产品质量抽查中，可以根据需要，对抽查的产品进行检验；在产品质量认证中，也要适用第三方检验，以查明特定产品是否具备获准认证的条件。《产品质量法》对第三方检验的规定，集中体现在产品质量检验机构的组织和活动要求上，具体涉及以下几项内容：（1）产品质量检验机构的资格。产品质量检验机构必须具备相应的检测条件和能力，经省级以上人民政府市场监督管理部门或其授权的部门考核合格后，方可承担产品质量检验工作。法律、行政法规对产品质量检验机构另有规定的，依照有关法律、行政法规的规定执行。（2）产品质量检验机构的性质。从事产品质量检验的社会中介机构必须依法设立，不得与行政机关和其他国家机关存在隶属关系或者其他利益关系。（3）产品质量检验机构的工作规范。即必须依照有关标准，客观、公正地出具检验结果。

（三）工业产品质量标准化管理

标准是对重复性事物和概念所作的统一规定。它以科学技术和实践经验的综合成果为基础，经有关方面协商一致，由主管机关批准，以特定形式发布，作为共同遵守的准则和依据。产品质量的标准化管理，是产品质量标准以及与产品质量有关的其他标准的制定、实施活动的总称。它是实现产品质量管理专业化、社会化和现代化的前提，也是促进技术进步，改进产品质量，提高社会经济效益的基本保障。《产品质量法》规定，可能危及人体健康和人身、财产安全的工业产品，必须符合保障人体健康和人身、财产安全的国家标准、行业标准；未制定国家标准、行业标准的，必须符合保障人体健康和人身、财产安全的要求。禁止生产、销售不符合保障人体健康和人身、财产安全的标准和要求的工业产品。

（四）认证

所谓认证，是指由认证机构证明产品、服务、管理体系符合相关技术规范、相关技术规范的强制性要求或者标准的合格评定活动。认证不同于认可，后者是指由认可机构对认证机构、检查机构、实验室以及从事评审、审核等认证活动人员的能力和执业资格予以承认的合格评定活动。

认证是国际上通行的提高产品、服务的质量和管理水平的重要手段；开展认证工作，对于从源头上确保产品安全、规范市场行为、指导消费和促进对外贸易，都具有重要作用。

我国《产品质量法》规定了两种认证：

第一，企业质量体系认证。这是指认证机构根据申请，对企业的产品质量保证能力和质量管理水平进行综合性检查和评定，对符合质量体系认证标准的企业颁发认证证书的活动。企业质量体系由组织机构、职责、程序、过程和资源五个方面组成，企业质量体系认证的基本内容即是对这五个方面情况的评价、确认。按照《产品质量法》的规定，国家根据国际通用的质量管理标准，推行企业质量体系认证制度。企业根据自愿原则可以向国家市场监督管理总局认可的或者国家市场监督管理总局授权的部门认可的认证机构申请企业质量体系认证。经认证合格的，由认证机构颁发企业质量体系认证证书。

第二，产品质量认证。这是指依据产品标准和相应的技术要求，经认证机构确认，并通过颁发认证证书和认证标志，来证明某一产品符合相应标准和技术要求的活动。《产品质量法》规定，国家参照国际先进的产品标准和技术要求，推行产品质量认证制度。企业根据自愿原则可以向国家市场监督管理总局认可的或者国家市场监督管理总局授权的部门认可的认证机构申请产品质量认证。经认证合格的，由认证机构颁发产品质量认证证书，准许企业在产品或者其包装上使用产品质量认证标志。

我国《产品质量法》规定的两种认证，均为自愿认证。2003年9月3日，国务院公布的《认证认可条例》（根据2016年2月6日公布的《国务院关于修改部分行政法规的决定》修订）对产品质量实行自愿认证与强制认证相结合的制度。按照规定，任何法人、组织和个人可以自愿委托依法设立的认证机构进行产品、服务、管理体系认证。同时，为了维护国家安全、防止欺诈行为、保护人体健康或者安全、保护动植物生命或者健康、保护环境，国家规定相关产品必须经过认证的，应当经过认证并标注认证标志后，方可出厂、销售、进口或者在其他经营活动中使用。这就是"中国强制性认证"（China Compulsory Certification，简称"3C认证"或"CCC认证"）。根据这一制度，国家对必须经过认证的产品，统一产品目录，统一技术规范的强制性要求、标准和合格评定程序，统一标志，统一收费标准；统一的产品目录由国务院认证认可监督管理部门会同国务院有关部门制定、调整，由国务院认证认可监督管理部门发布，并会同有关方面共同实施；列入目录的产品，必须经国务院认证认可监督管理部门指定的认证机构进行认证。

拓展阅读

我国实施强制性产品认证制度成果概览

（五）产品质量监督检查

产品质量监督检查是推动企业保证和提高产品质量的重要措施。《产品质量法》规定，国家对产品质量实行以抽查为主要方式的监督检查制度。

产品质量监督抽查制度的主要内容为：

1. 监督抽查的产品

主要有三类：（1）可能危及人体健康和人身、财产安全的产品；（2）影响国计民生的重要工业产品；（3）消费者、有关组织反映有质量问题的产品。

2. 监督抽查工作的组织

监督抽查工作由国家市场监督管理总局规划和组织；县级以上地方人民政府市场监督管理部门在本行政区域内也可以组织监督抽查。但是，国家监督抽查的产品，地方不得另行重复抽查；上级监督抽查的产品，下级不得另行重复抽查，但下级监督抽查的产品，上级可以进行重复抽查。

3. 监督抽查的实施

首先，监督抽查应具有突然性。即不得事先通知被查企业；样品应当在市场上或者企业成品仓库内的待销产品中随机抽取。对依法进行的产品质量监督检查，生产者、销售者不得拒绝。其次，根据监督抽查的需要，可以对产品进行检验。生产者、销售者对抽查检验的结果有异议的，可自收到检验结果之日起 15 日内向实施监督抽查的市场监督管理部门或者其上级市场监督管理部门申请复检，由受理复检的市场监督管理部门作出复检结论。为防止借抽查之名加重被检查人的负担，检验抽取样品的数量不得超过检验的合理需要，并不得向被检查人收取检验费用，监督抽查所需检验费用按照国务院规定列支。

4. 监督抽查的产品质量不合格的处理

依法进行监督抽查的产品质量不合格的，由实施监督抽查的市场监督管理部门责令其生产者、销售者限期改正。逾期不改正的，由省级以上人民政府市场监督管理部门予以公告；公告后经复查仍不合格的，责令停业，限期整顿；整顿期满后经复查，产品质量仍不合格的，吊销营业执照。监督抽查的产品有严重质量问题的，依照《产品质量法》的规定处罚。此外，为了使社会及时了解产品质量状况，充分发挥产品质量抽查的督促作用，《产品质量法》还规定，国务院和省、自治区、直辖市人民政府的市场监督管理部门应当定期发布其监督抽查的产品的质量状况公告。

(六) 产品质量的社会监督

产品质量的社会监督，是指用户、消费者、保护消费者权益的社会组织以及新闻媒介等，对产品质量实施的监督。按照《产品质量法》的规定，消费者有权就产品质量问题，向生产者、销售者查询；有权向市场监督管理部门申诉，接受申诉的部门应当负责处理。保护消费者权益的社会组织可以就消费者反映的产品质量问题建议有关部门负责处理，支持消费者对因产品质量造成的损害向人民法院起诉。

第二节　价格监管法律制度

一、价格监管法律制度概述

(一) 价格监管法律制度的定义

价格监管法律制度，是指为了维护正常的价格秩序，而由价格立法确立的政府、社会对经营者的价格行为实施监督管理的制度安排。

我国价格监管的基本法律制度，主要由《价格法》构建，但该法不适用于所有价格和价格行为。因为广义上的价格包括商品、服务和生产要素价格，但考虑到利率、汇率、保险费率、证券及期货价格有很大的特殊性，需要进行专门立法来规范，因而不适用《价格法》。同时，鉴于国家机关和经授权的事业单位的行政性收费情况复杂，其中有的属于价格性质的收费，有的则属于税收性质的收费，需要区别情况进行清理、规范和严格管理，因此，国家机关行使行政职能和事业单位经授权行使行政职能进行收费，不适用《价格法》，其具体管理办法由国务院另行制定。综上所述，《价格法》中的价格，是狭义的价格，包括商品价格和服务价格。商品价格是指各类有形产品和无形资产的价格；服务价格是指各类有偿服务的收费。

作为价格监管对象的价格行为，是指价格的制定（含调整）和执行等行为。价格行为包括价格制定和执行中的价格违法行为；《价格法》对经营者不得实施的价格行为作了明确规定，并规定了相应的法律责任和查处程序，这构成价格监管法律制度的重要内容。

(二) 价格监管法律制度的功能

1. 营造价格配置资源作用得以发挥的良好环境

"市场决定资源配置是市场经济的一般规律，市场经济本质上就是市场决定资源配置的经济。"[①] 市场配置资源的决定性作用，主要是通过反映市场供求状况和

[①] 习近平：《关于〈中共中央关于全面深化改革若干重大问题的决定〉的说明》，《〈中共中央关于全面深化改革若干重大问题的决定〉辅导读本》，人民出版社2013年版，第71页。

资源稀缺程度的价格信号的引导来实现的。公平竞争的市场环境，是形成合理价格的基本条件；而公平竞争的市场环境，单纯通过市场自身的作用难以形成，必须发挥政府和其他力量对市场秩序的监管才能造就。价格法等法律通过确立规范价格行为的价格监管制度，其目的之一，就在于创造价格合理形成的公平竞争环境，使价格配合其他市场机制，真正成为市场配置资源决定性作用的有效工具。

2. 保护消费者和经营者的合法权益

国家实行并完善宏观经济调控下主要由市场形成价格的机制，是建立和完善社会主义市场经济体制的应有之义。这就要求价格的制定应当符合价值规律；大多数商品和服务价格实行市场调节价，极少数商品和服务价格实行政府指导价或者政府定价。由于市场调节价是由经营者自主制定，通过市场竞争形成的价格，因而，在大多数商品和服务价格实行市场调节价以后，经营者之间的价格竞争会变得更加广泛和激烈，价格不正当竞争和价格垄断等价格违法行为，也可能变得更加普遍。与其他不正当竞争和垄断一样，价格不正当竞争和价格垄断会损害其他经营者的公平、自由竞争权和消费者的合法权益。此外，对极少数重要和特殊的商品、服务实行政府指导价和政府定价，其主要目的之一，在于维护消费者的权益；政府在实施定价行为方面失职，经营者不予执行政府指导价和政府定价，都会直接损害消费者的权益。价格监管法律制度确立的一个重要原因，就在于规范价格行为，为政府查处价格违法行为提供依据，并进而保护消费者和经营者的合法权益。

3. 促进价格总水平调控目标的实现

价格总水平是指一个国家或地区在一定时期（如年、季度、月）内全社会所有商品和服务价格变动状态的平均或综合情况，一般用价格指数来度量。稳定市场价格总水平是价格总水平调控的目标，也是国家重要的宏观经济政策目标。价格监管虽然针对的是微观的价格行为，但这其中对诸如哄抬价格、推动商品价格过高上涨等价格违法行为的查处，无疑有利于稳定市场价格总水平。此外，价格监管中获得的反映供求状况和资源稀缺程度的价格信息，对于有效实施价格总水平调控，也会产生积极的作用。价格监管法律制度通过对价格监管的确认，使得与价格总水平调控相关的价格监管活动能够切实开展，进而促进价格总水平调控目标的实现。

二、价格监管的主要法律制度

（一）价格监管体制

价格监管体制，是指市场与政府在价格形成上的分工、价格监管机构的设置及其职权划分等制度的总称。

1. 市场与政府在价格形成上的分工

我国在计划经济时期，价格的形成采取集中统一管理模式。这种模式的最大特点，是主要采取行政手段管理价格，政府直接规定和调整大部分商品和服务的价格。这种价格管理模式有利于保持价格的稳定和居民生活的安定，但经营者缺乏定价权，不利于价格机制配置资源作用的发挥，经济运行缺乏生机和活力。经济体制改革以来，尤其是社会主义市场经济体制确立以后，我国实行并逐步完善宏观经济调控下主要由市场形成价格的机制，除极少数商品和服务价格实行政府指导价或者政府定价外，大多数商品和服务价格实行市场调节价。这种价格管理模式，使大多数商品和服务的价格在市场竞争中形成，直接受价值规律支配，反映市场供求状况和资源的稀缺程度，进而有利于充分发挥价格对资源配置的引导作用。但其缺点在于价格总水平波动幅度大，也正因为如此，这种价格管理模式对宏观调控提出了更高的要求。

实行并逐步完善宏观经济调控下主要由市场形成价格的机制，意味着经营者享有充分的定价权。按照我国《价格法》的规定，经营者依据生产经营成本和市场供求状况，享有以下定价权：（1）自主制定属于市场调节的价格；（2）在政府指导价规定的幅度内制定价格；（3）制定属于政府指导价、政府定价产品范围内的新产品的试销价格，特定产品除外；（4）检举、控告侵犯其依法自主定价权利的行为。

为了保证主要由市场形成价格的机制有效发挥作用，我国《价格法》对政府指导价和政府定价的范围作了界定；这在一定程度上明确了政府定价行为的"权力清单"。按照规定，下列商品和服务价格，政府在必要时可以实行政府指导价或者政府定价：（1）与国民经济发展和人民生活关系重大的极少数商品价格；（2）资源稀缺的少数商品价格；（3）自然垄断经营的商品价格；（4）重要的公用事业价格；（5）重要的公益性服务价格。① 同时，为了防止政府指导价和政府定价范围的扩大，《价格法》还规定：政府指导价、政府定价的定价权限和具体适用范围，以中央的和地方的定价目录为依据。中央定价目录由国务院价格主管部门制定、修订，报国务院批准后公布。地方定价目录由省、自治区、直辖市人民政府价格主管部门按照中央定价目录规定的定价权限和具体适用范围制定，经本级人

---

① 为了充分发挥市场在资源配置中的决定性作用，加快完善主要由市场决定价格机制，近年来我国价格改革不断向纵深推进。其中一个明显的趋势是：政府定价的范围相较于《价格法》的相关规定进一步缩小。例如，2015年10月12日作出的《中共中央国务院关于推进价格机制改革的若干意见》便提出：到2017年，竞争性领域和环节价格基本放开，政府定价范围主要限定在重要公用事业、公益性服务、网络型自然垄断环节。到2020年，市场决定价格机制基本完善，科学、规范、透明的价格监管制度和反垄断执法体系基本建立，价格调控机制基本健全。

民政府审核同意,报国务院价格主管部门审定后公布。省、自治区、直辖市人民政府以下各级地方人民政府,不得制定定价目录。此外,为了提高政府价格决策的民主性、科学性和透明度,制定关系群众切身利益的公用事业价格、公益性服务价格、自然垄断经营的商品价格等政府指导价、政府定价,应当建立听证会制度,由政府价格主管部门主持,征求消费者、经营者和有关方面的意见,论证其必要性、可行性。

2. 价格监管机构及其职权

价格监管机构,是指依法负责价格工作的政府部门。我国《价格法》规定:国务院价格主管部门统一负责全国的价格工作,国务院其他有关部门在各自的职责范围内,负责有关的价格工作;县级以上地方各级人民政府价格主管部门负责本行政区域内的价格工作;县级以上地方各级人民政府其他有关部门在各自的职责范围内,负责有关的价格工作。

> 拓展阅读
> 《中共中央关于全面深化改革若干重大问题的决定》关于价格的论述

价格监管机构的职权是:(1)定价权。即制定实行政府指导价和政府定价的商品和服务的价格的权力。国务院价格主管部门和其他有关部门,按照中央定价目录规定的定价权限和具体适用范围,制定政府指导价、政府定价;其中重要的商品和服务价格的政府指导价、政府定价,应当按照规定经国务院批准。省、自治区、直辖市人民政府价格主管部门和其他有关部门,应当按照地方定价目录规定的定价权限和具体适用范围,制定在本地区执行的政府指导价、政府定价。市、县人民政府可以根据省、自治区、直辖市人民政府的授权,按照地方定价目录规定的定价权限和具体适用范围,制定在本地区执行的政府指导价、政府定价。(2)价格监督检查权。县级以上各级人民政府价格主管部门,依法对价格活动进行监督检查,并依法对价格违法行为实施行政处罚。

(二)价格监督检查

我国《价格法》确立的价格监督检查,主要有两种:

1. 价格行政执法监督检查

价格行政执法监督检查,由县级以上各级人民政府价格主管部门实施。政府价格主管部门进行价格监督检查时,可以行使以下职权:(1)询问当事人或者有关人员,并要求其提供证明材料和与价格违法行为有关的其他资料;(2)查询、复制与价格违法行为有关的账簿、单据、凭证、文件及其他资料,核对与价格违法行为有关的银行资料;(3)检查与价格违法行为有关的财物,必要时可以责令当事人暂停相关营业;(4)在证据可能灭失或者以后难以取得的情况下,可以依法先行登记保存,当事人或者有关人员不得转移、隐匿或者销毁。对于监督检查中发现并认定的价格垄断、价格不正当竞争、不执行政府指导价和政府定价、违反明码标价规定等不当价格行为,政府价格主管部门依法对行为人进行行政处罚。

2. 价格行为社会监督

按照规定,消费者组织、职工价格监督组织、居民委员会、村民委员会等组织以及消费者,有权对价格行为进行社会监督;新闻单位有权进行价格舆论监督。政府价格主管部门应当充分发挥群众的价格监督作用。政府价格主管部门应当建立对价格违法行为的举报制度;任何单位和个人均有权对价格违法行为进行举报,政府价格主管部门应当对举报者给予鼓励,并负责为举报者保密。

第三节 广告监管法律制度

一、广告监管法律制度概述

(一)广告监管法律制度的定义

广告监管法律制度,是指为了保证、促使广告活动遵守广告准则、广告行为规范和其他相关规定,而由广告法确立的政府监管、社会监督广告活动的制度。

广告即广而告之。从广义上讲,企事业单位、机关、团体或自然人为了特定的目的,通过一定的媒介或形式向社会公众传播某种信息的宣传活动,都是广告;这种意义上的广告,包括商业广告、公益广告,甚至包括宣传挂失、寻人、征婚等内容的社会服务广告和政府公告。但是,我国《广告法》适用的广告,限于商业广告,即商品经营者或者服务提供者通过一定的媒介或形式,直接或者间接地介绍自己所推销的商品或者服务的宣传活动。商业广告之所以作为我国《广告法》规范的对象,其基本考虑是:在市场经济活动中,最常见、最可能给消费者和社会公众造成影响的,主要是商业广告,而且商业广告的性质、特点和监督管理不同于政府公告、公益广告等其他广告,不便在《广告法》中一并规定。本节涉及的广告监管法律制度,也限于商业广告监管法律制度。

作为广告监管对象的广告活动,是指广告主、广告经营者、广告发布者和广告代言人设计、制作、发布和代言广告等行为的总称。其中,广告主是指为推销商品或者服务,自行或者委托他人设计、制作、发布广告的自然人、法人或者其他组织;广告经营者是指接受委托提供广告设计、制作、代理服务的自然人、法人或者其他组织;广告发布者是指为广告主或者广告主委托的广告经营者发布广告的自然人、法人或者其他组织;广告代言人是指广告主以外的,在广告中以自己的名义或者形象对商品、服务作推荐、证明的自然人、法人或者其他组织。广告活动主要是一种市场活动,但由于广告活动的规范化,事关消费者、经营者合法权益和社会公众利益的维护，事关广告业的声誉和健康发展，而广告活动的规范化又难以单纯通过市场机制的自发作用实现，因而，国家确立广告监管法律制度，对广告活动进行必要的监管。

(二) 广告监管法律制度的功能

广告监管法律制度是市场规制法律制度的重要内容，它与市场规制的其他一些制度共同维护社会经济秩序，并促进广告业的健康发展。

首先，广告监管法律制度是消费者权益保护不可或缺的制度。我国《消费者权益保护法》从消费者保护政策基准、调整消费合同的角度，为消费者权益提供倾斜性保护；《农产品质量安全法》《食品安全法》等特定产品质量法，则从保障和提高产品的安全性、实用性等质量特性的角度，为消费者权益提供保护。在现实生活中，经营者利用广告损害消费者合法权益的现象时有发生。例如，经营者利用广告推销假冒伪劣产品，在广告中夸大产品和服务的功效从而欺骗和误导消费者等，都是直接损害消费者合法权益的行为。对这些行为，《消费者权益保护法》等法律确立了其民事责任，但这毕竟是事后的民事救济制度；事前、事中的预防和行政责任追究，都需要由广告监管法律制度来实现。因此，广告监管法律制度与其他相关法律一道，为保护消费者权益提供保护。

其次，广告监管法律制度对于维护公平竞争环境具有积极的效应。在虚假或者引人误解的商业宣传、诋毁他人商誉的不正当竞争行为中，有的是利用广告来实施的。在预防这些不正当竞争行为发生上，虽然有多种法律制度，但广告监管法律制度是最为有效的制度。

最后，广告监管法律制度有利于促进广告业的健康发展。广告业在社会主义市场经济中具有重要的作用和地位。1993年，国务院批转原国家计委《全国第三产业发展规划基本思路》，把广告业正式列为第三产业中的一个行业，广告业由此步入快速发展的轨道。然而，广告业的健康发展，取决于广告活动的规范。广告监管法律制度正是实现广告活动规范化，促进广告业健康发展的重要保障。

二、广告监管的主要法律制度

(一) 广告监管体制

广告监管体制，是指广告监管机关的设置及其职权划分的制度。

按照《广告法》的规定，县级以上人民政府市场监督管理部门是广告监督管理机关。在广告监管实践中，除市场监督管理部门以外，政府的一些其他部门也享有广告监管的权力。市场监督管理部门和政府有关部门在广告监管上的分工是：

国家市场监督管理总局主管全国的广告监督管理工作，国务院有关部门在各自的职责范围内负责广告监管相关工作；县级以上地方市场监督管理部门主管本行政区域的广告监督管理工作，县级以上地方人民政府有关部门在各自的职责范围内负责广告监管相关工作。

作为广告监督管理主管机关的县级以上人民政府市场监督管理部门，在广告监管方面的职权主要包括：对从事广告发布业务的广播电台、电视台、报刊出版单位，依照法定的条件和程序进行广告发布登记；受理广告违法行为的投诉、举报，同时建立健全广告监测制度并完善监测措施，及时发现广告违法行为的线索；对涉嫌广告违法行为进行调查；认定广告违法行为并实施行政处罚。

政府有关部门按照法律、行政法规规定的职责范围实施广告监管。其中，《广告法》以及其他法律、行政法规规定应当进行审查的广告，由有关行政主管部门对广告内容进行审查；对于经审查批准的广告，有关行政主管部门应将审查批准文件送同级市场监督管理部门，并及时向社会公布。

（二）广告准则

广告准则，是指广告应当遵循的基本标准和要求。广告准则既是广告活动的行为规范，也是广告监管机关监管广告的依据。

我国《广告法》确立的广告准则，包括以下两种：

1. 广告的一般准则

广告的一般准则，是指各种广告均应遵循的共同性标准和要求。广告的一般准则主要有：

（1）真实。即广告应当实事求是地介绍商品或者服务，不得含有虚假内容，不得欺骗、误导消费者。《广告法》规定：广告使用数据、统计资料、调查结果、文摘、引用语等引证内容的，应当真实，并表明出处；广告中涉及专利产品或者专利方法的，应当标明专利号和专利种类；未取得专利权的，不得在广告中谎称取得专利权；禁止使用未授予专利权的专利申请和已经终止、撤销、无效的专利做广告；广告代言人在广告中对商品、服务作推荐、证明，应当依据事实，符合《广告法》和其他有关法律、行政法规规定，不得为其未使用过的商品或者未接受过的服务作推荐、证明。这些规定，都体现了广告内容应当真实的要求。广告以虚假的内容欺骗、误导消费者的，构成虚假广告。

（2）准确、清晰。即广告对商品或者服务的介绍应力求清楚，不得含糊其辞、模棱两可。《广告法》规定：广告中对商品的性能、功能、产地、用途、质量、成分、价格、生产者、有效期限、允诺等或者对服务的内容、提供者、形式、质量、价格、允诺等有表示的，应当准确、清楚、明白；广告中表明推销的商品或者服务附带赠送的，应当明示所附带赠送商品或者服务的品种、规格、数量、期限和方式；法律、行政法规规定广告中应当明示的内容，应当显著、清晰表示；广告应当具有可识别性，能够使消费者辨明其为广告；大众传播媒介不得以新闻报道形式变相发布广告；通过大众传播媒介发布的广告应当显著标明"广告"，与其他非广告信息相区别，不得使消费者产生误解。这些规定，都反映了对广告应当准确、清晰的要求。广告以引人误解的内容欺骗、误导消费者的，构成虚假广告。

（3）合法。这里所谓"合法"，指广告对真实、准确、清晰以外的其他要求的遵守或者不违背。在广告内容的合法性要求上，《广告法》规定，广告不得有以下情形：使用或者变相使用中华人民共和国的国旗、国歌、国徽、军旗、军歌、军徽；使用或者变相使用国家机关、国家机关工作人员的名义或者形象；使用"国家级""最高级""最佳"等用语；损害国家的尊严或者利益，泄露国家秘密；妨碍社会安定，损害社会公共利益；危害人身、财产安全，泄露个人隐私；妨碍社会公共秩序或者违背社会良好风尚；含有淫秽、色情、赌博、迷信、恐怖、暴力的内容；含有民族、种族、宗教、性别歧视的内容；妨碍环境、自然资源或者文化遗产保护；损害未成年人和残疾人的身心健康；贬低其他生产经营者的商品或者服务；法律、行政法规规定禁止的其他情形。

2. 广告的特殊准则

广告的特殊准则，是指某些特殊商品和服务广告应当遵循的特殊标准和要求。《广告法》对以下特殊商品和服务广告规定了特殊准则：

（1）医疗、药品、医疗器械广告。这几种广告不得含有下列内容：第一，表示功效、安全性的断言或者保证；第二，说明治愈率或者有效率；第三，与其他药品、医疗器械的功效和安全性或者其他医疗机构比较；第四，利用广告代言人作推荐、证明；第五，法律、行政法规规定禁止的其他内容。此外，麻醉药品、精神药品、医疗用毒性药品、放射性药品等特殊药品，药品类易制毒化学品，以及戒毒治疗的药品、医疗器械和治疗方法，不得做广告；以上药品以外的处方药，只能在国务院卫生行政部门和国务院药品监督管理部门共同指定的医学、药学专业刊物上做广告。药品广告的内容不得与国务院药品监督管理部门批准的说明书不一致，并应当显著标明禁忌、不良反应。处方药广告应当显著标明"本广告仅供医学药学专业人士阅读"，非处方药广告应当显著标明"请按药品说明书或者在药师指导下购买和使用"。推荐给个人自用的医疗器械的广告，应当显著标明"请仔细阅读产品说明书或者在医务人员的指导下购买和使用"。医疗器械产品注册证明文件中有禁忌内容、注意事项的，广告中应当显著标明"禁忌内容或者注意事项详见说明书"。除医疗、药品、医疗器械广告外，禁止其他任何广告涉及疾病治疗功能，并不得使用医疗用语或者易使推销的商品与药品、医疗器械相混淆的用语。

（2）农药、兽药、饲料和饲料添加剂广告。这几种广告不得含有下列内容：第一，表示功效、安全性的断言或者保证；第二，利用科研单位、学术机构、技术推广机构、行业协会或者专业人士、用户的名义或者形象作推荐、证明；第三，说明有效率；第四，违反安全使用规程的文字、语言或者画面；第五，法律、行政法规规定禁止的其他内容。

（3）烟草广告。禁止在大众传播媒介或者公共场所、公共交通工具、户外发布烟草广告；禁止向未成年人发送任何形式的烟草广告；禁止利用其他商品或者服务的广告、公益广告，宣传烟草制品名称、商标、包装、装潢以及类似内容；烟草制品生产者或者销售者发布的迁址、更名、招聘等启事中，不得含有烟草制品名称、商标、包装、装潢以及类似内容。

（4）保健食品广告。这类广告不得含有下列内容：第一，表示功效、安全性的断言或者保证；第二，涉及疾病预防、治疗功能；第三，声称或者暗示广告商品为保障健康所必需；第四，与药品、其他保健食品进行比较；第五，利用广告代言人作推荐、证明；第六，法律、行政法规规定禁止的其他内容。此外，保健食品广告应当显著标明"本品不能代替药物"。

（5）酒类广告。这类广告不得含有下列内容：第一，诱导、怂恿饮酒或者宣传无节制饮酒；第二，出现饮酒的动作；第三，表现驾驶车、船、飞机等活动；第四，明示或者暗示饮酒有消除紧张和焦虑、增加体力等功效。

（6）教育、培训广告。这类广告不得含有下列内容：第一，对升学、通过考试、获得学位学历或者合格证书，或者对教育、培训的效果作出明示或者暗示的保证性承诺；第二，明示或者暗示有相关考试机构或者其工作人员、考试命题人员参与教育、培训；第三，利用科研单位、学术机构、教育机构、行业协会、专业人士、受益者的名义或者形象作推荐、证明。

（7）招商等有投资回报预期的商品或者服务广告。这类广告应当对可能存在的风险以及风险责任承担有合理提示或者警示，并不得含有下列内容：第一，对未来效果、收益或者与其相关的情况作出保证性承诺，明示或者暗示保本、无风险或者保收益等，国家另有规定的除外；第二，利用学术机构、行业协会、专业人士、受益者的名义或者形象作推荐、证明。

（8）房地产广告。发布这类广告，房源信息应当真实，面积应当表明为建筑面积或者套内建筑面积，并不得含有下列内容：第一，升值或者投资回报的承诺；第二，以项目到达某一具体参照物所需的时间表示项目位置；第三，违反国家有关价格管理的规定；第四，对规划或者建设中的交通、商业、文化教育设施以及其他市政条件作误导宣传。

（9）农作物种子、林木种子、草种子、种畜禽、水产苗种和种养殖广告。这些广告关于品种名称、生产性能、生长量或者产量、品质、抗性、特殊使用价值、经济价值、适宜种植或者养殖的范围和条件等方面的表述应当真实、清楚、明白，并不得含有下列内容：第一，作科学上无法验证的断言；第二，表示功效的断言或者保证；第三，对经济效益进行分析、预测或者作保证性承诺；第四，利用科研单位、学术机构、技术推广机构、行业协会或者专业人士、用户的名义或者形象作推荐、证明。

（三）广告审查

广告审查，是指对某些特殊商品和服务广告在发布前由有关部门（广告审查机关）依照法律、行政法规的规定审核、查验其内容的活动。

我国《广告法》除规定广告经营者、广告发布者应当按照国家有关规定建立、健全广告业务的审核制度，不得设计、制作、代理、发布内容不符或者证明文件不全的广告之外，还专门确立了政府有关部门对广告的审查制度。按照规定，发布医疗、药品、医疗器械、农药、兽药和保健食品广告，以及法律、行政法规规定应当进行审查的其他广告，应当在发布前由有关部门（广告审查机关）对广告内容进行审查；未经审查，不得发布。广告主申请广告审查，应当依照法律、行政法规向广告审查机关提交有关证明文件。广告审查机关应当依照法律、行政法规规定作出审查决定，并应当将审查批准文件抄送同级市场监督管理部门。广告审查机关应当及时向社会公布批准的广告。任何单位或者个人不得伪造、变造或者转让广告审查批准文件。

（四）广告违法行为查处

涉嫌违反广告法的行为，由县级以上人民政府市场监督管理部门依法进行调查，并对认定为违反广告法的行为，根据法律规定和违法情况的不同，给予责令停止发布广告、责令改正、责令消除影响、没收违法所得、没收广告费用、罚款、暂停广告发布业务、撤销广告审查批准文件、吊销广告发布登记证件、吊销营业执照等行政处罚。

（五）广告活动的社会监督

按照我国《广告法》的规定，任何单位或者个人有权向市场监督管理部门和有关部门投诉、举报违反广告法的行为，市场监督管理部门和有关部门应当向社会公开受理投诉、举报的电话、信箱或者电子邮件地址。接到投诉、举报的部门应当自收到投诉之日起 7 个工作日内予以处理并告知投诉、举报人。消费者协会和其他消费者组织对违反广告法规定，发布虚假广告侵害消费者合法权益，以及其他损害社会公共利益的行为，依法进行社会监督。

第四节 计量监管法律制度

一、计量监管法律制度概述

（一）计量监管法律制度的定义

计量监管法律制度，是指为了保障计量单位制的统一和量值的准确可靠，而由计量法确立的关于政府计量行政部门监督管理计量工作的职权及其行使等方面的系统安排。这里所谓量值，是指用一个数和一个合适的计量单位表示的量，如 5.34m 或 534cm、15kg、-40℃。其中，测量某个物理量时用来进行比较的标准量，称为单位量值。

计量是人类经济、社会、日常生活等各方面都频繁发生的一种行为。计量单位制的统一和量值的准确可靠，是任何一个国家乃至国际社会计量工作所追求的目标。而要实现计量单位制的统一和量值的准确可靠，需要国家本着有利于国际国内经济交往和其他活动顺利开展的原则，通过立法等形式统一本国采用的计量单位制；并在此基础上，建立、健全量值传递和量值溯源机制。

所谓量值传递，是指将国家统一的计量基准所复现的计量单位量值，通过检定、校准或其他方式传递给下一等级的计量标准，并依次逐级传递到工作计量器具，以保证计量对象的量值准确一致的全部过程。量值传递是一个自上而下的过程，即由统一全国量值最高依据的计量基准，去统一各种计量标准，再由各种计量标准去统一工作用计量器具，以保证被测量对象量值准确统一。

所谓量值溯源，实际上是逆向量值传递，是指通过一条具有规定的不确定度的连续比较链，使测量结果或测量标准的值，能够与规定的参照标准（通常是国家测量标准即国家统一的计量基准，或者国标测量标准）联系起来的过程。与量值传递不同，量值溯源是自下而上地将量值溯源到计量标准或计量基准；并且，不一定逐级依次溯源。通过这种溯源，可以发现计量所获得的量值是否准确可靠，进而为校正计量中的偏差、处理计量纠纷等提供依据。

计量监管法律制度，实际上就是有关统一计量单位制、建立健全量值传递和量值溯源机制的制度。从我国《计量法》的规定来看，其主要确立的是量值传递法律制度，但《计量法》关于处理因计量器具准确度所引起的纠纷以国家计量基准器具或者社会公用计量标准器具检定的数据为准的规定，仍然在一定程度上认可了量值溯源。

（二）计量监管法律制度的作用

计量监管法律制度通过确认和规范计量监管，保障国家计量单位制的统一和量值的准确可靠，进而发挥出其积极作用。

首先，确保经济、社会、日常生活等各方面活动的便利进行和正常开展。计量单位制的统一所具有的这一作用尤其明显。计量单位制不统一，不但量值的准确可靠难以实现，而且将带来各种计量单位制转换的麻烦，甚至可能引起误解，造成差错乃至危害身体健康、生命安全等事故。计量监管法律制度保障计量单位制的统一，可以在很大程度上避免以上现象的发生。此外，量值的准确可靠，一方面要求计量结果与被测量的真值尽量接近；另一方面则要求无论在任何时间、任何地点，采用任何方法、使用任何器具以及由任何人进行计量，只要符合有关计量的要求，计量结果就应当在给定的不确定度（或误差范围）内一致。量值准确可靠的这些要求，显然是经济等各种活动便利、正常开展的前提；而这个前提，需要通过计量监管法律制度的安排和落实来实现。

其次，保护交易当事人的合法权益。在经济活动中，当事人利用计量器具作弊或者破坏计量器具的准确性，短斤少两，损害其他当事人合法权益的现象时有发生。这种现象在经营者与消费者的交易中尤其普遍。计量监管法律制度在统一计量单位制的基础上，通过确立量值传递和计量检定、计量器具管理等制度，对交易中使用的计量器具的精确性确立保证措施，可以减少当事人实施计量违法行为损害他人合法权益的现象；通过确立计量溯源，可以为处理因计量器具精准度引起的纠纷找到依据，以便追究计量违法行为的法律责任，保护当事人的合法权益。

最后，促进计量事业的发展。由于计量在经济、社会以及人们日常生活中不可或缺，国家计量单位制统一和量值准确可靠对经济、社会发展和人们合法权益的保护等各方面都至关重要，因而，发展计量事业是我国一项长期的重大国策。发展计量事业，既需要计量技术的支持，也需要法律的保障。计量法确立的计量监管法律制度，不但能够促进计量技术的研发，而且可以保证计量技术按照计量的规律、流程得到切实运用。同时，通过计量监管法律制度确立的监管措施，督促有关部门、单位和个人遵守计量法，查处计量违法行为，进而可以维护国家、人民的利益和计量工作的秩序。计量监管法律制度所具有的这些作用，对于促进计量事业的发展，无疑具有重大的意义。

二、计量监管的主要法律制度

（一）计量监管体制

计量监管体制，是指计量法确立的有关计量监管机构设置及其职权配置和行使的制度安排。

由于计量和计量监管是技术性极强的工作，因此，我国计量法确立了集中统

一、专业化的计量监管体制。按照规定，国务院计量行政部门对全国计量工作实施统一监督管理；县级以上地方人民政府计量行政部门对本行政区域内的计量工作实施监督管理。国务院计量行政部门，是国家市场监督管理总局；县级以上地方人民政府计量行政部门，是县级以上地方人民政府市场监督管理部门。

国务院计量行政部门和县级以上地方人民政府计量行政部门的职责是：(1) 贯彻执行国家计量工作的方针、政策和规章制度，推行国家法定计量单位；(2) 制定和协调计量事业的发展规划，建立计量基准和社会公用计量标准，组织量值传递；(3) 对制造、修理、销售、使用计量器具实施监督；(4) 进行计量认证，组织仲裁检定，调解计量纠纷；(5) 监督检查计量法律、法规的实施情况，对违反计量法律、法规的行为，依法进行处理。

(二) 法定计量单位

法定计量单位，是指国家以法律、法令的形式，明确规定并且允许在全国范围内统一实行的计量单位。《计量法》规定：国家实行法定计量单位制度；国际单位制计量单位和国家选定的其他计量单位，为国家法定计量单位；国家法定计量单位的名称、符号由国务院公布；因特殊需要采用非法定计量单位的管理办法，由国务院计量行政部门另行制定。国家法定计量单位的推行，由计量行政部门负责。

(三) 量值传递机制

量值传递是一个从计量基准器具到计量标准器具，再到工作计量器具逐级传递的过程。这一过程以统一、权威的计量基准器具为依据，通过计量检定、计量器具管理，来保障计量标准器具的精确度；以计量标准器具的精确度为依据，通过计量检定、计量器具管理来保证工作计量器具的合格，最终实现计量对象量值的准确可靠。由此可见，量值传递，是围绕计量器具精准度的保障而展开的。所谓计量器具，是指能用以直接或间接测出被测对象量值的装置、仪器仪表、量具和用于统一量值的标准物质，包括计量基准器具、计量标准器具、工作计量器具。

针对量值传递过程，我国《计量法》对其中的重要环节做了规定。

1. 计量基准器具的建立

计量基准器具，简称计量基准，是指用以复现和保存计量单位量值，作为统一全国量值最高依据的计量器具。计量基准器具是一个国家量值传递的起点，也是量值溯源的终点，是统一全国量值的最高依据。为了保证计量基准器具的权威性，《计量法》规定，各种计量基准器具的建立，由国务院计量行政部门负责。

2. 计量标准器具的建立

计量标准器具，简称计量标准，是指准确度低于计量基准器具，用于检定其他计量标准或者工作计量器具的计量器具。计量标准器具在量值传递中起着承上启下的作用，它将计量基准器具所复现的单位量值，通过检定逐级传递到工作计量器具，从而确保工作计量器具量值的准确可靠。

计量标准器具包括社会公用计量标准器具、部门计量标准器具和企事业单位计量标准器具。其中，社会公用计量标准器具由县级以上地方人民政府计量行政部门根据本地区的需要建立，经上级人民政府计量行政部门主持考核合格后使用。国务院有关主管部门和省级人民政府有关主管部门，根据本部门的特殊需要，可以建立本部门使用的计量标准器具，其各项最高计量标准器具经同级人民政府计量行政部门主持考核合格后使用。企业、事业单位根据需要，可以建立本单位使用的计量标准器具，其各项最高计量标准器具经有关人民政府计量行政部门主持考核合格后使用。

3. 计量检定

计量检定，是指为评定计量器具的计量性能，确定其是否合格所进行的全部工作，包括检验和加封盖印等。它是进行量值传递的重要形式，是保证量值准确一致的重要措施。

计量检定按性质的不同，分为强制性检定和非强制性检定。县级以上人民政府计量行政部门对社会公用计量标准器具，部门和企业、事业单位使用的最高计量标准器具，以及用于贸易结算、安全防护、医疗卫生、环境监测方面的列入强制检定目录的工作计量器具，实行强制检定；未按照规定申请检定或者检定不合格的，不得使用；实行强制检定的工作计量器具的目录和管理办法，由国务院制定。其他计量标准器具和工作计量器具，使用单位应当自行定期检定或者送其他计量检定机构检定。

4. 制造、修理、销售和使用计量器具的管理

按照我国《计量法》和《计量法实施细则》的规定，制造、修理计量器具的企业、事业单位和个体工商户须在固定的场所从事经营，具有符合国家规定的生产设施、检验条件、技术人员等，并满足安全要求。县级以上地方人民政府计量行政部门对当地销售的计量器具实施监督检查，凡没有产品合格印、证标志的计量器具不得销售。使用计量器具不得破坏其准确度，损害国家和消费者的利益。

（四）计量违法行为查处

对于违反计量法的行为，由县级以上人民政府计量部门依法查处，根据违法情况给予责令停止违法行为、没收违法所得或者计量器具、罚款等行政处罚。其中使用不合格计量器具或者破坏计量器具准确度，给国家和消费者造成损失的，责令赔偿损失，没收计量器具和违法所得，可以并处罚款；违反计量法的行为情

节严重，构成犯罪的，依法追究刑事责任。

思考题：

1. 怎样理解我国产品质量监管法律制度的地位？
2. 试论价格监管法律制度对于处理好政府和市场的关系的作用。
3. 试论广告准则与广告监管的关系。
4. 试论量值传递机制对保障量值准确可靠的意义。

▶ 自测习题及参考答案

第十七章　特别市场规制制度

为规制市场行为，规范市场秩序，各国逐步构建了各种类型的市场规制法律制度。从对不同类型市场法律规制的共性和个性来看，其中部分制度可以适用于各类市场，部分制度仅适用于一类或几类特殊的市场。这些仅仅适用于特殊类型市场的市场规制制度，可称为特别市场规制制度。

第一节　特别市场规制基本原理

一、特别市场概述

"市场"有多重含义，既可以指交易场所，也可以理解为交易机制或者资源配置方式。根据不同的标准，市场可以作出不同的划分，常见的分类有竞争市场与垄断市场、国内市场与国外市场、有形市场和无形市场等。从市场规制角度，根据政府干预和控制力度的不同，可以将市场区分为一般市场和特别市场。所谓特别市场，是指在经济、政治或社会等要素方面有特殊性，需要国家对市场主体和交易活动设置特别规制规则的特殊市场，如关乎国家经济安全、社会稳定或国计民生的金融市场、房地产市场、能源市场等。

在国家全面深化改革的大背景下，在一般市场领域，政府将减少对市场准入及市场主体日常经营活动的控制，仅从保障公平竞争、维护消费者权益等方面进行必要的规制，以维护市场公平和竞争秩序。但在特别市场领域，基于国家安全等特定公共政策的需要，国家会对相关市场主体或交易活动设置特殊的规制规则，由此形成特别市场规制制度。特别市场的特殊性，导致对其规制的复杂程度、困难程度和一旦规制不力或无效所产生的危害程度远远高于一般市场，即从市场规制角度看，特别市场具有规制依据多维度、有效规制高难度和规制无效的高烈度等鲜明特征，因此，必须正确认识特别市场并对其进行有效规制。

二、特别市场规制制度的定位

（一）特别市场规制制度的价值

与一般市场和特别市场相对应，市场规制制度可以分为一般市场规制制度和特别市场规制制度。可以普遍适用于各类市场的规制制度，即为一般市场规制制度。相反，只适用于一种或少数几种特殊的市场规制制度，则为特别市场规制制度。将特别市场规制制度单列，是因为它具有重要的理论意义和实践价值。

特别市场规制制度的理论意义主要体现在以下两点：

第一，为市场规制法理论研究提供新鲜的素材和推动力。依据矛盾分析的原理[1]，市场以及市场规制制度同样具有共性和个性、一般与特殊的辩证关系。特殊市场之"特"，在于其与对人的生活和整个经济的重要性、矛盾的尖锐性（如信息和风险的严重不对称）、政府和社会舆论的高度关注性。正是这些特殊性才会促使社会和政府投入更多的注意力资源和政策资源去解决问题，而解决问题的过程，也是从制度需求到制度生成的过程，是产生研究素材和推动研究的过程。

第二，特别市场规制法律理论，是市场规制法学科体系和学科建设不可或缺的内容。一方面，特殊市场规制制度已经融合在市场规制法律制度之中，成为市场规制法体系构造的有机要素，这种一般与特殊的辩证处理方法，有助于实现法的体系划分依据的同质性和体系构造逻辑的严密性；另一方面，将市场规制法的基本原理和特别市场规制法律制度分别单列加以阐释，既能解决本领域的基础理论的研究和教学之需，也能满足特殊市场的制度建设需要，有助于夯实市场规制法理论体系的制度基础和实践基础。

特别市场规制制度的实践价值，则取决于其对于经济乃至社会良性运行所具有的特殊意义。市场竞争是市场机制发挥作用的关键所在，市场竞争的自由发展所出现的各种异化现象却扰乱市场秩序，阻碍市场机制作用的发挥。但市场异化现象发生和作用的领域不同，其对社会经济秩序影响的程度会有很大差异。特别市场所具有的特殊性，决定了与一般市场出现的问题不同，如果特别市场出现异化或者发生扭曲，其影响的绝非特定的市场结构和市场运行，而是直接危及社会公共利益和宏观经济秩序，乃至经济安全和社会稳定，从根本上妨碍市场配置功能的发挥。因此，对特别市场的规制，不仅具有一般市场规制所具有的公平、效率和秩序价值，它还具有保障人民生命财产和国家经济安全、促进宏观经济总量平衡和结构优化，实现经济与社会良性运行、协调发展等特殊的功能。尤其是随着科学技术的高速发展和全球化进程的加快，人类社会已经开始进入一个"风险社会"时代。现代风险具有隐形性和高度的不确定性，由风险和灾难所导致的恐惧感和不信任感将通过现代信息手段迅速传播到全社会，引发社会的动荡不安。这就需要特别关注特殊市场及其风险治理，建立符合风险社会要求的新型风险治理体制和治理模式。

（二）特别市场规制法律制度与一般市场规制法律制度的关系

特别市场规制法律制度是与特别市场的特点密切结合并体现其个性的市场规制法律制度。

---

[1] 参见《毛泽东选集》第1卷，人民出版社1991年版，第295页。

第一，特别市场规制法律制度属于市场规制法律制度。特别市场规制法律制度，仍然是市场规制法律制度体系的一部分，而且是融合在各类市场规制法律制度之中的。

第二，特别市场规制法律制度是市场规制法律制度在特殊市场中的体现。一般市场规制是对各种市场普遍性进行规制概括，而特别市场规制制度则是在一般规制的基础上，针对特别市场所作出的特别性制度安排。它与一般规制制度之间体现的是特殊与一般、个性与共性的关系。

第三，特别市场规制法律制度是丰富和发展市场规制法律制度的主要领域。对某些市场之所以予以特别规制，既有其市场交易的标的重要、影响面大等因素，也与作为共性的市场规制法律制度在规制特殊市场时的制度供给不足有关。特别市场规制制度承担着解决相关制度供给不足的重任。市场规制制度与特殊市场的特点结合的过程，既是市场规制制度具体化的过程，也是丰富和发展市场规制制度的过程。

三、特别市场规制制度的主要类型

特别市场规制制度的认定依据，实质上是特别市场的认定依据。确认特别市场，可以将如下因素作为主要依据：第一，市场交易标的对人身安全和健康影响的程度。交易标的是市场分类的指标之一。那些交易标的直接影响到人的生命、健康和重大财产安全的市场，无疑是特别市场。第二，信息和风险不对称的程度。在现实经济生活中，信息不对称的情况非常普遍，几乎所有的交易都存在信息和交易风险不对称，但如果信息和交易风险特别不对称，就极易诱发严重的道德风险，危害经济的健康运行，因此理应属于特别市场。第三，经营者市场支配地位及其形成状况。竞争和垄断是相伴而生的，只要有竞争就难免会形成独占或寡占。尽管几乎所有的市场都可能出现独占或寡占的市场结构，但只要这种市场支配地位不是通过市场竞争形成的，而是自然垄断或者是行政性垄断所致，对其垄断行为的规制就更为困难，更不能简单套用一般市场的反垄断制度，因而应属于特别市场。第四，对宏观经济运行的影响力。宏观经济不是抽象和孤立存在的，所有的市场都有可能影响到宏观经济，但并非所有的市场都能同等程度地影响宏观经济运行。金融市场、房地产市场、生产资料市场等更直接地影响着宏观经济运行，甚至是宏观经济的"晴雨表"。当宏观经济指标波动过大时，尤其是经济过热时，则既要实施宏观调控，又需要更严格的市场规制。第五，涉及民生及政府和社会舆论关注的程度。民生问题，就是与百姓生活密切相关的问题，最主要表现在衣食住行、养老、医疗和教育等方面。民生问题既是民众普遍关注的问题，也是政府和社会舆论特别关注的领域，与民生高度关联以及政府和社会舆论高度关注的市场无疑也是特别市场。

根据上述认定特别市场的依据，特别市场规制制度主要包括如下类型：

(1) 金融市场规制制度，包括银行、证券、保险、期货、信托、外汇等市场规制制度；(2) 自然垄断业市场规制制度；(3) 食品、药品市场（含保健品、化妆品、医疗器械市场）规制制度；(4) 建筑与房地产市场规制制度；(5) 危险品市场（如锅炉、煤气罐等压力容器，电梯、游乐场高危设施，以及各种爆炸品、毒品、放射品等产品市场）规制制度；(6) 其他特别市场（如美容、保健等医疗服务市场）规制制度，等等。

第二节 货币市场规制制度

一、货币市场及其法律规制

（一）货币与货币市场

货币是从商品交换中分离出来的固定地充当一般等价物的商品，是一切商品交换的媒介。商品交换须以一定量的货币作为标准，并伴随货币的支付或转移而完成，商品交换的过程既体现着商品的流通，也反映着货币的流通。一般而言，货币流通是以商品流通为基础的，服务于商品流通，具有派生性，但在现实生活中，货币也可以脱离实体经济和具体的商品交换，成为独立的交换对象，进而派生出货币资金的融通市场。因此，货币市场可以有不同层次的含义。较为宽泛意义上的货币市场，可泛指和货币的发行与流通相关的一切市场。一般意义上的货币市场，则是指以货币信用作为经营对象的市场，即通常的货币信用市场，包括存款货币市场、贷款货币市场、同业拆借以及短期信用工具融资市场等。而狭义的货币市场则仅指融资期限在一年以下、与资本市场相对应的短期信用工具融资市场。无论是货币的供应，还是货币的流通以及货币信用交易均关系宏观社会经济运行，具有特别规制的必要。所以，本节将在较为宽泛意义上使用货币市场这一概念。

（二）货币市场的法律规制

货币这一商品的特殊性决定了货币市场法律规制的极端必要性。具体而言，货币规制法律制度的价值功能体现在四个方面。

1. 保持币值稳定

货币固定地充当一般等价物，需要保持价值的相对稳定。根据马克思的货币理论，一定时期的货币社会需求是相对稳定的，货币的流通和商品流通存在着相对立的关系，若货币流通脱离了正常的轨道，商品流通就会受到破坏性影响。[①] 因此，无论是货币的发行还是货币的流通均需要纳入国家的规制范围之中，以防止

---

① 参见《马克思恩格斯全集》第23卷，人民出版社1972年版，第134页。

由于币值不稳而带来整个社会的动荡。

2. 维护金融安全

以货币流通和资金融通为代表的货币市场具有脆弱性、信息不对称性、风险传递性的特点，极易引发严重的金融危机，甚至造成社会恐慌。国家有必要通过对货币流通领域的规制，解决信息不对称以及市场失灵等问题，维护金融安全，乃至社会稳定。

党的十九大报告提出"守住不发生系统性金融风险的底线"，并将防范化解重大金融风险作为三大攻坚战之首。防范化解金融风险，事关国家安全、发展全局和人民财产安全，是实现高质量发展必须跨越的重大关口。必须正确处理安全和发展的关系，树立正确的金融安全观，把防控金融风险放到重要位置，牢牢守住不发生系统性风险这个底线，采取有效措施加强金融监管，防范和化解金融风险，维护金融安全和稳定。①

3. 保持有效竞争和维护金融秩序

金融领域存在着规模经济，从事货币信用经营的金融机构规模越大、分支机构分布越广，就越有可能为客户提供便捷和多元化的金融服务，吸引更多的客户，从而增加其他机构进入市场的难度。竞争减少，必然引发服务质量不高等一系列问题，需要政府通过市场规制予以矫正。

4. 促进社会公平

货币作为一种金融资源，既是一种稀缺性资源，又是一种配置资源的资源。金融资源的公平高效配置是实现社会和谐和健康发展的重要条件。货币市场在配置和调整金融资源过程中发挥着非常重要的作用，但同样会存在机制失灵和配置不公等问题，货币市场规制有助于解决上述问题，从而提升整体的社会福利水平。

二、货币市场规制的主要制度

货币市场法律规制涉及货币的发行和流通多个环节，而无论是货币的发行还是货币的流通，都涉及利率、汇率等资金价格，资金价格又是国家宏观调控的重要杠杆。因此，货币市场法律制度既包含市场规制法的内容，也有宏观调控法的成分在其中。特别是货币发行与外汇管理等制度本身就是宏观调控法无法分割的组成部分。鉴于有关内容在宏观调控法中已作过阐释，下面着重介绍国家金融监

---

① 在全面建成小康社会进程中，必然遇到这样那样的风险和考验。在我们当前面临的各类风险中，金融风险尤为突出，影子银行、企业高杠杆、地方政府债务等金融风险都不可小视，如果没有相应的防范和化解措施，就有可能发生系统性、颠覆性危机，直接威胁到经济持续健康发展和老百姓的财产安全。金融安全事关社会经济发展大局和国家安全战略格局，是国家安全的重要组成部分。没有金融安全，国家安全体系就难以得到有效支撑。当前国内外经济金融形势复杂，更加凸显维护金融安全的必要性和迫切性。虽然我国金融风险整体可控，但维护金融安全不可掉以轻心。

管机构为维护金融体系的安全和有效运行，保障金融业公平竞争，维护存款人或投资者利益所依法进行的规制活动及相关制度。

（一）货币市场规制制度的宗旨与原则

货币市场规制的宗旨是，着眼于防范金融风险，维护金融体系的安全与稳定，限制金融业的过度竞争和不正当竞争，保护存款人、投资人和社会公众利益，从而促进金融体系公平、有效竞争，以实现维护金融业的合法、稳健、高效运行的目标。从实现手段看，金融规制主要是通过金融监管机关对金融机构的审批以及检查、稽核等现场监管和非现场监管，对金融机构和金融市场的统计管理，对金融机构的紧急风险处置以及对金融市场主体的处罚等形式来实现。

货币市场规制应遵循依法规制、公正规制和有效规制等原则。所谓依法规制，是指金融监管机构在对货币市场进行规制时，应当在法律授权范围内按照法定的规制权力、规制程序履行法定的规制职责；公正规制，是指在对货币市场进行规制的过程中，应秉承公平、公正的理念，增进交易的公平；有效规制，是指任何规制制度和行为或措施的选择都应该以规制效益最大化和促进金融市场的健康发展为目标。

（二）货币市场规制体制

货币市场规制体制涉及货币市场规制主体、规制对象及其相互关系。

货币资金的流通涉及直接融资和间接融资等不同市场，以及商业银行和投资银行等不同的金融机构所从事的不同业务，具有复杂多样性。各国货币市场规制的体制模式也有较大差异。总的趋势是在放松管制的同时，不断强化监管，建立了外在于中央银行的权威、独立的监管机构。在2018年机构改革前，我国采取的是一行三会的监管模式，即银监会负责对全国银行业金融机构及其业务活动的监督管理；证监会负责对证券类金融机构及其业务活动的监督管理；保监会负责对保险类金融机构及其业务活动的监督管理；中国人民银行则负责对货币流通、银行间外汇市场、银行间同业拆借市场、银行间债券市场及黄金市场等进行监督管理。这种监管体制有其存在的历史必然性，但这种分业监管体制弊端越来越明显。

近年来我国金融混业经营趋势不断加剧，金融机构业务交叉越来越多，尤其是银行业与保险业的产品功能出现交叉趋同，分业监管已经造成严重的监管真空和监管套利。为了加强金融监管协调功能，补足监管短板，经党中央国务院批准，于2017年11月成立国务院金融稳定发展委员会，统筹协调金融稳定和改革发展重大问题。2018年3月，第十三届全国人大第一次会议审议通过国务院机构改革方案，决定将银监会与保监会合并，组建中国银行保险监督管理委员会，履行对银行业及保险业的统一监管职责，并将原银监会和保监会拟定银行业、保险业重要法律法规草案和审慎监管基本制度的职责划入中国人民银行，从而形成"一委一行两会"，即国务院金融稳定发展委员会（一委）、中国人民银行（一行）、中国银行保险监督管理委员会和中国证券监督管理委员会（两会）的金融监管框架。此次金融监管体制改革加强了金融监管协调职能，强化了央行的宏观审慎管理职责，在由机构监管转向功能、审慎和行为监管改革方向上迈出了重要一步。

在现有的监管框架下，货币信用市场的规制主体包括中国人民银行和中国银保监会，其受制主体是除证券类金融机构之外的金融机构，包括银行类金融机构和银行保险监督管理委员会批准设立的信托公司、保险公司、金融租赁公司、汽车租赁公司等非银行类和非证券类金融机构。

（三）银行业市场准入规制

基于银行的高负债经营的特点，出于存款人资金安全和金融稳定的需要，各国对银行的经营主体资格和条件都有严格的限制，并实施准入许可制。在我国，从事银行业务的金融机构需要先由银监会审批颁发金融许可证，并经工商登记后方可营业。未经银保监会批准，任何单位或个人不得设立银行类金融机构或从事银行类金融机构的业务活动。《商业银行法》《银行业监督管理法》《村镇银行管理暂行规定》等法律法规对商业银行等银行类金融机构的设立规定了具体的条件和审批程序，上述银行类金融机构除满足《公司法》规定的一般条件外，还要满足最低注册资本以及对董事、高级管理人员任职资格和业务经验等的特殊要求。

拓展阅读

东方创投案

（四）银行业审慎经营行为规制

为保证金融资产安全性和流动性，我国政府对银行业实施审慎经营监管，通过资产负债比例控制、利率控制、贷款行为规制以及高风险资产业务的控制等措施，促进银行安全、稳健运行，保障债权人利益，防范和化解金融风险。

1. 资产负债比例控制

资产负债比例控制，是指对银行的资产和负债规定一系列的比例，从而实现对银行资产控制的一种方式，是确保银行资产质量、防范银行风险的重要途径之一。资产负债比例管理的指标由金融监管机构根据金融市场及其风险变化加以确定。根据《商业银行法》的有关规定，其主要内容有：（1）资本充足率不得低于8%；（2）流动性资产余额与流动性负债余额之比不得低于25%；（3）对同一借款人的贷款余额与商业银行资本余额之比不得超过10%。[①]

[①] 除此之外，目前银行业监管机构对商业银行存款还有存款准备金指标、拆借资金比例指标方面的要求。须说明的是，存贷比一直是监管机构衡量商业银行流动性风险的一项重要指标，也是我国《商业银行法》所规定的一项重要的法定监控指标。不过，《商业银行法》于2015年修订后删除了实施20年之久的商业银行75%存贷款监控指标，将其由法定监控指标调整为动态监控指标，以适应商业银行资金来源和资产形态多样化以及市场化经营与竞争的需要。

2. 利率控制

我国现行法律规定商业银行应当按照中国人民银行规定的存款利率和贷款利率的上下限，确定存款利率和贷款利率，并予以公告。①

3. 贷款行为规制

贷款是银行获取利润的重要来源，也是银行发生风险的主要源头。为防范风险，商业银行应遵循审慎经营的原则，禁止从事下列行为：（1）违反前述资产负债比例监管规定发放贷款；（2）向关系人发放信用贷款或以优于其他借款人同类贷款的条件向关系人发放贷款；（3）向不具备法定贷款资格和条件或生产、经营、投资国家明文禁止产品，建设项目或生产经营、投资项目未取得批准文件或环境保护部门许可及有其他严重违法行为的借款人发放贷款；（4）未经中国人民银行批准，对自然人发放外币币种的贷款；（5）给委托人垫付资金（国家另有规定的除外）；（6）提供无担保的信用贷款（经商业银行严格审查，确认借款人资信良好，确有偿还能力的除外）。

4. 高风险资产业务的控制

除了对贷款业务作出上述控制外，为保障金融业的稳健运行，我国法律还对银行的其他具有高风险性的资产业务作出了限制或者禁止性规定。主要包括：（1）原则上禁止商业银行在我国境内从事信托投资和证券经营业务，不得向非自用不动产投资或者向非银行金融机构和企业投资，但国家另有规定的除外。（2）商业银行发行金融债券或者到境外借款，应当依照法律、行政法规的规定报经批准。（3）禁止利用拆入资金发放固定资产贷款或者用于投资；拆出资金限于交足存款准备金、留足备付金和归还中国人民银行到期贷款之后的闲置资金；拆入资金用于弥补票据结算、联行汇差头寸的不足和解决临时性周转资金的需要。如何在风险与创新中取得平衡，一直是金融监管的难题。近年来，部分金融机构和业务的过度创新、无序发展所导致的脱实向虚、资金空转、杠杆率高企等问题饱受诟病，也在一定程度上导致了系统性风险。为此，中央提出了"回归本源、优化结构、强化监管、市场导向"的金融工作原则，人民银行、银保监会等监管机构也加强了对金融理财等表外信贷业务的监管，将银行理财纳入广义的信贷额度，迫使其由表外业务转入表内业务，进而遏制表外业务风险，以免对银行和经济造成巨大冲击。

---

① 利率控制是有效防范金融风险的主要手段，但贷款利率的行政控制在一定程度上扭曲了资金的市场配置机制，无法反映资金的供需关系。为此，我国政府正在积极而又稳妥地推进利率市场化的进程。随着我国商业银行定价技术的提高和利率市场化改革进程的加快，这种直接的利率管制将逐步转换为央行基准利率调控。

(五) 垄断与不正当竞争行为及存款人利益保护规制

银行放贷资金主要来源于客户存款,其利润则主要来自对客户的贷款,吸储资金越多,贷款额度越大。在利润的强力驱动下,银行高息揽储、低成本收费、排斥同业竞争、放宽审贷授信标准以及超范围经营等不正当竞争和垄断行为就在所难免。这些不正当竞争和垄断行为,一方面,增加了银行的经营风险,扰乱了正常的金融秩序;另一方面,也直接危及存款的安全和存款人的利益。为此,我国立法严禁违规高息揽储和低息放贷;不得违规免收或减收办理业务、提供服务的手续费。①

商业银行是典型的负债经营企业,存款人是银行风险的主要承担者,存款人利益保护是货币市场规制立法的重要任务。为此,法律要求商业银行等存款机构必须按照规定依法缴存存款准备金和留足备付金,存款准备金由中国人民银行专营,任何机构不得占用;除法律另有规定外,商业银行有权拒绝任何单位或者个人对个人储蓄存款的查询、冻结、扣划及对单位存款的冻结、扣划。除上述规定外,我国《商业银行法》及其他相关法律还规定了保证存款本息支付以及为存款人保密等义务,并建立了存款保险制度。

(六) 大数据时代的互联网金融及其规制

信息技术与社会经济的交汇融合引发了大数据的迅猛发展,社会经济已经步入了高度信息化、智能化的大数据时代。互联网生活、互联网制造、互联网贸易正在取代传统的经济运行方式,网上支付、P2P 以及与借助互联网技术平台的众筹融资等互联网金融也迅速发展,形成了服务互联网经济的主流金融服务模式之一。

为了鼓励金融创新,促进互联网金融健康发展,规范市场秩序,中国人民银行等十部委于 2015 年 7 月 8 日联合印发了《关于促进互联网金融健康发展的指导意见》,明确坚持以市场为导向发展互联网金融,遵循服务实体经济、服从宏观调控和维护金融稳定的总体目标,切实保障消费者合法权益,维护公平竞争秩序。为此,需要在互联网行业管理、客户资产安全、第三方存管制度、信息披露、风险提示和合格投资者制度、消费者权益保护、网络与信息安全、反洗钱和防范金融犯罪、加强互联网金融行业自律以及监管协调与数据统计监测等方面,制定更为科学和完善的互联网金融法律制度,促进金融市场的健康发展。

第三节 证券市场规制制度

一、证券市场及其法律规制

证券市场是股票、债券等有价证券及其衍生产品发行和交易的场所,是企业

---

① 其他不正当竞争和垄断行为可以适用《反不正当竞争法》和《反垄断法》的有关规定。

直接融资的重要渠道和投资者进行投资的重要场所,具有筹集资金、配置资源、分散风险等特殊功能,是现代金融体系的重要组成部分。

证券市场的特殊性主要体现在交易商品及交易方式的独特性上。与人们平时交易的一般商品不同,作为一种投资证券,证券代表着投资者基于投资的某种可转让利益,具有投资性、虚拟性、风险性、可转让性等多重特征。尤其是随着技术信息的不断发展,证券进入了无纸化交易时代,电子化证券取代了纸质证券,成为新型证券的表现形式,证券的发行、交易和转让都在计算机系统中完成,从而使得证券投资和交易更具有高虚拟性、高风险性、高流动性的特点,信息不对称及风险不均衡的交易特点更为突出。加之在证券市场存在一连串委托—代理链条,因而更容易诱发逆向选择和道德风险,并引发金融危机。因此,现代市场经济国家对于证券市场并没有采取自由放任的政策,而是在尊重证券发行和交易主体自主选择权的基础上,严格证券的发行条件和程序、强制信息披露,禁止内幕交易和市场操纵,以最大限度地维护市场公平,保护投资者权益,防范并化解金融风险。我国证券市场是一个新兴的资本市场,投资者投机性和从众心理强,理性投资不足,市场信息透明度不高以及市场操纵行为猖獗等表现得尤为突出,从而更易引发激烈的市场波动,所以尤其需要加强监管和实行必要的规制。

二、证券市场规制的主要制度

(一) 证券发行规制制度

证券发行,是指发行人为了筹集资金等目的,依照法定条件和程序,向投资者销售证券的行为。证券发行涉及层面广,发行人与投资人间信息不对称问题突出。为维护证券市场秩序,各国立法均对证券发行条件、发行方式、发行审核制度等加以规定。

1. 发行方式规制

根据发行对象不同,证券发行有公开发行和非公开发行之分。为了保障广大投资者的利益,各国对公开发行证券一般都有严格的条件和程序规范,非公开发行的程序则相对简单。在我国,向累计超过 200 人的特定或不特定对象发行证券的均为公开发行,而向累计不超过 200 人的特定对象发行证券,则为不公开发行。此外,证券发行可以采用直接发行的方式,也可采用间接发行的方式。但在我国,公开发行证券只能采取间接发行的方式。

2. 发行条件规制

由于经济发展水平与法律制度的差异,各国对发行证券条件的规定有较大的差异。与实施证券发行注册制的国家不同,我国证券法的条件属于实质性条件,即使发行申请人完全和充分地履行了信息披露义务,但若其实际状况低于法定实质条件,也不得公开发行证券。而且,除了有发行人组织机构健全且运行良好以及无财务会计文件虚假记载等重大违法行为等法律性条件外,还有发行人持续盈利能力或可分配利润指标等财务性条件。我国现行立法对发行人持续盈利能力的要求以及实践中对财务条件的强调和偏重,与现行的证券发行核准制不无关系。随着证券发行注册制改革的推进,关于证券发行条件的规定也将作出相应的修改。

3. 证券发行审核规制

基于不同的监管体制和监管理念,不同国家形成了不同的证券发行审核模式。目前,世界上多数国家采取的是注册制审核模式。在该模式下,发行人拟发行证券时,必须将依法公开的各种资料完整、真实、准确地向证券主管机关呈报并申请注册。证券主管机构仅对提供资料的完整性与真实性进行审查;至于发行人财力、素质及发展前景,发行数量与价格等实质条件均不作为发行审核要件,即对证券发行行为和证券价值本身不作任何价值判断,由市场作出选择。注册制具有规则和信息公开、透明、效率高等优势,重在市场作用的发挥。

我国现在实行的是核准制的审核模式,即证券发行必须符合国家规定的证券发行的实质性条件,经证券管理机关审查批准后方可进行。与注册制最大的不同在于,在核准制模式下,证券主管机关有权对发行人提出的申请进行实质性审查,特别是对发行人的财务指标和未来盈利状况作出估判,并决定是否允许其发行。

证券发行核准制的实质审查可以更充分地保护投资者的权益,但由政府对证券价值作出评判,会加重投资者对政府的心理依赖,不利于理性投资市场的形成。更重要的是,在审核制下,证券监管机构拥有较大的行政裁量权,易诱发权力寻租、滋生腐败,也会人为地抑制正常的融资需求和市场资源配置功能的发挥。为此,国家正积极推进证券发行注册制改革。

(二) 证券上市规制制度

证券上市,是指公开发行的证券在证券交易所挂牌交易。证券上市以证券发行为前提,以证券交易为目的,是证券发行与证券交易的中间环节。我国《证券法》明确规定,由证券交易所执行证券上市审核权。据此,证券交易所在符合法定条件的基础上可以制定自己的上市规则,因而证券上市除要满足法律行政法规规定的条件外,还要符合其申请上市的证券交易所制定的上市规则中规定的条件。

证券上市后,接受证券监管机构和证券交易所的监管。如果上市公司不再具备法定上市条件,将被要求停止上市交易甚至被取消上市资格,即暂停上市和终止上市。暂停上市后,若上市公司重新达到法定上市条件,可以申请恢复上市。暂停上市、恢复上市和终止上市制度是促进上市公司改善经营状况和优化上市证券质量的有效举措。

(三) 证券交易规制制度

证券交易,是指证券所有人将已经发行并交付的证券有偿转让给他人的法律行为。证券交易固然是基于合同而为的买卖行为,但为了保障交易的公平、公正和社会公共利益,市场规制法在合同法规范的基础上又加了一层规制,主要集中在交易的标的、交易的主体资格和交易的方式等方面。

第一,交易标的规制。证券交易主体买卖的证券必须是依法发行的证券。非依法发行的证券,不得买卖。此外,依法发行的证券,法律对其转让期限有限制性规定的,在限定期限内不得买卖。

第二,交易场所规制。依照规定,核准上市交易的股票、债券和其他证券,应当在依法设立的证券交易所或者在国务院批准的其他证券交易场所转让。目前包括证券交易所内的主板市场、中小企业板市场、创业板市场新三板市场以及全国银行间债券市场等场内和场外交易市场,初步形成了多层次的资本市场体系。

第三,交易方式规制。证券在证券交易所上市交易,应当采取公开的集中交易方式或者国务院证券监督管理机构批准的其他方式。①

第四,交易资格规制。为防止证券从业人员、管理人员以权谋私、以职谋私以及有一定身份的人利用其所掌握的内幕信息买卖证券,损害证券市场的公平和公正,我国证券法将一些人员排除在证券交易之外。②

第五,证券欺诈行为及其规制。证券市场上故意欺骗和误导他人的行为都属于证券欺诈行为,其实质在于通过一定的手段制造、利用、影响或歪曲证券市场的价格信息,诱使他人作出错误的投资判断与决策的行为,主要表现为虚假陈述、内幕交易、操纵证券市场以及证券经营机构欺诈客户等行为。对于上述证券欺诈行为的规制方式多种多样,主要有:赔偿损害;停止违法行为,依法处理非法持有证券;没收非法所得,并予以罚款;市场禁入;查询、冻结、查封账户和限制证券买卖;以及罚金和自由刑等。2015年上半年所发生的证券市场剧烈波动,再次说明应尽快实现由以发行监管为重心向交易行为监管为重心的转变,并不断改进和完善监管手段。

(四)上市收购制度

上市公司收购,是指投资者为了达到对上市公司控股的目的而购买其已发行

---

① 集中交易方式是指在集中交易市场以竞价交易的方式进行交易。除集中交易方式外,还存在做市商制和协议制两种交易方式。做市商制度一般为流动性较弱的场外交易市场所采用,协议制主要适用于大宗交易。

② 根据规定,证券交易所、证券公司和证券登记结算机构从业人员、证券监管机构工作人员在任期或者法定期限内,不得直接或者间接持有、买卖或收受他人赠送的股票;为股票发行出具审计报告、资产评估报告或者法律意见书等文件的专业机构和人员在该股票承销期内或期满后6个月内,不得买卖该种股票;为上市公司出具审计报告、资产评估报告或者法律意见书等文件的专业机构和人员,自接受上市公司委托之日起至上述文件公开后5日内,不得买卖该种股票。

的股份的行为。上市公司收购虽以购买上市公司股票为手段，但与普通的股票交易不同，其目的不是为了通过证券交易获利而是为了取得对上市公司的控制权，是一种控制权的转移。因此，如何确保交易的公平和信息的透明，防止市场操纵和不公正地对待投资者，便是证券收购过程中必须着力解决的法律问题。为此，证券法特别规定了强制要约收购、少数股东的收买请求权以及上市公司收购中的信息披露义务等旨在维护市场公平和公正的规则和制度。

上市公司收购过程中，收购人往往采用两步收购要约变通的方式达到其目的，这种收购方式具有明显的胁迫因素，并且将目标公司的股东置于一种囚徒般的两难境地。为避免损害目标公司中小股东的合法权益，各国法律都规定了强制要约收购制度。即当一持股者持股比例达到法定数额时，强制其向目标公司同类股票的全体股东发出公开收购要约。我国法律规定，投资者持有一个上市公司已发行的股份的30%时，继续进行收购的，除证券监督机构免除其发出要约义务的以外，应当依法向该上市公司所有股东发出收购要约。收购上市公司部分股份的收购要约应当约定，被收购公司股东承诺出售的股份数额超过预定收购的股份数额的，收购人按比例进行收购。对协议收购，立法也有类似要求。上述规定体现了目标公司股东平等对待和保护上市公司中小股东利益的原则。[1]

强制要约收购制度虽然具有保护中小股东利益的积极作用，但小股东被压迫的问题仍没有得以根本消除，因为对于仍然留在目标公司的小股东而言，大股东的剥削仍然存在。为此，证券法还赋予特定情况下的少数股东收买请求权，为中小股东在要约期限外退出上市公司，免遭日后收购人（即实际的大股东）的剥削，提供一定的契机。我国法律规定，收购要约的期限届满，被收购公司股权分布不符合上市条件的，该上市公司的股票应当由证券交易所依法终止上市交易；其余仍持有被收购公司股票的股东，有权向收购人以收购要约的同等条件出售其股票，收购人应当收购。这一规定也称"证券持有人的强制购买权制度"，是赋予少数股东收买请求权的具体体现。

（五）信息披露制度

信息公开是证券法的灵魂，信息披露是证券法的核心制度。所谓信息披露制

---

[1] 强制要约收购制度立法理由是基于这样一个假设：在公司收购过程中，收购者常常与目标公司有公司控制权的大股东协商，以较高的溢价购买这些大股东的股份，从而获得公司的控制权。这样公司的控制权可能在小股东不知不觉中发生转换，而小股东将丧失与大股东同享高溢价的机会。因而，为保护小股东的利益，强制要约收购制度往往包含了这样一个立法内容：如果公司的控制权进行了转移，所有股东都应有机会以新的控制者付出的最高价格出售自己的股份。

度，是指证券发行人、上市公司以及其他负有信息披露义务的主体，依法将与证券发行、证券交易有关的可能影响投资判断的相关信息向社会予以公开的制度。它既包括发行前信息披露、上市后的持续信息披露，以及终止上市的信息披露，主要由招股说明书制度、定期报告制度、临时报告制度、退市公告制度等组成。

从信息披露法律制度的主体上看，它是以发行人为主线、由多方主体共同参加的制度。从各个主体在信息披露制度中所起的作用和地位看，大体分为三类主体：第一类是信息披露的一般主体，即证券发行人，具体指拟发行证券的公司。它们依法承担披露与发行人及发行证券有关信息的义务，是证券市场信息的主要披露人。第二类是上市公司。上市公司在证券交易所挂牌交易要履行持续信息披露义务，包括年度财务报告、半年度财务报告和季度财务报告的定期披露义务以及重大事项披露的临时报告制度。第三类是特定的投资者。证券市场的投资者，一般没有信息披露的义务，但在特定情况下，也可以成为信息披露的义务主体。比如，持有、控制一个上市公司的股份数量发生或者可能发生达到规定比例，负有履行信息披露义务的股份持有人、股份控制人和一致行动人就需要将其持股及股权变动情况予以披露。

我国证券法确立了信息披露准确、及时、完整的原则，并对信息披露的内容和责任作出了明确的规定。

（六）证券机构及其行为规制

为了保障交易安全，防范金融风险，证券法还对证券经营和服务机构的设立、风险控制以及经营行为作了相应的规制。比如，对证券经营服务机构实施特许制，只有经过证券监督管理机构核准，才能从事证券经营与服务业务；对证券经营服务机构的经营范围作出限制，禁止从事其他金融业务；对证券公司实施资产负债比例、交易风险准备金控制；要求证券公司建立健全内部控制制度，采取有效隔离措施防范公司与客户之间、不同客户之间的利益冲突；规范证券公司的自营行为和经纪业务；以及实施统一的证券登记结算方式，明确证券登记机构的职责等。

（七）证券监管制度

证券监管是以矫正和改善证券市场内在问题为目的，由政府及其监管部门对证券市场各类主体的行为进行的监督与管理。保护投资者、确保公正有效透明的市场、减少系统风险是证券市场监管的三大核心目标。

我国证券监管体制经历了从地方监管到中央监管、由分散监管到集中监管的演变阶段，目前实施的是由国务院证券监督管理机构依法对证券市场实行监督管理的集中统一监管模式。根据国务院"三定方案"的精神，中国证券监督管理委员会是证券市场的法定监督机构，依法履行市场监管权。《证券法》第十章赋予了证监会规则制定权、市场准入控制权、市场行为监管权、调查处罚权、纵横部门协调等多项职权，其可以采取现场调查取证，询问当事人，查询、复制和封存资料，查询、冻结、查封账户和限制证券买卖以及依法移送司法机关等监管手段。经过 30 年的发展，我国已基本建立起相对完整的监管执法体系，但还不能完全满足证券市场快速转型和发展的需要，强化自律监管，进一步提升监管能力，改进执法环境依然是未来改革的方向。

第四节 保险市场规制制度

一、保险市场及其法律规制

保险是通过多数经济单位的共同集资，以合理计算为依据，对特定危险事故发生所导致的损失予以补偿的经济制度，具有分散风险和信用补充的功能。保险市场是交换保险商品的市场，是现代金融市场的重要组成部分。

保险市场之所以成为一个特别市场，原因在于：

第一，保险市场是一个与社会利益高度关联的特殊市场。现代社会风险无处不在。保险所具有的分散风险的特殊功能，使当今社会的保险活动深入到社会的各个角落，涉及每个家庭和行业，对于社会和经济生活的稳定乃至人民生活的安定都有很大的影响。

第二，保险市场是一个与风险相连的直接风险市场。保险市场所交易的对象是保险保障，即对投保人转嫁于保险人的各类风险提供保险保障，保险本身就直接与风险相关联，且保险商品的交易过程，本质上就是保障人聚集与分散风险的过程。风险的客观存在和发展是保险市场形成和发展的基础和前提，而保险公司负债经营的特点，也决定了保险市场必然是一个具有高度风险性的特殊市场。

第三，保险市场是一个专业性极强的特殊市场。一方面，保险业在不断创新，保险结构本身也日趋复杂；另一方面，保险技术的复杂性还体现在保险商品的价格即费率的确定上。与普通商品不同，保险经营以大数法则为数理基础，只有通过集合足够多的保险标的，保险人才能计算出合理的保险费率。无论是保险费率的确定还是保险合同的复杂条款，都非普通人所能轻易理解，全有赖于保险人的解释。因此，保险市场是一个信息严重不对称的特殊市场。

第四，保险市场是一个交易双方实力和风险负担存在严重不对称的特殊市场。其一，在实践中，保险合同作为典型的格式合同，投保人根本没有与保险人进行协商的可能，双方之间存在着严重的实力不均衡；其二，保险公司的经营是负债经营，其通过收取保费而建立的保险资金是全体被保险人的利益保障，保险公司一旦经营不善出现亏损或倒闭，将会把正常的经营风险转嫁给广大投保人。所以，保险市场是一个双方实力和风险配置不均衡且极易引发道德风险的特别市场。

保险市场的上述特性,决定了保险市场是需要国家予以特别规制的特殊市场。为此,各国保险立法基于维护竞争秩序,确保投保人利益,保障经济和社会稳定等需要,对保险商的组织形式、运营规则和监督管理体制等作出了一系列强制性规定。

二、保险市场规制的主要制度

(一) 保险市场准入规制

保险业和其他金融业一样是高度负债经营的高风险行业,各国法律对保险业经营主体资格和条件都有严格的限制。我国也实行保险专营原则,只有依法成立的保险公司才能从事保险业务,并须在核定的义务范围内从事保险经营活动。外国保险机构在中华人民共和国境内设立代表机构,应当经国务院保险监督管理机构批准。代表机构不得从事保险经营活动。

(二) 保险组织规制

保险业的组织形式,大体可分为个人保险组织、合作保险组织和公司保险组织三种形式。在我国,公司组织形式是保险法确认的唯一的保险业组织形式。根据规定,设立保险公司除符合《公司法》规定的条件外,还需要具备《保险法》规定的其他条件,如主要股东具有持续盈利能力,信誉良好,最近3年内无重大违法违规记录,净资产不低于人民币2亿元,具备任职专业知识和业务工作经验的董事、监事和高级管理人员以及保险公司的注册资本必须为实缴货币资本等。

与普通的商事公司不同,保险公司重大事项的变更和公司解散、破产,应征得保险监督管理机构同意或批准。经营人寿保险业务的保险公司,除因分立、合并或者被依法撤销外,不得解散;被依法撤销或者被依法宣告破产的,其持有的人寿保险合同及责任准备金,必须转让给其他经营人寿保险业务的保险公司,不能同其他保险公司达成转让协议的,由国务院保险监督管理机构指定经营人寿保险业务的保险公司接受转让。

(三) 保险经营规制

1. 保险经营原则

在我国,保险经营须符合如下三个原则:一是分业经营原则,即同一保险人不得同时兼营财产保险业务和人身保险业务;二是禁止兼营原则,意指保险公司不得同时兼营非保险业务,但经国务院保险监督管理机构会同国务院证券监督管理机构批准,可以设立保险资产管理公司;三是保险专营原则,指保险业务只能由依照保险法设立的商业保险公司经营,非保险业者不能经营保险业务。

2. 保险人偿付能力规制

保险公司的偿付能力,是指保险公司履行赔偿或者给付责任的能力。偿付能力是保险监管的核心。首先,法律要求保险公司必须维持与其业务规模和风险程度相适应的最低偿付能力,其认可资产减去认可负债的差额不得低于国务院保险监督管理机构规定的数额;其次,保险公司应提取保证金、公积金、保险准备金等责任准备金,以维持其正常的偿付能力;最后,保险监督管理机构应当建立健全保险公司偿付能力监管体系,对保险公司的偿付能力实施监控。保险公司违反有关规定的,由保险监督管理机构采取措施责令限期改正或者对其实施整顿或实行接管。

3. 保险公司的风险管理

为了强化保险公司的风险管理,法律对保险公司的自留保险费、承保责任、再保险业务、资金运用、关联交易、信息披露义务等作了相应限制:(1)保险公司当年自留保险费,不得超过其实有资本金加公积金总和的4倍。(2)保险公司对每一危险单位,即对一次保险事故可能造成的最大损失范围所承担的责任,不得超过其实有资本金加公积金总和的10%;超过的部分应当办理再保险。(3)保险公司应当按规定办理再保险,并审慎选择再保险接受人。(4)保险公司应真实、准确、完整地披露财务会计报告、风险管理状况、保险产品经营情况等重大事项。(5)保险公司的资金运用限于银行存款,买卖债券、股票、证券投资基金份额等有价证券,投资不动产,以及国务院规定的其他资金运用形式。(6)保险公司的控股股东、实际控制人、董事、监事、高级管理人员不得利用关联交易损害公司的利益。

(四)不正当竞争及损害客户利益行为的规制

保险公司开展业务,应当遵循公平竞争的原则,不得从事不正当竞争和损害客户利益的行为。保险公司及其工作人员在保险业务活动中不得有下列行为:(1)欺骗投保人、被保险人或者受益人;(2)对投保人隐瞒与保险合同有关的重要情况;(3)阻碍投保人履行或者诱导其不履行如实告知义务;(4)给予或者承诺给予投保人、被保险人、受益人保险合同约定以外的保险费回扣或者其他利益;(5)拒不依法履行保险合同约定的赔偿或者给付保险金义务;(6)故意编造保险事故、虚构保险合同或者夸大保险事故损失程度进行虚假理赔,骗取保险金或者牟取其他不正当利益;(7)挪用、截留、侵占保险费;(8)委托未取得合法资格的机构或者个人从事保险销售活动;(9)利用开展保险业务为其他机构或者个人牟取不正当利益;(10)利用保险代理人、保险经纪人或者保险评估机构,从事以虚构保险中介业务或者编造退保等方式套取费用等违法活动;(11)以捏造、散布虚假事实等方式损害竞争对手的商业信誉,或者以其他不正当竞争行为扰乱保险市场秩序;(12)泄露投保人、被保险人的商业秘密；(13) 违反法律、行政法规和国务院保险监督管理机构规定的其他行为。对于违反上述规定，损害社会公众利益的，除应当承担赔偿责任之外，保险公司及其责任人员应当承担相应的行政责任和刑事责任。

第五节 房地产市场规制制度

一、房地产市场及其法律规制

房地产市场，是指房地产开发企业开发经营的，带有房地产特征的产品和服务的市场，包括房地产开发市场和房地产经营市场，是社会主义市场经济体系中的一个相对独立并且具有明显特征的专门化市场。

房地产市场具有特殊性：

第一，房地产市场是与人的安全和健康直接关联的特殊市场。衣食住行是人类的基本生存需求，房产的质量直接关系居民的身体健康乃至生命安全，是关涉民生的根本问题。因此，房地产市场与民生息息相关。

第二，房地产市场与宏观经济高度关联，是宏观经济的"晴雨表"。房地产市场涉及冶金、建材、煤炭、钢铁、家具、装修等众多上下游产业，对宏观经济结构和运行具有决定性影响，房地产市场的健康运营直接关系整个国民经济的平稳运行。

第三，房地产市场是一个充满风险和投机的市场。房地产开发周期长、投资大，房地产商自有资金占有率低，且易受宏观经济形势影响，因此房地产市场是一个充满巨大不确定性的高风险性市场。同时，房地产商品所具有的特殊的保值增值功能以及相对于其他商品的稀缺和必需性，使其成为较为理想的投资产品，因而房地产市场也是投机活动频繁的投机性市场。

第四，房地产市场是一个信息严重不对称的市场。绝大多数消费者作为非专业人士，对房地产这种特殊的商品很难在较短的时间内充分了解它的品质，而房地产企业在利益最大化动力的驱使下，又会制造虚假信息或者刻意隐瞒商品的某些重要信息，从而导致消费者的逆向选择。因此，在房地产开发商和购房者之间存在着信息的严重不对称。

第五，房地产市场是一个不完全竞争的市场。首先，土地是一种稀缺资源，而人口的膨胀和城市化进程的不断加快，使房地产供求关系一直处于一种失衡的状态。其次，由于区位的不同，房地产具有很强的异质性，基本上不存在可替代性，因此房地产市场基本上处于区域寡头垄断的状态，竞争并不充分。垄断加之信息上的不对称，消费者与房地产供应商之间很难保持相对平等的地位。

正是由于房地产市场的上述特殊性，我国政府十分重视对房地产市场的规制，以满足人民群众美好生活的需要，保障人民的生命财产安全和市场经济的健康发展，维护良好的社会秩序。

二、房地产市场规制的主要制度

（一）土地开发市场规制

1. 土地开发的市场准入规制

政府部门通过审批和登记对房地产开发企业的市场准入进行干预，是保障房地产秩序的有效措施。目前，在我国只要符合规定的条件即可申请注册登记房地产企业。设立房地产开发企业，除应有自己的名称和组织机构、固定的经营场所等公司设立的一般条件外，现行法律及行政法规对房地产企业的最低注册资本及专业技术人员有一定的特殊要求。如注册资本应在人民币100万元以上，须有4名以上具有法定资格的房地产专业和建筑工程专业的专职技术人员，2名以上专职会计人员。房地产开发企业注册资本与投资总额的比例应当符合国家规定。

2. 开发用地的统一提供

根据《土地管理法》第43条的规定，除乡镇企业等乡（镇）村建设使用集体土地外，任何单位和个人进行建设，需要使用土地的，必须依法申请使用国有土地。《物权法》第135条对该原则予以确认和保留，规定"建设用地使用权人依法对国家所有的土地享有占有、使用和收益的权利，有权利用该土地建造建筑物、构筑物及其附属设施"。上述规定事实上形成了开发用地由国家统一提供的基本格局。目前在我国，城市的土地属于国家所有，国家根据经济发展和城市规划、建设需要，通过土地使用权出让的方式，授予土地开发者土地使用权。对于农村集体土地，一般不能直接从事开发活动，只有依法征收、转为国有土地后，方能出让。现行立法充分考虑了城乡土地的不同所有制性质及功能，一定程度上有利于农地保护，但由于国家垄断建设用地的提供，客观上造成了土地资源进入流转市场的"城乡双轨制"，扭曲了市场对土地资源配置的基础性功能，引发了诸多社会问题。为此，党的十八届三中全会提出"建立城乡统一的建设用地市场"，实行集体土地与国有土地"同等入市、同权同价"，为我国建设用地市场改革指明了方向。当务之急是对现行法律进行修改，为建设用地市场的统一扫除障碍。

3. 土地资源的统一规划、计划开发

土地使用权出让，必须符合土地利用总体规划、城市规划和年度建设用地计划。县级以上地方人民政府出让土地使用权用于房地产开发的，须根据省级以上人民政府下达的控制指标拟订年度出让土地使用权总面积方案，按照规定，报国务院或者省级人民政府批准。土地使用权出让，由市、县人民政府有计划、有步骤地进行。出让的每幅地块、用途、年限和其他条件，由市、县人民政府土地管理部门会同城市规划、建设、房产管理部门共同拟订方案，按照国务院规定，报经有批准权的人民政府批准后，由市、县人民政府土地管理部门实施。

4. 土地用途规制

土地使用权受让人必须按照规定的用途使用土地，需要改变土地用途的，必须取得出让方和市、县人民政府城市规划行政主管部门的同意，并办理合同变更或者重新签订手续；擅自改变土地用途的，土地出让人有权提前收回土地使用权，并对使用权人给予处罚。

5. 限期开发制度

以出让方式取得土地使用权进行房地产开发的，必须按照土地使用权出让合同约定的土地用途、动工开发期限开发土地。超过出让合同约定的动工开发日期满1年未动工开发的，可以征收相当于土地使用权出让金20%以下的土地闲置费；满2年未动工开发的，可以无偿收回土地使用权。但是，因不可抗力或者政府及有关部门的行为或者动工开发必需的前期工作造成动工开发迟延的除外。

(二) 房地产交易市场规制

1. 房地产交易范围限制制度

进入房地产交易市场进行交易的房地产必须是法律规定允许交易的房地产。以出让方式取得土地使用权的房地产，在未获得土地使用权证书并完成法律规定的投资和开发之前，不得进行转让；司法机关和行政机关依法裁定、决定查封或者以其他形式限制房地产权利的房地产，不得转让；依法收回土地使用权的房地产不得转让；共有房地产，未经其他共有人书面同意的，不得转让；权属有争议的，或者未依法登记领取权属证书的房地产以及法律、行政法规规定禁止转让的其他房地产也不得转让。

2. 房地产价格调节、评估和申报制度

国家有关部门定期确定并公布基准地价、标定地价和各类房屋的重置价格，对房地产的市场价格进行调节。国家实行房地产价格评估制度。房地产价格评估，应当遵循公正、公平、公开的原则，按照国家规定的技术标准和评估程序，以基准地价、标定地价和各类房屋的重置价格为基础，参照当地的市场价格进行。国家实行房地产成交价格申报制度。房地产权利人转让房地产，应当向县级以上地方人民政府规定的部门如实申报成交价，不得瞒报或者作不实的申报。

3. 房地产权属登记制度

房地产交易引发权属变动应依法进行登记。以出让或者划拨方式取得土地使用权，应当向县级以上地方人民政府土地管理部门申请登记，经县级以上地方人民政府土地管理部门核实，由同级人民政府颁发土地使用权证书。在依法取得的房地产开发用地上建成房屋的，应当凭土地使用权证书向县级以上地方人民政府房产管理部门申请登记，由县级以上地方人民政府房产管理部门核实并颁发房屋所有权证书。房地产转让或者变更时，应当向县级以上地方人民政府房产管理部门申请房产变更登记，并凭变更后的房屋所有权证书向同级人民政府土地管理部门申请土地使用权变更登记。房地产抵押时，应当向县级以上地方人民政府规定的部门办理抵押登记。

4. 商品房预售许可、备案制度

为了保护购房者的利益，禁止房地产交易中的欺诈行为，国家对预售商品房实行许可备案制度。商品房预售，应当符合法定条件并向县级以上人民政府房产管理部门办理预售登记，取得商品房预售许可证明。商品房预售人应按照国家有关规定将预售合同报县级以上人民政府房产管理部门和土地管理部门登记备案。

（三）房地产中介服务市场规制

房地产中介包括房地产估价、房地产经纪、房地产咨询服务等活动。在市场经济条件下，房地产中介服务的社会化促成了房地产中介服务市场的形成，中介服务市场的有序运行，对于消费者的利益保护同样具有十分重要的意义。只有符合法律规定的条件，经登记取得营业执照之后，才能从事房地产中介业务服务。同时，国家实行房地产价格评估人员资格认证制度，获得房地产评估资格必须参加并通过国家统一举办的房地产评估员资格考试。

三、加快建立多主体供给、多渠道保障、租购并举的住房制度

党的十九大报告中指出："我国社会主要矛盾已经转化为人民日益增长的美好生活需要和不平衡不充分的发展之间的矛盾。"20世纪90年代住房制度开始改革以来，人民群众住房条件大为改观，但不平衡的矛盾日益凸显，解决住房问题必须直面群众对美好生活的追求，坚持在发展中保障和改善居住条件。为此，应加快建立多主体供给、多渠道保障、租购并举的住房制度，以顺应群众住房需求变化。这就要求在政府主要提供共有产权住房、公共租赁住房、棚改安置住房等保障性住房的基础上，进一步改革土地供给方式，大力发展住房租赁市场，推进"租售同权"，进而形成覆盖不同群体、相互衔接、满足多层次需求的住房供应体制。

第六节 能源市场规制制度

一、能源市场及其法律规制

能源市场是有关能源资源开发和能源资源产品交易市场的简称。能源市场的

稳定、能源供给的安全对一国的经济、政治、国家安全、社会生活等具有举足轻重的作用。同时，能源大多属于不可再生的稀缺资源，而能源中的电力、煤气、天然气等又为人们生活所必需，这种广泛使用性和稀缺性在一定意义上赋予了能源公共物品的属性，也是能源市场具有自然垄断的特征。此外，能源的开采、加工转换以及使用也会引发大量的环境问题，从而使能源市场具有很强的负外部性。

能源开发的有限性、不确定性，能源市场竞争的不充分性，以及能源开发和使用的外部性，使得对能源市场的规制较之于其他市场规制更有必要性，也更富有挑战性。各国政府都高度重视能源发展战略和能源政策及立法的制定。我国目前已颁布了《电力法》《煤炭法》《可再生能源法》等法律法规，作为能源基本法的《能源法》也在积极制定中。这些法律及相关行政法规对落实能源政策，确保能源安全，调控宏观经济，促进经济和社会和谐发展起到了积极的作用。

二、能源市场规制的主要制度

（一）能源安全与能源储备制度

能源安全，是指一个国家或地区可以持续、稳定、及时、足量和经济地获取所需能源的能力，除使用安全外重在供给安全，而能源储备则是国家能源安全的主要保障，是能源安全保障体系中的重要组成部分。法国是最早建立能源储备制度的国家，早在1923年，法国政府就要求石油运营商必须保持足够的石油储备。其后，该项制度逐渐为世界各国所效仿。1968年欧共体开始实施石油储备政策，1975年日本政府制定并在国会通过了《石油储备法》，同年美国总统签署了《能源政策和储备法》。

作为世界最大的发展中国家，我国不仅是能源消费大国，而且存在能源发展后劲不足、能源开采储备减少等现实困境，能源供应安全已经成为我国能源市场发展面临的最迫切需要解决的问题。但是，我国目前尚未建立专门的能源储备法律制度，国家在战略能源储备上对储备规模、地域分布、资金保障收投规则、日常管理等方面仍处于无章可循、无法可依的状态。因此，建立能源储备制度迫在眉睫、势在必行。

（二）能源市场准入制度

石油、天然气、核能等能源资源的开发和利用关系国家安全和国民经济命脉。所以，能源的开发、转换加工以及能源服务提供属于国家严格管制的领域。目前，我国对能源的开发、加工转换以及能源服务提供实施项目和业务准入制。企业从事能源开发和加工转换项目的，必须符合法律规定的项目准入条件，依法向能源主管部门申请，经批准获取开发权或加工许可权后，方能开发经营；能源资源探矿权、采矿权非经原审批机关批准，不得转让。企业从事关系公共利益和国家安全的能源批发、零售、进出口等供应业务也须报经能源主管部门批准。

（三）能源开发的统一规划和有限开发利用制度

能源的稀缺性和有限性，决定了国家对能源的开发必须坚持计划开发的原则，实行统一规划和有限开发制度。其中，国家能源战略规划，包括国家能源综合规划和国家能源专项规划，由国务院组织制定并颁布，省级人民政府可以制定与国家能源规划相配套的地方能源规划。国务院能源主管部门会同有关资源管理部门，对能源资源开发活动进行监管，提高能源资源开发利用率。对国民经济具有重要价值的特殊矿产资源，国家实行保护性开采。国家鼓励替代能源和清洁能源的开发与利用。

（四）能源企业的安全环保制度

安全生产和节能环保是法律对能源开发和加工转换以及能源服务提供企业的基本要求，能源企业应当依照有关法律法规，坚持节约生产、清洁生产、安全生产，降低资源消耗，控制和防治污染，保护生态环境。能源企业应当具备法定的安全生产和环境保护条件。能源建设项目的安全与环境保护设施，应当与主体工程同时设计、同时施工、同时投入使用。未取得安全生产许可证的，不得从事生产、加工和经营。能源企业应当加强安全生产和经营管理，坚持安全第一、预防为主的方针，建立、健全安全生产责任制度，并承担污染治理和生态保护的责任。

（五）能源定价管制制度

能源，作为一种特殊的生产和生活要素，其战略性、产业公共性及垄断性等特征决定了能源价格的形成并不能完全是一个市场决定的过程，而是一个需要政府参与管理的过程。为此，我国对能源价格实施政府定价或实施政府调节价，并加强对企业价格行为的监督。比如，我国《电力法》明确规定，电价实行统一政策，统一定价原则，分级管理。国家实行分类电价和分时电价。分类标准和分时办法由国务院确定。《煤炭法》也规定："国务院物价行政主管部门会同国务院煤炭管理部门和有关部门对煤炭的销售价格进行监督管理。"

当然，能源的价格管制并不等于简单的行政化管制。我国现行的能源价格形成机制保留了很深的计划经济的痕迹，必须进一步深化改革，理顺能源价格体系，逐步建立起能够反映资源稀缺程度、市场供求关系和环境成本的价格形成机制，最终形成相对公平和能够真实反映供给消费成本及与国际能源接轨的能源价格。

（六）垄断和不正当竞争行为的规制

我国的能源市场属于转型市场，市场培育不足，市场化改革滞后。长期以来，受传统计划经济思维的影响，我国对能源市场实施了过多不必要的行政管制，能源领域本应该存在竞争的许多环节仍然没能完全放开，导致能源市场，尤其是服务供应市场的高度垄断。因此，推进能源的市场化改革，加强对垄断行为的规制也是我国能源市场规制制度建设和改革的重要内容。

首先,建立机会公平的市场准入制度。党的十九大报告提出:"全面实施市场准入负面清单制度,清理废除妨碍统一市场和公平竞争的各种规定和做法,支持民营企业发展,激发各类市场主体活动"。为此,应积极培育和规范能源市场,发挥市场在能源领域资源配置中的决定性作用,鼓励各种所有制主体依法从事能源开发利用活动,促进能源供应市场的公平有序竞争,提高能源供应服务质量和效率。

其次,推动能源服务供应环节的市场竞争,确保公平、无歧视服务。能源输送管网设施应当向合格的能源用户和交易主体开放,经营能源输送管网设施的企业应当依法提供公平、无歧视的接入和输送服务。各级政府应当采取措施促进能源基础设施和运输体系建设,建立多元供应渠道,加强能源供应的组织协调,保障能源持续、稳定、安全、有序供应。

最后,确立能源企业的普遍服务义务。从事民用燃气、热力和电力等供应业务的企业应履行普遍服务义务,保障公民获得无歧视、价格合理的基本能源供应服务,接受能源主管部门和有关部门及社会公众监督。与此同时,国家应建立能源普遍服务补偿机制,对因承担普遍服务义务造成亏损的企业给予合理补偿或者政策优惠。

思考题:

1. 如何理解特别市场规制法律制度和一般市场规制法律制度之间的关系?
2. 货币市场规制法律制度的价值功能有哪些?
3. 证券市场法律规制的特殊规则有哪些?为什么说"解决信息不对称以及保障交易公平和竞争公平是理解证券市场规制法律制度的关键"?
4. 能源市场的特殊性有哪些?建立能源储备制度的必要性和迫切性何在?为什么说对能源市场的规制应该尊重市场规律,并着力解决因垄断而导致的市场失灵和市场不公等问题?

▶ 自测习题及参考答案

阅 读 文 献

第一类：经典文献

■ 马克思、恩格斯：《共产党宣言》，载《马克思恩格斯文集》第2卷，人民出版社2009年版。

■ 马克思：《〈政治经济学批判〉序言》，载《马克思恩格斯文集》第2卷，人民出版社2009年版。

■ 马克思：《资本论》第1卷，载《马克思恩格斯文集》第5卷，人民出版社2009年版。

■ 恩格斯：《社会主义从空想到科学》，载《马克思恩格斯文集》第3卷，人民出版社2009年版。

■ 列宁：《帝国主义是资本主义的最高阶段》，载《列宁专题文集》（论资本主义），人民出版社2009年版。

■ 毛泽东：《论十大关系》，载《毛泽东选集》第5卷，人民出版社1977年版。

■ 邓小平：《在武昌、深圳、珠海、上海等地的谈话要点》，载《邓小平文选》第3卷，人民出版社1993年版。

■《中共中央关于全面深化改革若干重大问题的决定》。

■《中共中央关于全面推进依法治国若干重大问题的决定》。

第二类：专业文献（按作者姓氏拼音排列）

■ [美] 曼库尔·奥尔森：《国家兴衰探源：经济增长、滞胀与社会僵化》，吕应中等译，商务印书馆1999年版。

■ [美] R. M. 昂格尔：《现代社会中的法律》，吴玉章，周汉华等译，译林出版社2001年版。

■ [美] 理查德·A. 波斯纳：《法律的经济分析》（第七版）（中文第二版），蒋兆康译，法律出版社2012年版。

■ [美] E. 博登海默：《法理学：法律哲学与法律方法》，邓正来译，中国政法大学出版社2004年版。

■ [美] 詹姆斯·M. 布坎南：《民主财政论》，穆怀朋译，商务印书馆2002年版。

■ [澳] 布伦南、[美] 布坎南：《宪政经济学》，冯克利等译，中国社会科学出版社2004年版。

- 程信和：《经济法与政府经济管理》，广东高等教育出版社 2000 年版。

- 陈庆云主编：《公共政策分析》（第二版），北京大学出版社 2011 年版。

- [法] 泰·德萨米：《公有法典》，黄建华等译，商务印书馆 2001 年版。

- [美] 劳伦斯·M. 弗里德曼：《法律制度：从社会科学角度观察》，李琼英等译，中国政法大学出版社 1994 年版。

- 冯果：《证券法》，武汉大学出版社 2014 年版。

- 顾功耘：《经济法教程》（第三版），上海人民出版社、北京大学出版社 2013 年版。

- [日] 金泽良雄：《经济法概论》，满达人译，中国法制出版社 2005 年版。

- [日] 金子宏：《日本税法原理》，刘多田等译，中国财政经济出版社 1989 年版。

- [德] 柯武刚、史漫飞：《制度经济学：社会秩序与公共政策》，韩朝华译，商务印书馆 2000 年版。

- 李曙光主编：《经济法学》，中国政法大学出版社 2007 年版。

- 刘大洪：《法经济学视野中的经济法研究》，中国法制出版社 2008 年版。

- 刘隆亨：《中国财税法学》，法律出版社 2010 年版。

- 刘瑞复：《经济法学原理》（第四版），北京大学出版社 2013 年版。

- 刘文华：《中国经济法基础理论》（校注版），法律出版社 2012 年版。

- 卢代富：《企业社会责任的经济学与法学分析》，法律出版社 2002 年版。

- 卢炯星：《宏观经济法》，厦门大学出版社 2005 年版。

- 漆多俊：《经济法基础理论》（第五版），法律出版社 2017 年版。

- 邱本：《经济法总论》，法律出版社 2007 年版。

- 邵建东：《德国反不正当竞争法研究》，中国人民大学出版社 2001 年版。

- [德] 罗尔夫·施托贝尔：《经济宪法与经济行政法》，谢立斌译，商务印书馆 2008 年版。

- 史际春、邓峰：《经济法总论》（第二版），法律出版社 2008 年版。

- [日] 室井力：《日本现代行政法》，吴微译，罗田广校，中国政法大学出版社 1995 年版。

- 时建中：《三十一国竞争法典》，中国政法大学出版社 2009 年版。

- [美] 约瑟夫·斯蒂格利茨：《政府为什么干预经济——政府在市场经济中的角色》，郑秉文译，中国物资出版社1998年版。

- 王全兴：《经济法基础理论专题研究》，中国检察出版社2002年版。

- 王晓晔：《竞争法学》，社会科学文献出版社2007年版。

- 吴志攀：《金融法概论》（第五版），北京大学出版社2011年版。

- 肖江平：《中国经济法学史研究》，人民法院出版社2002年版。

- 徐孟洲：《耦合经济法论》，中国人民大学出版社2010年版。

- 许明月主编：《经济法学论点要览》，法律出版社2000年版。

- 杨紫烜：《国家协调论》，北京大学出版社2009年版。

- 杨紫烜主编：《经济法》（第五版），北京大学出版社、高等教育出版社2014年版。

- 于安编著：《政府采购制度的发展与立法》，中国法制出版社2001年版。

- 张守文：《经济法原理》，北京大学出版社2013年版。

- 朱崇实主编：《金融法教程》（第三版），法律出版社2011年版。

- 朱大旗：《金融法》（第三版），中国人民大学出版社2015年版。

人名译名对照表

[德]	艾哈德	Ludwig Erhard
[美]	波斯纳	Richard Posner
[法]	德萨米	Theodore Dezamy
[美]	弗里德曼	Milton Friedman
[美]	弗农	John M. Vernon
[美]	盖尔霍恩	Ernest Gellhorn
[美]	哈林顿	Joseph E. Harrington. Jr
[英]	凯恩斯	John Maynard Keynes
[美]	肯尼迪	John F. Kennedy
[英]	刘易斯	William Arthur Lewis
[英]	罗宾逊	Joan Robinson
[英]	马尔萨斯	Thomas Malthus
[英]	马歇尔	Alfred Marshall
[法]	摩莱里	Morelly
[美]	诺德豪斯	William D. Nordhaus
[德]	欧根（欧肯）	Walter Eucken
[美]	萨缪尔森	Paul Samuelson
[英]	斯拉法	Piero Sraffa
[美]	斯蒂格勒	George Joseph Stigler
[法]	泰勒尔（让·梯若尔）	Jean Tirole
[美]	威廉姆森	Oliver Williamson
[美]	维斯库斯	W. Kip Viscusi
[美]	谢尔曼	John Sherman
[美]	张伯伦	Edward Hastings Chamberlin

后　记

　　《经济法学》是马克思主义理论研究和建设工程重点教材，是在教育部实施马克思主义理论研究和建设工程领导小组领导下组织编写的。在编写过程中，得到了教育部马克思主义理论研究和建设工程重点教材审议委员会的指导，得到了中宣部、中央党校、中央编译局、求是杂志社、中国社会科学院等有关部门和有关专家学者的支持。同时，广泛听取了高校教师和学生的意见建议。

　　本教材由首席专家张守文主持编写。张守文撰写绪论、第一章第一节、第二章第一节，邱本撰写第一章第二节、第二章第二节、第四章、第六章，刘大洪撰写第三章、第五章、第八章，肖江平撰写第七章、第十二章、第十三章，徐孟洲撰写第九章、第十章、第十一章，卢代富撰写第十四章、第十六章，冯果撰写第十五章、第十七章。李龙、徐显明、漆多俊、顾功耘、李曙光等参加了学科专家审议并提出了修改意见。张文显参加了教育部马克思主义理论研究和建设工程重点教材审议委员会审议并提出了修改意见。顾海良、李龙、韩大元、杨河作了出版前的审读。

2016 年 7 月 15 日

第二版后记

定期修订马克思主义理论研究和建设工程重点教材是保证其编写质量的重要途径。党的十九大胜利召开后,为推动习近平新时代中国特色社会主义思想进教材、进课堂、进头脑,深入贯彻落实党的十九大和十九届二中、三中全会精神,教育部统一组织对已出版教材进行了全面修订。本书经国家教材委员会高校哲学社会科学(马工程)专家委员会审查通过。

张守文主持了本次教材修订工作,邱本、刘大洪、肖江平、徐孟洲、卢代富、冯果参加了具体的修订工作。

2018 年 6 月

郑重声明

高等教育出版社依法对本书享有专有出版权。任何未经许可的复制、销售行为均违反《中华人民共和国著作权法》，其行为人将承担相应的民事责任和行政责任；构成犯罪的，将被依法追究刑事责任。为了维护市场秩序，保护读者的合法权益，避免读者误用盗版书造成不良后果，我社将配合行政执法部门和司法机关对违法犯罪的单位和个人进行严厉打击。社会各界人士如发现上述侵权行为，希望及时举报，本社将奖励举报有功人员。

反盗版举报电话　（010）58581999　58582371　58582488
反盗版举报传真　（010）82086060
反盗版举报邮箱　dd@hep.com.cn
通信地址　北京市西城区德外大街4号
　　　　　高等教育出版社法律事务与版权管理部
邮政编码　100120

意见反馈

为收集对教材的意见建议，进一步完善教材编写和做好服务工作，读者可将对本教材的意见建议通过如下渠道反馈至我社。

咨询电话　400-810-0598
读者服务邮箱　gjdzfwb@pub.hep.cn
通信地址　北京市朝阳区惠新东街4号富盛大厦1座
　　　　　高等教育出版社总编辑办公室
邮政编码　100029

防伪查询

用户购书后刮开封底防伪涂层，利用手机微信等软件扫描二维码，会跳转至防伪查询网页，获得所购图书详细信息。用户也可将防伪二维码下的20位数字按从左到右、从上到下的顺序发送短信至106695881280，免费查询所购图书真伪。

防伪客服电话　（010）58582300